国家级精品课程教材

"十二五"辽宁省重点图书出版规划项目

21世纪新概念教材："多元整合型一体化"系列

高等职业教育物流管理专业精品课程教材新系

仓储与配送管理
——理论、实务、案例、实训
（第三版）

孙宏英 主编

刘文博 张璠 李政凯 副主编

张洪革 主审

东北财经大学出版社 大连
Dongbei University of Finance & Economics Press

图书在版编目（CIP）数据

仓储与配送管理：理论、实务、案例、实训/孙宏英主编. —3版.
—大连：东北财经大学出版社，2021.4（2023.7重印）
（高等职业教育物流管理专业精品课程教材新系）
ISBN 978-7-5654-4150-9

Ⅰ.仓⋯　Ⅱ.孙⋯　Ⅲ.①仓库管理-高等职业教育-教材②物流配
送中心-企业管理-高等职业教育-教材　Ⅳ.F253

中国版本图书馆CIP数据核字（2021）第041058号

东北财经大学出版社出版
（大连市黑石礁尖山街217号　邮政编码　116025）
网　　　址：http://www.dufep.cn
读者信箱：dufep@dufe.edu.cn
大连日升彩色印刷有限公司印刷　东北财经大学出版社发行
幅面尺寸：185mm×260mm　　　字数：403千字　　　印张：19
2021年4月第3版　　　　　　　2023年7月第2次印刷
责任编辑：许景行　郭海雷　　　　　　责任校对：思　齐
封面设计：冀贵收　　　　　　　　　　版式设计：钟福建

定价：43.00元

总序："多元整合型"课程与教材建设的新探索

改革开放以来，中国高等职业教育教学改革的重要任务，是分析研究西方主要发达国家诸多现代教育理念和课程模式的特点及其利弊得失，通过"扬长避短"，探索有中国特色的课程改革和教材建设之路。"21世纪新概念教材：'多元整合型一体化'系列"，就是在这种研究探索中，由东北财经大学出版社携手国内高职院校众多持有同感和共识的知名专业带头人共同推出的。

一、历史回眸

1.发达国家课改历程：20世纪下半叶至21世纪初

1)"知识本位"课改

（1）"学科结构"课改运动

第二次世界大战后初期的"冷战"对抗，促成了美国中小学"第一次改革浪潮"，即"学科结构"课程改革。

1959年9月，美国国家科学院在伍兹霍尔召开由35位科学家和教育家参加的会议，讨论如何改革中小学数理学科教材。会议形成的结果，由时任会议主席的美国教育心理学家、认知心理学家，哈佛大学的布鲁纳教授总结在《教育过程》（1960年）一书中。该书出版后，被誉为"划时代著作""有史以来在教育方面最重要、最有影响的一本书"。

布鲁纳"'学科结构'课程改革"的主要诉求，是聚焦于"学科的基本结构"，并将"'科学家发现'的'思维过程'或'思考顺序'"，作为中小学学科教育"教学设计的过程模式"。该诉求以《教育过程》中的一个著名假设为据，即"任何学科都能够采用在智育上是正确的方式，有效地教给任何发展阶段的任何儿童"。[①]

然而，以《教育过程》为理论指导的美国"'学科结构'课程改革运动"历时不久，就因遭到广大教师、学生和家长的强烈抵制而失败。关于失败的原因，多数人认为是"教材难度大"或"教师素质差"；该运动的主要支持者美国著名心理学家施瓦布则认为，是"学科专家在起支配作用，没有注意到课程理论工作者和其他教育工作者的作用"。现在看来，这些批评仅限于表面，其深层原因有待揭示。

在美国之后，欧洲于20世纪60年代初，也一度进行了以美国经验为基本模式的中小学课程改革。

（2）"普通教育"课改运动

随着美苏"冷战"对抗的加剧，科技竞争成为人们关注的焦点，西方主要发达国家普遍重视"普通教育"，把强化"普通教育"视为制胜手段。以美国和德国为例：

自20世纪70年代中期起，美国经历了自19世纪以来第三次，也是规模最大、堪

---

① 布鲁纳 J S. 教育过程［M］. 邵瑞珍，译. 北京：文化教育出版社，1982.

称主流的"普通教育课程改革运动"。这次运动遍及美国教育各层面：在基础教育层面，以注重学术课程和人文学科为特征；在社区学院，加大开设以"学术课程"为内容的"转学教育"比例；在普通高校，致力于把博雅和人文传统注入大学的教育体制[①]，课程设置向"科学中心"的方向倾斜，旨在造就足够多的科学家和工程师。

此次改革运动的主要特点，是在教学内容上重新划分了科学知识领域，增设综合学科；在教学组织形式上建立了科学的现代课程组织体系，即各学科按照课程内容，将其概念和原理分设不同水平，呈梯度纵向展开。

1968年，德国11个州建立了主要培养工程师的高等专科学校（Fachhochschulen），其学制四年，1~3学期学习专业基础课，4~7学期学习专业课程，第8学期为实习学期。1992年，全联邦有高等专科学校125所，管理类专科学校28所，两者合占德国高校总数的48%。

2）"能力本位"课改

随着第二次世界大战后经济的迅速发展，制造业技能型人才供不应求，欧美各国职教层面的课改朝着职业化、大众化和规模化方向发展。

（1）"工作导向"的职业性课改

①北美DACUM课程

美国《职业教育法》（1963年）出台后，初级学院规模迅速扩大，一些学院以此法为据，将目光转向"以'职业教育'为主"，以"工作导向"的"非学术课程改革运动"成为一股新潮流。培训"与企业岗位对接"的技能型人才成为新潮流关注的重点，催生了20世纪60年代末美加共同开发的"以工作任务分析为基础"的DACUM课程。

②国际劳工组织MES课程

20世纪70年代末，国际劳工组织推出职业技术培训的MES模块化课程模式。该模式以"为每一具体工作岗位建立岗位工作表的方式"，确定该岗位应具备的全部职能，再把这些职能划分成不同的工作任务，每个工作任务作为一个技能模块[②]。

MES的专用教材形式是"学习单元"。各技能模块的培训，由组成该模块的若干个"学习单元"来实现。每个"学习单元"表示某个单项学习，从"知识、技能和态度"方面进行目标描述。

（2）"专能"与"通能"的整合

20世纪70年代末至90年代初，新技术革命席卷欧美国家，传统工业时代的产业结构、市场需求结构和职业结构发生改变，行业内乃至跨行业的职业流动渐成常态。为满足新时期职业需求，美国"职业群集课程"，通过导入"核心能力"或"通用能力"，将"能力本位"由"专能"提升为"'专能'与'通能'并重"。

1996年5月，德国各州文教部长联席会议颁布《职业学校职业专业教育框架教学计划编制指南》，提出"专业能力"与"关键能力"并重的"学习领域"课程模式。该模式要求学员依照"从生手到专家"的"工作情境"进行技能建构，将"职业成

---

① 早在1945年，哈佛大学就发布了《哈佛通识教育红皮书》，明确指出高等教育的目标是培养"完整的人、有教养的人"。
② 可以把MES模块化课程视为20世纪80年代英国开发NVQ模块化课程的雏形。

手"或专家的"行动顺序"，作为职业教育"教学内容序化"的依据。

3）"'学术性'与'职业性'整合"课改

在西方发达国家，高等职业教育"'学术性'与'职业性'整合"课程改革兴起于20世纪末。

（1）美国：从AIO到"生技教育"

①AIO指导下的课改

自20世纪90年代起，美国"非学术课程改革运动"所导致的过度"职业化"和教育质量下降受到关注，一种倡导"职业教育与学术教育有机结合"（AIO）的职业教育观应运而生。在AIO和相关立法的推动下，美国各州社区学院进行了整合"学术课程"与"职业课程"的多种尝试。

②"生技教育"阶段的课改

进入21世纪后，美国在延续"整合性"课改策略的同时，着眼可持续发展，"从学校到工作"的课改主题被"学校到生涯"的主题取代，"职业技术教育"更名为"生涯与技术教育"（简称"生技教育"）①。

A.社区学院的课程改革

在实施"'职业性'与'学术性'融合"策略的"生技教育"阶段，美国社区学院在"整体观"课程理念指导下，通过"学术性与职业性课程融合改革"，形成了诸多新课程模式，其中包括：

a.应用学术课程（Applied Academics Courses）

应用学术课程是指在常规学术课程中加入应用性要素，使其与诸多领域的职业项目衔接。

b.适用于转学的应用学术课程（Applied Academics Courses for Transfer）

此类课程与应用学术课程类似，其途径是在学术核心课中加入应用学术课。其中，职业主修课程可以通过学分转换，获得应用科学副学士学位认可，转学到4年制大学。

c.连接课程和多学科课程

连接课程（Linked）由同一学科内多种课程组成，亦称课程集群。连接课程运用现代课程编制理论和设计方法，重新规划和设计相关课程，形成整体性的有机集群。

多学科课程（Multidisciplinary Courses）是从不同学科视角开展的多学科学习，强调"职业所需的相关学术能力"。

d.基于"学习共同体"的融合课程

"学习共同体"（Learning Communities）是由一些课程集群或项目组成的课程体系。其中：建立在学术上的共同体，为学生提供连贯的、整体的综合性学习；建立在社会关系上的共同体，通过共同参与学习，在师生间形成大型学习性群体。

e.基于"学习技术"的融合课程

基于"学习技术"的融合（Integration through Learning Technologies）课程，是指通过远程教学、计算机软硬件、互联网和其他信息技术的使用，为促进"学术性"和

---

① 美国的"生技教育"或者通过社区学院实施，或者通过在普通高校附设的职业技术学院实施，修满60学分可获得生技教育证书或副学士学位证书。

"职业性"融合提供的一种课程设计。

f.基于"工作本位"的融合课程

基于"工作本位"的学习（Integration through Learning Work-Based Learning），是指参加与工作相关的职业项目学习，这些学习通过实习、合作办学、专业化临床等将学术研究和各种工作环境交融在一起。

B.部分高等院校的课程改革

从21世纪第二个十年起，美国部分两年制社区学院、四年制公立和私立大学开始或计划增设"职业学位教育"。此类教育主要为在线学习的成人提供可授予学士学位的"'学习结果'导向"项目课程。这些课程参照"欧洲资格框架"（EQF），以"知识、技能和能力"（统称"胜任力"）为"目标描述"，以"融合框架、模块化结构和综合评价"为核心构成要素。

（2）欧盟各国："学习结果"导向

①职业资格框架

2008年，欧洲议会和欧盟理事会颁布欧洲资格框架（European Qualification Framework，EQF），在职业教育与培训领域建立了一个"以就业为目标"、旨在"实现学分转换"的欧盟各国资格互认的参照标准。"框架"中的"职业教育与培训"，是指"一种与工作世界对接"的教育，即"为人们提供某一特定职业或更广泛劳动力市场所需的知识、技术、技能或能力的教育"。

2021年，欧洲议会通过《关于建立终身学习资格框架的提议》，强调"增加资格透明度"和"促进终身学习"，将"职业资格框架"拓展至继续教育和终身教育。

EQF的等级资格标准采用"学习结果"描述，各级描述对应不同层面"特定工作"的"知识、技能和能力"。其中："知识"（Knowledge）是指通过学习，对信息消化之后产生的成果，即与学习和工作相关的事实、原理、理论和实践规范集合体；技能（Skill）是指应用知识和技巧完成任务和解决问题的才能与本领；能力（Competence）是指"责任与自主性"，即在工作、学习情境中经证实的"应用'知识与技能'"的才能与本领。

②EQF5级：短期高等职业教育

按照"欧洲资格框架（EQF）"与"欧洲高等教育学术资格框架（QF-EHEA）①"的对应关系，EQF5级职业教育资格相当于QF-EHEA中的"短期高等教育"（二年制专科）资格。

在EQF5级的"学习结果"描述中，"知识"、"技能"和"能力"要求分别如下："能掌握某一工作或学习领域内综合的、专门的事实与理论性知识，以及跨学科知识"；"能掌握创造性地解决抽象问题所需要的一系列综合性认识和实践技能"；"能在不可预测的工作或学习环境中进行管理和监督、反思和发展自身及他人的行为"。

③EQF6~8级：高层次职业资格

欧盟委员会在其发布的《教育与培训框架2020》中提出发展"高层次资格的职

---

① 实际上，致力于解决欧洲大学教育"高度异质性"问题的QF-EHEA，作为"博洛尼亚进程"的产物，由于学制过短、急功近利和实施"模块化"课程体系，其"学术资格"徒有虚名，与同期已开始向"'整体知识观'与'整体能力观'融合"发展的美国大学课改完全不同。难怪EQF5~8级能获得与其对应层面"等值"的认可。

业教育"，即与"QF-EHEA"中学士、硕士和博士学位资格等值的EQF6~8级职业教育。

在欧盟各国，"高层次资格的职业教育"是通过专业学院、合作教育大学、应用科技大学、多科技术学院，或与大学合作的继续教育学院等高等专业教育机构实施的。

"高层次资格的职业教育"的最大亮点，是适应21世纪新技术革命需要，将目光聚焦于"知识密集型"或"技术密集型"高端职业人才培养[1]。由于这种"聚焦"，EQF6~8级的"学习结果"描述，带有明显的高端"三级跳"特征：其"知识"描述依次由"高级知识"，经过"高级专业化知识、前沿知识和跨学科知识"，跃至"最前沿知识以及跨学科领域的交叉性知识"；其"技能和能力"描述依次由"高级技能、创新能力和决策能力"，经过"创新和整合能力"，跃至"最高级、最专业的'解决问题''革新创新'能力，以及'真正权威性、创新性、自主性、学术性和专业性'研究能力"。

④课程开发

欧盟各国的"高层次资格的职业教育"课程，是"'学习结果'导向"的"书面课程"和"教学课程"：前者指为学习经历计划提供框架的文件，包括资格与评估标准、教育与课程标准、培训与学习方案等；后者指"书面课程"在各种环境下的应用，包括一系列具体的教学与学习活动内容。

在课程开发上，欧盟所有国家的共同特征是，要求人才市场利益相关者共同参与。因各国情况不同，这些课程在形式上也各有特点：它们或者作为"创新课程开发项目"（某些工业或行业所需"能力课程"），或者作为私企雇主参与的教育培训包（德国与爱尔兰的创新科技管理），或者是根据企业发展需要开发的"工作本位"课程（荷兰），或者是"学习领域"课程（德国IT培训），或者是作为"学习结果"的论文（基于"工作本位"或企业实践的学习）等。

⑤"整合性"特征

欧盟各国"'学习结果'导向"课程改革，相当于美国"生技教育"阶段的"'整合性'课改"，是一种扩展到职业教育各层面的"基于'工作本位'的融合课程"改革。其中，EQF5~8级教育课程的"整合性"特征主要体现在如下三方面：

其一，这些课程都"兼顾'典型职业性因素'与'学术性因素'"；

其二，这些课程都在其"学术性因素"中整合了"专业知识"、"跨学科知识"与"跨学科领域交叉知识"，在其"典型职业性因素"中整合了"专业能力"与"关键能力"（Key Competences）[2]；

其三，这些课程都是"基于工作本位"、对标"工作世界"高端各层面的"'职业性-学术性'融合课程"。

2.中国高职高专课改历程：改革开放以来

1）"知识本位"课程重建

改革开放以来，中国高校的课程改革与重建，是在普通教育的基础上进行的[3]。

---

[1]　欧洲职业培训发展中心（CEDEFOP）曾预测，"到2020年，欧洲将产生大约700万个工作岗位，其中大部分是'知识密集型'或'技术密集型'岗位"。
[2]　被纳入EQF的"关键能力"（Key Competences）有八种，即"母语交流""外语交流""数学、科学和技术""数字化""学会学习""社会和公民""首创精神和企业精神""文化意识与表达"。
[3]　直至2008年，教育部从"'十一五'国家规划教材"中评选出来的高职高专精品教材，还被冠以"普通高等教育精品教材"字样。

此时的中国高职高专教育部分受苏联影响，部分受普通本科教育影响，"知识本位"一度占居主导地位。高职院校的主要类型，是改革开放前就已存在的"高等专科学校"，其中有不少是借鉴20世纪50年代的苏联模式建立起来的。"专科"被理解为"专门学科"，教学理论未完全摆脱凯洛夫的"三中心""五环节"框架①，开设的课程类型大都是"学科导向"。在这里，"专科"与"普通本科"的区别，被理解为"'专科'是简化和压缩的'本科'"。

2）转向"能力本位"

在继起阶段，伴随中国教育界"改革开放"的春风，西方"能力本位"职教理念和课程模式纷至沓来。随着德国"双元制"（江苏，1983；北京，1983；山东，1991；河北，1996）、国际劳工组织MES（北京，1989；上海，1989；山东，1996；湖北，1997）、北美CBE（浙江，1990；四川，1991；山西，1998；重庆，2012）和英国BTEC（北京，1999；辽宁，2002；河北，2007）等课程模式被相继引进，中国职教界课程改革呈现出"能力本位"的"多元化"格局。

从这时起，中国职业教育课程改革运动的主流，从借鉴西方发达国家20世纪七八十年代的做法，转向"职业性"课改，建构与"'知识本位'学科体系"相对峙的"'能力本位'行动体系"。

二、逻辑反思

1. 西方课改运动的"长项与短板"

1）"知识本位"

（1）可取之处

①近代以来人类教育的主流方式

"知识本位"是文艺复兴以来，随着近代自然科学兴起，在培根"知识就是力量"口号的感召下，以斯宾塞"科学知识最有价值"论断、夸美纽斯"泛智"教育思想及其"将知识分学科进行传授"诉求为依据，产生的一种人类教育选择方式，体现了近代崇尚科学的时代精神，代表了300多年来人类文化传递方式的主流。

②在现代教育中举足轻重

在现代，随着科学知识、科研成果、技术开发转化为现实生产力，"知识密集型"产业大量涌现，"知识密集型"员工在人力资源需求中所占的比例越来越高。

以旅游业为例，在当代知识经济、数字经济、服务经济叠加效应催化下，旅游业在原有生活性服务核心业态基础上，与新技术（5G、人工智能、大数据与云计算、物联网、智能移动终端APP等）和"知识密集型"服务业（KIBS）的融合日趋紧密，内部结构不断提升，呈现出高增值性、高层次性、高功能性、高知识性、高技术性等新特点，逐渐演变为"知识密集型"产业。

"知识密集型制造业"和"知识密集型服务业"领域的其他产业也是如此。在这些领域，以"知识'传承-创新'"为主要任务的"知识本位"教育，在培养和造就"知识密集型"人力资源中占有举足轻重的地位。

---

① 凯洛夫的"三中心"是指"以教师为中心，以课堂为中心，以知识为中心"；"五环节"是指"组织教学，复习旧课，讲授新课，巩固新课，布置作业"。

③理论层面

在理论层面，"知识本位"的可取之处主要有四点：

其一，将"学会认知"作为课程教学的宗旨，依照"学会认知"有赖"知识迁移"，"知识迁移"有赖"知识学习"，"知识学习"有赖"课程设计"的基本思路进行课程建设。这样的宗旨和思路在今天也有生命力。其二，"学科导向"坚持课程设计的"纵向组织"原则，即要求在课程设计中依照逻辑次序循序渐进地展开知识内容。比起不同层次，特别是"知识密集型"业界"高端层次"的横向"工作过程"，这个"逻辑次序"更符合青年期的认知发展特点。其三，作为"知识本位"最高存在形式的"整体知识观"反映了当代科学发展"分化与综合并行"的总趋势，实现了由"专识"到"通识"再到"'专识'与'通识'融合"的提升，这是自第二次世界大战以来美国高等教育课改中最重要的指导性理念，也是卓有成效的课程理念。其四，作为"知识本位"高端的"学术研究"，可以通过创办高科技公司，实现"知识创新成果"向"原创性科技成果"的转化，催生产业创新。

（2）主要局限性

"知识本位"的主要局限性涉及两个层面：

①"知识本位"教育曾是人类历史上"体力劳动"与"脑力劳动"分工加剧时代的产物，反映了工业时代和后工业时代职业结构的特定需求，服务于该时段西方"博雅教育"和少数高端学术人才培养，轻视"能力本位"教育。这是它的历史局限性。

②传统"知识本位"侧重于"学会认知"，相对忽视"学会做事"和"学会做人"。如果用之于造就今日高等人才，不仅"行为自律"欠缺，多数还将面临结构性失业。这是它的理论局限性。

2）"能力本位"

（1）可取之处

"能力本位"课程理论主要可取之处有三点：其一，将"学会做事"作为课程教学宗旨，依照"学会做事"有赖"技能迁移"，"技能迁移"有赖"技能训练"，"技能训练"有赖"课程设计"的基本思路进行课程建设。在避免经验主义建构倾向和优化课程设计原则的前提下，这样的宗旨和思路有可取之处。其二，着眼于企业对"技术技能型"人才的需求，发掘被单纯"知识本位"的"学科导向"课程忽视的"职业工作要素"，有助于克服传统"学科导向"课程观的片面性，历史上功不可没，现实中有借鉴价值。其三，通过导入"横向组织"，将"工作要素"融入课程设计是其亮点。在面向未来的高等职业教育课程改革中，"横向组织"是课程设计中一个不可或缺的维度，至于应否"横向为主"，则需深入研究、区别对待。

（2）主要局限性

"能力本位"课程理论的主要局限性涉及更多层面：其一，该理论产生于"脑力劳动"与"体力劳动"社会分工加剧的时代，在一定程度上满足了特定时期企业对技术工人的规模化需求。随着世界由"后工业时代"进入"知识经济时代"，反映旧有产业结构和职业需求的传统"能力本位"课程观渐失根基，其历史局限性也越来越明显。其二，该理论侧重"学会做事"，忽视"学会认知"和"学会做人"，与现代职业需求，特别是"知识密集型"产业需求不符。这是其现实局限性。其三，该理论主张学校复制企业，教学模仿工作，学生模仿工匠反过来又向企业输送"克隆工匠"。其所陷入的"克隆"怪圈，有导致产业结构落后和人才结构僵化之风险。这是其模式局限性。其四，该理论倡导的"横向串行"建构原则，要求学员通过"从生手到专家"的"工作情境"进行技能建构，是将"发生中的职业个体"混同于"职业成体"[①]。这是其理论局限性。其五，该理论在后期发展中，尽管立足于整体论反对CBE还原论，立足于格式塔心理学反对构造主义和行为主义心理学，但未与经验主义彻底划清界限[②]。这是其哲学与心理学基础局限性。其六，在该理论中，学员只扮演"工具理性"角色，重"功利"而轻"科学精神"和"人文精神"。不仅如此，将"工匠行动能力"作为目标，让学员围绕"工作过程"旋转，还会导致"主体性"缺失。这是其人才目标局限性。

2.相关问题

1）"能力本位"模式共性

"能力本位"各种课程模式的一个共性，是其开发初期，都面向中低端职业岗位的职业教育与培训，诸如：北美早期CBE（"以能力为基础的教育"）起源于第二次世界大战时期的美国，主要用于当时技术工人的培训；国际劳工组织20世纪70年代末至80年代初开发的MES（劳动技能模块化课程），旨在培训技术工人；德国"学习领域"课程也是如此。

随着时间的推移，这些课程模式相继被一些国家特别是欧盟各国推向高等职业教育。中国职教界引进的时候，也是中高职校齐头并进之时。

2）两类模式"交集"

实践是检验真理的唯一标准。布鲁纳"学科结构"课程改革运动失败，证明了一个事实，即其以之为据的"任何学科都能够用在智育上是正确的方式，有效地教给任何发展阶段的任何儿童"[③]著名假设是伪命题。

该假设的提出以所谓"中心信念"为前提，就是"无论在哪里，在作为'知识高端'的科学家研究室也好，在小学生教室也好，其智力活动全都一样"[④]。

类似情况也存在于各种"工作本位"的课程模式中。这些课程模式的倡导者们也都持有同样信念，即相信：在作为"科技高端"的工程师实验室（或企业厂区）也好，在职校学生的教室（或实训基地）也好，其技能活动全都一样。

此等"信念"不足为凭。因为在上述"交集"中有一个误区，即无论由小学生的"智力活动"进达科学家的"研究活动"，还是由高职在校生的"技能活动"进达工程师的"科技活动"，都是一种"学术性"或"职业性"的跨越性升级。"跨度"越大，实施教育的难度就越大，并且这种"难度"又远非依照"行为主义"、"认知主义"和"建构主义"等经验主义课程理论所能化解。随之而来的，是其课程模式"适用性"的"弱化"；这种"弱化"又导致其"适用性"的"相对化"和"主观化"。

---

① "学习结果"对标"工作世界"，"学习过程"对标"工作过程"，"发生中的职业个体"对标"职业成体"，是欧盟"学习结果导向"课程模式中的"三位一体"，代表世界职业教育史上"能力本位"课程理论发展的最高成就。
② 格式塔理论自诩秉承了康德先验论，然而它至多接受了康德的整体论，却始终未将整体论提升到超越经验论的先验论高度。
③ 布鲁纳J S. 教育过程［M］. 邵瑞珍，译. 北京：文化教育出版社，1982：49.
④ 布鲁纳J S. 教育过程［M］. 邵瑞珍，译. 北京：文化教育出版社，1982：33-34.

不仅如此，学历教育在校生的"教育过程"与"高等职业成体"的"行动过程"，这两者的内在机制还各不相同：将两者混为一谈，无异于将生物学领域幼体动物的"发育过程"混同于其成体的"活动过程"，其做法在理论上是荒谬的，实践上是有害的[①]。

从两类模式的上述"交集关系"可以推断：一方以之为据的"命题"和"信念"被证伪，另一方以之为据的同类"命题"和"信念"也同时被证伪[②]。

3)"工作导向"的短板

包括欧盟各国"高层次资格的职业教育"在内的"工作导向"课程模式的主要短板，是对"两种精神"，即"科学精神"和"人文精神"的关注不足。

"科学精神"是人对真理的追求，即以"问题思维"和"批判意识"为前导的"求真务实"；"人文精神"是人对价值的追求，即以"学习"、"创造"和"奉献"为表现形式的"求美向善"。培育这"两种精神"都需要"知识本位"的学科课程支撑。在"能力本位"的"工作导向"框架内，这个"短板"是无法补足的。

4)当"对接"遭遇"变化"

西方发达国家职业教育课程改革的共同诉求，是"与工作世界对接"。然而自20世纪90年代特别是21世纪20年代以来，信息技术和生物技术双重革命改变着经济和社会，人工智能、区块链、基因工程、大数据算法和生物工程等新技术革命正在使"工作世界"发生变化。在今日世界，"改变"越来越成为"唯一不变的事"[③]。

面对不断变化的"工作世界"，仅着眼"对接"所需的"学习结果"（"知识、技能与能力"）是远远不够的。除了依靠"对在职员工进行'继续教育'和'终生教育'"的"事后补救"措施之外，对学历教育在校生还应要求些什么？这是包括专业教育在内的中国高职教育不得不面对的问题。

三、课改对策

习近平总书记在党的二十大报告中指出，"教育、科技、人才是全面建设社会主义现代化国家的基础性、战略性支撑。教育是国之大计、党之大计。培养什么人、怎样培养人、为谁培养人是教育的根本问题。"这是以习近平同志为核心的党中央对新时代教育事业的总体战略部署，也是新时期中国高等职业教育课改对策的指导思想。

1.缩小差距

当代世界中有各种各样的"整合"，诸如：在产业链高端，从"现代技术"与

---

① 布鲁纳"'学科结构'课程改革运动"遭致反对和失败的深层原因，也正在于此。
② 从学术层面讲，此处提及的"两类模式交集"误区的实质，是诉诸学生的"自发式"学习经验，其观点之粗浅堪比生物学领域朴素的"自然发生论"。斯帕兰让尼（Lazaro Spallanzani，1765—1776）和巴斯德（Louis Pasteur，1861）用实验反驳了亚里士多德（Aristotle，公元前4世纪）的"自然发生论"，提出"生物只能源于生物"的"生源论"；达尔文（Charles Robert Darwin）创立的"生物进化论"（《物种起源》，1859）扬弃了"生源论"；海克尔（E.Haeckel）提出关于生物个体发育和系统发育关系的"重演律"（《普通形态学》，1866）；克里克（Francis Harry Compton Crick）根据精密科学实验，提出分子生物学的"中心法则"，用"基因表达"描述了"个体发生发育"的生物信息传递过程（1958和1970）。
    在关于"人类精神、文化和知识"的研究领域，亦曾并正在经历类似过程：洛克（John Locke）的"白板说"主张"人类的一切知识都源于经验"（《人类理智论》，1690）；休谟（David Hume）置疑"经验发生的知识之普遍性和必然性"（《人类理智研究》，1748），提出"经验怀疑论"；康德（Immanuel Kant）全面论证了"具有普遍性和必然性的概念、知识和原理都只能源于人类理性"的学说，用"先验论"取代了"经验论"（《三批判》，1781—1790）；黑格尔（Georg Wilhelm Friedrich Hegel）的"精神进化论"扬弃了康德的"先验论"，提出关于精神个体发育与系统发育关系的"重演论"（《精神现象学》，1807）。笔者深信：关于学历教育中"职业个体发生"的"教育过程"，文化信息传递的"中心法则"和"觅母表达"假说将引导人们走出"两类模式交集"的误区（详后）。
③ 赫拉利. 今日简史［M］. 林俊宏，译. 北京：中信出版集团股份有限公司，2018：251.

"现代科学"整合中，孵化出"知识密集型产业"或"技术密集型产业"；在职场高端，高等职业人的一切"职业能力"，都是通过高端"知识应用"获得的（"专能"源于"'专业知识'应用"，"通能"源于"'通用知识'应用"）；在学历教育高端，"高等职业个体发生"的一切"'高端能力'生成"，都有赖于"'高端知识'应用"。

人为地将高等职业教育中的"行动体系"与"学科体系"对立起来，在两者之间作"非此即彼"的选择，是对上述事实的虚幻反映。

缩小差距，就是以上述事实为据，着眼世界特别是西方发达国家高职教育课程改革总趋势，摆正两者关系。

20世纪90年代以来，与西方发达国家高职院校课改主流相比，中国的主要差距是缺少"整合"环节。这个差距体现在许多层面："'专能'与'通能'整合"的必要性原则上已被普遍认同，但怎样实施及如何落到实处，还有待探索；"'学术性课程'与'职业性课程'整合"的试验正在起步；其他层面的"整合"尚未顾及；"整合性"课程理论研究相当薄弱等。

深化第一种"整合"，将第二种"整合"作为高职课改重点，研究与落实其他层面的"整合"，全面推进"整体观"指导下的中国高等职业教育课程建设及其理论研究，是有待完成的任务。

在高职专业课教材设计中，"'职业要素'与'学术要素'的整合"以何者为主导？这个问题的答案可以有两种：着眼"职业成体"的"行动体系"，会选择"从生手到成手"模式下的"以'职业要素'或'工作行动'为主导"；着眼"发生中的职业个体"，会选择"发育学"或"发生学"意义上的"教育发生"，即"以整合'学术要素'与'职业要素'的整体发生过程为主导"。本系列教材倾向于后者。

2.绕开"交集"

如前所述，要求"教育过程"中的"课程内容序化"模仿高等职业成体的"活动过程"，是"工作导向"与"学科结构"课改诉求的"交集"。学历教育"在校生"与"职业成体"之间的层次差异（特别是其间"学术要素"的层次差异）越大，此等诉求就越是行不通①。

布鲁纳"'学科结构'课程改革运动"的失败，已证明这个"交集"是误区和陷阱。无论是"知识本位"还是"能力本位"的学历教育，都应绕开这个"交集"。

探索绕开"交集"的途径，理应作为"'整体论'指导下的面向21世纪中国高职专业课程与教材建设"的对策选择。

3.区分类型

实施"整体论"高等教育课程与教材建设应关注的主要问题，是避免"同质化"。

传统对策是通过区别"高等职业教育"与"普通高等教育"来避免。例如：相比普通高校，职业院校专业课程与教材建设中的"学术要素"含量较低；在职业院校内

---

① 与之相反，该诉求最适用领域，莫过于知识含量不高的古代家庭手工业、中世纪"师傅带徒弟"的手工作坊，以及今日以简单操作为特征的驾车、厨艺、按摩、美容、汽修等职业群的技能培训。

部，高专专业课程教材中的"学术要素"层次也低于"职业本科"；"普通高等教育"专业课教材结构为章节，"高等职业教育"专业课教材结构为模块（详后）；如此等等。

问题在于：就课程体系而言，现行"普通高等教育"课程体系中也有不那么"普通"的专业课，现行"高等职业教育"课程体系中也有堪称"普通"的"通能"与"通识"课程；就职业类型而言，高校教师、各类科研机构的学术研究工作也是一种"现代高等职业"，将培养此类人员的学历教育排除于"高等职业教育"范畴之外，逻辑上讲不通。

党的二十大报告指出，"统筹职业教育、高等教育、继续教育协同创新，推进职普融通、产教融合、科教融汇，优化职业教育类型定位"。这是一体实施科教兴国战略、人才强国战略、创新驱动发展战略，开辟发展新领域新赛道、不断塑造发展新动能新优势的重要突破口。

要"推进职普融通""优化职业教育类型定位"，就应以《中华人民共和国职业分类大典》（2022年版）为参照，以党的二十大报告确立的"中心任务"为引领，着眼"第二个百年奋斗目标"，凸显中国高等教育高质量发展的主题，在深入研究21世纪世界特别是发达国家基础学科、新兴学科、交叉学科、优势学科发展趋势和新技术、新产业、新业态对高等教育人才培养日益增强的重大需求基础上，加快构建中国特色、世界一流的高等教育分类体系，将各类诸多层次的"'现代高等职业胜任力系统'建构"作为"类型不同、各有侧重"的"'整体论'课程观指导下的高等教育课程与教材建设"的"目标模式"，借以扬弃将现代高等教育区分为"普通高等教育"和"高等职业教育"的"教育类型定位"传统做法。

4.补充短板

缺少通识教育，特别是科学精神与人文精神教育，是欧美发达国家"能力本位"职业教育的"短板"。

在我国，"关注科学精神与人文精神"的相关规定早在基础教育阶段就被列入教育大纲。在该阶段，培育"两种精神"是通过"教学内容综合化"和"多学科渗透"方式实施的。

中国高职高专教育应在此基础上，至少将"现代科学技术概论"、"人文科学概论"、"中华优秀传统文化概论"、"毛泽东思想和中国特色社会主义理论体系概论"和"马克思主义哲学原理"（以下简称"四论一理"）增补到公共基础课程体系中，作为各专业培育"科学精神"、"人文精神"和"四个自信"的必修通识课。

"科学精神"和"人文精神"是"科学素养"和"人文素养"的核心；"中华优秀传统文化"和"马克思主义"是"四个自信"的基石①。培育"科学精神"、"人文精神"和"四个自信"，应与培育"政治素质"和"专业素质"一起，作为中国高职高专"新时代素质教育"的基本组成部分。

如前所述，美国社区学院和欧盟各国EQF5职业教育的学制均为二年。与之不同，中国高职高专学制为三年，即介于美国高职与本科或欧盟EQF5~6级之间，多了

---

① 习近平强调，在五千多年中华文明深厚基础上开辟和发展中国特色社会主义，把马克思主义基本原理同中国具体实际、同中华优秀传统文化相结合是必由之路。

整整一学年的中国高职高专教育，完全有条件将"四论一理"纳入其中。

可以把"纳'四论一理'于中国高职高专公共基础课程体系"，作为未来"学术性与职业性整合"阶段课程体系改革的中国式探索。

5. 强化韧性

在当今世界，"一切都在改变，而且改变的步伐在不断加速"。中国高等职业教育除了要教给学生"与工作世界对接"的既定"知识、技能与能力"信息之外，更要教给学生如何选择、处理、理解、利用和创造性地转化信息以及"4Cs"，即批判性思考（critical thinking）、沟通（communication）、合作（collaboration）和创意（creativity）。其中最重要的，是培育和强化学生的"韧性"（resilience），即能够随机应变，学习新事物，在不熟悉的环境里仍然保持心态平衡，不断重塑自己的能力[①]。

在高职高专教育专业课程与教材建设中加入强化学生"4Cs"和"心理韧性"的"整合性"操练，培养"认知弹性"的"业务剖析"和案例教学，以及体验"知识更新"的"求知韧性"训练，可作为应对"'对接'遭遇'变化'"的中国式探索。

四、教材建设

1. 若干定位

1) 关于"21世纪新概念"

在世界高等教育领域，20世纪末至21世纪初，课程与教材建设的大势所趋是向"整体观"转型。此间呈现的"整体观"课程模式多种多样，诸如：整合"专能"与"通能"的"整体能力观"（美国"职业群集课程"、英国BTEC课程、德国"双元制"课程，20世纪70—80年代）；整合"职业教育与学术教育"的AOI（美国社区学院，20世纪90年代）；整合"专识"与"通识"的"整体知识观"课程（美国普通高校，1990）；欧洲高校"博洛尼亚进程"中的"整体能力观"课程（29个欧洲国家，1999至2010）；整合"职业教育"与"普通教育"的"一体化"课程（美国，21世纪初）；兼顾"学术性因素"与"典型职业性因素"的《教育与培训框架2020》课程（欧盟委员会，2010）；整合"整体知识观"与"整体能力观"的基于"21世纪技能"和"PISA 2018全球胜任力评估框架"课程（美国，2011和2017）等。

本系列教材名为"新概念"，是因为采用的是"整体观"课改策略；冠以"21世纪"，是因为"'整体观'课改"主流是21世纪初以来形成的。

2) 关于"教材新系"

名为"教材新系"，指的是基于对"教育过程"不同解读的一种"整体论"教材建设"过程模式"的新取向。

（1）觅母表达

关于"教育过程"的解读，在布鲁纳"学科结构导向"和包括德国"学习领域"在内的欧盟各国"学习结果导向"中，其课程设计及教材建设的"过程模式"与"目标模式"区别不大，都着眼于"'职业成体'的'活动机制'"，对标"科学家的研究过程"和"包括工程师在内的职业成手的工作过程"。

与此不同，在"教材新系"中，其课程设计及教材建设的"'过程模式'取向"

① 赫拉利. 今日简史［M］. 林俊宏，译. 北京：中信出版集团股份有限公司，2018：254.

着眼"'职业学力'的'发育或发生机制'"，比照分子生物学的"中心法则"，将"教育过程"解读为"觅母表达"①。

这种比照用"课程觅母"指谓以教材为载体的"人类职业文化信息编码系统"（其中凝结着人类职业活动的历史积淀与现实发展各种要素之精华），将"'高等职业学力'的'建构（发育）过程'"理解为"课程觅母"在"后基础教育阶段"的有序表达过程，亦即在教师（相当于"文化'信使RNA'"）的引导下，通过教学活动，将设计在教材中的"课程觅母"信息"转录"到学生的头脑（相当于"文化'蛋白质'"）中，并通过全方位的训练、考核与评价（相当于"中心法则"中的"翻译"和"调控"机制），促成学生"职业学力"的诸多阶段性建构，直至作为其"最终形态"的"职业胜任力"（即其终极"目标模式"）结构生成。

（2）"觅母表达"与"环境要素"

"以'课程觅母表达'为中心"的教育过程中的"职业胜任力"建构，不是在自我封闭的系统，而是在与教育环境要素相互作用的"开放系统"中进行的。

高等职业教育的环境要素包括实体环境与虚拟环境。实体环境又包括内环境与外环境：前者指由课堂、学校及其规章制度、教育技术、设备设施等构成的要素；后者指由家庭、社区、社会（特别是由国家发展战略、现实产业结构与职业结构决定的高等职业需求，以及体现于国家教育发展战略、教育体制、方针、政策、规划与机构中的"高等教育导向"）和世界（特别是其政治、经济、科技、教育等现实发展态势）构成的要素。虚拟环境指以图书馆和互联网为载体和中介的人类科技文化信息要素。

在这种"开放系统"中，一方面，要坚持"以产引教、以产定教、以产改教、以产促教"，借以突破"觅母表达"的"教育闭环"；另一方面，要通过"教、研、用"，主动承接科技成果转化、开展技术创新、促进产业发展，借以走出前述"'能力本位'主要局限性"之三中提及的"克隆怪圈"。这就是党的二十大报告中强调的"产教融合、科教融汇"。

着眼于"开放系统"，可以将关于"教育过程"的"'整体论'过程模式"解读，更具体地表述为"以'教、研、用'为必要环节，受制于内外教育环境要素并与之非线性互动"的"觅母表达"过程。

3）关于"高等职业教育"

本系列教材名称"高等职业教育"中的"高等职业"，是依照教育部关于"不同类型各有侧重"的原则，在"目标模式"的类型上定位于"特色鲜明"的"现代高等经管类职业群"；在"目标模式"的层次等级上定位于与"高职高专"学历教育相当的国家职业资格，以区别于"中等"和"本科"职业资格。

4）关于"目标描述"

本系列教材的"目标描述"，是依照"德、知、技、能"和"思政"元素蕴涵于其中、可行性更强的"理论、实务、案例、实训"四大子目标进行的，没有将"素养"纳入专业课教材的"目标描述"中。这样做是出于以下考量：

---

① "觅母"（meme）是借用英国皇家科学院院士、牛津大学教授道金斯（Clinton Richard Dawkins）创造的术语（参见他的著作《自私的基因》，1976）。

（1）关于"素养"

依照"知识、能力和素养"进行目标描述的做法，类似于北美CBE课程（DACUM）和国际劳工组织MES课程"目标描述"中的"知识、技能和态度"，只是将"态度"换成了"素养"。

将作为"职业道德"组分的"态度"纳入专业课"学习目标"，同"能力"一样具有可行性，但"素养"就不同了。

"素养"（literacy）是一个大概念，内涵极为丰富，非但不宜与"知识""能力"并列，本身就包含"知识"和"能力"，置于专业课"目标描述"中是"大词小用"。

"素养"或指"职业素养"（可量化为"职商"，即CQ），或指"通识"，通常与"教育"一词搭配。

"职业素养"的理论鼻祖，S.弗朗西斯科（San Francisco）在其同名著作中对"职业素养"是这样定义的："职业素养是人类在社会生活中需要遵守的行为规范，是职业内在的要求，是一个人在职业过程中表现出来的综合品质。"这种品质表现为由世界观、人生观、价值观构成的"内在素养"和由计算机、英语（即语文）、建筑等技能构成的"外在素养"；其形成需要在职业生涯中，通过"印象关""心态关""道德观""沟通关""专业关""诚信关""忠诚观"等"七道关"的"养成教育"才能获得。

"通识教育"（General Education）源于英国"博雅教育"（Liberal Arts Education），是将后者内涵由原"文理教育"扩展为"跨科学教育"，即提升为培养"科学精神"和"人文精神"的"科学综合教育"，需要一整套由数学、自然科学、社会科学和人文科学组成的课程体系来支承。在美国，社区学院的"通识教育"通过两年"转学课程"来实施，本科及以上高校的"通识教育"通过头两年课程来实施[1]。

两种情况都表明："素养"远非专业课"目标描述"所能承载，其本身也不属于专业教育目标[2]。

在中国高职高专教育中，用"素质"取代"素养"更为合适。本阶段的"素质教育"是继中学的"基础教育"之后，通过包括公共基础课、专业基础课和专业课在内的一整套课程体系来继续实施和完成的。

（2）关于"目标模式"

①专业目标

在"类型定位"的"目标模式"中，"职业胜任力"对应行业或专业岗位群的"专业目标"，其相应"学力"由包括公共基础课、专业基础课和专业课在内的一套课程体系来建构。

"职业胜任力"，是"职业知识、职业能力（技能）和职业素质"三种"整合要素"的有机统一。其中："职业知识"是"专业知识"与"通用知识"的整合；"职业能力"是"专业能力"与"通用能力"的整合；"职业素质"是"专业素质"与"通用素质"的整合。

---

[1]　"通识教育"是否落实到位，其衡量标准之一是开设的课程是否足够多。美国许多高校根据自身情况建立了"通识教育"课程体系，少则100门，多则700门，如哈佛大学2014—2015学年的"通识课程"数量就高达574门。
[2]　由此可以理解，为什么教育部文件对"高职高专人才培养目标"的多重定位，从未提及"素养"。

②课程目标

在"课程定位"的"目标模式"中，"业务胜任力"对应"课程目标"，其相应"学力"由各门专业课程来建构。

作为"职业胜任力"子系统的"业务胜任力"，是"专业知识、专业能力（技能）和专业素质"三种"专业要素"的特定（或阶段性）有机统一。其中："专业知识"包括"理论知识"（陈述性知识）、"实务知识"（程序性知识）和"案例知识"（结构不良知识）；"专业能力"包括"专业认知能力""专业规范能力""多元表征能力""技能操作能力"；"专业素质"是指在课程学习和训练过程中形成的具有稳定心理特征的内在专业品质，主要表现为"专业知识"扎实、"专业技能"娴熟和"专业自信"坚定。

（3）关于"四大子目标"

"多元整合型一体化"专业教材依照"理论、实务、案例、实训"四大子目标进行目标描述，旨在扬弃"目标描述"的传统模式：

其一，同传统模式相比，该描述能更好地体现课程各专业要素之间的内在联系和逻辑衔接，即"陈述性知识"先于"程序性知识"，"初级学习"先于"高级学习"，"实践学习"以先前各种学习为前提。

其二，同传统模式相比，该描述丰富和优化了课程实施过程中诸环节的内涵：各章依照"四大子目标"贯穿于其中的"教学"、"训练"和"考核与评价"三个基本环节依次展开，总体上兼顾了"知识、能力和素质"全方位专业要素的阶段性生成体验。

其三，同传统模式相比，细分后的"目标描述"更加具体明确，可操作性也更强。

2.主要特色

1）编写原则

本系列教材编写以教育部《职业院校教材管理办法》"总则"为原则，以贯彻落实"一个坚持"、"六个体现"、"四个自信"和"第十二条"各项要求为基点，以新近修订的国家专业教学标准和职业标准为既定规范，形式上体现21世纪国际先进高等职业教育教学理念和课程观，内容上反映近期"知识经济""数字经济""服务经济""体验经济""共享经济"叠加背景下的国家产业和行业新发展，及其与5G、人工智能、生物技术、大数据、云计算、物联网和智能移动终端APP等新技术融合的新趋势，对接日益增长的"高素质""高技术等级""知识密集型"人力资源市场新需求。

2）结构设计

本系列教材采用的不是"模块化项目课程结构"，而是"章节结构"。其取舍理由如下：

"模块化项目课程结构"设计主要适用于职业培训教材。职业培训是一种以劳动者为特定资源开发对象，以直接满足社会、经济发展某种需要为目的进行的定向培训，通常按照国家职业分类和技能标准进行。这种培训教材适于采用"以能力为本位，以工作要求为目标，以工作结构为内容框架，以项目任务为教学单元"的教材结构设计。

与此不同，高等职业教育属于学历教育，分专科层次（高职高专）、本科层次（职业本科）和研究生层次（专业研究生）。各层次的专业课程，其主流都属于"以'学术性为主'加入'工作性要素'"的学科课程，教材内容的结构设计以"章节结构"为宜①。

3）内涵与框架

本系列专业教材以"'专业知识'、'专业能力'和'专业素质'"为三大基本内涵，以"健全职业人格"为整合框架，各章体现"基本内涵"和"整合框架"的正文教学内容，连同穿插于其间的"同步思考""同步案例""同步业务""课程思政""教学互动"等功能性专栏，与"学习目标"和章后"基本训练"和"单元考核"相互呼应。

在内容展开上，兼顾专业课程教材的"纵"与"横"两个内容组织维度，坚持"纵向为主，横向为辅，纵横交错"，依照"原理先行、实务跟进、案例同步、实训到位"和"从抽象到具体"的原则，循序渐进地展开教材内容。

4）教学法

本系列教材将各种教学方法"兼收并蓄"，亦即将"学导教学法""互动教学法""案例教学法""讨论教学法""体验教学法""分众教学法""项目教学法"等诸多教学法，以及"自主学习""合作学习""实践学习"等学习方式，有针对性地运用于相应教学环节，使其相得益彰，借以克服教学"重鱼""轻渔"，教师"一言堂""满堂灌"，和学生"轻交流""少体验"等传统教学方法的弊端。

与此同时，还通过"教学环节'多元化'"和"组建'学习团队'"等途径，落实"分层教学"要求，即：针对同一施教对象的不同学力结构层次，通过区分"理论""实务""案例""实训"等"多元教学环节"，进行"分层教学"；针对不同施教对象的不同学力结构，通过"自主学习""案例分析""实训操练"等环节，"在'学习团队'中互帮互学"，解决"分层教学"中学生水平参差不齐的问题。

5）教学、训练与考核

（1）结构布局

在结构布局上，"多元整合型一体化系列"各教材实施的统一设计如下：

各章"学习目标"列示出"教学""训练""考核"的目标描述，包括"理论目标""实务目标""案例目标""实训目标（单数章一般为'自主学习'）"四个子目标。

每章正文部分的教学内容，为章后"基本训练"提供了较为系统的知识铺垫和业务规则讲解。其中：篇首"引例"提供了"学习情境"；"理论""实务""案例"等教学环节展开"专业陈述性知识""专业程序性知识""专业'结构不良'知识"；"同步案例""课程思政""业务链接"等栏目提供了与各阶段"学术铺垫"同步的"职业元素"和"思政元素"的横向穿插，并带有示范与引导性质；"同步思考"和"教学互动"旨在深化教学效果。

---

① 不能笼统地以为职业教育教材的"模块化项目课程结构"一定优于"章节结构"。在美国，且不说"模块化项目课程"只是"生技教育"阶段职业教育的诸多课程模式之一，即便是"职业性"最强的MBA课程，其教材的内容结构设计也都采用不同于欧盟"EQF"课程的"章节结构"。

"本章概要"包括"内容提要与结构""主要概念和观念""重点实务和操作"。其中："内容提要与结构"是对"单元教学"内容的简短回顾；"主要概念和观念"和"重点实务和操作"分别列示了"单元教学"和"基本训练"中要求学生重点把握的专业知识、业务规则与操作内容。

（2）课程训练

名为"基本训练"的"课程训练"，通过各类题型——包括"理论题""实务题""案例题""实训题（单数章为'自主学习'）"——的操练，复习与巩固"单元教学"的各种习得，体验不同类型的"学习迁移"，借以强化学生包括"职业知识""职业能力""课程思政"等要素的"学力结构"阶段性建构。

在上述训练中，着眼"高素质"人才中的"核心素质"培养，本系列教材借鉴英国"普通国家职业资格"（GNVQ）课程中关于"'通用知识'应用转化为'通用能力'"的授课方式，通过学生组建学习团队，自主学习和应用教材中所附"职业核心能力训练"的相关知识和规范，尝试将"通识"和"通能"融入各章"案例分析""课程思政""实训操作"等"专业能力"、"4Cs"与"韧性"的训练环节中。

（3）考核与评价方式

本系列教材采用兼顾"知识测试"和"能力与素质评估"的"知识考核+案例考核+自主学习考核+实训考核"的"整体论"考核与评价模式。

在考核方式上，本系列教材兼顾"知识测试"和"能力与素质评估"，并"融多种考核方式于一体"，亦即融"理论考核""实务考核""案例考核""实践考核"，以及"形成性考核"与"成果性考核"（课业考核）等考核方式于一体。

"单元考核"是对"单元教学"和"基本训练"成果的全面验收，旨在评估学生在"专业训练"（包括"专业知识""专业能力""专业素质"的训练）和"融入训练"（包括"通用素质"和"思政素质"的训练）等要素的学力建构中达到的课程学习各阶段性发展水平。

"综合训练与考核"带有教材"收官"性质，是各门课程中最接近作为"职业胜任力"阶段性建构的"业务胜任力"训练与考核。

在考核评价上，改进结果评价，强化过程评价，探索增值评价，健全综合评价，完善素质评价，提高评价的科学性、专业性和客观性，建构新时代中国特色的高等职业教育专业课程考核评价体系[①]。

结构决定功能。了解教材内容结构设计的所述布局，有助于发挥其相应的功能和作用，为充分理解和使用教材创造条件。

3.各阶段融入要素

1）关于"人才培养目标"

关于"人才培养目标"定位，根据相关文件精神与要求，本系列教材建设各阶段的同步跟进如下：

"以培养高等技术应用型专门人才为根本任务"（教育部，2000）；"培养生产服务第一线的高素质劳动者和实用人才"（国务院，2002）；"培养高素质的技能型人才，

---

① 详见本系列教材网络教学资源中的《学生考核手册》。

特别是高技能人才"(教育部，2003)；"培养面向生产、建设、管理、服务第一线需要的高技能人才"(教高〔2006〕16号)；"以培养高端技能型人才为目标"(教育部，2011)；"培养高端技能型人才"(教职成〔2011〕9号)；"培养产业转型升级和企业技术创新需要的技术技能型人才"(国发〔2014〕19号)；"培养掌握新技术、具备高技能的高素质技术技能人才"(《现代职业教育体系建设规划》，2014-2020)；"育人的根本在于立德。全面贯彻党的教育方针，落实立德树人根本任务，培养德智体美劳全面发展的社会主义建设者和接班人"(党的二十大报告)。

在所述"跟进"过程中，为及时对接中国产业升级对高级人力资源的市场新需求，本系列教材结合经管类服务业特点，着眼"培养以'健全职业人格'为职业灵魂，既能适应又能扬弃'既定工作过程系统'，富有科学精神、人文精神、政治素质及'4Cs'和'韧性'，'德、知、技、能并修'的新时代'高素质''高技术等级''知识密集型'的'应用-复合'型人才"这一"人才培养目标"总定位，阶段性提升了"人才学力'建构与赋型'"的专业课子目标。

2）关于"自主学习"

联合国教科文组织的研究表明：进入21世纪，不少学科知识更新周期已缩短至2～3年。不仅如此，如《今日世界》作者所指出的，整个"工作世界"都处于变化中，而且变化会越来越快。

这意味着，学生在高职院校学习的旨在"与工作世界对接"的"学习结果"，有相当多"知识、技能与能力"信息在毕业后已经过时。为应对日益加速的"知识流变"和"工作世界变化"，本系列教材自2017年起，将"自主学习"视为与"实训操练"同等重要的能力训练，或在奇数各章用"自主学习"替换先前各版的"实训操练"，或将"自主学习"直接融入"实训操练"的"技能训练"中，借以培育学生适应"知识流变"的"求知韧性"。

3）关于二维码资源

自2018年起，阶段性落实教育部关于"进一步推进职业教育信息化发展"、"推广移动学习等信息化教学模式"(教职成〔2017〕4号)和"推进教育教学与信息技术深度融合"(《教育部高等教育司2018年工作要点》)等文件要求与精神，增加二维码教学资源，解决传统教材所缺少的"互联网+"移动学习，即纸质教材与二维码数字资源融合的问题。

4）关于"三教改革"、"评价改革"和"立德树人"

自2020年起，全面落实《国家职业教育改革实施方案》(国发〔2019〕4号)、《关于实施中国特色高水平高职学校和专业建设计划的意见》(教职成〔2019〕5号)、《职业院校教材管理办法》(教材〔2019〕3号)、《深化新时代教育评价改革总体方案》(中共中央、国务院，2020)和《职业教育提质培优行动计划（2020—2023年）》(教职成〔2020〕7号)等文件要求与精神，重点落实"三教"改革中的"教材、教法"改革、"总体方案"中的"教育评价改革"，特别是"在立德树人根本任务方面，进一步创新思想政治教育模式，将社会主义核心价值观融入专业课教材"的要求。

5）关于"党的二十大精神进教材"

自2022年起，依照《中共中央关于认真学习宣传贯彻党的二十大精神的决定》

中关于"加快推进党的二十大精神进教材、进课堂、进头脑"要求，将研究和落实"育人的根本在立德""立德树人，培养'德知技并修'的大国工匠和'高素质技术技能型'人才"的"人才强国战略"，作为新时期高职院校专业课教材改革的根本任务。

五、结束语

一位著名哲人说过："要把抽象的观念生硬地应用于现实，那就是破坏了现实。"

在世界教育领域，历史上的"抽象观念"，部分是"分化现实"的反映，部分是"认识局限性"的反映。

就"分化现实"而言，"知识本位"与"能力本位"两种"抽象观念"，是工业时代和后工业时代早期"脑力劳动"与"体力劳动"社会分工"两极对立"的反映。在这个可以称为"分化现实"的历史阶段，人们在"理论的态度"中一方面提炼出反映"脑力劳动"的"学术性结晶"，另一方面提炼出反映"体力劳动"的"职业性结晶"；在"实践的态度"中分别实施了"知识本位"与"能力本位"教育。两种做法因受制于那个时代阶级结构、产业结构和职业结构的"分化的现实"，皆属"历史性"无奈。

就"认识局限性"而言，无论是"知识本位"与"能力本位"教育的理论局限性，还是体现于课程模式、目标描述、课程组织、教学途径、教学方法、考核方法等诸多传统观念的对立，都带有人类认识发展的阶段性烙印，皆属"认识性"无奈。

在今日中国，随着经济全球化、产业结构"两化融合"、职业结构"两性整合"①和"'科学、技术与生产'一体化"纷至沓来，"脑力劳动"与"体力劳动"已由传统的"两极对立"转化为"两极互渗"和"两极相通"；"现实"正在由"分化的现实"转化为"联系的现实"。

在今日世界，以数字化、网络化、信息化为标志的信息革命已为人类认识"从抽象上升到具体"提供了方便、及时的信息共享平台，条件性"无知"再不能被当作"充足理由"。

在这种情况下，如果在"理论的态度"中仍止步于各种"分离的观念"之"两极对立"，在"实践的态度"中仍把这些"分离的观念"生硬地应用于"联系的、具体的现实"，就是破坏了现实。

从哲学层面概括以上阐述，可以将"'整体观'指导下的中国高职专业课程和教材建设"简要地表述为：在"理论的态度"中，深入研究世界特别是美欧发达国家职业高校的课改历程、经验教训和利弊得失，通过扬长避短，创造性地探索与建构"反映联系的、具体的教育现实"之中国高职教育课程改革的各种"具体观念"；在"实践的态度"中，将这些"具体观念"创造性地运用于中国特色、融通中外的高职课程与教材建设之"联系的、具体的教育现实"，借以贯彻落实国家新时代教育强国战略，服务中华民族伟大复兴。

一套好的高等职业教育专业教材应当既体现国内外先进的教育教学理念和教学水平，又适应"中国特色社会主义新时代"需要的"'新时代中国职业人'培养"，从

---

① 产业结构的"两化融合"是指"后工业化"与"信息化"的融合；职业结构的"两性融合"是指"'职业性'与'学术性'的整合"。

而将《国家中长期教育改革和发展规划纲要（2010—2020年）》、《国家职业教育改革实施方案》（国发〔2019〕4号）和《职业教育提质培优行动计划（2020—2023年）》中提出的相关要求落到实处。本系列教材的作者们是否在此方面开了个好头，应留给读者评判和实践检验。

在高等职业教育课程教材建设的道路上，向前探索的开端总是不尽完善的，期待专家、学者和使用本系列教材的师生不吝赐教，以便通过修订不断改进，使之与中国特色社会主义新时代职业需求及相应的高等职业教育教学改革发展保持同步。

许景行

2010年9月初稿

2023年6月修订

第三版前言

《仓储与配送管理——理论、实务、案例、实训》（第三版）的推出，进一步体现了新时期国内外先进的专业技术水平和高等职业教育教学理念，为培养"后金融危机"和"欧债危机"世界经济背景下中国经济转型所需要的"高等应用型职业人才"服务。

本教材继续着眼于新时期伴随新技术革命而来的愈演愈烈的行业内与行业间跨专业人才流动的现实，在修订中处理好"职业学力"建构中的"专业性"、"通用性"与"核心性"三重内涵，进一步摆正"高等职业个体发生机制"与"高等职业成体活动机制"、发生心理学规律与教育心理学规律、教材"纵向组织结构"与"横向组织结构"等辩证关系，依照"原理先行、实务跟进、案例同步、实训到位"的原则，循序渐进地展开内容。本教材主要内容包括：仓储管理概论、仓库布局与仓库设施设备、仓储商务、仓储作业管理、在库商品的养护与保管、配送作业、配送中心运作与管理、配送运输。本教材突出"问题思维"与"创新意识"，探索"创新型"高等职业教育专业课程教材的设计，将"学导式教学法"、"互动式教学法"、"案例教学法"、"问题教学法"、"讨论教学法"、"项目教学法"和"工作导向教学法"等先进教学方法相辅相成地运用到教材的相关设计中。

本教材更好地适应了新时期职场既需要"职业认知"，也需要"职业技能"和"行为自律"的人才需求现实，重构并优化了以"职业知识"、"职业能力"和"职业道德"为"三重本位"，以"健全职业人格"为最高整合框架的高等职业教育"职业学力"教材赋型机制。

第三版教材对第二版中业已陈旧过时的教学内容和资料进行了全面更新。另外，为阶段性地落实《教育部关于进一步推进职业教育信息化发展的指导意见》（教职成〔2017〕4号）和《教育部高等教育司2018年工作要点》等文件要求，满足广大高职院校对新形态教材的最新需求，第三版教材以"学习微平台"的形式增加了二维码资源，学习者可随时扫描浏览这些二维码资源，获取更多知识。

本书在2023年重印之际，对第三版内容进行如下补充修订：

1.全面落实《职业院校教材管理办法》《职业教育提质培优行动计划（2020—2023年）》，特别是落实《中共中央关于认真学习宣传贯彻党的二十大精神的决定》中关于"把学习党的二十大精神作为学校思想政治教育和课堂教学的重要内容，组织开展对相关教材修订工作，推动党的二十大精神进教材、进课堂、进头脑"的要求，各章结合教学内容，以二维码形式添加了学习宣传落实党的二十大精神的"同步链接"。

2.在高等职业教育理念、立德树人根本任务、创新思想政治教育模式等方面进行了必要更新，将各章内的"职业道德与企业伦理"专栏和章后"基本训练"的"善恶研判"一并升级为"课程思政"。

3.充实和升级了网络教学资源，将其扩充为8种资源，即课程概要、教学大纲、教学日历、电子教案、PPT电子教学课件、参考答案与提示、学习指导、学生考核手册。使用本教材的教师可登录东北财经大学出版社网站（www.dufep.cn）下载和使用这些教学资源。

本教材由"仓储与配送管理"国家级精品课程团队集体编写，孙宏英任主编，张洪革任主审，刘文博、张璠、李政凯任副主编。具体编写分工如下：孙宏英编写第1章、第2章、第5章、综合训练和课业范例，刘文博编写第3章、第4章，张璠编写第6章、第7章，李政凯编写第8章。本教材由孙宏英总纂定稿，张洪革审定。"总序"和书后的两个"附录"由东北财经大学出版社许景行撰写。

本教材可作为高等职业院校、应用型本科物流管理专业及相关专业的全国通用教材，也可供物流企业在职人员培训使用。

本教材在编写过程中，借鉴和参考了大量国内外的相关著作，在此，谨向所有相关作者表示诚挚的感谢。由于编者水平有限，教材中缺陷和不足在所难免，欢迎广大读者提出宝贵建议（如有建议，请发电子邮件至sunhongying2004@163.com）。

编　者

2021年1月

2023年7月修订

目 录

第1章
仓储管理概论

学习目标

理论目标：学习和把握仓储的相关概念、仓储的产生和发展，仓储的功能、类型及其特点，我国仓储管理的现状和发展趋势，典型仓储组织机构，仓储管理人员及保管员应具备的基本素质等陈述性知识；能用其指导"仓储管理概论"中的认知活动，正确解答"单元训练"中"理论题"各题型的相关问题。

实务目标：学习和把握仓储作业的主要环节和一般流程，物流中心的岗位设置及其基本工作内容，仓储企业作业人员的选拔方法，以及"业务链接"等程序性知识；能用其规范"仓储管理概论"中的技能活动，正确解答"单元训练"中"实务题"各题型的相关问题。

案例目标：运用所学理论与实务知识研究相关案例，培养"仓储管理概论"情境中的多元表征能力；结合本章教学内容，依照相关规范或标准，对章后"课程思政–I"等案例中的企业从业人员行为进行思政研判，激发与"货品储存"议题相关的法律法规思考，培养高尚的道德情操，树立社会主义核心价值观。

自主学习：参加"自主学习–I"训练。在实施自主学习计划的基础上，通过阶段性学习和应用"附录一"附表1"自主学习"（初级）"'知识准备'参照范围"所列知识，收集、整理与综合"我国仓储行业发展"前沿知识，讨论、撰写和交流《"我国仓储行业发展"最新文献综述》，撰写《"自主学习–I"训练报告》等活动，体验"仓储管理概论"中的"自主学习"。

引例　海尔的现代化仓储管理

背景与情境： 为了使物流满足海尔生产和销售的需要，海尔对传统的仓储体系进行了彻底改造，建立了海尔国际物流中心。该物流中心高22米，相当于7层楼高，拥有18 056个标准托盘位，其中原材料托盘9 768个，产成品托盘8 288个；仓储管理系统包括原材料和产成品两个自动化管理系统，采用了世界上最先进的激光导引技术开发的激光导引无人运输车系统、巷道堆垛机、机器人、穿梭车等，实现了现代物流的自动化和智能化。巷道堆垛机根据计算机管理系统指令，自动装取货架上的货物，送到巷道口，再由无人操纵的穿梭车或LGV（激光导引搬运车）运至出入库站台。所有这些出入库信息，均由货物托盘上的条码和机械搬运设备上红外线扫描信息终端同步传送到海尔物流的计算机管理系统。海尔物流中心只有10个叉车司机，而同样的工作，一般仓库完成这样的工作量至少需要上百人。

海尔集团自20世纪末开始进行业务流程再造，由于有物流技术和计算机信息管理的支持，海尔通过3个JIT（即JIT采购、JIT配送和JIT分拨物流）来实现同步流程。在海尔企业内部，计算机自动控制的各种先进物流设备不但降低了人工成本，提高了劳动效率，还直接提升了物流过程的精细化水平，达到了质量管理零缺陷的目标。

资料来源　佚名. 海尔要革仓库的命［EB/OL］.［2020-05-13］. http：//www.chinahighway.com/news/.引文经节选、整理与局部改编。

从引例可见，陈旧的仓储设备经过改进可显著提高仓储效益，企业经营者可根据企业实际情况有计划、有步骤地更新仓储设施设备。

1.1　仓储管理概述

1.1.1　仓储管理的相关概念

1）仓储（Warehousing）

仓储是商品流通的重要环节之一，也是物流活动的重要支柱。《中华人民共和国国家标准·物流术语》（GB/T 18354—2006）（以下简称《物流术语》）中指出，**仓储是利用仓库及相关设施设备进行物品的入库、存贮、出库的作业**。仓库具体的形态可包括库房、货棚、露天堆场、洞穴等。"物品"指的是在经济活动中实体流动的物质资料，包括原材料、半成品、产成品、回收品以及废弃物等。狭义的仓储仅指通过仓库等场所实现对在库物品的储存与保管，是企业生产和客户消费之间的"蓄水池"；广义的仓储是指除了对物品储存、保管外，还包括物品在库期间的装卸搬运、分拣组合、包装刷唛、流通加工等各项增值服务功能。

2）仓储管理（Warehouse Management）

仓储管理就是对仓库及仓库内的物资所进行的管理，是仓储机构为了充分利用所拥有的仓储资源提供高效的仓储服务所进行的计划、组织、控制和协调过程。具体来说，仓储管理的内容包括仓储资源的获得、仓储商务管理、仓储流程管理、仓储作业管理、保管管理、安全管理多种管理工作及相关的操作。仓储管理是一门经济管理科学，同时也涉及应用技术科学，故属于边缘性学科。现代仓储管理已从静态管理向动态管理发展，产生了根本性的变化，这对仓储管理的基础工作提出了更高的要求。

3）仓储管理与物流管理

仓储是现代物流不可缺少的重要环节。物流指的是物品从供应地向接收地的实体流动过程。根据实际需要，可将运输、储存、搬运、包装、流通加工、配送、信息处理等基本功能实施有机结合。由此可见，系统化的物流活动离不开仓储活动。关于仓储对物流系统的重要意义，我们还可以从供应链的角度来进一步认识。从供应链的角度看，供应链各节点企业之间的物流过程可以看作是由一系列的"供给"和"需求"组成的，当供给和需求节奏不一致，也就是两个过程不能够很好地衔接，出现生产的产品不能即时消费或者存在需求却没有产品满足时，就需要建立产品的储备，将不能即时消费的产品储存起来以备满足后来的需求。供给和需求之间既存在实物的"流动"，同时也存在实物的"静止"，静止状态即将实物进行储存。实物处于静止状态，是为了更好地衔接供给和需求这两个动态的过程。

同步案例1-1

月山啤酒集团的仓储管理

背景与情境：月山啤酒集团在几年前就借鉴国内外物流公司的先进经验，并结合自身的物流运作特点，制订了自己的仓储物流改革方案。首先，成立了仓储调度中心，对全国市场区域的仓储活动进行重新规划，对产品的仓储、转库实行统一管理和控制。从提供单一的仓储服务，到对产成品市场区域分布、流通时间等进行全面调整、平衡和控制。其次，以原运输公司为基础，月山啤酒集团注册成立了具有独立法人资格的物流有限公司，引进了现代物流管理理念和技术，并完全按照市场机制运作。作为提供运输服务的"卖方"，物流公司能够确保按规定要求，以最短的时间、最少的投入和最经济的运送方式，将产品送至目的地。最后，筹建了月山啤酒集团技术中心，将物流、信息流、资金流全面统一在计算机网络的智能化管理之下，建立起各分公司与总公司之间的快速信息通道，及时掌握各地最新的市场库存、货物和资金流动情况，为制定市场策略提供准确的依据，并且简化了业务运行程序，提高了销售系统的工作效率，增强了企业的应变能力。

通过这一系列的改革，月山啤酒集团获得了很大的直接和间接经济效益。集团的仓库面积由7万多平方米下降到不足3万平方米，产成品平均库存量由12 000吨降到6 000吨。经过一年多的运转，月山啤酒物流网取得了阶段性成果。实践证明，现代物流管理体系的建立，使月山啤酒集团的整体营销水平和市场竞争能力大大提高。

资料来源　佚名．月山啤酒集团的仓储管理［EB/OL］．［2020-05-13］．http：//www.iepgf.cn/thread-28376-1-1.html.

问题：月山啤酒集团仓储物流改革的重点是什么？取得的主要成效何在？其成功经验说明了什么？

分析提示：在我国，众多的生产企业都有仓储部门，这些传统的仓储部门和现代化的仓储物流系统相比，服务水平还有很大的差距，它们唯一的出路就是冲破重重阻力，实施改革。月山啤酒集团就是物流系统改革的成功范例，变简单的物资存储为物资的调配、平衡与控制，在经营体制上转变为独立经营，并建立先进的物流信息系统，通过这些变革实现了以较少的资源高效地完成物流任务的目标。

1.1.2　仓储的功能

1）仓储的基本功能

仓储活动或者说仓储的基本功能包括物资储存、流通调控、数量管理、质量管理、信息管理等方面。

（1）物资储存。将物品收存并进行妥善的保管，确保被储存的物品不受损害是仓储的最基本任务，是仓储产生的根本原因，也是仓储的最基本的功能。

（2）流通调控。仓储充当了商品流通的"蓄水池"。当交易时机不利时，将商品储存，等待有利的交易时机；当价格上升时，将商品卖出。流通控制的任务就是对货物储存还是流通作出安排，确定储存的时机、计划存放的时间，当然还包括储存地点的选择。

（3）数量管理。仓储的数量管理包括两个方面：一方面是做好货物入库数量的验收工作，保证存货人交付保管的仓储物的数量和提取仓储物的数量必须一致；另一方面是仓储企业为客户管理库存，负责进货，这就要对客户的货物进行数量的控制并向存货人提供存货数量的信息服务。

（4）质量管理。根据收货时的仓储物的质量交还仓储物是保管人的基本义务，为了保证仓储物的质量不发生变化，保管人需要采取一些先进的技术，采用合理的养护措施，妥善地保管仓储物。

（5）信息管理。在仓储作业过程中会产生大量的作业数据，仓储企业应该采用先进的信息管理系统采集基础数据，对数据进行管理和加工并指导仓储企业进行决策。离开了信息管理，也就不能称其为现代仓储了。

2）仓储的增值服务功能

仓储的增值服务业务类型很多，比较典型的有以下几种：

（1）现货交易场所和交易中介。仓储场所可以作为现货交易的场所。国内众多的批发市场，一般来说既是商品仓储场所，又是商品交易的场所。另外，仓储经营人可以利用大量存放在仓库中的有形资产，与物资使用部门建立广泛的业务联系，开展现货交易中介，这也有利于加速仓储物资的周转和吸引仓储。

（2）再包装等流通加工服务。仓库可以利用物资在静止储存时间段提供各种流通加工服务。例如：对不同产品捆绑促销时提供的商品再包装服务；货物组托盘服务；满足客户销售需要而提供的贴标签服务；为商品打价格标签或条形码；对钢材进行涂油防锈等增值服务。

（3）仓单质押监管业务。仓单质押已经成为企业向银行融通资金的重要手段，也是仓储业增值服务的重要组成部分。仓单质押贷款是指银行与借款人（出质人）、保管人（仓储公司）签订合作协议，以保管人签发的借款人自有或第三方持有的存货仓单作为质押物向借款人办理贷款的信贷业务。

（4）配送、货运代理型增值服务。仓库可以根据客户的订货需求提供运输和配送服务。仓储配送业务的发展，有利于末端客户减少存货，降低流动资金使用量，保证销售的连续性。仓储企业还可以开展订舱租船、包机、包舱、托运、集装箱拼装拆箱、报关、报验、商品退货处理等增值服务项目。

（5）信息型增值服务。具有信息技术优势的仓储企业如今更能得到客户的认可。例如：向供应商下订单，并提供相关库存数据和财务报告；接受客户的订单，并提供相关库存和财务报告；利用对数据的积累和整理，对客户的需求进行预测，提供咨询支持；运用网络技术向客户提供在线的数据查询和在线咨询服务。

业务链接 1-1

顺丰速运的仓储增值服务

顺丰速运近些年来为了给客户提供更加全面的便捷服务，根据客户的需要开发了多项仓储增值服务，具体业务项目包括：标签服务、货物捆绑服务、盖章服务、礼品包装服务、保险服务、条形码打印、除霜处理服务、质量检查服务、发票打印、共同包装及重新包装服务。这些增值服务不仅提高了客户的满意度，而且成为顺丰速运新的利润增长点。

资料来源　顺丰速运.顺丰速运的仓储增值服务［EB/OL］.［2020-05-13］.http://www.sfex-press.com/hk/sc/logistics_solution/logistics_solution/warehousing.引文经节选、整理与局部改编。

分析提示：仓储增值服务的项目有多种，仓储企业在运营过程中，可根据客户的需求进行开发。符合市场需求的仓储增值服务项目既可以为仓储企业提供新的利润增长点，也可以提高客户的满意度。

1.1.3　仓储的类型

社会上仓储的形态众多，根据不同的分类标准，可归纳为不同的仓储类型。仓储的分类标准及类型如图1-1所示。

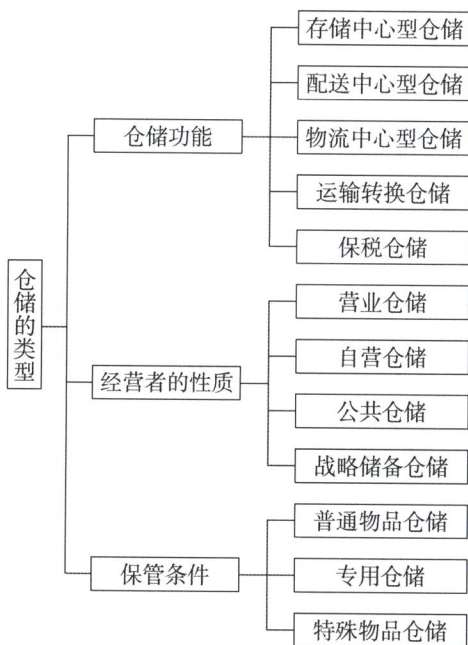

图1-1　仓储的分类标准及类型

1）按照仓储功能划分

按照仓储功能，仓储可进行如下划分：

（1）存储中心型仓储。它是以储存为主的仓储类型，其分拣、配送功能较弱。在存储中心型仓储中，由于商品存放时间长，存储费用低廉就很有必要。其一般设置在较为偏远的地区，储存的商品较为单一，品种虽少但存量较大。由于商品存期长，存储中心型仓储特别注重对商品的质量保管。

（2）配送中心（流通中心）型仓储。它也称为配送仓储，是商品在配送交付消费者之前所进行的短期仓储，是商品在销售或者供生产使用前的最后储存，并在该环节进行销售或使用的前期处理。配送仓储一般在商品的消费经济区间内进行，能迅速地送达以供消费和销售。配送仓储物品品种繁多，批量少，需要一定量进货、分批少量出库操作，往往需要进行拆包、分拣、组配等作业，主要目的是支持销售，注重对物品存量的控制。

（3）物流中心型仓储。它是以物流管理为目的的仓储活动，对物流的过程、数量、方向进行控制，是实现物流时间价值的环节。物流中心型仓储一般选址在交通较为便利、储存成本较低的地区，或选址在某些地区的经济中心。物流中心仓储品种较少，批量较大进库，一定批量分批出库，整体上吞吐能力强。

（4）运输转换仓储。它是衔接不同运输方式的仓储，在不同运输方式的衔接处进行，如港口、车站、库场所进行的仓储，可以保证不同运输方式的高效衔接，减少运输工具的装卸和停留时间。运输转换仓储具有大进大出的特性，货物存期短，注重货物的周转作业效率和周转率。

（5）保税仓储。它是指使用海关核准的保税仓库存放保税货物的仓储行为。保税仓储所储存的对象是暂时进境并还需要复运出境的货物，或者是海关批准暂缓纳税的进口货物。保税仓储受到海关的直接监控，虽然所储存的货物由存货人委托保管，但保管人要对海关负责，入库或出库单据均需要由海关签署。

2）按照经营者的性质划分

按照经营者的性质，仓储可进行如下划分：

（1）营业仓储。它也称为第三方仓储，是仓储经营人以其拥有的仓储设施向社会提供仓储服务。仓储经营人与存货人通过订立仓储合同的方式建立仓储关系，依据合同约定提供仓储服务并收取仓储费。营业仓储面向社会，以经营为手段，实现经营利润最大化。与自用仓库相比，营业仓储的使用效率较高，专业化较强，生产企业可以将仓储业务外包给社会第三方仓储。其优点和缺点见表1-1。

表1-1　　　　　　　　　　　　第三方仓储的优缺点

类型	第三方仓储
优点	①有利于企业有效利用有限资源
	②有利于企业专注核心业务、扩大市场
	③有利于企业进行新市场的测试
	④有利于企业利用先进的社会物流系统降低运输成本
缺点	对物流活动失去直接控制

（2）自营仓储。它不具有经营独立性，仅仅是为企业的产品生产或商品经营活动服务。其主要包括生产企业仓储和流通企业仓储。生产企业仓储是指生产企业为保障原材料的供应、半成品及成品的保管而进行仓储保管，其储存的对象较为单一，以满足生产为原则。流通企业仓储则是流通企业对所经营的商品进行仓储保管，其目的是支持销售。企业自营仓储相对来说规模小，数量众多，专用性强，仓储专业化程度低，设施简单。与第三方仓储相比，自营仓储的优点和缺点见表1-2。

表1-2　　　　　　　　　　　　　　　　　自营仓储的优缺点

类型	自营仓储
优点	①可以根据企业特点加强仓储管理
	②可以依照企业的需要选择地址和修建特需的设施
	③长期仓储时成本低
	④可以为企业树立良好的形象
缺点	①存在位置和结构的局限性
	②仓储专业化程度低，设施简单
	③企业的部分资金被长期占用

企业是选择自建仓库还是租赁社会第三方的仓库呢？这是一个由多种因素决定的战略决策问题。通常情况下，企业要考虑到资金问题、物资周转量问题、对物流控制的需要、社会上的物流供给状况等。图1-2是企业选择自营仓储与选择第三方仓储的成本比较。

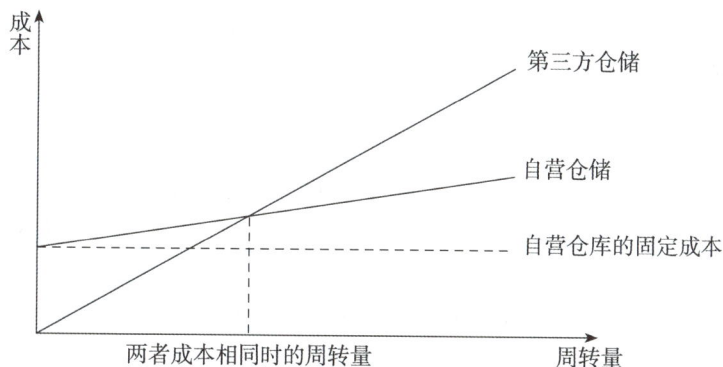

图1-2　企业选择自营仓储与选择第三方仓储的成本比较

业务链接 1-2

某家用电器企业的仓储管理决策

某家用电器企业实施并购后，销售额急剧上升，需要扩大仓储系统以满足需要。公司以往的物流战略是全部使用自有仓库和车辆为各分店提供高水平的服务，因而此次公司计划投入 3 000 万元新建一个仓库，用来缓解仓储能力不足的问题。管理层已经同意了这一战略，且已经开始寻找修建新仓库的地点。

然而，公司同时进行的网络设计模拟研究表明，新仓库并没有完全解决仓储能力不足的问题。这时，有人建议采用混合战略——除使用自建仓库外，部分地利用租赁仓库，算下来总成本比全部使用自建仓库的总成本要低。于是企业将部分产品转移至租赁仓库，然后安装新设备，腾出足够的自有空间以满足可预见的需求。新设备的成本为 100 万元。这样，企业成功地通过混合战略避免了单一仓储模式下可能导致的 3 000 万元的巨额投资。

（3）公共仓储。它是公用事业的配套服务设施，为车站、码头等提供仓储配套服务。其运作的主要目的是保证车站、码头等处的货物作业和运输，具有内部服务的性质，处于从属地位。但对存货人而言，公共仓储也适用营业仓储的关系，只是不独立订立仓储合同，而是将仓储关系列在作业合同、运输合同之中。

（4）战略储备仓储。它是指国家根据国防安全、社会稳定的需要，对战略物资进行储备。战略储备仓储特别重视储备品的安全性，且储备时间较长，所储备的物资主要有粮食、油料、有色金属等。

3）按照保管条件划分

按照保管条件不同，仓储可进行如下划分：

（1）普通物品仓储。它是指不需要特殊条件的物品仓储。其设备和库房建造都比较简单，使用范围较广。这类仓储有一般性的保管场所和设施，常温保管，自然通风，无特殊功能。

（2）专用仓储。它是专门用来储存某一类（种）物品的仓储形式。一般由于物品本身的特殊性质，如对温湿度的特殊要求，或易于对与之共同储存的物品产生不良影响，如机电产品、食糖、烟草等要专库储存。

（3）特殊物品仓储。它是在保管中有特殊要求和需要满足特殊条件的物品仓储形式。如对危险品、石油、冷藏物品等的仓储，必须配备有防火、防爆、防虫等专门设备，其建筑构造、安全设施都与一般仓库不同。

1.2　仓储作业组织

仓储作业组织就是按照仓储企业的经营目标，将仓储作业人员与仓储经营手段有效结合起来，完成仓储作业各环节的职责，提供良好的物流服务。仓储作业组织的目标是根据仓储经营管理需要和仓储活动的客观要求，把与仓储活动有直接关系的部门、环境、人、设备和库存商品合理组织起来，使之协调有序，加速商品在仓库中的流转，合理地使用人力、物力和财力，以取得最大的经济效益。

1.2.1　仓储作业的主要环节

任何仓储作业都离不开三大环节——物资入库作业、存货管理和出库作业，许多工作内容都以这三大环节为核心扩展开来。三大环节及其对应的作业项目如图1-3所示。

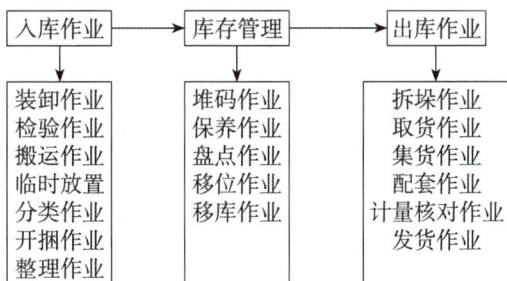

图1-3 仓储作业的三大环节

1.2.2 一般仓储作业流程

仓储作业流程有许多种类，从一般的仓库到复杂的综合性物流中心，其流程的区别主要取决于仓库本身的业务模式、规模大小、设施条件、客户方向、服务功能等因素，但仓储作业几个重要的基本环节都是必须具备的，图1-4就是仓储的基本作业流程。

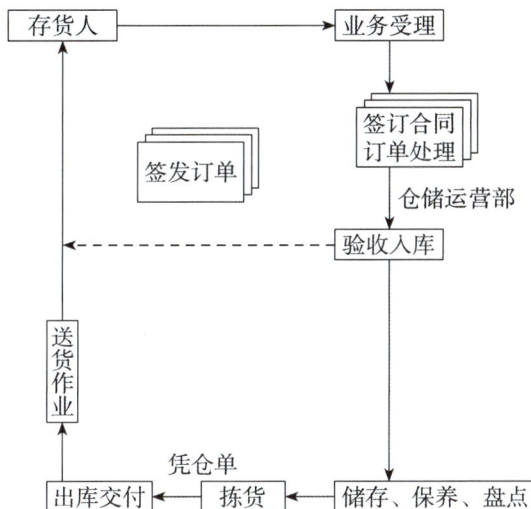

图1-4 仓储的基本作业流程

上述作业流程可归纳为以下6项作业：①合同与订单处理作业；②验收、入库作业；③储存与盘点作业；④拣货作业；⑤出货作业；⑥送货作业。

1）合同与订单处理作业

仓库的业务归根到底来源于客户的订单。它始于客户的询价、业务部门的报价，然后接收客户订单，业务部门需了解库存状况、装卸货能力、流通加工能力、包装能力、配送能力等，以满足客户需求。对于具有销售功能的仓库，核对客户的信用状况、未付款信息也是重要的内容之一。对于服务于连锁企业的物流中心，其业务部门也称客户服务部。每日处理订单和与客户经常沟通是客户服务的主要内容。

2）验收、入库作业

收到采购订单或订货单后，库房管理员即可根据其预定入库日期进行入库作业安排。在商品入库当日，进行入库商品的资料核查、商品检验；当质量或数量与订单不符时，应进行准确的记录，及时向采购部门反馈信息。库房管理员按库房规定的方式安排卸货、托盘码放、薄膜缠绕和货品入位。对于同一张订单分次到货或不能同时到达的货品，要进行认真的记录，并将部分收货记录资料保存到规定的日期。

3）储存与盘点作业

货物入库作业完成后，按照客户要求对货物进行储存与保养是仓储服务的本质内容。仓储工作人员应做好仓库的温度、湿度控制工作，提供适宜的储存环境，以保证货物的使用价值。仓储盘点是仓库定期对在库货品的实际数量与账面数量进行核查。通过盘点，掌握仓库真实的货品数量，为财务核算、存货控制提供依据。

4）拣货作业

根据客户订单的品种及数量进行商品的拣选，拣选可以按路线进行，也可以按单一订单进行。拣选工作包括拣货作业、补充作业的货品移动安排和人员调度。

5）出货作业

出货作业是完成货品拣选及流通加工作业之后、送货之前的准备工作。其包括准备送货文件、为客户打印出货单据、准备发票、制订出货调度计划、决定货品在车上的摆放方式、打印装车单等工作。

6）送货作业

送货作业包括送货路线规划、车辆调度、司机安排、与客户及时联系、商品在途的信息跟踪、意外情况处理及文件处理等工作。

1.2.3　仓储作业的组织机构

现代企业组织机构的形式不断演变，仓储企业或物流中心的组织机构也会根据环境的变化和经营目标而不断发生变化。典型的仓储企业组织机构形式包括以下几种：

（1）直线制组织机构形式。它是最早也是最简单的组织机构形式，由一个领导管理多个下级。其优点是组织内部各级行政领导按照直线自上而下垂直领导，不设职能部门，层次少，权力集中，命令统一，决策和执行迅速，工作效率高。其缺点是领导者需要处理的事务太多，精力受牵制，管理中的各种决策易受领导者自身能力的限制，对领导者的要求比较高。直线制组织机构形式适用于经营规模小、经营对象简单的仓储企业或物流中心。直线制组织机构形式如图1-5所示。

图1-5　直线制组织机构形式

（2）职能制组织机构形式。这种形式的特点是物流中心的经理把专业管理的职责和权限交给相应的职能管理部门，由它们在专业活动方面直接经营、指挥业务机构。这种组织机构形式的优点是能够充分发挥职能机构专业管理的作用和专业管理人员的专长，加强了管理工作的专业化分工，提倡内行领导，能提高管理工作的效率。其缺点是各职能机构都有指挥权，容易形成多头领导，相互协调比较困难。该机构形式不适用于大型物流企业及网络化布置的物流中心。职能制组织机构形式如图1-6所示。

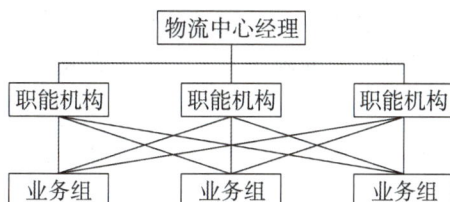

图1-6　职能制组织机构形式

（3）直线职能制组织机构形式。它是以直线制形式为基础将职能制形式结合在一起的一种组织机构形式，如设置运输部、仓储部、客户服务部、财务部、资讯部等。它的特点是各管理层的负责人自上而下进行垂直领导，并设职能机构或职能人员协助负责人工作，但职能机构或人员对下级单位不能下达指示命令，只能在业务上进行指导监督，下级负责人只接受上一级负责人的领导。这种形式的优点是取直线制和职能制两种形式之长，舍二者之短，是一种较好的形式，在单一物流中心的组织机构中得到比较广泛的应用。直线职能制组织机构形式如图1-7所示。

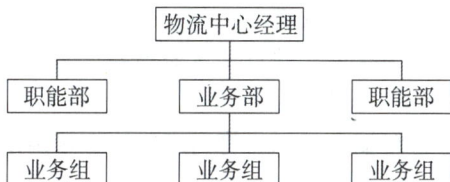

图1-7　直线职能制组织机构形式

业务链接 1-3

中外运久凌储运有限公司沈阳分公司的组织机构

公司现设五个部门：项目操作管理部、行政管理部、财务部、人力资源部、快运专线部。其中快运专线部负责沈阳分公司（下辖长春分公司、大连分公司、三好街办事处、青岛办事处、威海办事处）、哈尔滨分公司（下辖零担配送部、大庆办事处、齐齐哈尔办事处、综合管理部）以及四个项目组（沈阳米其林项目组、乍浦壳牌项目组、天津壳牌项目组、山东库柏项目组）的业务。

公司现有员工150余人，员工平均年龄27岁，是一个年轻化、学习型的专业团队。

1.2.4　仓储部岗位职责

仓储管理是把仓库内的人、财、物等各种要素合理地组织起来，使之能够正常地运转，达到既定的管理目标。这就要求各岗位人员承担必要的责任和义务，同时也要赋予仓管人员一定的管理权力。因此，要建立起严格的仓管人员岗位责任制，明确各岗位履行的职责和应具备的基本要求，只有这样，才能做到合理分工、各司其职、责任清楚、职权明确，不断地改善仓储管理，提高仓库的作业效率。

1）仓库保管员

（1）负责所管理的仓储货物的在库安全，维持仓库的干净、整洁。

（2）监督客户出入库过程中商品的质量以及装卸搬运的规范性。

（3）负责监督货物在库数量的准确率、出入库的差错率、装卸的残损率、响应时间等 KPI 指标。

（4）负责仓储货物的盘点、在库管理、出入库工作。

2）仓储部调度

（1）负责调配不同库工和设备在不同作业现场的工作。

（2）负责记录、考核库工工作量。

3）仓储部收发货库工——装卸工

（1）负责接车卸货。

（2）对需要人工搬运的货物进行搬运作业。

（3）注意搬运过程中的安全问题及货物安全。

4）仓储部收发货库工——理货工

（1）对收发货物进行计数、整理，包括货品编码、堆码、包装、分类等作业，从而使货物适当放置在货位上或出库发送。

（2）掌握堆码货位、标准垛形、件重及苫盖等要求。

5）仓储部收发货库工——拣货工

（1）根据拣货单或手持终端的指示，将出库货物拣选出来并放置到备货区。

（2）拣货作业质量控制、路线优化。

6）仓储部收发货库工——叉车工

（1）根据储位分配信息对货物进行上架及下架作业。

（2）负责设备的维护、现场货位标识的管理及维护。

（3）负责分工范围内的货品安全、叉车及设施安全。

7）仓储部收发货库工——补货工

（1）根据补货信息或自己的判断进行补货，确保拣货区有充足的货物。

（2）补货做到货物先进先出。

1.2.5　仓储作业人员的选拔

1）仓储企业作业人员的选拔要求

仓储企业作业人员的选拔要求见表1-3。

2）仓储管理人员应具备的基本素质

（1）具有丰富的商品知识。充分熟悉所经营的商品，掌握其理化性质和保管、养护要求，能有针对性地采取管理措施。

（2）掌握现代仓储管理技术。能充分掌握现代仓储管理技术，并能熟练运用，特别是现代信息技术的使用。

（3）熟悉仓储设备。能合理和高效地安排、使用仓储机械设备。

（4）办事、沟通能力强。能协调好与各关联部门的关系，能区分轻重缓急，有条理地处理事务。

表1-3	仓储作业人员选拔要求
总体要求	（1）使每个员工所承担的工作尽可能适合本人的业务条件和工作能力； （2）使每个员工有充足的工作任务，充分利用工作时间； （3）建立岗位责任制，使员工有明确的任务和责任； （4）有利于各岗位员工的协作，全面提高业务素质； （5）有利于各工作岗位的相对稳定，以利于管理
具体要求	（1）业务素质方面。要有一定的文化基础，较好地掌握仓储管理的专业知识；熟悉仓储企业的作业流程、理货与装卸搬运的技术特点；了解常见物品的理化性质、体积、外观以及检验、保管、养护、包装、运输等要求；具有现代仓储管理技能和管理意识，掌握一些实用的现代化管理方法。 （2）能力素质方面。要有分析判断能力、市场预测能力，把握市场信息，了解市场行情；有交际沟通能力、灵活应变能力，善于与人沟通；采用灵活的工作方式方法，勤于思考，勇于开拓，适应内外环境变化。 （3）身体素质方面。仓库管理工作有时要求仓管人员昼夜轮班，并承担装卸搬运作业，从而给其带来了工作上的辛苦、生活上的艰苦，所以要求仓管人员身体健康，能吃苦耐劳，精力充沛

（5）具有一定的财务知识。会查阅财务报表，进行经济核算和成本分析；能合理利用仓储经济信息，进行成本分析、价格管理和经营决策。

（6）具有一般的管理素质。

3）仓库保管员应具备的基本素质

仓储工作要求保管员能够熟练地运用各种知识，掌握商品、环境的各种变化规律，以高度的责任心和责任感，做好仓储保管养护工作，以达到延缓商品质量变化的目的。这是对一个仓库保管员的基本要求。但是，企业是处在不断变化的社会环境下和竞争越来越激烈的市场中的，所以对保管员就提出了更高的要求：

（1）人的素质。它包括一个人的身体、智力、知识、技能以及心理等多方面的综合素质，特别是具有事业心和高度责任感的人才能够胜任仓储保管员的工作。

（2）具有现代科学管理工作的基本素质和才能。

（3）能够掌握丰富的现代商品保管、养护知识、商品质量变化规律知识、自然气候变化规律知识等。

（4）要有对环境的应变能力和对事物的观察力。在商品的流动中，能掌握市场上商品需求的变化动态和规律，做好现代企业经营决策的参谋。

1.3 我国仓储业的现状与发展趋势

1.3.1 我国仓储业的现状

（1）以国有企业为主导，民营企业与外资企业共同发展的仓储业格局。

我国仓储业以国有企业为主导，整个行业内国有及国有控股企业的资产总额占总额的60%以上，具有绝对优势；而民营企业和外资企业占比相对较低。近年来，随着物流地产规模的增加和仓储管理的兴起，民营企业和外资企业逐渐树立行业竞争优势。

（2）我国仓储业远落后于欧美国家。

我国人均仓储面积水平不高，不足美国的1/10，但是从物流成本来看，我国物流总成本高出美国1倍左右，可见我国物流设施与发达国家相比还有一定的差距。这是由多种因素导致的，比如传统大型仓储企业盈利水平差、高标准物流设施稀缺、仓储工业用地资源稀缺等。

（3）仓储主营业务营收贡献低。

从盈利模式来看，传统仓储业是以仓储租赁服务为主、增值服务为辅的经营模式，而主营业务的营收贡献度越来越低。例如，中储发展股份有限公司目前主营业务分为经销和物流仓储业务，虽然其仓储业务是大多数业务的基础，但收入占比不到15%，即使加上进出库业务也不到35%；而配套业务中，货代和配送贡献了超过60%的营业收入。

（4）仓储增值业务的毛利率高，但持续走弱。

仓储企业利用其仓储资源优势可以开展质押监管、配送以及货运代理业务，但是随着竞争的加剧，增值业务的毛利率也处于下降区间。

（5）大型仓储企业的重资产比例较高，企业总资产周转率总体下滑。

大型仓储企业自有仓储面积占到总仓储面积的70%以上，较高的重资产导致企业的流通灵活性差，企业总资产周转率总体下滑。同时，过高的总资产导致行业总体资产收益率偏低，虽然国家出台多项支持政策，但是企业经营状况仍不乐观。

（6）高端物流设施占比较低。

虽然仓储总供给体量较大，但其中只有20%左右符合高标准仓库的要求。从建筑结构来看，我国平房和楼房仓库面积占到总仓库面积的75%，而立体仓库只占到25%，高端仓储设施占比较低。

1.3.2　我国仓储管理的发展趋势

（1）服务功能不断完善，向仓配一体化方向发展。仓储企业通过与工商企业、零售企业、批发市场等不同需求方的供应链有机融合，向各类配送中心发展。

（2）资源整合速度加快，向仓储经营网络化方向发展。面对工商企业供应链的一体化物流需求，仓储企业与货运、快递、货代企业之间以及各类仓储企业之间将会加快推进资源整合、兼并重组、连锁经营与经营联盟进程。有条件的仓储企业将会依托自身优势，以城市共同配送为基础，通过转变经营方式与资源整合，发展区域配送网络甚至全国范围内的仓储配送网络。

（3）市场进一步细分，向仓储专业化方向发展。面对工商企业供应链的不断优化与创新，有条件的仓储企业必将改变同质化经营策略，转向各类专业仓储。低温仓储、危化品仓储、电商仓储、物资仓储、医药及中药材仓储的管理与服务将更加专业化和精细化。

（4）新兴业态逐步成熟，向规模化方向发展。仓库租赁企业将会更加贴近现代物流需求，仓库设施的建设将向网络化与定制化方向发展，仓库开发方式将会更加灵活。私人自助仓储将会逐步进入快速发展阶段，更多投资人将会进入这个领域，现有自助仓储企业将会不断扩建经营网点，并逐步走进大型高端社区。

（5）行业标准广泛实施，向仓储管理规范化方向发展。随着国家有关部门加强物流标准化工作力度，特别是市场竞争的加剧，标准化必将成为引领仓储业转型升级和现代化建设的主要力量，仓储企业经营管理必将向规范化方向发展。

（6）技术改造加快推进，绿色环保成为新趋势，机械化、自动化与信息化成为仓储业转型升级的重要内容。在国家政策推动与企业自身降低成本的内在驱动下，绿色环保的仓库建筑材料、节能减排的仓储设备、仓库屋顶光伏发电、冷库节能技术等将会逐步在仓储行业中得到应用。

学习微平台

延伸阅读1-2

同步案例 1-2

宝洁公司的第三方物流合作伙伴

背景与情境：对于进入中国市场的宝洁公司来说，产品能否及时、快速地运送到全国各地是决定其能否迅速抢占中国市场的关键。因此，宝洁公司开始寻求可靠的物流服务合作伙伴。作为日用产品生产商，宝洁公司对物流服务的响应时间、服务可靠性以及质量保证体系具有很高的要求。根据物流服务需求和要求，进入宝洁公司视野的物流企业主要有两类：占据物流行业主导地位的国有物流企业和民营储运企业。经过调查评估，宝洁公司认为当时国有物流企业业务单一，要么只管仓库储存，要么只负责联系铁路运输，而且储存的仓库设备落后，质量保证体系不完善，运输中信息技术落后，员工缺乏服务意识，响应时间和服务可靠性得不到保证。于是，宝洁公司把目光投向了民营储运企业。

围绕着宝洁公司的物流需求，宝供公司设计了业务流程和发展方向，制定了严格的流程管理制度，对宝洁公司的产品"呵护备至"，达到了宝洁公司的要求。同时，宝供公司长期、良好的合作愿望以及认真负责的合作态度，也受到了宝洁公司的欢迎，从而使得宝供顺利通过了考察。

同步链接1-1

企业家热议
二十大报告

资料来源　佚名. 宝洁公司：第三方物流管理实例分析［EB/OL］.［2020-05-13］. http：//3y. uu456.com/bp-2f876113sacfa1c7ab00cc30-1.html.引文经整理、节选和改编。

问题：宝洁公司需要什么样的物流服务？为什么选择了宝供公司作为第三方物流服务提供商？

分析提示：当前，越来越多的生产企业对物流服务提出了较高的要求。宝洁公司对物流服务的效率和质量均有较高的要求。宝供公司作为民营储运企业，能为客户提供个性化的全程服务，保证效率和质量。因此，宝洁公司最终选择宝供公司作为第三方物流服务合作伙伴。我国的第三方物流服务企业要转变经营理念，变单一的基础物流服务为全程的增值、高效的物流服务。

▬ 本章概要 ➡

　　□ 内容提要与结构

　　▲ 内容提要

　　● 仓储的概念：仓储是利用仓库及相关设施设备进行物品的进库、存贮、出库的作业。

● 仓储分类：按仓储的功能不同，仓储可划分为存储中心型仓储、配送中心型仓储、物流中心型仓储、运输转换仓储、保税仓储；按经营者的性质不同，仓储可划分为营业仓储、自营仓储、公共仓储、战略储备仓储；按照仓储的保管条件不同，仓储可划分为普通物品仓储、专用仓储、特殊物品仓储。

● 仓储管理的发展趋势：①仓储经营的社会化、主体化、功能的专业化；②仓储的标准化；③仓储发展的机械化、自动化；④仓储控制的信息化、网络化；⑤仓储管理的科学化。

● 仓储作业的一般流程：①合同与订单处理作业；②验收、入库作业；③储存与盘点作业；④拣货作业；⑤出货作业；⑥送货作业。

● 仓储部的岗位设置：仓库保管员、仓储部调度、装卸工、理货工、拣货工、叉车工、补货工等。

▲ 内容结构

本章内容结构如图1-8所示：

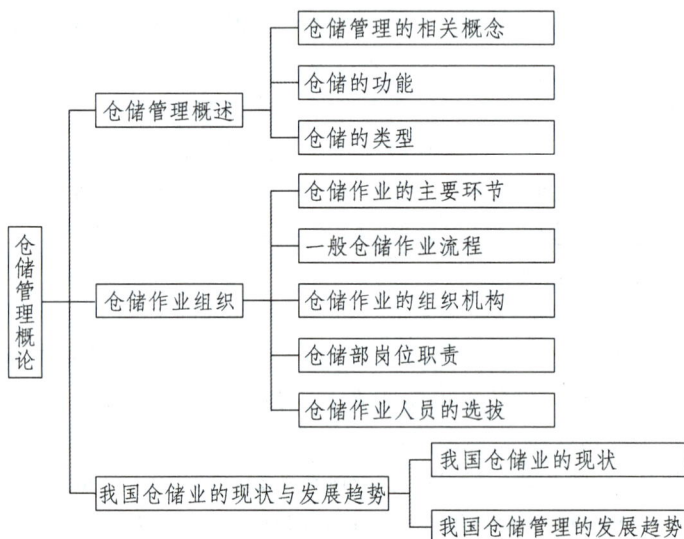

图1-8　本章内容结构

□ 主要概念和观念

▲ 主要概念

仓储　仓储管理

▲ 主要观念

仓储经营　仓储作业组织机构　仓储部门的岗位与职责

□ 重点实务和操作

▲ 重点实务

仓储经营方法　仓储作业的主要环节和一般流程　仓储部门岗位设置及其基本工作内容　仓储企业作业人员的选拔要求　相关"业务链接"

▲ 重点操作

仓储作业组织的设立　仓储作业人员的选拔操作

◀━ 基本训练 ━▶

　　☐ 理论题

　　▲ 简答题

　　1）简述仓储的类型及其特点。

　　2）仓储的基本功能与增值服务功能有哪些？

　　3）我国仓储业的发展现状是怎样的？

　　4）典型的仓储部门的岗位有哪些？

　　▲ 理解题

　　1）仓储管理与物流管理有何不同？

　　2）我国仓储管理的发展趋势是什么？

　　☐ 实务题

　　▲ 规则复习

　　1）仓储作业有哪些主要环节？其一般流程如何？

　　2）如何选拔仓储企业作业人员？

　　▲ 业务解析

　　生产企业对于自身的仓储业务，是采用自营仓储模式还是采用社会第三方仓储？请结合实际给出建议。

　　☐ 案例题

　　▲ 案例分析

【训练项目】

案例分析-Ⅰ。

【相关案例】

《中国仓储行业市场前瞻与投资战略规划分析报告（2019）》（节选）

　　背景与情境： 日前，中国物流与采购联合会与中储发展股份有限公司联合调查的2019年4月中国仓储指数为54.3%，较上个月回落了2.9个百分点。除延伸业务量外，其余各分项指数均位于荣枯线以上呈扩张态势。中储发展股份有限公司总裁助理王勇表示，当前我国仓储业务量增长显著，周转效率持续提升，库存水平相对稳定。近些年来，我国仓储物流行业总体发展平稳，在改革中取得积极进展，在宏观经济形势影响下，仓储物流行业总投资放缓，常温仓储设施增长平稳，冷库建设仍保持较高增速，企业收益情况明显优于上一年度。2019年我国仓储物流行业中各地区均面临仓储租金不断走高的问题。根据物联云仓数据，2018年12月，全国30个重点城市仓库平均租金为26.80元/m²·月，尽管环比下降了0.70%，但是较2018年7月却呈现大幅上涨趋势。

　　其中，仓库租金排名前两位的城市是北京和上海，平均租金均高于40元/m²·月，北京仓库租金水平受疏解非首都功能影响较大，在"疏解整治促提升"专项行动初期，部分不合规仓储设施拆（外）迁，导致仓库资源紧张，仓库租金大幅上涨。其中，北京、广州、天津、武汉、成都等地的仓库租金涨幅均超过20%。

　　在仓库空置率方面，全国30个城市仓库平均空置率为11.78%，环比上涨1.35%，仓库需求增长有所放缓。其中，仓库空置率较高的城市为重庆、东莞、昆明，2018年12月的空置率均超26%。

值得一提的是，重庆仓库资源长期处于供大于求状态，导致空置率居高不下；东莞部分新建仓库投入使用，如新夏晖东莞物流中心（2万平方米）、广东东莞黄江镇高台库（16万平方米），仓库供应量较大，导致仓库空置率上涨明显。

资料来源　前瞻产业研究院. 中国仓储行业市场前瞻与投资战略规划分析报告2019［EB/OL］.［2020-05-13］. https：//bg.qianzhan.com/report/detail/459/190603-eae47474.html.

问题：

1）总结我国物流业发展的主要特点。

2）在当前经济环境下，物流企业如何进行经营战略的调整？请提出你的想法和建议。

分析要求：

1）形成性要求

（1）学生分析案例提出的问题，分别拟定《案例分析提纲》；小组讨论，形成小组《案例分析报告》；班级交流并修订小组《案例分析报告》，教师对经过交流和修改的各小组《案例分析报告》进行点评，并纳入本校该课程的教学资源库。

（2）了解"附录二"中附表2-1"形成性考核"的"考核指标"与"考核内容"。

2）成果性要求

（1）案例课业要求：以经班级交流和教师点评的《案例分析报告》为最终成果。

（2）课业的结构、格式与体例要求：参照书后"课业范例"的范例-1。

（3）其他要求：了解"附录二"中附表2-1"课业考核"的"考核指标"与"考核内容"。

▲ 课程思政

【训练项目】

课程思政-Ⅰ。

【相关案例】

长沙芙蓉区查处一起非法储存危险化学品案件

背景与情境：红网芙蓉站5月14日讯（通讯员 黄一迅）近日，长沙市芙蓉区安监局在位于芙蓉区东岸街道杉木村范围一违章建筑内，发现一处非法储存危险化学品的窝点，并拦下一辆已经装车即将外运危险化学品的非法改装车辆。该非法窝点不具备危险化学品经营和储存资质，所扣车辆也没有危险物品道路运输资质，属于典型的非法经营、储存和运输。据此，区安监局联合区交通局、区交警大队、派出所和东岸街道开展联合执法，在该窝点查获甲醇约6 300升，其他危险化学品1.5吨，同时包括8只储罐、风机等危险化学品储存、装卸设施设备一批。区交通局查扣危险化学品非法运输车辆一台，查扣的物资、物品和车辆当即全部转运；东岸街道对该仓库进行了拆除。目前，区安监局正进行立案调查处理，派出所正在进行案件人员情况的跟踪，并深挖相关非法经营、运输情况。在实施查处的过程中，相关部门和街道还对周边群众进行了安全警示教育，得到了群众的大力支持和积极配合。

资料来源　黄一迅. 长沙芙蓉区查处一起非法储存危险化学品案件［EB/OL］.［2020-05-22］. http：//hn.rednet.cn/c/2015/05/14/3678634.htm.

问题：

1）本案例中的当事人行为存在哪些思政问题？

2）结合问题对当事人行为作出思政研判。

3）通过网上或图书馆调研等途径收集思政研判的相关规范。

研判要求：

1）形成性要求

（1）学生分析案例提出的问题，拟出《思政研判提纲》；小组讨论，形成小组《思政研判报告》；班级交流、相互点评和修订各组的《思政研判报告》；在校园网的本课程平台上展出经过修订并附有教师点评的各组《思政研判报告》，供学生借鉴。

（2）了解"附录二"中附表2-1"形成性考核"的"考核指标"与"考核内容"。

2）成果性要求

（1）研判课业要求：以经班级交流和教师点评的《思政研判报告》为最终成果。

（2）课业的结构、格式与体例要求：参照书后"课业范例"的范例-2。

（3）其他要求：了解"附录二"中附表2-1"课业考核"的"考核指标"与"考核内容"。

□ 自主学习

【训练项目】

自主学习-Ⅰ。

【训练目的】

见本章"学习目标"中的"自主学习"目标。

【教学方法】

采用"学导教学法"和"研究教学法"。

【训练要求】

1）以班级小组为单位组建学生训练团队，各团队依照本教材"附录三"附表3"自我学习"（初级）的"基本要求"和各技能点的"参照规范与标准"，制订自主学习计划。

2）各团队实施自主学习计划，自主学习本教材"附录一"附表1"自我学习"（初级）各技能点的"'知识准备'参照规范"所列知识。

3）各团队以自主学习获得的"学习原理"、"学习策略"与"学习方法"知识为指导，通过校图书馆、院资料室和互联网，查阅和整理近两年以"我国仓储行业发展"为主题的国内外学术文献资料。

4）各团队以整理后的文献资料为基础，依照相关规范要求，讨论、撰写和交流《"我国仓储行业发展"最新文献综述》。

5）撰写作为"成果形式"的训练课业，总结自主学习和应用"学习原理"、"学习策略"与"学习方法"知识（初级），依照相关规范，准备、讨论、撰写和交流《"我国仓储行业发展"最新文献综述》的体验过程。

【成果形式】

训练课业：《"自主学习-Ⅰ"训练报告》

课业要求：

1）内容包括：训练团队成员与分工；训练过程；训练总结（包括对各项操作的成功与不足的简要分析说明）；附件。

2）将自主学习计划和《"我国仓储行业发展"最新文献综述》作为《"自主学习-I"训练报告》的附件。

3）《"我国仓储行业发展"最新文献综述》应符合"文献综述"规范要求，做到事实清晰，论据充分，逻辑清晰。

4）结构与体例参照本教材"课业范例"的"范例-4"。

5）在校园网的本课程平台上展示班级优秀训练课业，并将其纳入本课程的教学资源库。

◀ 单元考核 ▶▶

考核评价要求："考核模式""考核目的""考核种类""考核方式、内容与成绩核定""评价主体"及考核表等规范要求，见本教材"网络教学资源包"中的《学生考核手册》。

第2章
仓库布局与仓库设施设备

学习目标

理论目标：学习和把握仓库的相关概念、功能与分类，仓库设施与设备，自动化立体仓库的概念、特点与分类等陈述性知识；能用其指导"仓库布局与仓库设施设备"的认知活动，正确解答"单元训练"中"理论题"各题型的相关问题。

实务目标：学习和把握仓库选址的原则、应考虑的因素与步骤、仓库结构设计应考虑的因素、仓库布局的原则与方法、仓库的使用规则，以及"业务链接"等程序性知识；能用其规范"仓库布局与仓库设施设备"中的技能活动，正确解答"单元训练"中"实务题"各题型的相关问题。

案例目标：运用所学理论与实务知识研究相关案例，培养"仓库布局与仓库设施设备"情境中的多元表征能力；结合本章教学内容，依照相关规范或标准，对"课程思政2-1""课程思政2-2"专栏和章后"课程思政-II"等案例中的企业从业人员行为进行思政研判，激发与其议题相关的法律法规思考，培养高尚的道德情操，树立社会主义核心价值观。

实训目标：参加"仓库的整体布局和仓储设施设备设置"业务胜任力的实践训练。在了解和把握本实训所涉及"能力与道德领域"相关技能点的"规范和标准"的基础上，通过切实体验各实训任务的完成，系列技能操作的实施，相关实训报告的准备、撰写、讨论与交流等有质量、有效率的活动，培养"仓库的整体布局和仓储设施设备设置"的专业能力，强化"解决问题"和"革新创新"等职业核心能力（中级），并通过"认同级"践行"职业观念"、"职业态度"、"职业作风"和"职业守则"等行为规范，促进健全职业人格的塑造。

引例　四川某石油设备加工企业实现智能货位管理

背景与情境：四川某石油设备公司是一家专业从事石油钻采设备研究、设计、制造、成套和咨询服务的大型民营企业。目前，该公司总部拥有多个大型仓库，包括原料库、配件库、装备库和劳保用品库，而且随着企业的不断发展壮大，仓库也只有不断地扩建才能满足企业的物资存放需要。为了能规范仓储物资管理，提高库房管理工作效率，该公司最终选择了 EAS-WMS 仓储物资管理系统来控制整个生产过程。EAS-WMS 仓储物资管理系统具有如下特征：

（1）条码批次/唯一化管理：对于便于唯一化管理的物资，采用条码唯一化管理，一件物品对应一个条码。

（2）智能货位管理：要求入库时通过扫描物资条码能列出存放该物资的具体货位号，出库时能通过分析同类物资在库时间的长短自动作出出库物资货位的选择。

（3）出入库管理：能按设定的工作流程快速完成物资的出入库操作。要求能进行各种查询分析，提供各种报表。在入库时，按编码规则生成并打印物资条码，完成对物资条码的粘贴，同时要求相关部门完成相关操作（如采购到货单据的制作、验收移交清单的填报等）。出库时，根据相应部门流转过来的单据（如领料单、销售发货单等），系统能自动生成相应的出库单，并能指导操作员到相应的货位去完成出库扫描操作。

资料来源　佚名. 四川某石油设备加工企业实现智能货位管理［EB/OL］. ［2019-05-22］. http：//www.docin.com/p-478052340.html.引文经整理、节选和改编。

从引例可见，采用合理的仓储管理系统和条码管理方式能够有效地解决入库管理的混乱问题，提高货物入库和盘点的效率。我国的仓储企业还未完全普及条码信息化管理，仓储企业应更新观念，适时采用先进、灵活的仓库管理系统。

2.1　仓库的分类

仓库是保管、存储物品的建筑物和场所的总称。仓库可以理解为用来存放货物（包括商品、生产资料、工具或其他财产）及对其数量和价值进行保管的场所或建筑物等设施，不仅包括库房、货棚和露天堆场（如图2-1所示）等典型的仓库形式，还包括用于防止减少或损伤货物而进行作业的土地和水面。

（a）库房　　　　　　（b）货棚　　　　　　（c）露天堆场

图2-1　典型的三种仓库形式

仓库一个最基本的功能就是存储物资，并对其实施保管和控制。但随着人们对仓库概念的深入理解，仓库也担负着物资处理、流通加工、物流管理和信息服务等功能，远远超出了单一的存储功能。

仓库的种类和形式很多，根据不同的分类标准，仓库可分为不同的类型。仓库的分类标准和类型见表2-1。

表2-1　　　　　　　　　　仓库的分类标准与类型

仓库的分类标准	仓库的类型
根据运营形态分类	自营仓库、公共仓库
根据保管类型分类	普通仓库、冷藏仓库、恒温仓库、露天仓库、储藏仓库、危险品仓库、水上仓库、简易仓库
根据功能分类	贮藏仓库、流通仓库、专用仓库、保税仓库、其他仓库
根据建筑形式分类	平房仓库、多层仓库、地下仓库
根据所用建筑材料分类	钢筋混凝土仓库、钢架金属质仓库、木架砂浆质仓库、轻质钢架仓库、其他仓库
根据库内形态分类	一般平地面仓库、货架仓库、自动化立体仓库

（1）根据运营形态，仓库可以分为公共仓库和自营仓库。

① 公共仓库（Public Warehouse）。根据《物流术语》（GB/T 18354—2006）的定义，**公共仓库**是指面向社会提供货物储存服务并收取费用的仓库。

② 自营仓库（Private Warehouse）。根据《物流术语》（GB/T 18354—2006）的定义，**自营仓库**是由企业或各类组织自营自管，为自身的货物提供储存服务的仓库，即各生产或流通企业，为了本企业物流业务的需要而修建的附属仓库。自营仓库初期投资较大，但在以后的日常运营中成本很低。

（2）根据保管类型，仓库可以分为普通仓库、冷藏仓库、恒温仓库、露天仓库、储藏仓库、危险品仓库、水上仓库和简易仓库。

① 普通仓库。普通仓库是常温下的一般仓库，用于存放一般的物资，对于仓库没有特殊要求。

② 冷藏仓库。冷藏仓库是具有冷却设备并隔热的仓库（10℃以下）。

③ 恒温仓库。恒温仓库是能够调节温度、湿度的室外仓库（10℃~20℃）。

④ 露天仓库。露天仓库是露天堆码、保管的室外仓库。

⑤ 储藏仓库。储藏仓库是保管散粒谷物、粉体的仓库，以简仓为代表。

⑥ 危险品仓库。危险品仓库是保管危险品、高压气体的仓库，以油罐仓库为代表。

⑦ 水上仓库。水上仓库是指漂浮在水上的储藏货物的趸船、囤船、驳船或其他水上建筑，或把木材在划定水面保管的室外仓库。

⑧ 简易仓库。简易仓库是指没有正式建筑，如使用帐篷等简易构造的仓库。

（3）根据功能，仓库可以分为贮藏仓库、流通仓库、专用仓库、保税仓库和其他仓库。

① 贮藏仓库。贮藏仓库主要对货物进行保管，以解决生产和消费的不均衡，如将季节性生产的大米储存到下一年销售。

② 流通仓库。流通仓库除具有保管功能外，还具有流通加工、装配、简单加工、包装、理货以及配送功能，具有周转快、附加价值高、时间性强的特点。

③ 专用仓库。专用仓库是用来保管钢铁、粮食等某些特定货物的仓库。

④ 保税仓库。保税仓库是经海关批准，在海关监管下，专供存放未办理关税手续而入境或过境的货物的场所。

⑤ 其他仓库。其他仓库包括制品仓库、商品仓库、零件仓库、原材料仓库等。

同步思考 2-1

我国仓储物流行业的新变化

随着宏观经济增速下滑，生产性仓储物流下滑明显。但是在消费升级驱动下，消费品仓储和冷链仓储的发展处于快速发展期，另外由于环境约束要求而提升供应链服务水平的危险品仓储也处于快速发展期。

大宗商品仓储萎缩，转型升级机会显著。其中，粮油仓储各项财务指标基本上都保持平稳；棉花仓储能力过剩明显；钢铁进入产能过剩时期。

危险品仓储供不应求，"油改"主题催化效应明显。目前我国危险品仓储需求面积为 8 743 万平方米，实有仓库面积为 6 120 万平方米，市场供求指数在 0.7 左右，缺口近 30%。液体危险品仓储公司在"油改"主题下可以发展成品油储运和销售业务。

理解要点：仓储企业的发展与宏观经济密切相关，目前生产性仓储物流下滑，消费品仓储和冷链仓储的发展处于快速发展期，危险品仓储也处于快速发展期。企业管理者应该掌握这些发展趋势。

学习微平台

延伸阅读 1-2

2.2　仓库选址

2.2.1　仓库选址的原则及影响因素

1）仓库选址的含义

仓库选址是指在一个具有若干供应点及若干需求点的经济区域内，选一个地址建立仓库的规划过程。合理的选址方案应该是能够使货物的运输、中转，直到运送至需求节点的整个过程的效益达到最大化。因为仓库的建筑物及设备投资太大，所以选址时要慎重，如果选址不当，损失不可弥补。

2）仓库选址的原则

（1）适应性原则。仓库的选址要与国家及地区的产业导向、产业发展战略相适应，与国家的资源分布和需求分布相适应，与国民经济及社会发展相适应。

（2）协调性原则。仓库的选址应将国家的物流网络作为一个大系统来考虑，使仓库的设施设备在区域分布、物流作业生产力、技术水平等方面相互协调。

（3）经济性原则。仓库的选址要保证建设费用和物流费用最低，是选定在市区、郊区，还是靠近港口或车站等，既要考虑土地费用，又要考虑将来的运输费用。

（4）战略性原则。仓库的选址要有大局观：一是要考虑全局，二是要考虑长远。要有战略眼光，局部利益要服从全局利益，眼前利益要服从长远利益，要用发展的眼光看问题。

（5）可持续发展原则。仓库的选址在环境保护上要充分考虑长远利益，保护生态环境，促进城乡一体化发展。

3）仓库选址的影响因素

（1）自然环境因素。

① 气象条件。主要考虑的气象条件有：年降水量、空气温湿度、风力、无霜期长短、冻土厚度等。

② 地质条件。主要考虑土壤的承载能力。仓库是大宗商品的集结地，货物会对地面形成较大的压力，如果地下存在着淤泥层、流沙层、松土层等不良地质环境，则不适宜建设仓库。

③ 水文条件。要认真收集选址地区近年来的水文资料，需远离容易泛滥的大河流域和上溢的地下水区域，地下水位不能过高，所以河道及干河滩也不可选。

④ 地形条件。仓库应建在地势高、地形平坦的地方，尽量避开山区及陡坡地区，最好选长方地形。

（2）经营环境因素。

① 政策环境背景。选择建设仓库的地方是否有优惠的物流产业政策对物流产业进行扶持，将对物流业的效益产生直接影响。此外，当地劳动力素质的高低也是需要考虑的因素之一。

② 商品特性。经营不同类型商品的仓库应该分别布局在不同地域，如生产型仓库的选址应与产业结构、产品结构、工业布局紧密结合进行考虑。

③ 物流费用。仓库应该尽量选择建在接近物流服务需求地，如大型工业、商业区，以便缩短运输距离、降低运费等物流费用。

④ 服务水平。物流服务水平是影响物流产业效益的重要指标之一，所以在选择仓库地址时，要考虑是否能及时送达，应保证客户无论在任何时候向仓库提出需求，都能获得满意的服务。

（3）基础设施状况。

① 交通条件。仓库的位置必须交通便利，最好靠近交通枢纽，如港口、车站、交通主干道（国、省道）、铁路编组站、机场等，应该有两种运输方式衔接。

② 公共设施状况。要求城市的道路畅通，通信发达，有充足的水、电、气、热的供应能力，有污水和垃圾处理能力。

（4）其他因素。

① 国土资源利用。仓库的建设应充分利用土地，节约用地，充分考虑到地价的影响，还要兼顾区域与城市的发展规划。

② 环境保护要求。仓库的建设要保护自然与人文环境，尽可能降低对城市生活的干扰，不影响城市交通，不破坏城市生态环境。

③ 地区周边状况。一是仓库周边不能有火源，不能靠近住宅区；二是仓库所在地周边地区的经济发展对物流产业有促进作用。

同步案例 2-1

德邦物流仓库选址

背景与情境： 德邦物流是国家 AAAA 级综合服务型物流企业，专业从事国内公路运输和航空运输代理。公司总部设在广州，服务网络遍及国内400多个城市和地区。那么，德邦为什么要把总部和最大仓库、配送中心设在广州呢？

德邦物流公司做了大量有关仓储业发展的实地调查，并且形成了一份关于50个顶级城市仓储配送中心运营成本比较分析的报告。建设一家仓储配送中心所花费最低的前10个城市均集中在西北部地区，而成本高昂的是东部和东南部地区。在所有50个城市里面，上海的建设费用是最高的。为了构造成本模型，公司假定建设一个占地350 000平方米和有150名配套劳动力的仓库，通过公路为全国市场运送货物。工人的种类从秘书到叉车司机一共约16种，这就构成了运作一个配送中心的基本薪水账册。德邦在它的研究中将该方法运用到这50个城市中，并进行了适当比较。在该模型中，广州、上海、北京、深圳、青岛仍然是运输成本最高的城市。同样，在内陆中心城市中，武汉、长沙、郑州在全国范围内的运输成本方面有着较大的优势。现在，大部分公司都倾向于将仓库的位置选在距离市场中心或者离市场较近的地方，以平衡成本和快捷之间的矛盾。而在诸如西安和成都这样的低成本市场附近，是不会因为设施建设而导致成本增加的，但是当德邦公司在衡量上海、深圳和其他主要市场的交通拥挤所带来的附加影响的时候，他们发现只能在广州、北京进行选择了。

资料来源　佚名. 德邦物流仓库选址的评价［EB/OL］.［2020-05-22］. http：//blog.gxnews.com.cn/u/30386/a/186944.html.

问题：德邦物流在仓库选址时考虑了哪些因素？

分析提示：德邦物流把仓库、配送中心设在广州这一决策综合考虑了多方面的因素，主要的因素有三个，即运输因素、建设成本因素和快捷因素。

2.2.2　仓库选址步骤

仓库选址是一个关系到企业长期生存、发展的战略性决策。其决策的过程比较复杂，图2-2是一个包含了几大关键选址步骤的选址模型，关于选址的技术算法是核心要素，众多学者做了专门研究，比较成熟的技术算法有针对单个仓库选址的重心模型法、针对多个仓库选址的鲍摩-瓦尔夫模型法。

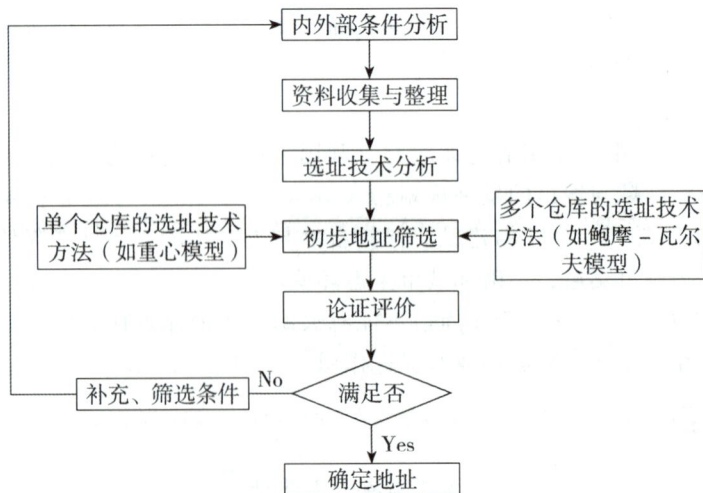

图2-2　仓库选址的一般步骤

2.3　仓库结构与布局

2.3.1　仓库结构设计

1）仓库结构设计应考虑的因素

合理的仓库结构设计对实现仓库功能起到非常大的作用。因此，应考虑以下几个方面：

（1）平房建筑和多层建筑。仓库的结构，从出入库作业的合理化方面考虑，应尽可能采用平房建筑，这样储存产品就不必上下移动。因为利用电梯将储存产品从一个楼层搬运到另一个楼层不仅费时、费力，而且电梯往往也是产品流转中的一个瓶颈环节，影响库存作业效率。在城市内，尤其是在商业中心地区，那里的土地有限而且地价高昂，为了充分利用土地，采用多层建筑就成了最佳的选择。在采用多层仓库时，要特别重视上下楼的通道设计。

（2）仓库出入口和通道。仓库出入口的位置和数量是由建筑的开间长度、进深长度、库内货物堆码形式、建筑物主体结构、出入库次数、出入库作业流程和仓库职能等因素所决定的。出入库口尺寸的大小是由卡车能否出入库内，所用叉车的种类、尺寸、台数、出入库次数，保管货物尺寸大小所决定的。库内的通道是保证库内作业畅顺的基本条件，通道应延伸至每一个货位，使每一个货位都可以直接进行作业；通道需要路面平整和平直，减少转弯和交叉。

（3）立柱间隔。库房内的立柱是出入库作业的障碍，会导致保管效率低下，因此立柱的数量应尽量减少。但当平房仓库梁的长度超过25米时，建立无柱仓库有困难，则可设中间的梁间柱，使仓库成为有柱结构。不过在开间方向上的壁柱，可以每隔5~10米设一根，由于这个距离仅和门的宽度有关，库内又不显露出柱子，因此和梁间柱相比，在设柱方面比较简单。但是在开间方向上的柱间距必须和隔墙、防火墙的位置，天花板的宽度或是库内开间的方向上设置的卡车停车站台长度等相匹配。

（4）天花板的高度。由于实现了仓库的机械化、自动化，现在对仓库天花板的高度也提出了很高的要求。叉车的标准提升高度是3米，而使用多段式高门架的时候，要达到6米的水平。另外，从托盘装载货物的高度来看，包括托盘的厚度在内，密度大且不稳定的货物，通常以1.2米为标准；密度小而稳定的货物，通常以1.6米为标准。以其倍数（层数）来看，由于1.2米/层×4层=4.8米，1.6米/层×3层=4.8米，因此，仓库的天花板高度应该是5~6米。

（5）地面。地面的耐压强度、承载力必须根据承载货物的种类或堆码高度具体研究。通常，一般平房普通仓库1平方米地面的承载力为2.5~3吨，其次是3~3.5吨；多层仓库层数加高，地面承受负荷能力降低，一层是2.5~3吨，二层、三层是2~2.5吨，四层是1.5~2吨，五层是1~1.5吨甚至更小。地面的负荷能力是由保管货物的重量、所使用的装卸机械的总重量、楼板骨架的跨度等所决定的。流通仓库的地面，还必须要保证对重型叉车有足够的承载力。

2）货场结构

（1）杂货货场。

① 杂货。杂货是指直接以货物包装形式进行流通的货物，也包括采用成组方式流通的货物。货物的包装方式有袋装、箱装、桶装、篓装、捆装、裸装等。杂货中的相当一部分可以直接在货场露天存放，如钢材、油桶、日用陶器、瓷器等。杂货在货场存放要考虑是否需要盖、垫垛，以便排水除湿。杂货容易混淆，需要严格进行区分。杂货的杂性使得其装卸、堆垛作业效率极低，而且需要较大的作业空间。

② 杂货货场的货位布置形式。大多数杂货的货位均采用分区、类布置，即在存储货物"三一致"（性能一致、养护措施一致、消防方法一致）的前提下，把货场划分为若干保管区域，然后根据货物大类和性能等划分为若干类别，以便分类集中堆放。

③ 杂货货场货区布置。根据货物不同的性质，对各种堆存的货物进行合理的分类之后，即可按照货场的货区布置进行堆放。货场的货区布置主要有三种：横列式、纵列式和混合式，如图2-3所示。

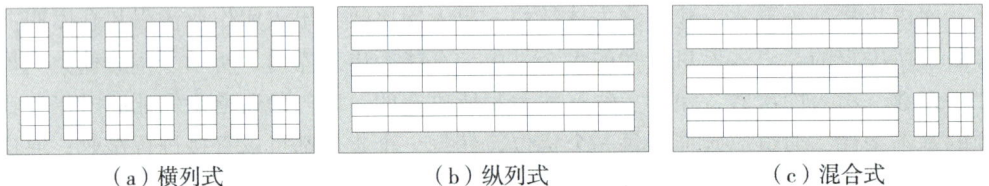

（a）横列式   （b）纵列式   （c）混合式

图2-3　杂货的货区布置方式

a.横列式。横列式布置是指货垛（或货架）的长度方向与库房的主通道方向互相垂直。这种布置方式的主要优点是：主通道长且宽，副通道短，有利于货物的取存、检查；通风和采光条件好；有利于机械化作业。其主要缺点：主通道占用面积大，货场面积的利用率会受到影响。

b.纵列式。纵列式布置是指货垛（或货架）的长度方向与库房的主通道方向平行。这种布置方式的主要优点是：仓库平面利用率较高。其缺点是：存取货物不方便，通风、采光不利。

c.混合式。混合式也称为纵横式。其布置形式是在同一保管区内，横列式和纵列式布置兼而有之，是两种方式的结合，兼有上述两种方式的特点。

（2）散货货场。散货是指无包装、无标志的小颗粒货物，直接以散装方式进行运输、装卸、仓储、保管和使用。在仓储中，不受风雨影响的散货一般直接堆放在散货货场上，如沙、石、矿等。

散货货场根据所堆放货物的种类不同，地面的结构也不完全相同，可以是沙土地面、混凝土地面等。由于存货量巨大，散货货场要求地面有较高的强度。由于散货都具有大批量的特性，散货货场的面积往往较大。

2.3.2　仓库布局原则

根据《物流术语》（GB/T 18354—2006）的定义，**仓库布局**是指在一定区域或库区内，对仓库的数量、规模、地理位置和仓库设施、道路等各要素进行科学规划和整体设计。它是由库房、货棚、货场、辅助建筑物、铁路专用线、库内道路、附属物等固定设备设施组成的，如图2-4所示。

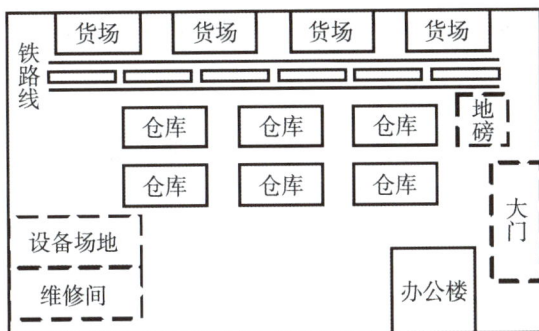

图2-4　仓库总体布局示意图

仓库的布局应满足以下原则与功能要求：

1）仓库布局的原则

（1）尽可能采用单层设备，这样做造价低，资产的平均利用效率也较高。

（2）使货物在出入库时单向和直线运动，避免逆向操作和大幅度改变方向的低效率运作。

（3）采用高效率的物料搬运设备及操作流程。

（4）在仓库里采用有效的存储计划。

（5）在物料搬运设备大小、类型、转弯半径的限制下，尽量减少通道所占用的空间。

（6）尽量利用仓库的高度，可以有效地利用仓库的容积。

2）仓库布局的功能要求

（1）仓库位置应便于货物的入库、装卸和提取，库内区域划分明确、布局合理。

（2）集装箱货物仓库和零担仓库尽可能分开设置，库内货物应按发送、中转、到达分区存放，并分线设置货位，以防事故的发生；要尽量减少货物在仓库内的搬运距离，避免任何迂回运输，并要最大限度地利用空间。

（3）有利于提高装卸机械的装卸效率，满足先进的装卸工艺和设备的作业要求。

（4）仓库应配置必要的安全、消防设施，以保证安全生产。

（5）仓库货门的设置，既要考虑集装箱和货车集中到达时的同时装卸作业要求，又要考虑由于增设货门而造成堆存面积的损失。

2.3.3　仓库布局方法

1）仓库总平面布置的要求

（1）要适应仓储企业生产流程，有利于仓储企业生产经营活动正常进行。

① 单一的物流方向。仓库内商品的卸车、验收、存放地点之间的安排，必须适应仓储生产流程，按一个方向流动。

② 最短的运距。应尽量减少迂回运输；专用线的布置应在库区中部，并根据作业方式、仓储商品品种、地理条件等，合理安排库房、专用线与主干道的相对位置。

③ 最少的装卸环节。减少在库商品的装卸、搬运次数和环节，商品的卸车、验收、堆码作业最好一次完成。

④ 最大的利用空间。仓库总平面的布置是立体设计，应有利于商品的合理存储和充分利用仓容。

（2）有利于提高仓储经济效益。

① 要因地制宜，充分考虑地形、地质条件，满足商品运输和存放上的要求，并能保证仓库充分利用。

② 选择相应的竖向布置形式。所谓竖向布置，是指建立场地平面布局中的每个因素，如库房、货场、转运线、道路、排水、供电、站台等，在地面标高线上的相互位置。

③ 总平面布置应能充分、合理地使用机械化设备。我国目前普遍使用门式、桥式起重机这一类固定设备，应合理配置这类设备的数量和位置，并注意与其他设备的配套，以便于开展机械化作业。

（3）有利于保证安全生产和文明生产。

① 库内各区域间、各建筑间应根据《建筑设计防火规范》（GB 50016—2014）的有关规定，留有一定的防火间距，并有防火、防盗等安全设施。

② 总平面布置应符合卫生和环境要求，既要满足库房的通风、日照要求等，又要考虑环境绿化、文明生产，有利于职工身体健康。

2）仓库的总体构成

一个仓库通常由生产作业区、辅助生产区和行政生活区三个主要部分组成。

（1）生产作业区。它是仓库的主体部分，是商品储运活动的场所，主要包括储货区、铁路专用线、道路、装卸台等。

储货区是储存、保管货物的场所，具体分为库房、货棚、货场。货场不仅可以存放商品，还起着货位的周转和调剂作用。铁路专用线、道路是库内外的商品运输通道，商品的进出库、库内商品的搬运，都要通过这些运输线路。专用线应与库内道路相通，保证畅通。装卸台是供货车装卸商品的平台，又分单独站台和库边站台两种，其高度和宽度应根据运输工具和作业方式而定。

（2）辅助生产区。它是为商品储运、保管工作服务的辅助车间或服务站，包括车库、变电室、油库、维修车间等。

（3）行政生活区。它是仓库行政管理机构和生活区域，一般设在仓库入口附近，便于业务接洽和管理。行政生活区与生产作业区应分开，并保持一定距离，以保证仓库的安全及行政办公和居民生活的安静。

2.4　仓库设施设备

仓储设施设备，是指仓库进行生产或辅助生产作业以及保证仓库和作业安全所必需的各种日常设施和机械设备的总称。

2.4.1　仓库设施

在仓库中，除了库房、货棚、堆场、消防设施、办公厂房（有些物流企业还有专用码头）等一些基础设施之外，在作业区还有一些辅助设施。这些辅助设施是完成仓库作业的必需资源，通过这些设施，物流作业的效率会得到大幅提高。这些辅助设施包括月台和与之相关的装卸平台、铁路专用线、地坪、汽车衡等。

1）仓库辅助作业设施

（1）仓库月台。高于路面的平台（如图2-5（a）所示），供车辆装卸货物。从物流角度看，月台是线路与仓库的连接点，是仓库进出货的必经之路。月台的作用是车辆停靠处、装卸货物处、暂存处。利用月台能方便地将货物装进车辆中或者从车辆中取出货物。

（a）仓库月台　　　　　　（b）装卸平台　　　　　　（c）汽车衡

图2-5　仓库辅助作业设施

（2）装卸平台。它是用于调节月台与货车之间高度差的液压、气动或机械装置（如图2-5（b）所示）。它可以帮助用户安全、高效地操作各种高度的货车。

（3）铁路专用线。它指产权归仓储企业所有，由企业自行或委托其他单位管理，主要为本企业运输服务的铁路岔线。

（4）地坪。它指库区内已进行硬化处理的地面，包括库区道路、晒场、仓间地坪等。

（5）汽车衡。它也被称为地磅，是仓库用于大宗货物计量的主要称重设备（如图2-5（c）所示）。在20世纪80年代之前，常见的汽车衡一般是利用杠杆原理纯机械构造的机械式汽车衡。80年代中期，随着高精度称重传感器技术的日趋成熟，机械式地磅逐渐被精度高、稳定性好、操作方便的电子汽车衡所取代。

2）我国仓储设施的建设

在20世纪末，我国仓储设施基本上由专业储运企业与批发企业拥有并投资建设。进入21世纪以来，原有的仓储企业受城市规划的调整开始到异地新建仓库。与此同时，有三方面的力量推动了仓储设施的快速发展：一是专门从事仓库建设与出租的仓储地产企业；二是新兴的物流园区，在批租土地的同时自己建造仓库出租；三是原有的运输企业、轻资产型物流企业以及各类生产与商业零售企业，从自身业务的需要出发建设了一大批仓库设施。近些年以来，我国仓储设施的投资建设呈现出三个明显特点：一是外资仓储地产公司的投资明显趋缓；二是物流园区的建设出现新的高潮；三是农产品、食品、医药等各类专业性仓储设施与配送中心得到较大发展。

同步案例 2-2

仓储机械设备管理不到位怎么办？

背景与情境：××省的工作人员在对粮食仓库的走访过程中发现，对设备的管理还存在非常多的问题，其中有些设备存在着较大的事故隐患。粮食机械设备使用季节性强、频率高（尤其是在粮食收购入库和销售出库期间），平时机械管理责任不明，谁用谁操作的现象比较普遍，一旦出现事故，难以分清责任，不仅影响正常工作，而且会缩短粮食机械设备的使用寿命。粮食仓储企业有些设备移动作业频繁，作业量大，特别是在粮食进出库高峰期间，有时明知不安全，但为了赶进度、抢时间，片面追求效益，部分粮食仓储企业违章指挥，违规使用机械设备，冒险蛮干，由粮食机械设备引发的人员伤亡及设备损毁事件常有发生。此外，各种规章制度和操作规程的贯彻落实和检查考核"以包代管，以罚代教"的情况仍然比较普遍。这些问题在粮食仓储企业或多或少都是存在的，长此以往会给粮食仓储机械设备的管理埋下安全隐患，在使用过程中极易发生安全事故。

资料来源 孙宏英. 仓储配送与管理：理论、实务、案例、实训［M］. 2版. 大连：东北财经大学出版社，2017.

问题：针对以上的粮食仓库在仓储设备管理中存在的问题，谈谈你的建议。

分析提示：针对出现的各种问题，应制定合理的、有针对性的管理制度来加以规范和约束。

2.4.2 仓库设备

仓储机械设备按其用途和特征一般可分为储存设备、装卸搬运设备、计量设备、商品保养和检验设备、安全消防设备等。储存设备主要有托盘、货架、集装箱和各种容器。装卸搬运设备主要有叉车、地牛、各种人力搬运车、起重机等。计量设备主要有无线数据采集器和重量计量设备等。

1）储存设备——托盘

（1）托盘的定义。托盘是用于集装、堆放、搬运和运输的放置作为单元负荷的货物和制品的水平平台装置。这种台面有供叉车从下部叉入和将台板托起的叉入口。以这种结构为基本结构的台板和在这种基本结构基础上形成的各种形式的集装器具都统称为托盘。

（2）托盘的特点。

① 装卸速度快、货损货差少；

② 自重量小、消耗劳动少、无效运输及装卸量小；

③ 返空容易；

④ 装盘容易；

⑤ 装载量较大（大于一般包装，但小于集装箱）；

⑥ 保护性差。

（3）托盘的分类。

托盘按其基本形态分为：用叉车、手推平板车装卸的平托盘、柱式托盘、箱式托盘；用人力推动的滚轮箱式托盘、滚轮保冷箱式托盘；板状托盘、用设有推换附件的特殊叉车进行装卸作业的滑板，或装有滚轮的托盘卡车中使货物移动的从动托盘。其他还有装运桶、罐等专用托盘之类的与货物形状吻合的特殊构造托盘。

托盘按形状不同可分为多种形式，如双面叉、四面叉、单面使用型、双面使用型等。按其材质的不同，有木制、塑料制、钢制、铝制、竹制、复合材料制以及纸制等。以下是几种典型的托盘：

①平托盘。平托盘是在承载面和支撑面间夹以纵梁，构成可集装物料、可使用叉车或搬运车等进行作业的货盘，如图2-6所示。其中（a）～（h）分别为两向进叉托盘、四向进叉托盘、纵梁开口四向进叉托盘、单面两向进叉托盘、双面两向进叉托盘、双面使用托盘、单翼型托盘、复翼型托盘。

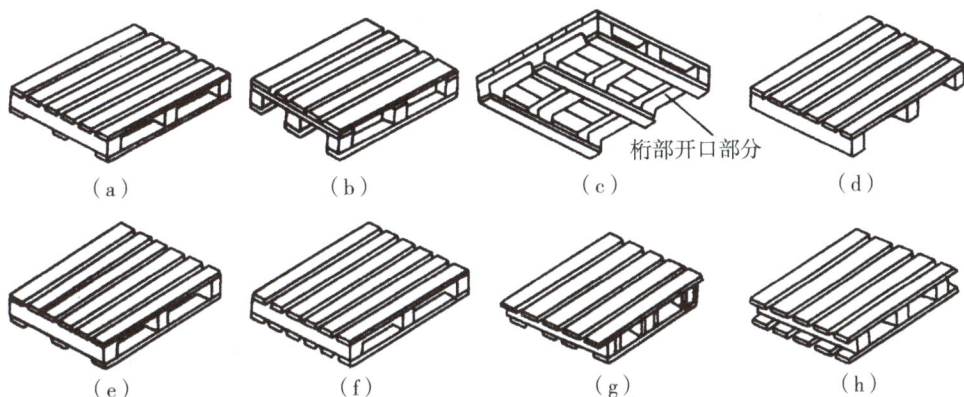

图2-6　平托盘

②箱式托盘。箱式托盘是在一个平托盘上部安装上平板状、网状等构造物制成的箱型设备，可将形状不规则的货物集装，多用于散件或散状物料的集装，如图2-7（a）、图2-7（b）所示。箱式托盘有固定式、可卸式和折叠式三种，一般下部可叉装，上部可吊装，并可进行堆码（一般为四层）。

③柱式托盘。柱式托盘是在平托盘上装有四个立柱的托盘，目的是在多层堆码保管时，保护好最下层托盘的货物，如图2-7（c）所示。托盘上的立柱大多采用可卸式的，高度多为1 200毫米左右，立柱的材料多为钢制，耐荷重3吨，自重30千克左右。

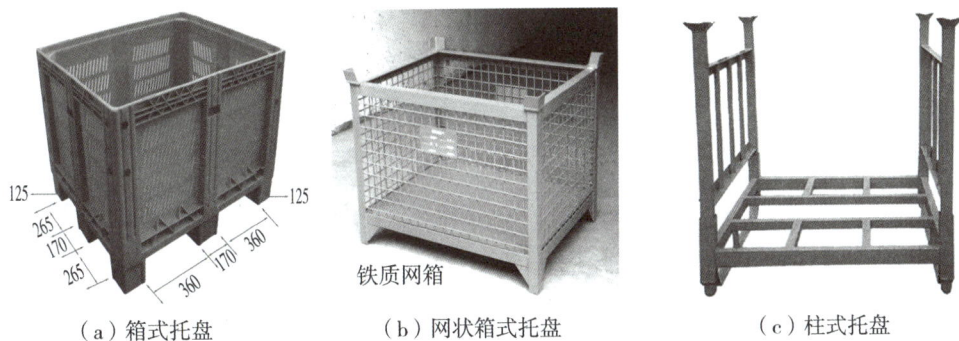

（a）箱式托盘　　　　（b）网状箱式托盘　　　　（c）柱式托盘

图2-7　箱式托盘与柱式托盘

④滚轮箱式托盘和滚轮保冷箱式托盘。滚轮箱式托盘是在箱式托盘下部安装脚轮的箱型设备，按上部结构的形式可分为固定式、可卸式和折叠式三种。滚轮保冷箱式

托盘是在滚轮箱式托盘上部安装有保冷装置的托盘。其保冷功能根据物品温度管理的范围划分成一类（-18℃以下）和二类（0~10℃）两种。

⑤滑动板。滑动板是用瓦楞纸、板纸或塑料制的板状托盘，也叫薄板托盘，具有清、薄、价廉的特点，但需要带有特殊附件的叉车进行装卸。

（4）托盘的标准和规格。

①ISO标准（ISO6780）托盘规格：ISO标准托盘原来有4种规格，即1 200mm×800mm、1 200mm×1 000mm、1 219mm×1 016mm、1 140mm×1 140mm。2003年，ISO又通过了新方案，增加了1 100mm×1 100mm和1 067mm×1 067mm两种规格，变为6种标准规格。

②我国的托盘规格：由于历史的原因，我国的托盘规格比较复杂。1982年，我国颁布了国家标准（GB 2934-82），规定了三种联运托盘的平面尺寸。2008年3月1日起实施的《联运通用平托盘主要尺寸及公差》（GB/T 2934—2007），确定我国托盘平面尺寸为：1 200mm×1 000mm和1 100mm×1 100mm，并将1 200mm×1 000mm确定为优先推荐的托盘尺寸。

2）储存设备——货架

（1）货架的概念、作用及功能

货架是指用支架、隔板或托架组成的立体储存货物的设施。其作用与功能如下：

①可充分利用仓库的立体空间，提高库容利用率和仓库的储存能力。

②保证货物的储存质量。货物在货架上存储，不会产生相互挤压现象，可完整地保证货物本身的性能，减少货物的损失。

③货物在货架上存储，存取方便，便于清点及计量，也便于按照先进先出的原则组织出入库。

④便于实现仓库的机械化和自动化管理。

业务链接 2-1

顺德五金工厂开发仓储层板货架提高仓库的空间利用率

为了提高仓库的空间利用率，顺德五金工厂开始研发仓储层板货架。这种仓储层板货架针对当前货场只注重平面应用率，而不注重应用立体空间的缺陷而设计。它把原有的货场空间分为两个货场存储空间，从而提高了货场的存储率，也使货场空间获得了充分的应用。顺德五金工厂仓库仓储层板货架的基层起码要2米，因此，储存空间总高度需4米以上。对于4米以上高度的旧仓库，使用该货架可充分利用立体空间，储存量得到大幅提升。

（2）货架的分类。货架的分类方法很多，在现代化的仓库中，常用的货架结构形式有层架、托盘货架、移动式货架、单元货格式货架、重力式货架、驶入/驶出式货架、旋转式货架、悬臂式货架等。

①层架。层架由立柱、横梁和层板构成，层间用于存放货物，如图2-8（a）所示。层架结构简单，适用性强，有利于提高空间利用率。层架一般采用人力直接将货物存取于货架内，因此货物的高度、深度较小，货架每层的载重量较轻。

②托盘货架。托盘货架专门用于存放堆码在托盘上的货物，如图2-8（b）所示。

其结构简单，可调整组合，安装简易，费用经济，出入库不受先后顺序的限制；储物形态为托盘装载货物，配合升降式叉车存取。

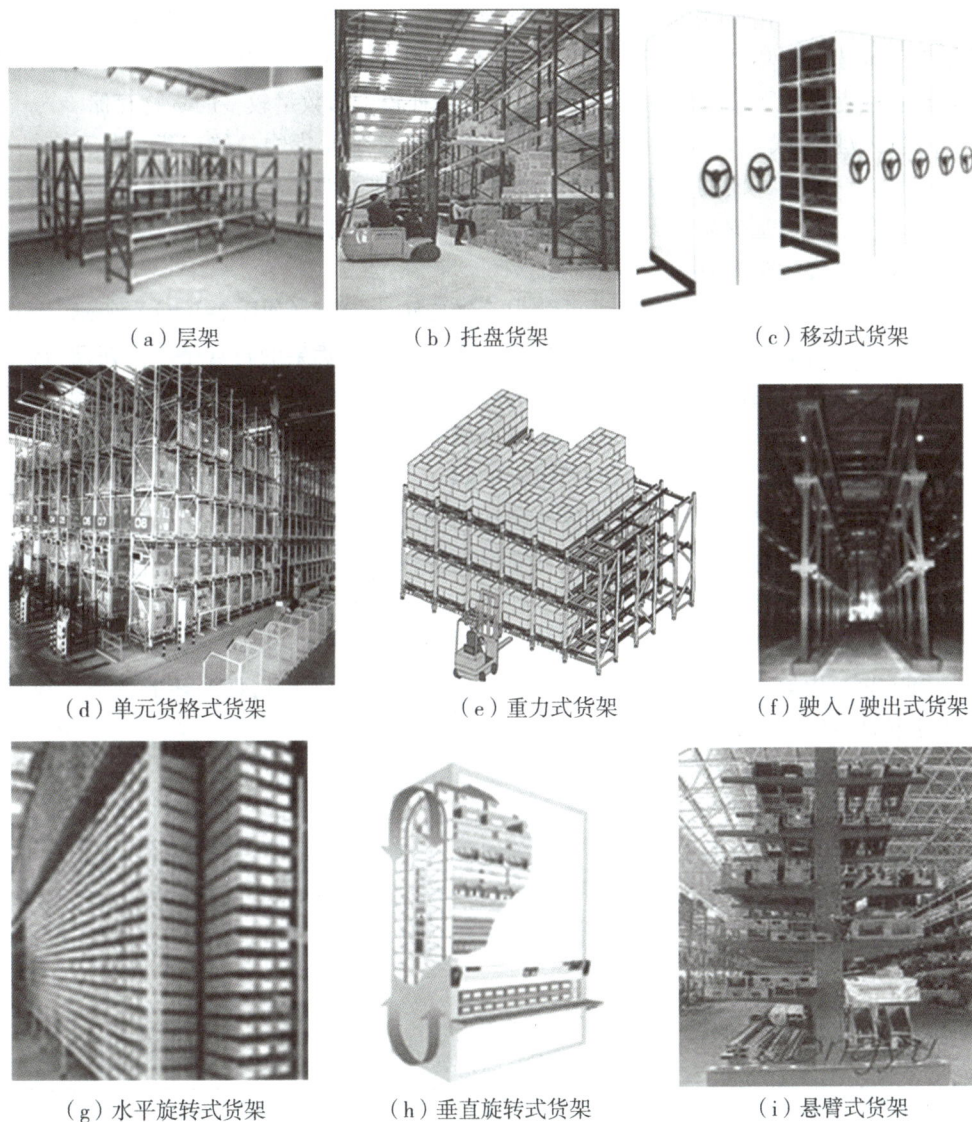

（a）层架　　　　　　（b）托盘货架　　　　　　（c）移动式货架

（d）单元货格式货架　　（e）重力式货架　　　　（f）驶入 / 驶出式货架

（g）水平旋转式货架　　（h）垂直旋转式货架　　　（i）悬臂式货架

图2-8　各式货架

③移动式货架。每排货架都有一个电机驱动，由装置于货架下的滚轮沿铺设于地面上的轨道移动，如图 2-8（c）所示。其突出的优点是提高了空间利用率，一组货架只需一条通道；而一般固定式托盘货架的一条通道，只服务于通道内两侧的两排货架。所以在相同的空间内，移动式货架的储存能力比一般固定式托盘货架高得多，但货架维护成本也较高。

④单元货格式货架。这种类型的货架在立体仓库中应用得最为广泛。其结构特点是货架沿仓库宽度分为若干排，每两排货架为一组，各组货架之间留有堆垛机进行存取作业需要的巷道；沿仓库长度方向分为许多列；沿高度方向分为若干层。因此整个货架形成了储存货物的大量货格，货格的开口面向巷道。单元货格货架如图 2-8（d）所示。

⑤重力式货架。其存货通道具有一定的坡度。装入通道的货物能够在自重作用下，自动地从入库端向出库端移动，当货物到达通道的出库端或者碰上已有的货物单元时停住。当位于通道出库端的第一批货物被取走之后，位于它后面的各批货物便在重力的作用下继续向下移动，如图2-8（e）所示。由于在重力式货架中每个存货通道只能存放同一种货物，所以这种类型的仓库适用于品种较少而数量较多的货物存储。

⑥驶入/驶出式货架。驶入/驶出式货架作为托盘单元货物的储存货位与叉车的作业通道是合一的、共同的，如图2-8（f）所示。这种货架属于高密度配置，库容利用率高，适合于大批量少品种配送中心使用，不适用于太长或太重的货物；其缺点是驶入式货架存取货时受先后顺序的限制。

⑦旋转式货架。旋转式货架又可分为水平旋转式货架（如图2-8（g）所示）和垂直旋转式货架（如图2-8（h）所示）两种。水平旋转式货架的特点是本身在动力输送机械的带动下，可在水平面内沿着一定的环形路线运行。需要提取某种货物时，操作人员给出相应的指令，相应的一组货架便开始运转，当装有该货物的货架到达拣选位置时，便停止运转。操作人员即可从中拣出货物，然后再给出指令，使货架回位。

垂直旋转式货架与水平旋转式货架的结构原理相似，它只是改变了旋转方向，将货架在水平面内的旋转运动改为在垂直面内的旋转运动。作业人员通过操作盘向货架系统发出指令，货架系统根据操作指令既可以正转也可反转，使需要提取的货物降落到最下面的取货位置上。这种垂直旋转式货架特别适用于储存小件物品。

⑧悬臂式货架。它是货架中重要的一种，适用于存放长物料、环形物料、板材、管材及不规则货物，如图2-8（i）所示。

3）装卸搬运设备——叉车

（1）叉车的定义。

叉车又称铲车、叉式装卸车，是装卸搬运机械中最常见，具有装卸、搬运双重功能的机械。它以货叉作为主要的取货装置，依靠液压起升机构升降货物，由轮胎式行驶系统实现货物的水平搬运。叉车除了使用货叉以外，还可以更换各类属具，以适应多种货物的装卸、搬运和作业需要。

（2）叉车的分类。叉车的分类见表2-2。

表2-2　　　　　　　　　　　　　叉车的分类

分类	种类及说明
按照动力装置的不同进行分类	内燃式叉车，动力装置是内燃机，又可分为汽油机式叉车、柴油机式叉车和液化石油气式叉车。其特点是机动性好、功率大、独立性强、应用范围广。一般情况下，大吨位的叉车采用内燃机为动力 平衡重式内燃叉车　　　　　汽油内燃平衡重式叉车

续表

分类	种类及说明
按照动力装置的不同进行分类	电动式叉车，又称电瓶式叉车，以蓄电池为动力。它和内燃式叉车相比，具有结构简单、操作简单、动作灵活、无废气污染、噪声低、燃费低、维修费少等优点，但动力持久性差，需要专门的充电设备，行驶速度慢，对路面要求较高，应用受到限制，主要适合于室内作业 电动式三轮叉车　　　　电动式四轮叉车
按照功能和功用进行分类	平衡重式叉车，其货叉位于叉车的前部，为了平衡货物重量产生的倾翻力矩、保持叉车的纵向稳定性，在叉车后部装有平衡重。它是叉车中机动性最高的，也是目前应用最广泛的叉车 内燃平衡重式叉车　　蓄电池平衡重式叉车　　电瓶平衡重式叉车 插腿式叉车，其两条腿向前伸出，支撑在很小的车轮上。支腿的高度很低，可同时一起插入货物底部，由货叉托起货物。货物的重心落到车辆的支撑平面内，因此稳定性很好，不必再设平衡重。它一般由蓄电池供电驱动。它的作业特点是起重重量小、车速低、结构简单、外形小巧，适合于通道狭窄的仓库内作业 电动插腿式叉车　　手动液压插腿式叉车　　伸缩臂插腿式叉车

分类	种类及说明
按照功能和功用进行分类	侧面式叉车，其门架和货插在车体的一侧。其主要作业特点是：①在出入库作业的过程中，车体进入通道，货叉面向货架或货垛。进行作业时不必先转弯，适于窄通道作业。②有利于装搬条形、长尺寸货物，因为长尺寸货物与车体平行，不受通道宽度的限制 侧面式叉车 a　　侧面式叉车 b 前移式叉车，有两条前伸的支腿，与插腿式叉车相比，前轮较大，支腿较高，作业时支腿不能插入货物的底部，而门架可以带着整个起升机构沿着支腿内侧的轨道移动，这样货叉叉取货物后稍微升起一个高度便可缩回，能保证叉车运行时的稳定。前移式叉车与插腿式叉车一样，都是货物的重心落到车辆的支撑平面内，因此稳定性较好，适合车间、仓库内作业 坐式电动前移式叉车　电动站架前移式叉车　平衡重式前移式叉车 集装箱叉车，专门用于集装箱的装卸、搬运，分正面式和侧面式两类。它的主要特点是可搬运较大重量的货物 集装箱叉车 高货位拣选叉车，主要作用是高位拣货。操作台上的操作者可以与装卸装置一起上下运动，并拣取储存在两侧货架内的货物，适用于多品种少量入出库货物作业 高位拣选叉车

课程思政 2-1

无证驾驶叉车的后果

背景与情境： 一天，上海某建筑工程有限公司承建的某地块项目工地上，无驾驶叉车操作证的申某驾驶叉车超载作业，导致叉车上的钢管滑落，同时违规坐在叉车后部的吉某掉下车，叉车在后退过程中将吉某撞伤，吉某经抢救无效于当日死亡。引起事故的主要原因是：吉某违规乘坐在叉车后部；驾驶员申某无证驾驶叉车并超载作业；上海某建筑工程有限公司项目部管理混乱，对现场施工安全监管不到位，对专业分包班组缺乏管理，以包代管；明知工人没有叉车操作证，但还是让他们进行叉车作业；对工人岗前教育缺少，叉车操作人员和钢管搬运工对叉车使用安全缺少基本认知。申某无证驾驶叉车致人死亡，对事故的发生负有主要责任，安监部门依法将其移送公安部门，追究其刑事责任。

资料来源　编者根据企业运营实际案例编写。

问题： 作为仓储管理人员，应该如何做才能避免此类事故的发生？

研判提示： 从事部分物流设施设备的操作需要相应的上岗证，操作人员应严格遵守国家的规定，以保障物流作业的安全。

4）装卸搬运设备——地牛和人力搬运车

（1）地牛。地牛是一种运输工具，又称拖板车、叉车、搬运车，如图2-9（a）所示。

（2）人力搬运车。人力搬运车是一种以人力为主，在路面上从事水平运输的搬运车。它具有轻巧灵活、易操作、回转半径小、价格低等优点，被广泛使用于车间、仓库、站台、货场等处。其中仓库常用的是二轮杠杆式手推车和手推台车。

①二轮杠杆式手推车。它是最古老、最实用的人力搬运车，如图2-9（b）所示。它轻巧、灵活、转向方便，但因靠体力装卸、保持平衡和移动，所以仅适合装载较轻、搬运距离较短的货物。为适合实际工作的需要，目前还采用自重较轻的钢和铝型材作为车体，选用阻力小的耐磨的车轮。此外，还有可折叠、便携式的车体选择。

（a）地牛　（b）二轮杠杆式手推车　（c）手推台车
图2-9　地牛和人力搬运车

②手推台车。它是一种以人力为主的搬运车，轻巧灵活、易操作、回转半径小，广泛应用于车间、仓库、超市、食堂、办公室等，是短距离运输轻小物品的一种方便而经济的搬运工具，如图2-9（c）所示。手推台车一般每次搬运量为5~500千克，水平移动距离30米以内，搬运速度在30米/分钟以下。

5）计量设备

仓库的计量设备主要包括重量计量设备、流体容积计量设备、长度计量设备、个数计量设备等，如图2-10所示。

图2-10　计量设备

业务链接 2-2

如何选购仓储设备

仓储设备的选购关键看"什么设备最适合作业需求"，所以其选用一定要从自身实际出发。此外，要优先选择实力较强公司的产品。具体来说，要做好以下几方面的工作：

（1）详细说明设备必须具有的功能。所选设备是做什么用的？这个问题至关重要，这也是所有物流管理者在开始确定设备方案之前必须准确回答的问题。

（2）准备详细的设备方案来满足已确定的作业要求。设备规划的目的不是确定设备的详细规格，而是确定设备的一般分类。例如货架设备，首先，要制订的设备方案是以托盘货架或者悬臂式货架为分类依据；其次，在设备规划与选择过程中，制定更详细的规格形式，如镀锌还是表面喷塑工艺。值得注意的是，设备方案的制订工作说起来容易做起来难。我们平时必须注意关于各项物流设备知识的积累。

（3）定量（经济评估）与定性分析相结合。对设备方案的经济评估，首先是成本计算。通常，成本分两类：投资成本和年运行成本。最普遍的投资成本是设备的采购费用。年运行成本是使用设备过程中不断发生的费用。典型的年运行成本项目包含物流作业人员的工资、设备维护费用、税和保险费等。

（4）选择仓储设备和供货商。通常，这个阶段的重要工作是说明所需设备的详细规格及接触供应商（详细了解供应商的资质）。

设备规划过程的最后步骤是准备设备/系统招标书。

资料来源　MBA智库百科. 仓储设备［EB/OL］.［2020-05-22］. http://wiki.mbalib.com/wiki/仓储设备.

课程思政 2-2

海盐首例涉嫌非国家工作人员受贿罪被提起公诉

背景与情境： 采购员采购时吃点回扣、拿点好处费，似乎成了潜规则，殊不知，拿了回扣就要负法律责任，将会被判受贿罪。某公司的物流部副经理王斌（化名）利用负责公司货物仓储、机器设备配件的采购等职务便利，频频收受销售人员给予的回扣款，共计人民币 15.8 万元。日前，王斌因涉嫌非国家工作人员受贿罪，被海盐县检察院依法提起公诉。

据了解，王斌进入海盐一家纸业公司上班后，因为才华出众，刚进公司就被委以重任，担任了公司物流部的副经理，主要负责公司货物的仓储、机器设备配件的采购等。王斌在与销售机械轴承的个体老板骆伟（化名）洽谈生意时，特意问起轴承有无次品，并表示如果有，以后就到他那进货。也正是在这次洽谈之后，骆伟将产品以次充好，供给王斌的公司，并且两人商定，骆伟从销售额中提出 10% 的现金送给王斌。就这样，一年间，王斌利用其负责公司机器设备配件采购等职务便利，先后 20 余次收受骆伟所送的 15.8 万元现金。直到后来，公司审计监察部在审计过程中发现其中的猫腻，于是立即报警。据悉，非国家工作人员受贿罪这一新罪名于 2007 年 11 月 6 日开始设立，王斌一案是海盐检察院首个以此罪名提起公诉的案件。根据《中华人民共和国刑法》第一百六十三条的规定，公司、企业或者其他单位的工作人员利用职务上的便利，索取他人财物或者非法收受他人财物，为他人谋取利益，数额较大的，处五年以下有期徒刑或者拘役；数额巨大的，处五年以上有期徒刑，可以并处没收财产。

资料来源　吴佳琴. 公司采购员吃回扣也是受贿［EB/OL］.［2020-05-04］. http：//www.cnjxol.com/xwzx/jxxw/qxxw/hy/content/.htm.引文经整理、节选和改编。

问题： 你对本案例中当事人的行为有什么看法？

研判提示： 近年来，不少行业都把给回扣、好处费等当成营销业务中的制胜法宝，而收受者也心安理得。但事实上这种做法不仅违反了职业道德，而且触犯了法律。

2.4.3　自动化立体仓库

1）自动化立体仓库的概念

自动化立体仓库（Automated Storage & Retrieval System）是由高层货架、巷道堆垛起重机（有轨堆垛机）、入出库输送机系统、自动化控制系统、计算机仓库管理系统及其周边设备组成，可对集装单元货物实现自动化存取和控制的仓库。它简称高架仓库，一般是指采用几层、十几层乃至几十层的货架来储存单元货物，并用相同的搬运设备进行货物入、出库作业的仓库。由于这类仓库能充分利用空间储存货物，故常形象地将其称为"立体仓库"。显而易见，它是物流系统的核心之一，并在自动化生产系统中占据着非常重要的地位。

20 世纪 60 年代中期，日本开始兴建自动化立体仓库，并且发展速度越来越快。1965—1977 年短短的 12 年间，日本建立了 18 833 座自动化立体仓库，存货总数达到 262 万托盘，目前是世界上拥有自动化立体仓库最多的国家之一。我国兴建自动化立体仓库的起步比较晚，1974 年郑州纺织机械厂建成了国内第一个自动化立体仓库。20 世纪 80 年代到 90 年代，自动化立体仓库产品的设计与制造有了很大的进展，全国有几十家科研单位和生产单位在进行自动化立体仓库的开发、设计、制造。近年来，仓储物流行业的学术组织定期在国内交流学术经验，针对目前我国自动化立体仓库的设计、制造水平，并参照国外标准制定了一系列行业标准、规范，使自动化立体仓库的设计、制造走上了规范化发展道路。

2）自动化立体仓库的特点

自动化立体仓库的优越性是多方面的，主要体现在以下几个方面：

（1）提高了空间利用率。早期立体仓库构想的基本出发点是提高空间利用率、充分节约有限且昂贵的场地。在西方有些发达国家，提高空间利用率的观点已有更广泛、深刻的含义，节约土地已与节约能源、保护环境等更多方面联系起来。有些甚至把空间利用率作为考核仓库系统合理性和先进性的重要指标。一般来说，立体仓库的空间利用率为普通仓库的 2~5 倍。

（2）先进的物流系统提高了企业生产管理水平。传统的仓库只是货物的储存场所，保存货物是其唯一的功能，属于静态储存。立体仓库采用先进的自动化物料搬运设备，不仅能使货物在仓库内按需要自动存取，而且可以与仓库以外的生产环节进行有机连接，并通过计算机管理系统和自动化物料搬运设备使仓库成为企业物流中的重要环节。建立物流系统与企业生产管理系统间的实时连接是目前自动化立体仓库发展的另一个明显技术趋势。

（3）加快了货物存取，减轻劳动强度，提高生产效率。建立以立体仓库为中心的物流系统，其优越性还表现在立体仓库具有快速的入出库能力，能妥善地将货物存入立体仓库，及时自动地将生产所需零部件和原材料送达生产线。同时，立体仓库系统减轻了工人综合劳动强度。

（4）减轻了库存资金压力。通过对一些大型物流企业的调查发现，由于历史原因，这些企业管理手段落后，物资管理制度松散，生产管理和生产环节的紧密联系难以保证。为了达到预期的生产能力和满足生产要求，就必须准备充足的原材料和零部件，这样，库存积压就成为较大的问题。如何减轻库存资金压力和充分满足生产需要，已经成为大型物流企业面对的大问题。立体仓库系统是解决这一问题的最有效手段之一。

（5）现代化企业的标志。由于自动化立体仓库采用计算机管理和网络技术，企业领导能宏观快速地掌握各种物资信息，且使工程技术人员、生产管理人员和生产技术人员及时了解库存信息，以便合理安排生产工艺，提高生产效率。互联网和企业内部网络更为企业取得与外界的在线连接、突破信息瓶颈、开阔视野及外引内联提供了广阔的空间和坚实、强大的技术支持。

3）自动化立体仓库的分类

不同的仓库，其高度、货架形式、通道宽度都是不同的，仓库内设备的配置应与仓库的类型相适应。

（1）按照立体仓库的高度分类。

① 低层立体仓库。它的高度在 5 米以下，主要是在原来老仓库的基础上进行改建的，目的是提高原有仓库的技术水平。

② 中层立体仓库。它的高度在 5~15 米，由于中层立体仓库对建筑以及仓储机械设备的要求不高、造价合理，是目前应用最多的一种仓库。

③ 高层立体仓库。它的高度在 15 米以上，由于对建筑以及仓储机械设备的要求较高，安装难度大，故应用较少。

（2）按照货架结构分类。

①货格式立体仓库。它是应用较普遍的立体仓库，特点是每一层货架都由同一尺寸的货格组成，货格开口面向货架之间的通道，堆垛机械在货架之间的通道内行驶，以完成货物的存取。

②贯通式立体仓库。它又称为流动式货架仓库。这种仓库的货架之间没有间隔，不设通道，货架组合成一个整体。货架纵向贯通，贯通的通道具有一定的坡度，在每一层货架底部安装滑道、锟道等装置，使货物在自重的作用下沿着滑道或锟道从高处向低处运动。

③自动化柜式立体仓库。它是小型的可以移动的封闭立体仓库，由柜外壳、控制装置、操作盘、储物箱和传动装置组成，其主要特点是封闭性强、小型化和智能化，具有很强的保密性。

④条形货架立体仓库。它是专门用于存放条形和筒形货物的立体仓库。

4）自动化立体仓库的局限性

自动化立体仓库的局限性包括：

第一，结构复杂，配套设备多，需要的基建和设备投资大；

第二，储存货物的品种受到一定限制，对于长、大、笨重货物以及要求特殊保管条件的货物，必须单独设立储存系统；

第三，对仓库管理和技术人员要求较高，必须经过专门培训才能胜任；

第四，必须注意设备的保管、保养；

第五，自动化立体仓库要充分发挥其经济效益，就必须与采购管理系统、配送管理系统、销售管理系统等结合使用。

学习微平台

延伸阅读 2-2

业务链接 2-3

内蒙古蒙牛乳业的自动化立体仓库

内蒙古蒙牛乳业泰安有限公司乳制品自动化立体仓库，是蒙牛乳业公司委托太原刚玉物流工程有限公司设计制造的第三座自动化立体仓库。该库后端与泰安公司乳制品生产线相衔接，与出库区相连接，库内主要存放成品纯鲜奶和成品瓶装酸奶。库区面积 8 323 平方米，货架最高高度 21 米，托盘尺寸 1 200 毫米×1 000 毫米，库内货位总数 19 632 个，储存区包括高层货架和 17 台巷道堆垛机，高层货架采用双托盘货位，以实现货物的存储功能。巷道堆垛机按照指令完成从入库输送机到目标货位的取货、搬运、存货及从目标货位到出库输送机的取货、搬运、出货任务。常温区货位数 14 964 个，低温区货位数 46 687 个。入库能力 150 盘/小时，出库能力 300 盘/小时。该立体库建成后，极大地提高了公司的物流效率。

资料来源　潘迎宪. 物流仓储管理［M］. 成都：四川大学出版社，2006.

本章概要

□ 内容提要与结构

▲ 内容提要

● 仓库选址应考虑的因素：①经济环境因素，包括货流量的大小、货物的流向、城市的扩张与发展、交通便利程度；②自然环境因素，包括地理因素和气候因素；③政策环境因素。

● 仓库作业区规划的基本原则：①单一的物流方向；②最短的运距；③最少的装卸环节；④最大的利用空间。

● 仓库的分类标准以及仓库的类型。

● 货架：①层架：结构简单，适用性强，有利于提高空间利用率，方便作业的存取，是人工作业仓库的主要存储设备。②托盘货架：结构简单，可调整组合，安装简易，费用经济；出入库不受先后顺序的限制。③重力式货架：通常呈密集型配置，能够大规模密集存放货物，减少通道数量，可有效节约仓库面积；重力式货架能保证先进先出，并且方便拣货，作为分拣式货架普遍应用于配送中心作业中。

● 叉车：仓库装卸搬运机械中应用最广泛的一种。叉车与其他搬运机械一样，能够减轻装卸工人繁重的体力劳动。除了能提高装卸效率外，还能缩短车辆停留时间、降低装卸成本。

● 托盘：用于集装、堆放、搬运和运输的放置作为单元负荷的货物和制品的水平平台装置。

● 自动仓库是由高层货架、巷道堆垛起重机（有轨堆垛机）、入出库输送机系统、自动化控制系统、计算机仓库管理系统及其周边设备组成，可对集装单元货物实现自动化存取和控制的仓库。

▲ 内容结构

本章内容结构如图2-11所示：

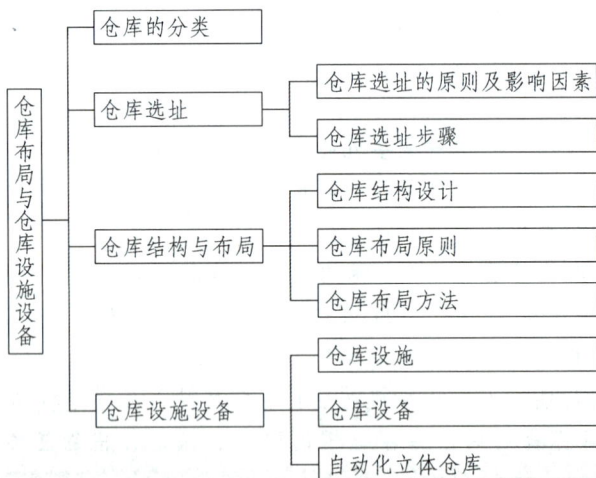

图2-11　本章内容结构

□ 主要概念和观念

▲ 主要概念

仓库　公共仓库　自营仓库　仓库选址　仓库布局　仓储设施设备　货架　叉车　自动化立体仓库

▲ 主要观念

仓库分类　仓库选址　仓库结构与布局　仓储设施设备

　　□ 重点实务和操作

　　▲ 重点实务

　　仓库选址的步骤　仓库作业区布置　仓库平面布置　选择仓储设备　仓储设备管理　相关"业务链接"

　　▲ 重点操作

　　仓库杂货堆场的布置方法　仓库平面布局图的绘制　仓库设备的选用

➡ 基本训练 ➡➡

　　□ 理论题

　　▲ 简答题

　　1）仓库有哪些种类？

　　2）自动化立体仓库的特点有哪些？

　　3）什么是托盘？托盘主要分为哪几种？目前国际托盘标准化的情况如何？

　　4）常见的仓库设备有哪些？请举例说明。

　　▲ 理解题

　　1）影响仓库选址的因素有哪些？

　　2）谈谈自动化立体仓库在我国的发展以及应用前景。

　　□ 实务题

　　▲ 规则复习

　　1）叉车具有什么功能，选择叉车时应考虑哪些因素？

　　2）如何对仓库作业区进行规划？

　　▲ 业务解析

　　设施设备的选用将直接关系到仓库的运行效率，请同学们结合我国仓储企业的实际谈谈对仓库设施设备改造的认识。

　　□ 案例题

　　▲ 案例分析

　　【训练项目】

　　案例分析-Ⅱ。

　　【相关案例】

多种仓储货架方式的比较与分析

　　背景与情境：某仓库长和宽分别是48m和27m，该仓库托盘单元货物尺寸为1 000mm（宽）×1 200mm（深）×1 300 mm（高），重量为1t。仓库若采用窄通道（VNA）系统，可堆垛6层，仓库有效高度可达10m；而其他货架方式只能堆垛4层，有效高度为7m。

　　下面比较几种不同的货架和叉车、堆垛机系统方案，其货仓容量、叉车类型和最佳性价比如下：

　　1）VNA窄通道系统

　　采用该系统，货物可先进先出，取货方便，适用于屋架下弦较高（如10m左右）

的仓库。因采用高架叉车（采购价为58万元），地面需要加装侧向导轨。叉车通道宽为1 760 mm，总存货量为2 088个货位。货架总造价为41.76万元，仓库总造价为129.6万元，工程总投资为229.36万元，系统平均造价为1 098元/货位。

2）驶入式货架系统

采用该系统，货物先进后出，单独取货困难，但存货密度高。其适用于面积小、高度适中、货品单一、成批量进出货的仓库。系统采用平衡重式电动叉车，采购价为22.5万元，叉车直角堆垛通道宽度为3 200mm，总存货量为1 812个货位，货架总造价为43.5万元。仓库建筑总造价为123.12万元，工程总投资为189.12万元，系统平均造价为1 044元/货位。

3）选取式货架系统

采用该系统，货物可先进先出，取货方便。该系统对货物无特殊要求，适用于各种类型的货物，但它属于传统型仓库系统，货仓容量较小。系统采用电动前移式叉车，采购价为26万元，叉车直角堆垛通道宽度为2 800mm，总存货量1 244个货位，货架总造价为16.2万元，仓库建筑总造价为123.12万元，工程总投资为165.32万元，系统平均造价为1 329元/货位。

4）双深式货架系统

采用该系统，货物可先进后出，取货难度适中；货仓容量较大，可与通廊式货架媲美，且对货物和货仓无特殊要求，适应面广。系统采用站驾式堆高车和伸缩叉，采购价为25万元，叉车直角堆垛通道宽度为2 800mm，总存货量为1 716个货位，货架总造价为24万元，仓库建筑总造价为123.12万元，工程总投资为172.12万元，系统平均造价为1 003元/货位。

通过以上比较可以看出，除了投资成本不同外，4种不同的货架仓储系统都有各自的特点。

VNA窄通道系统能有效利用仓库的空间（通道最小），同时又能保证有很好的存取货速度和拣选条件（每个托盘都能自由存取和拣选）。对于该类仓库系统，每台设备的存取货速度为每小时30~35个托盘。其适合于各种作业，特别是种类比较多或进出速度较快的情况：仓库面积越大，仓库的货物进出量越多，使用该系统的设备数量增加却不会很多，成本反而更低。近年来，使用这种系统的仓库已越来越多，特别是大型仓库。

驶入式货架系统可以有效利用仓库的空间（货架排布密度大），但不能满足拣选的要求，每个托盘不能自由存取。其适合于种类比较单一、大批量进出货物的作业。该系统的出货速度不快，每小时只有10~12个托盘，目前应用的行业较少。

选取式货架系统是使用最广泛的一种，能保证理想的存取速度和拣选条件（每个托盘都能自由存取和拣选），但不能非常有效地利用仓库的空间。对于该类仓库系统，每台设备的存取速度大约为每小时15~18个托盘，适用于各种行业。仓库面积越大，仓库货物的进出量越多，使用该系统的设备数量增加就会较多，所以成本就会增加；但它的灵活性非常好，第三方物流的仓库大都采用这种形式。

双深式货架系统是选取式和驶入式货架系统的结合体，可以非常有效地利用仓库的空间（货架排布密度较大），而且能保证有很好的存取货速度和拣选条件（每两个托盘都能自由存取和拣选）。对于该类仓库系统，每台设备的存取速度为每小时 12~15 个托盘，它的灵活性也较好。仓库面积越大，仓库货物的进出量越多，使用该系统的设备数量增加却不会较多，所以成本基本保持不变。近年来，使用这种系统的仓库逐渐增多，它没有行业限制，但货物种类不能太多。

资料来源　互帮物流. 各种仓储货架方式的比较与分析［EB/OL］.［2019-05-22］. http：//www.gzhd56.com/wuliuzhishi/4875.html.

问题：

1）本文中所列出的各货架和叉车、堆垛机系统方案各有什么优势和劣势？

2）仓储企业应如何选择最适合的、性价比最好的系统？

分析要求：同第1章"基本训练"中本题型的"分析要求"。

▲ 课程思政

【训练项目】

课程思政-Ⅱ。

【相关案例】

采购仓储设备　屡吃"回扣"获刑

背景与情境：某物流企业欲采购一批货架和叉车等设备，将该工作交给了仓储部部长王某负责。章某为了推销某型号叉车，请求王某在招投标过程中给予照顾，王某满口答应。王某在评标时给予了章某倾向性的帮助，章某推销的叉车顺利中标。事后，王某接受章某所送人民币 20 000 元。根据《中国共产党纪律处分条例》的规定，该区纪委给予王某开除党籍处分，并移送司法机关处理。王某被依法判处有期徒刑一年零六个月，缓刑二年执行。

问题：

1）本案例中的当事人行为存在哪些思政问题？

2）结合问题对当事人行为作出思政研判。

3）结合党的二十大精神，通过网络或图书馆调研等途径收集研判所依据的相关规范。

研判要求：同第1章"基本训练"中本题型的"研判要求"。

□ 实训题

【训练项目】

"仓库的整体布局和仓储设施设备设置"业务胜任力训练。

【训练目的】

见本章"章名页"之"学习目标"中的"实务目标"和"实训目标"。

【能力与道德领域】

专业能力——仓库的整体布局和仓储设施设备设置

技能 Ⅰ

名称：仓库布局图绘制技能

规范与标准：

1）能够掌握某一仓库的整体布局方案。

2）能够画出仓库布局图。

3）能够对该仓储企业的平面布局进行评价。

技能 Ⅱ

名称：对某企业仓库设备的种类和数量的设置效果进行分析评价的技能

规范与标准：

1）能依照相关实务规则正确统计仓库设施设备的种类。

2）能依照相关实务规则正确统计仓库设施设备的数量。

3）能依照相关实务规则对该仓储企业的设施设备构成进行正确评价。

技能 Ⅲ

名称：仓库杂货堆场的布置技能

规范与标准：

1）能依照相关实务规则对仓库杂货堆场进行正确布置。

2）能依照相关实务规则对现有仓库杂货堆场布置进行评价。

技能 Ⅳ

名称：撰写"××仓储企业仓库的整体布局和仓储设施设备设置"相应实训报告技能。

规范与标准：

1）能合理设计"××仓储企业仓库的整体布局和仓储设施设备设置"的相应实训报告，其结构、层次较分明。

2）能较规范地撰写实训报告。

3）本教材网络教学资源包中《学生考核手册》考核表1-2所列各项"考核指标"和"考核标准"。

职业核心能力——"解决问题""革新创新"（中级）

上述能力领域的"基本要求"、"技能点"和"规范与标准"参见本教材"附录二"中的附表2-2。

职业道德——"职业观念"、"职业态度"、"职业作风"和"职业守则"（认同级）

各道德领域的"规范与标准"参见本教材"附录二"中的附表2-3。

【训练任务】

1）对"仓库的整体布局和仓储设施设备设置"专业能力领域各技能点实施阶段性基本训练。

2）对"解决问题"和"革新创新"等职业核心能力领域各技能点实施"中级"强化训练。

3）对"职业观念"、"职业态度"、"职业作风"和"职业守则"等职业道德领域各素质点实施"认同级"相关训练。

【训练要求】

1）实训前学生要了解并熟记本实训的"训练目的"、"能力与道德领域"、"训练任务"与"训练要求"。

2）通过"训练步骤"，将"训练任务"所列训练整合并落实到本实训的"活动过程"和"成果形式"中。

3）实训后学生要对本次实训活动进行总结，在此基础上撰写实训报告。

【情境设计】

将学生组成若干实训团队，根据实训题目"××仓储企业仓库的整体布局和仓储设施设备设置"相关要求进行实训。各实训团队通过对所选企业仓库杂货堆场的布置方法、仓库平面布局图的绘制、仓库设备的选用等活动的参与和体验，完成本实训操练的相关训练任务，在此基础上撰写关于"××仓储企业仓库的整体布局和仓储设施设备设置"的实训报告。

【指导准备】

知识准备：

1）仓库的平面布置要求和仓库的结构设计参数。

2）仓库基础设施的种类。

3）仓库常用机械设备的种类。

4）仓库设施设备管理制度。

操作指导：

1）教师向学生阐明"实训目的"、"能力与道德领域"和"知识准备"。

2）教师就"知识准备"中的第4）项，对学生进行培训。

3）教师指导学生就操练项目进行资料收集与整理。

4）教师指导学生撰写关于"××仓储企业仓库的整体布局和仓储设施设备设置"的相应实训报告。

【训练时间】

本章课堂教学内容结束后的双休日和课余时间，为期5天。

【训练步骤】

1）将学生组成若干个实训团队，每5~8位同学分成一组，每团队确定1人负责，分别选择一个仓储公司。

2）指导各实训团队进行资料收集。

3）各实训团队对本次实训的相关资料和记录进行整理分析，画出仓库布局图，撰写关于"××仓储企业仓库的整体布局和仓储设施设备设置"的相应实训报告。

【成果形式】

《"××仓储企业仓库的整体布局和仓储设施设备设置"实训报告》

课业要求：

1）格式与体例参照"课业范例"的范例-3。

2）必须包括"专业能力训练"和"职业核心能力和职业道德训练"双重内涵。

3）将本次实训的相关资料和记录作为附件。

4）初稿经团队讨论后，提交班级交流。

5）经过班级交流后由各组修改与完善。

6）各团队实训课业定稿后，在其标题下注明"项目队长姓名"和"项目团队成员姓名"。

7）将附有"教师点评"的优秀实训课业在班级展出，并纳入本校该课程的教学资源库。

单元考核

考核评价要求：同第1章"单元考核"的"考核评价要求"。

第3章
仓储商务

学习目标

理论目标：学习和把握仓储经营的目标、仓储经营的方法、招投标的概念、仓储合同的条款、仓单的内容、仓储合同可能出现的纠纷类型、仓储可开发的经营项目类别等陈述性知识；能用其指导"仓储商务"的认知活动，正确解答"单元训练"中"理论题"各题型的相关问题。

实务目标：学习和把握招投标方案的设计方法、标书的撰写方法、仓储合同设计，以及"业务链接"等程序性知识；能用其规范"仓储商务"中的技能活动，正确解答"单元训练"中"实务题"各题型的相关问题。

案例目标：运用所学理论与实务知识研究相关案例，培养"仓储商务"情境中的多元表征能力；结合本章教学内容，依照相关规范或标准，对"课程思政3-1""课程思政3-2"专栏和章后"课程思政-III"等案例中的企业从业人员行为进行思政研判，激发与其议题相关的法律法规思考，培养高尚的道德情操，树立社会主义核心价值观。

自主学习：参加"自主学习-II"训练。在实施自主学习计划的基础上，通过阶段性学习和应用"附录一"附表1"自主学习"（初级）"'知识准备'参照范围"所列知识，收集、整理与综合"仓储合同"前沿知识，讨论、撰写和交流《"仓储合同"最新文献综述》，撰写《"自主学习-II"训练报告》。

引例　仓储合同与合同违约

背景与情境： 个体户 A 在 B 仓库寄存彩电 100 台，价值共计 100 万元。双方商定：B 仓库自 1 月 15 日至 2 月 15 日期间保管 A 的彩电，A 分三批取走；2 月 15 日 A 取走最后一批彩电时，支付保管费 2 000 元。

2 月 15 日，A 前来取最后一批彩电时，双方因保管费的多少而发生争议。A 认为自己的彩电实际上是在 1 月 25 日晚上才入 B 仓库的，所以应当少付保管费 250 元。B 仓库拒绝减少保管费，理由是仓库早已为 A 的彩电的到来准备了地方，至于 A 是不是准时进库是 A 自己的事情，与 B 仓库无关。A 认为 B 仓库位于江边码头，自己又通知了彩电到库的准确时间，B 仓库不可能空着货位。A 只同意支付 1 750 元的保管费，B 仓库于是拒绝 A 提取剩下的最后一批彩电。

从引例可见，对仓储合同相关法律知识的无知，经常会引发一些仓储企业和客户之间的纠纷，因此，掌握和学习仓储合同相关知识是十分必要的。

3.1　仓储经营

3.1.1　仓储经营目标

仓储经营的总体目标是按照仓储活动的各项要求和仓储管理上的需要，把与仓储经营有关的各部门、各环节合理组织起来，使各方面的工作协调、有效地进行，加速商品在仓库中的周转，合理地使用人、财、物，以最小的资源取得最大的经济效益。

仓储经营的具体目标是："快进、快出、多储存、保管好、费用省"。

快进——物资运抵港口、车站或企业仓库专用线时，要以最快的速度完成物资的接运、验收和入库作业。

快出——物资出库时，要及时、迅速和高效率地完成备料、复核、出库和交货清理作业。

仓储企业要做到快进快出，除了做好周密的准备工作外，还要适当引进、使用较先进的物流设施和机械设备。

多储存——在库容合理规划的基础上，最大限度地利用有效的储存面积和空间，提高单位面积的储存量和面积利用率。仓储企业要多储存物资，具体的做法包括采用高层货架技术、储位的合理规划使用、适当缩小通道的面积等。

保管好——按照物资的性质和储存条件的要求，合理安排储存场所，采取科学的保管方法，使其在保管期间内质量完好、数量准确。

费用省——对于物资的输入和输出（即物资吞吐运行过程），各业务环节要努力节省人力、物力和财力消耗，以最低的仓储成本取得最好的经济效果。

同步链接 2-1

深入贯彻落实党的二十大精神　推进粮食和物资储备工作走在前列

3.1.2　仓储经营方法

为了实现仓储经营合理化，必须采用科学的仓储经营方法，贯彻国家宏观调控政策，在市场调查、预测的基础上，结合企业的实际情况（如仓储结构、品种数量、仓储能力、组织结构等综合平衡），制定出适合本企业的经营战略。

仓储企业根据社会需求和自身的资源状况可形成多种类型的经营方法，如保管仓储、消费仓储、混藏仓储和仓储的租赁经营。此外，仓储企业还可以开展多种类型的增值服务。仓储企业的经营方法如图3-1所示。

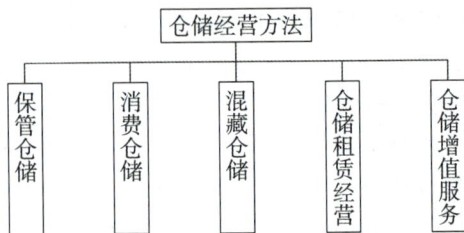

```
                仓储经营方法
     ┌────┬────┬────┬────┬────┐
   保管   消费   混藏   仓储   仓储
   仓储   仓储   仓储   租赁   增值
                      经营   服务
```

图3-1　仓储企业的经营方法

1）保管仓储

（1）保管仓储的概念。**保管仓储**是指由仓储经营人提供完善的仓储条件，接受存货人的仓储物进行保管，在保管期届满时，将收保的仓储物原样交还给存货人，存货人支付仓储费的一种仓储经营方法。仓储保管费的多少与仓储货物的数量、时间和费率有关。

（2）保管仓储的特点。

① 保管仓储的目的在于保持保管物原状。存货人将仓储物交付给仓储经营人，其主要目的在于保管。也就是说，存货人主要是将自己的货物存入仓储企业，仓储企业必须对仓储物实施必要的保管而达到最终维持保管物原状的目的，也即一定要确保原物形状。存货人与仓储企业之间是一种委托与被委托的关系，所以在仓储过程中仓储物的所有权不发生转移，仓储企业没有处分仓储物的权力。

② 仓储物一般都是数量大、体积大、质量高的大宗货物、物资，仓储管理的物品只能是动产，如粮食、工业制品、水产品等。

③ 保管仓储物是有偿的，仓储经营人为存货人提供仓储服务，存货人必须支付仓储费。仓储费是仓储经营人提供仓储服务的价值表现形式，也是仓储企业盈利的来源。

④ 仓储保管经营的整个过程均由仓储企业进行操作，仓储企业需要有一定的投入。为了使仓储物品质量保持完好，需要加强仓储的管理工作。仓储企业要加强仓储技术的科学研究，不断提高仓库机械化、自动化水平，组织好物资的收、发、保管、保养工作，掌握、监督库存动态，保持物资的合理储备；建立和健全仓储管理制度，加强市场调节和预测，与客户保持联系，不断提高仓储工作人员的思想政治水平和业务水平，培养一支业务水平高、技术水平高、管理水平高的仓储工作队伍。

（3）保管仓储经营的主要任务。

① 展开市场调研和市场营销。

② 制定科学的仓储规划。

③ 及时掌握仓储物的相关信息。

④ 为仓储物提供适宜的保管环境。

🔑 课程思政 3-1

为假烟提供仓储服务被行政处罚

背景与情境： 最近，广州市五山街协助市烟草专卖局稽查支队在某仓库查获了一批假冒伪劣香烟。1月17日上午，五山工商所接到举报后，马上开始立案调查，在街道工作人员的大力协助下，收集了大量证据，最后工商部门对该仓储公司进行了行政处罚。该公司向市场监管部门指定的银行账户缴纳了罚没款20 200元，这标志着为假烟提供仓储服务会被行政处罚。

《江苏省烟草专卖管理办法》第20条规定："禁止为非法经营烟草制品活动提供仓储条件。"该办法第28条规定："违反本办法第20条规定的，由烟草专卖行政主管部门责令其改正，并处非法仓储烟草制品价值10%以上20%以下的罚款，但最高罚款金额不得超过30 000元；为假冒伪劣烟草制品或者倒卖烟草制品提供仓储条件的，按照有关法律、法规的规定处罚。"

问题：

1）仓储企业对仓储货品有何要求？

2）为非法经营烟草制品提供仓储条件属何种行为？

研判提示： 了解仓储企业保管仓储物的相关法律、法规，熟知国家规定的禁止储存的货品的种类范围；为非法经营烟草制品提供仓储条件，其行为既有违法律、法规，也有违职业道德。

2）混藏仓储

（1）混藏仓储的概念。**混藏仓储** 是指存货人将一定品质、数量的种类物交付保管人储藏，在储存保管期限届满时，保管人只需以相同种类、相同品质、相同数量的替代物返还的一种仓储经营方法。混藏仓储经营人的收入依然来自仓储保管费，存储量越多、存期越长，收益越大。

（2）混藏仓储的特点。

① 混藏仓储的对象是种类物。混藏仓储的目的并不完全在于对原物的保管，有时寄存人仅仅需要实现对物的价值的保管，因此当寄存人基于物之价值保管的目的而免去保管人对原物的返还义务时，保管人减轻了义务负担，也扩大了保管物的范围，种类物成为保管合同中的保管物。保管人即以种类物为保管物，则在保存方式上失去各保管物特定化的必要，所以将所有同种类、同品质的保管物混合仓储保存。其保管对象是种类物，经营人的收入依然来自仓储保管费。

② 混藏仓储的保管物并不随交付而转移所有权。混藏保管人只需为寄存人提供保管服务，而保管物的转移只是物的占有权转移，与所有权的转移毫无关系，保管人无权处理存货的所有权。例如，农民将玉米交付仓储企业保管，仓储企业可以混藏玉米，即将所有收存的玉米混合储存于相同品种的玉米仓库，形成一种保管物为混合物（所有权的混合）的状况，玉米的所有权并未交给仓储企业，各寄存人对该混合保管物按交付保管时的份额，各自享有所有权。在农民需要时，仓储企业从玉米仓库取出相应数量的存货交还给农民。

③ 混藏仓储是一种特殊的仓储方式。它与消费仓储、保管仓储有一定的联系，也有一定的区别。保管仓储的对象是特定物，而混藏仓储和消费仓储的对象是种类物。混藏仓储在物流活动中发挥着重要的作用，在提倡物尽其用、发展高效物流的今天，混藏仓储被赋予了更新的功能，再配合以先进先出的运作方式，会使得仓储物资的流通加快，有利于减少耗损和过期变质等风险。另外，混藏方式能使仓储设备投入最少、仓储空间利用率最高。存货品种增加，会使仓储成本增加，所以在混藏仓储经

营中，应尽可能开展少品种、大批量的混藏经营。混藏仓储主要适用于农村以及建筑施工、粮食加工、五金等行业中对品质无差别、可以准确计量的商品。

3）消费仓储

（1）消费仓储的概念。**消费仓储**是存货人不仅将一定数量、品质的种类物交付仓储管理人储存保管，而且与保管人相互约定，将储存物的所有权也转移给保管人，在合同期届满时，保管人以相同种类、相同品质、相同数量的替代品返还的一种仓储方法。

（2）消费仓储的特点。

① 消费仓储是一种特殊的仓储形式，具有与保管仓储相同的基本性质。消费仓储是对保管物的保管，主要是为寄存人的利益而设定，原物虽然可以消耗使用，但其价值得以保存。

② 消费仓储以种类物作为保管对象，仓储期间其所有权转移给保管人。在消费仓储中，寄存人将保管物寄于保管人处，保管人以所有人的身份自由处理保管物，保管人在他所接收的保管物转移之时便取得了保管物的所有权。这是消费仓储最为显著的特征。在保管物返还时，保管人只需以相同种类、相同品质、相同数量的物品代替原物返还即可。

③ 消费仓储以物的价值保管为目的，保管人仅以种类、品质、数量相同的物进行返还。在消费仓储中，不仅转移保管物的所有权，而且必须允许保管人使用、收益、处分保管物，即将保管物的所有权转移给保管人，保管人无须返还原物，而仅以同种类、同品质、同数量的物品返还，保存保管物的价值即可。保管人通过经营仓储物获得经济利益，或者通过在高价时消费仓储物，低价时购回获得利益，如建筑仓储经营人直接将委托仓储的水泥用于建筑生产，在保管到期前从市场购回相同的水泥归还存货人；或者通过仓储物市场价格的波动进行高卖低买，获得差价收益。当然在保管到期时，需要买回仓储物归还存货人。

消费仓储经营人的收益主要来自对仓储物消费的收入。当该消费的收入大于返还仓储物时的购买价格时，仓储经营人就获得了经营利润；反之，当消费收入小于返还仓储物时的购买价格时，就不会对仓储物进行消费，而依然原物返还。在消费仓储中，仓储费收入是次要收入，有时甚至发生无收费仓储。

可见，消费仓储是仓储经营人利用仓储物停滞在仓库期间的价值进行经营，即追求利用仓储财产经营的收益。消费仓储的开展使仓储财产的价值得以充分利用，提高了社会资源的利用率。消费仓储可以在任何仓储物中开展，但对仓储经营人的经营水平有极高的要求，现今在期货仓储中应用广泛。

保管仓储、混藏仓储和消费仓储之间的异同见表3-1。

4）仓储租赁经营

仓储租赁经营是通过出租仓库、场地、仓库设备，由存货人自行保管货物的仓储经营方式。进行仓储租赁经营时，最主要的一项工作是签订一份仓储租赁合同，在法律条款的约束下进行租赁经营，取得经营收入。

在仓储租赁经营中，租用人对租用的仓库及仓库设备享有使用权，并保护仓储设备设施，按约定的方式支付租金。出租人对出租的仓库及设备设施拥有所有权，并享

表3-1　　　　　　　　　　　　三种仓储经营模式的异同

仓储方式	仓储对象	仓储物的所有权	仓储经营人的收益	适用范围
保管仓储	特定物	不转移	仓储费	数量多、体积大、质量高的大宗货物，如工业品、水产品等
混藏仓储	种类物	不转移	仓储费	品质无差别、可以准确计量的商品，主要适用于农村以及建筑施工、粮食加工等行业
消费仓储	种类物	转移	主要是对仓储物的消费的收益，仓储费是次要收益	主要在期货仓储中开展

有收取租金的权利，同时必须承认租用人对租用的仓库及设备设施按约定的使用权，并保证仓库及设备设施的完好性能。

仓储租赁经营可以采用整体性出租，也可以采用部分出租、货位出租等分散方式进行。在分散出租方式下，仓库所有人需要承担更多的仓库管理工作，如环境管理、保安管理等。

仓储租赁经营的经营人在经营方法上要注意以下一些问题：仓储经营人应该根据市场需要提供合适的仓库、场地和仓储设备，并保证所提供的仓储资源质量可靠；仓储经营人应该加强环境管理、安全管理工作，协助租用人使用好仓储资源，必要时可为租用人提供仓储保管的技术支持；应该签订仓储租赁合同，以明确双方的权利、义务关系。

同步思考 3-1

西南仓储公司的发展转型

西南仓储公司是成都市一家国有商业储运公司。随着市场经济的深入发展，公司原有的业务资源逐渐减少，先后经历了由专业储运公司到非专业储运公司再到专业储运公司的发展历程。

在业务资源和客户资源不足的情况下，这家以仓储为主营业务的企业，仓储服务是有什么就储存什么。以前以储存五金交电为主，后来也储存过钢材、水泥和建筑涂料等，这种经营方式解决了企业仓库的出租问题。当仓储资源又重新得到充分利用的时候，这家企业并没有获得更多利益。经过市场调查和分析研究，这家企业最后确定了立足于自己的老本行，发展以家用电器为主的仓储业务。一方面，在家用电器仓储上，加大投入和加强管理，同时加强与国内外知名家用电器厂商的联系，向这些客户和其他潜在客户介绍企业确定的面向家用电器企业的专业化发展方向，吸引家电企业进入；另一方面，与原有的非家用电器企业用户协商，建议其转库，同时将自己的非家用电器用户主动地介绍给其他同行。

在家用电器的运输和使用过程中，不断出现损坏的家用电器，经过与用户协商，在得到大多数生产商认可的情况下，这家企业在库内开办了家用电器的维修业务，既解决了生产商售后服务的实际问题，也节省了维修品往返运输的成本和时间，并分流了企业内部的富余人员，一举两得。除了为用户提供仓储服务之外，这家企业还为一个最大的客户提供办公服务，为这个客户的市场销售部门提供办公场所，即前店后厂的工作环境，大大提高了客户的满意度。另外，经过多方努力，其还找到一家第三方物流企业，在这个第三方物流企业的指导下，通过与几家当地的运输企业合作（外包运输），开展了区域内的家用电器物流配送，为一家跨国公司提供物流服务，现在这家企业家用电器的物流配送已经覆盖了四川（成都市）、贵州和云南。

资料来源　佚名. 物流（中级）考试案例分析及答案［EB/OL］.［2020-05-22］. http: //china. findlaw.cn/info/baoguanshangjian/wlks/225898_3.html.引文经整理、节选和改编。

问题：

（1）西南仓储公司向现代物流企业成功转变的关键是什么？

（2）中国目前传统物流企业怎样才能实现向现代物流企业的转变？

理解要点：

（1）准确的市场调查和定位是企业经营成功的关键，西南仓储公司确立了以家用电器为主的仓储业务，并以此为核心，扩大了业务范围，此外还增加了增值服务业务。

（2）中国目前传统的物流企业要改变单一的基础功能的服务模式，进行市场调查，灵活经营，提供多样化的增值服务。

3.2　仓储招投标

3.2.1　招投标的基本概念

招标与投标是有组织、有程序、规范化的市场交易行为，是商品、技术和劳务的买卖方法。

招标，是众多采购方式中最重要的一种。招标是业主选择最合理的供货商、承建商或劳务提供者的一种手段，是实施资源最合理配置的前提，招标全过程是选择实质性响应标的的过程，因而招标也是各方面利益比较、均衡的过程。

投标，则是供货商、承建商或劳务提供者对招标的响应，是他们为了获得货物、工程或劳务合同而向业主发出的实盘。

招投标本身就是一个追求双赢的过程，那么怎样才能达到理想的效果呢？

3.2.2　招投标的准备

在准备阶段，要对招标、投标活动的整个过程作出具体安排，包括对招标项目进行论证分析、确定采购方案、编制招标文件、制定评标办法、组建评标机构、邀请相关人员等。

招标、投标准备工作的主要程序如下：

1）制订总体实施方案

制订总体实施方案，即对招标工作作出总体安排，包括确定招标项目的实施机构和项目负责人及其相关责任人、具体的时间安排、招标费用测算、采购风险预测以及相应措施等。

2）项目综合分析

对于要招标采购的项目，应根据采购计划、采购人员提出的采购需求，从资金、技术、生产、市场等方面对其进行全方位综合分析，为确定最终的采购方案及其清单提供依据。必要时，可邀请有关方面的咨询专家或技术人员参加对项目的论证、分析，同时也可以组织有关人员对项目实施的现场进行勘察，或者对生产、销售市场进行调查，以提高综合分析的准确性和完整性。

3）确定招标采购方案

通过项目分析，会同采购人员及有关专家确定招标采购方案。也就是针对项目的具体要求，确定出最佳的采购方案，主要包括项目所涉及产品和服务的技术规格、标准以及主要商务条款和项目的采购清单等；对于一些采购规模较大的项目，在确定采购方案和清单时，有必要对项目进行分包。

4）编制招标文件

招标人根据招标项目的要求和招标采购方案编制招标文件。招标文件一般应包括招标公告（投标邀请函）、招标项目要求、投标人须知、合同格式、投标文件格式五个部分。

5）投标人制作标书

（1）投标的语言。投标人提交的投标书以及投标人与买方就有关投标的所有来往函电均应使用"投标资料表"中规定的语言书写。投标人提交的支持文件印制的文献可以使用另一种语言，但相应内容应附有"投标资料表"中规定语言的翻译本，在解释投标书时以翻译本为准。

（2）投标函和投标报价表。投标人应完整地填写招标文件中提供的投标函和相应组别的投标报价表，说明所提供货物的简介、来源、数量及价格。如果投标人填写的投标报价表不是相应组别的投标报价表，其投标书不会被拒绝，但是买方会把其投标书归入相应类别的投标组别中。

（3）投标书制作的注意事项。投标人应认真研究、正确理解招标文件的全部内容，并按要求编制投标文件。投标文件应当对招标文件提出的"实质性要求和条件"作出响应，"实质性要求和条件"是指招标文件中有关招标项目的价格、计划、技术规范、合同的主要条款等，投标文件必须对这些条款作出响应。这就要求投标人必须严格按照招标文件填报，不得对招标文件进行修改，不得遗漏或者回避招标文件中的有关问题，更不能提出任何附带条件。

6）组建评标委员会

（1）评标委员会由招标人负责组建。

（2）评标委员会由采购人员的代表及其技术、经济、法律等有关方面的专家组成，总人数一般为5人以上的单数，其中专家不得少于2/3。与投标人有利害关系的人员不得进入评标委员会。

（3）《中华人民共和国政府采购法》以及财政部制定的相关配套办法对专家资格认定、管理、使用有明文规定，因此，政府采购项目需要招标的，其专家的抽取需遵从其规定。

（4）在招标结果确定之前，评标委员会的成员名单应相对保密。

7）邀请有关人员

其主要是邀请有关方面的领导和来宾参加开标仪式，以及邀请监督机关（或公证机关）派代表进行现场监督。

3.2.3　招投标步骤

在招标阶段，应按照招标、投标、开标、评标、定标几个步骤组织实施。

1）招标

（1）发布招标公告（或投标邀请函）。公开招标应当发布招标公告。招标公告必须在财政部门指定的报刊或者媒体上发布。招标公告的内容、格式与招标文件的第一部分相同。

（2）资格审查。招标人可以对有兴趣投标的供应商进行资格审查。资格审查的办法和程序可以在招标公告中载明，或者通过指定报刊、媒体发布资格预审公告，由潜在的投标人向招标人提交资格证明文件，招标人根据资格预审文件规定对潜在的投标人进行资格审查。

（3）发售招标文件。在招标公告规定的时间、地点向有兴趣投标且经过审查符合资格要求的供应商发售招标文件。

（4）招标文件的澄清、修改。对于已发售的招标文件，需要进行澄清或者非实质性修改的，招标人一般应当在投标人提交投标文件截止日期15天前以书面形式通知所有招标文件的购买者，该澄清或修改内容为招标文件的组成部分。这里应特别注意，必须是在投标截止日期前15天发出招标文件的澄清和修改部分。

2）投标

（1）编制投标文件。投标人应当按照招标文件的规定编制投标文件。投标文件应载明的事项有：投标邀请函，投标人资格、资信证明文件，投标项目方案及说明，投标价格，投标保证金或者其他形式的担保，招标文件要求具备的其他内容。

（2）投标文件的密封和标记。投标人对编制完成的投标文件必须按照招标文件的要求进行密封、标记。这个过程也非常重要，因为密封或标记不规范被拒绝接受投标的例子也不少。

（3）送达投标文件。投标文件应在规定的截止时间前密封送达投标地点。对于在提交投标文件截止日期后收到的投标文件，招标人应不予开启并退还给投标人。招标人应当对收到的投标文件签收备案。投标人有权要求招标人或者招投标中介机构提供签收证明。

（4）投标人可以撤回、补充或者修改已提交的投标文件。投标人可以在提交投标文件截止日期前撤回、补充或者修改其投标文件，但必须以书面形式通知招标人。

3）开标

（1）举行开标仪式。招标人应当按照招标公告规定的时间、地点和程序以公开方式举行开标仪式。

（2）开标仪式的基本程序。

① 主持人宣布开标仪式开始。

② 介绍参加开标仪式的领导和来宾。

③ 介绍参加投标的投标人单位名称及投标人代表。

④ 宣布监督方代表名单。

⑤ 宣布工作人员名单。

⑥ 宣读有关注意事项。

⑦ 检查评标标准及评标办法的密封情况。

⑧ 宣布评标标准及评标办法。

⑨ 检查投标文件的密封和标记情况。

⑩ 开标。

⑪ 唱标。

⑫ 监督方代表讲话。

⑬ 领导和来宾讲话。

⑭ 开标仪式结束。

4）评标

（1）评标准备。开标仪式结束后，由招标人向评标委员会移交投标人递交的投标文件。

（2）评标实施。评标应当按照招标文件的规定进行，由评标委员会独立进行评标，评标过程中任何一方、任何人都不得干预评标委员会的工作。

（3）评标程序。

① 审查投标文件的符合性。

② 对投标文件的技术方案和商务方案进行审查。

③ 询标。

④ 综合评审。

⑤ 评标结论。

5）定标

（1）审查评标委员会的评标结论。招标人对评标委员会的评标结论进行审查，审查内容应包括评标过程中的所有资料，即评标委员会的评标记录、询标记录、综合评审和比较记录、评标委员会成员的个人意见等。

（2）定标。

定标是指招标人应当按照招标文件规定的定标原则，在规定时间内从评标委员会推荐的中标候选人中确定中标人，中标人必须满足招标文件的各项要求，且其投标方案为最优，在综合评审和比较时得分最高。

（3）中标通知。

招标人应当在招标文件规定的时间内定标，而后应将中标结果书面通知所有投标人。

（4）签订合同。

中标人应当按照中标通知的规定，并依据招标文件的规定与采购人签订合同。中标通知、招标文件及其修改和澄清部分、中标人的投标文件及其补充部分是签订合同的重要依据。

业务链接 3-1

投标书

招标项目编号：NBZFCG　　　　　　　　采购编号：NBJYCG

投标项目名称：＿＿＿＿＿＿＿＿＿＿＿＿

投标人：＿＿＿＿＿＿＿＿＿＿＿＿

＿＿＿＿年＿＿月＿＿日

1.产品详细说明资料及原材料说明资料。外购产品还需说明外购来源、生产厂家。

2.规格性能偏离表。

3.投标人的技术服务和售后服务内容及措施承诺。

4.付款方式与期限条件。

业务链接 3-2

开标一览表

招标项目名称：　　　　　　　　　　　　招标编号：

名称	总价	交货时间

投标单位全称（盖章）：

全权代表（签字）：

日　　期：

业务链接 3-3

法定代表人授权委托书

宁波市学校装备管理与电化教育中心：

兹委托我单位_____（职务：_____性别：_____联系电话：_____）为全权代表，参加贵中心组织的_____项目的招标活动，全权处理招标活动中的一切事宜。

投标方（公章）：

法定代表人（签字）：

签发日期：　　年　　月　　日

业务链接 3-4

投标函

宁波市学校装备管理与电化教育中心：

（投标单位全称）授权_____（全权代表姓名）（职务、职称）为全权代表，参加贵方组织的采购计划：NBZFCG

采购编号：NBJYCG_____招标项目进行投标。为此：

1.提供投标须知规定的全部投标文件：

报价单1份；

投标书正本1份，副本4份；

资格证明文件5份。

2.投标货物的总投标价为（大写）：_____元人民币。

3.保证遵守招标文件中的有关规定和收费标准。

4.保证忠实地执行买卖双方所签署的经济合同，并承担合同规定的责任义务。

5.愿意向贵方提供任何与该项目投标有关的数据、情况和技术资料。

6.本投标自开标之日起＿＿＿＿＿＿天内有效。

7.与本投标有关的一切往来通信请寄：

地址：＿＿＿＿＿＿＿＿＿＿＿＿＿＿＿＿　手机：＿＿＿＿＿＿＿＿＿＿＿＿

邮编：＿＿＿＿＿＿＿　电话：＿＿＿＿＿＿＿＿　传真：＿＿＿＿＿＿＿＿＿

投标单位（盖章）：＿＿＿＿＿＿＿＿＿

全权代表（签字）：＿＿＿＿＿＿＿＿＿

日　　期：＿＿＿＿＿＿＿＿＿

业务链接 3-5

投标货物数量、价格表

序号	品种名称	投标价格	数量	金额
1				
2				
3				
4				
合计：				

业务链接 3-6

技术规范偏离表

序号	货物名称	数量	招标要求	投标规格	偏离

业务链接 3-7

资格证明所需材料清单

（1）营业执照（复印件）

（2）法定代表人授权书

（3）投标方情况表、主要生产设备和技术人员情况说明

（4）产品鉴定证书（复印件）

（5）投标产品获国优、部优等荣誉证书（复印件）

（6）经会计师事务所审定的年度财务会计报告

（7）2年内产品成功案例清单（附合同复印件）

业务链接 3-8

资质证书原件清单

序号	名称	发证部门
1	营业执照	
2	企业资信等级	
3	ISO 9001质量体系认证	
4	省（市）级及以上单位检测报告	
5	国家级名牌产品或著名商标	
6		
7		
8		
9		

合计份数：

递交单位：

填单人：

业务链接 3-9

投标单位清单表

投标单位：（公章）　　　填表日期：

单位名称		代号		电话		主管部门		企业负责人		职务	
地址		信箱号		传真		经济类型		授权代表		职务	
单位简历及机构					单位优势及特长						
单位概况	职工总数		人	生产工人 人 工程技术人员 人			指标名称	计算单位	实际完成		
							工业总产值	万元			
							实现利润	万元			
	流动资金		万元	资金来源	自有资金 万元 银行贷款 万元	上一年主要经济指标	主要产品		1		
	固定资产	原值 万元 净值 万元	资金性质	生产性 万元 非生产性 万元				2			
								3			
								4			
	占地面积		房屋建筑面积 平方米 厂房建筑面积 平方米					5			

3.3　仓储合同

3.3.1　仓储合同的相关概念及特征

1）仓储合同的概念

仓储合同是保管人储存存货人交付的仓储物，存货人支付仓储费的合同。当事人一方为存货人，收取仓储费的一方是保管人。仓储合同是一种特殊的保管合同。

2）仓储合同的法律特征

（1）保管人是利用自己的仓储条件专门从事仓储保管业务的人。

（2）仓储合同的保管对象是动产。

（3）仓储合同是诺成性合同。

（4）仓储合同为双务合同、有偿合同、不要式合同。

（5）存货方主张货物已交付或行使返还请求权以仓单为凭证。

3）仓储合同的法律适用

仓储合同是保管合同的一种。关于保管合同的规定和仓储合同的规定，是一般规定和特殊规定的关系。

4）仓储合同与保管合同的联系和区别

（1）保管合同是实践合同；仓储合同是诺成性合同。

（2）保管合同可以是有偿合同，也可以是无偿合同；仓储合同都是有偿合同。

（3）仓储合同的保管人是营业人；法律对保管合同的保管人没有此项要求。

（4）保管合同给付保管凭证；仓储合同给付仓单。

（5）保管合同和仓储合同都有约定管理人的义务，但无偿保管有轻过失免责的，仓储合同都是有偿合同，轻过失不免责。

（6）寄存人和存货人都可以随时领取保管物、仓储物，但保管人要求对方提前提取的权利不同。

（7）保管合同、仓储合同的保管人都有留置权。

3.3.2　仓储合同双方的权利与义务

1）仓储合同的当事人

（1）保管人：具有业务资格。

（2）存货人：货物所有者、对仓储物有处分权的人。

2）保管方的义务与权利

（1）保证货物完好无损。

（2）对库场因货物保管而配备的设备，保管方有义务加以维修，保证货物不受损害。

（3）在由保管方负责对货物搬运、看护、技术检验时，保管方应及时委派有关人员。

（4）保管方对自己的保管义务不得转让。

（5）保管方不得使用保管的货物，不对此货物享有所有权和使用权。

（6）保管方应做好入库的验收和接收工作，并办妥各种入库凭证手续，配合存货方做好货物的入库和交接工作。

（7）对于危险品和易腐货物，如不按规定操作和妥善保管而造成毁损，由保管方承担赔偿责任。

（8）一旦接受存货方的储存要求，保管方应按时接收货物入场。

3）存货方的义务与权利

（1）存货方应保证入库货物的数量、质量、规格、包装与合同规定内容相符，并配合保管方做好货物入库的交接工作。

（2）按合同规定的时间提取委托保管的货物。

（3）按合同规定的条件支付仓储保管费。

（4）存货方应向保管方提供必要的货物验收资料。

（5）对于危险品和易腐货物，必须注意此类货物的性质、注意事项、预防措施和采取的方法等。

（6）由于存货方原因造成退仓、不能入库等，存货方应按合同规定赔偿保管方。

（7）由于存货方原因造成不能按期发货，由存货方赔偿逾期损失。

同步案例 3-1

面粉受潮引发的赔偿纠纷案

背景与情境：甲公司在乙公司存储了100吨布袋装面粉，后甲公司提取面粉时，发现面粉已经受潮，遂要求乙公司赔偿。乙公司引用《中华人民共和国民法典》（以下简称《民法典》）第893条进行抗辩：寄存人交付的保管物有瑕疵或者根据保管物的性质需要采取特殊保管措施的，寄存人应当将有关情况告知保管人。寄存人未告知，致使保管物受损失的，保管人不承担赔偿责任；保管人因此受损失的，除保管人知道或者应当知道且未采取补救措施外，寄存人应当承担赔偿责任。

问题：乙公司的抗辩理由能否成立？

分析提示：本案中甲、乙之间成立的是仓储合同，依据《民法典》，可以适用仓储合同的有关规定。乙公司引用了《民法典》第893条关于仓储合同的规定，但按照该条，乙公司仍应承担责任。因为布袋装面粉不能受潮，乃保管人应当具备的常识，无须寄存人特别告知。

3.3.3　仓储合同条款

1）当事人条款

存货人（甲方）：_____地址_____联系电话_____。

保管人（乙方）：_____地址_____联系电话_____。

通知人：_____地址_____联系电话（可有可无）_____。

2）仓储物条款

（1）仓储物的品种、数量、质量。

（2）仓储物的包装、件数和标记。

3）仓储条款

（1）交接地点、时间和验收方法。

（2）仓储物的损耗标准。

（3）仓储物的储存场所、期间。

4）价款

（1）仓储费。

（2）仓储物的保险约定。

5）当事人的权利和义务

（1）违约责任。其包括：①违约金；②赔偿损失；③继续履行；④采取补救措施；⑤定金惩罚。

免责：①不可抗力；②仓储物自然特性；③存货人的过失；④合同约定的免责。

（2）合同变更解除的条件：_____。

6）争议处理

（1）本合同受_____国法律管辖并按其进行解释。

（2）本合同在履行过程中发生的争议，由双方当事人协商解决，也可由有关部门调解；协商或调解不成的，按下列第_____种方式解决：①提交_____仲裁委员会仲裁；②依法向人民法院起诉。

3.3.4　仓储合同中的违约责任

1）仓储合同中保管人的违约责任

（1）保管人验收完仓储物后，在仓储期间发生仓储物的品种、数量、质量、规格、型号不符合合同约定的，保管人承担违约赔偿责任。

（2）仓储期间，因保管人保管不善造成仓储物毁损、灭失的，保管人承担违约赔偿责任。

（3）仓储期间，因约定的保管条件发生变化而未及时通知存货人，造成仓储物毁损、灭失的，由保管人承担违约损害责任。

2）仓储合同中存货人的违约责任

（1）存货人没有按合同的约定对仓储物进行必要的包装或该包装不符合约定要求，造成仓储物毁损、灭失的，自行承担责任，并由此承担给仓储保管人造成的损失。

（2）存货人没有按合同约定的仓储物的性质交付仓储物，或者超过储存期，造成仓储物的毁损、灭失，自行承担责任。

（3）危险有害物品必须在合同中注明，并提供必要的资料，存货人未按合同约定而造成损失的，自行承担民事和刑事责任，并承担由此给仓储人造成的损失。

（4）逾期储存，存货人承担加收费用的责任。

（5）储存期满不提取仓储物，经催告后仍不提取的，存货人承担由此未提存仓储物的违约赔偿责任。

课程思政 3-2

运输合同欺诈

背景与情境：枣庄市工业园区一食品厂，从物流配货市场雇了一辆大型运输车，往哈尔滨运送产品，由于是配载，运输成本较低，企业在例行检查了该车的行驶证、驾驶证后，将价值 8 万元的产品交给其运送，并签订了运输合同。待到约定交货时间后，不但车、货不见踪影，人也联系不上了。后经调查发现，其车牌、驾驶证、身份证全是假的。

无独有偶，峄城经侦大队破获了一起橡胶货运诈骗案件，犯罪嫌疑人通过私人货运服务部签订了运输合同，骗取货主的货物后将托运货物私自卖掉，给受害人造成了较大的经济损失。

此类欺诈案件的特点：一是整个作案过程地区跨度很大，调查取证困难；二是团伙作案，犯罪分子经过精心策划，分工明确，长期混迹于物流货运市场，伺机诱骗警惕性不高的业主上钩；三是受害人对犯罪分子的身份核查不细致，没有对其提供的驾驶证和汽车行驶证进行身份核查，防范意识不强；四是犯罪手段欺诈性、伪装性强，这伙人在商谈运费、签订合同时，主动把相关证件和联系电话提供给对方，讨价还价十分较真儿，俨然是个生意人，配载业主遂轻易将货物交其运送。另外，犯罪分子为麻痹受害人，常以货车出事故维修等为由拖延时间。

资料来源　佚名．警惕物流行业存在的高发案率合同诈骗犯罪［EB/OL］．［2020-05-22］．http://www.chinawuliu.com.cn/xsyj/201202/20/178332.shtml.引文经整理、节选和改编。

问题：如何防范类似的合同欺诈行为？一旦发生应该如何应对？物流企业应该在日常管理中制定哪些制度来避免此类案件发生？

研判提示：①各相关职能部门应加强协调配合，从全局角度研究制定物流行业的管理制度；制定相应的法律、法规以及行业准则，以规范行业的准入、运营、理赔等环节，并定期对行业进行检查整改；加强对物流从业人员的培训，促进物流业内部制度的完善，提高物流企业的整体实力。②适时开展法制宣传及警示教育活动。通过报纸、电视、网络等方式，宣传物流行业经济犯罪的特点、方法等，提高物流业主及消费者的自我防范意识，同时对违法犯罪行为予以震慑。③公安经侦部门与物流业的主管部门建立日常工作联系制度，及时掌握本市物流业的相关动态，收集犯罪信息，加大对物流行业社会面的控制，有效遏制犯罪。同时，适时向物流公司、企业发布预警信息，帮助物流企业预防犯罪。

3.3.5　仓单

1）仓单的定义及特征

根据《数码仓库应用系统规范》（GB/T 18768—2002）的规定，**仓单**（Storage Invoice）是保管人（仓库）在与存货人签订仓储保管合同的基础上，对存货人所交付的仓储物进行验收之后出具的物权凭证。

仓单的特征包括：

（1）仓单是提货凭证。

（2）仓单是所有权的法律文书。

（3）仓单是有价证券。

（4）仓单是合同的证明。

2）仓单的形式与内容

仓储一式两联，包括仓单和存根。其内容包括：

（1）存货人的名称或者姓名、住所。

（2）仓储物的品名、数量、质量、包装、件数和标记。

（3）仓储物的损耗标准。

（4）储存场所。

（5）储存期间。

（6）仓储费。

（7）仓储物的保险金额、期间及保险人的名称。

（8）填发人、填发地和填发日期。

3）仓单的功能

（1）保管人承担责任的证明。

（2）物权证明。仓单上记载了存货人的名称、住所，也就明确了货物所有权的归属。

（3）提货凭证。提货人必须向保管人出示仓单。

（4）物权交易：①存货人拥有仓储物的所有权，有权对仓储物进行买卖，但提货时需有仓单才行，因而存储物交易必须转让仓单；②通过转让仓单的方式转让仓储物；③货物保管责任由保管人承担，存货人无须操心。

（5）金融工具。存货人拥有货物的所有权，占有货物价值，因而仓单是一种有价证券，可以作为抵押、质押、财产保证的金融工具和其他信用保证。

4）仓单业务

（1）仓单的签发。保管人对仓储物进行查验理数，确认状态后才可以签发。

（2）仓单的份数。一式两份（存货人、保管人各保留一份）；业务需要复印件时，需注明"副本"。

（3）仓单的分割。为了转让的需要，仓储物必须能够被分割，且原仓单必须回收。

（4）仓单转让。

①记名仓单。

A.仓单的背书转让：

兹将本仓单转让给×××（被背书人的完整名称）

×××（被背书人名称）

背书经办人签名、日期

B.仓单转让需经保管人签署。

②不记名仓单：仓单的存货人项空白；转让时无须背书；存期满由持有人签署，并出示证件提货；不能提前提货；仓单持有人遗失仓单就等于遗失仓储物。

5）仓单提货

（1）核对仓单：与底单核对，检查背书完整性，身份核对。

（2）提货人交纳费用：仓储费+垫费+赔偿+其他。

（3）提货单提货。先收回仓单，再签发提货单，最后安排货物出库。

（4）提货人验收仓储物。双方共同查验，记录签署，以备索赔。

6）仓单灭失的提货

（1）通过人民法院的公示催告使仓单失效：法院公示催告—60天无争议—仓单失效—法院判决书确定提货人—提货。

（2）提供担保提货。提货人提供担保提货，保管人掌握担保财产；担保解除在仓单失效后。

3.3.6　仓储合同范本

合同编号：

保管人：

签订地点：

存货人：

签订时间：　　年　　月　　日

第一条　仓储物品名＿＿＿＿＿；品种规格＿＿＿＿＿；性质＿＿＿＿数量＿＿＿＿质量＿＿＿＿包装＿＿＿＿件数＿＿＿＿标记＿＿＿＿（注：空格如不够用，可以另接）。

第二条　储存场所、储存物占用仓库位置及面积：＿＿＿＿＿＿＿。

第三条　仓储物（是/否）有瑕疵。瑕疵是：＿＿＿＿＿＿＿。

第四条　仓储物（是/否）需要采取特殊保管措施。特殊保管措施是：＿＿＿＿＿＿＿。

第五条　仓储物入库检验方法、时间与地点：＿＿＿＿＿＿＿。

第六条　存货人交付仓储物时，保管人应当给付仓单。

第七条　储存期限：从＿＿＿＿＿＿年＿＿＿月＿＿＿日至＿＿＿＿＿＿年＿＿＿月＿＿＿日。

第八条　仓储物的损耗标准及计算方法：＿＿＿＿＿＿＿。

第九条　保管人发现仓储物有变质或损坏的，应及时通知存货人或仓单持有人。

第十条　仓储物（是/否）已办理保险，险种名称：＿＿＿＿＿＿＿＿；保险金额：＿＿＿＿＿＿＿；保险期限＿＿＿＿＿＿＿；保险人名称：＿＿＿＿＿＿＿。

第十一条　仓储物出库检验的方法与时间：＿＿＿＿＿＿＿。

第十二条　仓储费（大写）：＿＿＿＿＿＿＿＿＿＿＿元。

第十三条　仓储费结算方式与时间：＿＿＿＿＿＿＿＿＿＿。

第十四条　存货人未向保管人支付仓储费的，保管人（是/否）可以留置仓储物。

第十五条 违约责任：_____。

第十六条 合同争议的解决方式：本合同在履行过程中发生的争议，由双方当事人协商解决，也可由当地市场监督管理部门调解；协商或调解不成的，按下列第_____种方式解决：

（一）提交_____仲裁委员会仲裁；

（二）依法向人民法院起诉。

第十七条 其他约定事项：

存货人_____存货人（章）：

住所：_____。

法定代表人：_____。

委托代理人：_____。

电话：_____。

开户银行：_____。

账号：_____。

邮政编码：_____。

保管人_____保管人（章）：

住所：_____。

法定代表人：_____。

委托代理人：_____。

电话：_____。

开户银行：_____。

账号：_____。

邮政编码：_____。

鉴（公）证意见_____鉴（公）证机关（章）经办人：_____年____月____日。

3.4 仓储纠纷管理

1）注意仓储合同与保管合同的区别

如前所述，仓储合同有其法定的特点，所以在签订和履行仓储合同时要注意自己权利及义务的内容、起始时间。这决定着承担责任的内容和开始时间。例如，合同生效时间不同，仓储合同为成立时生效，保管合同为交付时生效；前者均为有偿合同，而后者有偿与否则由当事人自行约定。

2）认真审查仓储保管人的资格

仓储合同对保管人的资格严格限制，存货人在签订合同之前应对仓储保管人的资格和保管能力有所了解，防止无资质的保管人签订合同以骗取保管费。

3）特别注意货物品名、种类与数量

不同的货物有着不同的保管条件和保管要求，针对不同的保管难度，仓储保管人有着不同的收费标准，存货人往往因想少交保管费而在品名、数量、质量等项目中填写模糊或与实际情况不符，这就为日后发生纠纷埋下了祸端，因此存货人在填写时一定要注意准确清楚，不要产生歧义。

4）充分行使检查仓储物或提取样品的权利

《民法典》赋予了货物所有人随时检查或提取样品的权利。有的仓储合同期限较长，仓储物在仓储过程中可能会发生某些变化，若等到提取时才发现问题，不仅不能避免损失，还会发生损失承担的争议，所以行使该权利无疑会为避免纠纷打下良好基础。

5）存货人应防止仓储保管人在合同中滥用免责条款

免责条款是指当事人以协议排除或者限制其未来责任的合同条款。这与法律规定的不可抗力致使合同不能履行的免责不同。根据《民法典》及《仓储保管合同实施细则》的规定，法定免责事由只能是不可抗力、自然原因和货物本身的性质引起的货损，当事人也可以对免责条款进行协商达成协议。由于仓储合同往往采用格式合同的形式，免责条款的问题更应注意，存货人要仔细阅读合同中的免责条款事项，如果发现对方利用其优势地位未经己方同意加入了超出法定范围的免责事由，应及时表示异议，要求对方予以修改或拒绝签订合同，以防步入免责陷阱，给自己的利益造成损害。

同步案例3-2

某蔬菜公司诉某农科公司仓储合同纠纷案

背景与情境：

1）基本案情

经审理查明，原告某蔬菜公司与被告某农科公司冻库（以下简称农科冻库）于10月10日签订了租库协议，约定原告因经营加工需租用农科公司冻库，期限从某年10月10日至该年12月10日止，共计2个月；入库货物按月计费，货物必须在双方商定日期后的10天内入库；原告必须按期交纳保管费；冻库为原告提供24小时服务。协议签订后，10月10日至10月25日期间原告先后将3 312袋高笋（其中2 498袋为编织袋包装、814袋为网袋包装）存入农科冻库。同时，原告于10月10日至10月23日分10次向冻库支付保管费共14 410元。11月5日至11月12日，原告分别从冻库提走773袋（其中3袋为编织袋包装、770袋为网袋包装）高笋进行销售。此后，原告发现高笋变质，遂拒绝继续提走剩余高笋和支付剩余的保管费，并向法院提起诉讼。被告根据双方约定对已经腐烂变质的高笋进行了处理。

2）诉辩意见

原告蔬菜公司诉称，10月10日原告与农科公司冻库签订了租库协议后将高笋交给冻库保鲜贮存，使用期为2个月。到11月中旬，原告所贮存的2 495袋高笋已全部变质不能食用，给原告造成直接经济损失166 141.5元。该批货物原告已支付保管费14 410元，故被告应承担不能返还所贮存保鲜高笋的损失赔偿责任，请求法院判令被告赔偿原告货物损失166 141.5元及返还保管费14 410元，诉讼费用由被告承担。

被告农科公司辩称：①原告与农科冻库签订的只是一份租库协议，农科冻库的合同义务是出租冷库，并按照原告要求提供2℃~5℃（±2℃）的库温。同时，协议中并未约定被告负有对原告交付的高笋进行保鲜贮存的义务，相反原告尚欠被告部分租金未支付。②高笋变质是原告在田间采摘高笋后未及时除去田间热，以及不合理的包装所致，因此高笋变质的责任应完全由原告自行承担，故请求法院驳回原告诉讼请求，并判令原告支付拖欠租金6 900元、清理变质高笋产生的费用3 000元、库房消毒费50元以及律师费9 000元，共18 950元。但是被告没有正式启动反诉程序。

3）法院判决

在庭审过程中，原被告双方当事人经过举证和质证，除原告对被告提供的冻库温度记录单、被告对原告提供的成都农产品中心批发市场有限公司出具的证明的真实性不予认可外，双方对其他各自提供证据的真实性、关联性均无异议。分析当事人的证明主张和辩论意见后，总结出双方争议的焦点问题是：①双方是否实际履行了各自的合同义务；②高笋腐败变质的原因。就上述焦点问题逐一论证如下：

（1）根据原被告签订的租库协议和农科冻库代储商品进货卡的约定，该协议是双方互负义务的有偿实践性合同，双方享有的合同权利对应的正是对方应该实际履行的合同义务。原告应当履行的义务是按时交存入库货物、按期交纳依照约定标准计算的储存费；确保入库货物包装必须完好统一，符合冻库储藏标准；由原告自己负责入库货物自身的质量；保证入库物品、产品不能发生腐蚀和爆炸，遵守被告的厂规、厂纪，注意安全、卫生保障等。被告应当履行的义务是提供冻库，保证库温在2℃~5℃（±2℃）；为原告提供24小时服务，并在原告方在场的情况下，进库检查和帮助解决租库期间发生的意外事故；被告应当保证原告的生产加工正常进行；被告应当办理年检手续或者其他必备的行政许可手续；如果因被告的原因导致原告不能正常出货或影响产品品质，被告负责由此产生的损失。

原被告双方签订租库协议后，原告按期交付了储存物高笋，并按期交纳了前期仓储保管费。被告按约提供了其经营的冻库，保证库温在2℃~5℃（±2℃）。虽然原告以温度记录单没有被告记录人签名、做记录时也未告知原告等理由，质疑冻库温度记录单的真实性，但是从该证据形式上看，它包含了被告所有冻库储藏房间和相当长时间内的温度记录。从记录的内容上看，在进货和出货的较短时间内温度偏高，且被告将冻库温控设备安置在室外，原告具备掌握和监督冻库温度的便利条件。因此，被告的冻库温度记录单偶尔反映短时间内温度偏高，属于出货和进货时正常合理的现象。该冻库温度记录单是被告的单方工作记录，不需要告之原告认可。该证据的形式和内容基本上反映了其真实性，在原告应当具备举证能力，但却不能提供相反证据证明被告所提交的控制冻库温度不符合约定时，法庭认定被告的冻库温度符合原告要求。同时，被告为原告提供了24小时服务，方便原告入货和出货。

（2）关于原告储存的高笋腐败变质的原因，被告根据中国轻工业出版社某年2月第1版、由李家庆主编的《果蔬保鲜手册》第八章第三节第四点关于茭白（俗名高笋）的储藏保鲜介绍，说明高笋储存质量的好坏，与高笋的包装形式有着直接的因果关系。

法院认为，双方争议的合同虽然名称为租库协议，但是实质为特殊的保管合同，即储存他人之物并获取报酬的仓储合同。需要特别说明的是，双方约定保证入库货物包装完好统一，符合冻库储藏标准；入库货物质量，由货主自己负责。被告的工商营业执照和卫生许可证证明，被告具备合法经营冻库的资格和条件，并按照约定提供了场所和保证温度。相反，原告保证入库货物包装完好统一、符合冻库储藏标准、使高笋达到仓储物验收标准的约定义务，尚未实际完全履行。原告明确认可对储存的高笋没有进行预冷或者采取其他除去田间热的处理措施。此外，原告还采用了塑料编织袋包装和网袋包装两种方式。从当事人的约定说明看，如何使储藏物达到储藏标准，是原告自身应尽的义务。最终的客观事实表明，同一储藏物在相同储藏条件、采用相同储藏方式的情况下，网袋包装的高笋质量完好，而编织袋包装的全部腐烂变质。当被告发现高笋有变质现象时，及时履行了通知原告的义务，并建议原告应当提供网袋包装。此后原告采用了网袋包装，保证了该部分高笋的销售质量。同时，在庭审中，原告没有提供其他合法有效证据证明被告违约或者是因被告缘故导致原告损失。综上说明，导致高笋变质腐烂是因为原告没有履行其合同约定的保证包装符合冷冻储藏标准的义务和法定的提供有关储藏物性质以及是否需要采取特殊储藏措施资料的义务，甚至当被告建议其改用包装方式时，原告仍然使用编织袋包装了近170袋高笋。故依照《最高人民法院关于民事诉讼证据的若干规定》第二条"没有证据或者证据不足以证明当事人的事实主张的，由负有举证责任的当事人承担不利后果"，"因仓储物的性质、包装不符合约定或者超过有效储存期造成仓储物变质、损坏的，保管人不承担损害赔偿责任"之相关规定，判决如下：驳回原告蔬菜公司的诉讼请求。

资料来源 佚名. 某蔬菜公司诉某农科公司仓储合同纠纷案［EB/OL］.［2020-04-21］. http://www.110.com/falv.引文经整理、节选和改编。

问题：在本案例的诉讼中，双方的争议焦点是什么？农科冻库是否履行了自己应该承担的义务？如何避免此类纠纷的产生？

分析提示：在本案例的诉讼中，双方争议的焦点问题是：①双方是否实际履行了各自的合同义务；②高笋腐败变质的原因。

双方签订的是租库协议，农科冻库提供了适宜的库房环境，履行了自身的义务，而高笋腐败变质是由没有去除田间热以及包装不合理导致的。

要避免此类纠纷的产生，农科冻库应该反复提醒蔬菜公司，讲明事情的严重性，并在合同中加以注明。

本章概要

□ 内容提要与结构

▲ 内容提要

● 仓储四大经营方法：①保管仓储。保管仓储是由仓储经营人提供完善的仓储条件，接受存货人的仓储物进行保管，在保管期届满时，将原收保的仓储物原样交还给存货人，存货人支付仓储费的一种仓储经营方法。仓储保管费的多少与仓储货物的数量、时间和费率有关。②混藏仓储。混藏仓储是指存货人将一定品质、数量的种类物交付保管人储藏，而在储存保管期限届满时，保管人只需以相同种类、相同品质、相同数量的替代物返还的一种仓储经营方法。混藏仓储经营人的收入依然来自仓储保管费，存量越多、存期越长，收益越大。③消费仓储。消费仓储是指存货人不仅将一定数量、品质的种类物交付仓储管理人储存保管，而且与保管人约定，将储存物的所有权也转移给保管人，在合同期限届满时，保管人以相同种类、相同品质、相同数量的替代品返还的一种仓储经营方法。④仓储租赁经营。仓储租赁经营是通过出租仓库、场地、仓库设备，由存货人自行保管货物的一种仓储经营方法。进行仓储租赁经营时，最主要的一项工作是签订仓储租赁合同，在法律条款的约束下进行租赁经营，取得经营收入。

● 招投标的概念：招标与投标，是有组织、有程序、规范化的市场交易行为，是商品、技术和劳务的买卖方法。

● 招投标的步骤：招标、投标、开标、评标、定标。

● 仓储合同的概念：仓储合同是保管人储存存货人交付的仓储物，存货人支付仓储费的合同。

● 仓储合同条款：当事人条款、仓储物条款、仓储条款、价款、当事人的权利和义务、争议处理。

● 仓单的定义及特征：保管人接收仓储物后签发的表明一定数量的保管物已经交付仓储保管的法律文书。其特征包括：①提货凭证；②是所有权的法律文书；③是有价证券；④是合同的证明。

▲ 内容结构

本章内容结构如图3-2所示：

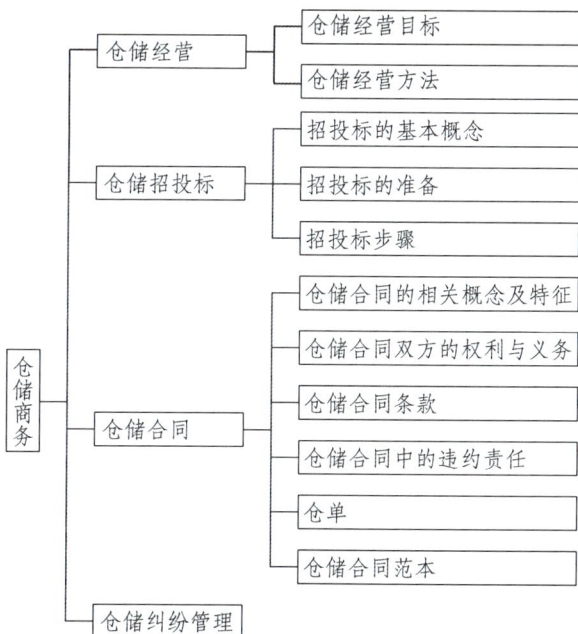

图3-2 本章内容结构

□ 主要概念和观念

▲ 主要概念

保管仓储 混藏仓储 消费仓储 招标 投标 定标 仓储合同 仓单

▲ 主要观念

仓储招投标　仓储合同　仓储纠纷管理

□ 重点实务和操作

▲ 重点实务

标书的撰写方法　设计仓储合同条款　撰写仓储合同　仓储合同纠纷管理

▲ 重点操作

仓储招投标书撰写　仓储合同撰写

━━ **基本训练** ━━➤

□ 理论题

▲ 简答题

1）简述仓储经营的目标和方法。

2）简述仓单的形式与内容。

3）仓储合同双方的权利与义务是什么？

4）仓储合同条款包括哪些内容？

▲ 理解题

1）仓储合同中的违约责任有哪些？

2）仓储经营过程中会出现什么纠纷？

▲ 规则复习

1）简述仓储合同的拟定过程。

2）在进行仓储招投标时应做哪些准备工作？

3）仓储招投标工作的步骤有哪些？

▲ 业务解析

完整的仓储合同是仓储企业保障自身利益和规避未来潜在业务纠纷的最直接、最有效的手段。请结合实际对仓储企业如何签订仓储合同以规避潜在风险提出建议。

□ 案例题

▲ 案例分析

【训练项目】

案例分析-Ⅲ。

【相关案例】

案例1　　　　　　　　　　　　　**合同生效问题**

背景与情境： 某汽车装配厂从国外进口一批汽车零件，准备在国内组装销售。3月5日，该厂与某仓储公司签订了一份仓储合同。合同约定：仓储公司提供仓库保管汽车配件，期限共10个月，从4月15日起到次年2月15日止，仓储保管费为5万元。双方对储存物品的数量、种类、验收方式、入库、出库时间和具体方式、手续等进行了约定。此外，合同还约定，有违约行为的一方要承担违约责任，违约金为合同总额的20%。合同签订后，仓储公司开始为履行合同做准备，清理了合同约定的仓库，并且从此拒绝了其他仓储人的仓储要求。3月27日，仓储公司通知装配厂已经清理好仓库，可以开始送货入库了。但装配厂表示已找到更便宜的仓库，如果仓储公司能降低仓储费的话，就送货仓储。仓储公司不同意，装配厂明确表示不需要对方的仓库。4月2日仓储公司再次要求装配厂履行合同，装配厂再次拒绝。4月5日，仓储公司向法院起诉，要求汽车装配厂承担违约责任，支付违约金，并且支付仓储费。汽车装配厂答辩称合同未履行，因而不存在违约问题。

问题： 该仓储合同是否生效，仓储公司的要求是否合理，能否在4月5日起诉，法院能否受理，可能会有怎样的判决？

分析要求： 同第1章"基本训练"中本题型的"分析要求"。

案例2　　　　　　　　　　仓单质押

背景与情境： 某年，中国建设银行上海分行开展了一项"标准仓单质押"业务，据介绍，企业如果拥有上海期货交易所指定仓库现货，又急需短期运营资金，可以其自有且允许在交易所交易的标准仓单质押，向这家银行申请短期融资，融资期限为10~180天，质押率高达80%。另据次年8月31日有关媒体报道："仓单质押"业务在中国物资储运行业开展了近三年，是解决客户资金紧缺、保证银行放贷安全和增加储运仓库资源的有效途径，可以取得一举三得的效果。目前，这项从仓库延伸出来的新业务受到了行业内营业仓库的认可。

问题： 以上案例反映了仓单的哪些职能？仓储企业如何为仓单的这些职能提供保证？

分析要求： 同第1章"基本训练"中本题型的"分析要求"。

案例3　　　　　　　　　　如何获得物流合同

背景与情境： 德国物流企业获得物流合同的一种方法：一个潜在的物流客户开业了，物流企业的代表会带上公司的宣传手册去拜访，送上小小的纪念品，比如有公司标志的圆珠笔，第一次见面未必提及业务。经过一段时间，再去对方公司或者请对方来自己的公司，了解他的业务并告诉他，我能为你提供什么服务，价格是多少。如果对方愿意接受，客户关系就建立起来了。物流企业会定期拜访客户，并且过一段时期都会举办一些活动。

问题： 针对案例讨论，仓储营销有什么方法？

分析要求： 同第1章"基本训练"中本题型的"分析要求"。

▲ 课程思政
【训练项目】
课程思政–Ⅲ。
【相关案例】

由保管人的欺诈行为引起的仓储合同纠纷

背景与情境： 9月初，某农机公司发现天气干旱，牧草长势不好，于是立即从外地购买了400吨草料，以解决农户饲养牲畜草料供应不足的问题。由于该农机公司没有经营过此类业务，也没有专门场地堆放草料，故在9月22日与该市的仓储公司签订了仓储合同，约定由仓储公司负责保管草料，期限为20天。因草料在堆放中可能会失去水分、重量减轻，故在合同中亦注明了草料的损耗标准。农机公司的代表不熟悉草料的性质，听取了仓储公司的意见，将损耗标准定在25%。也就是说，如果草料的损耗没有超过25%，仓储公司将免责。仓储期限届满之日，农机公司提货时发现草料的重量减少了80吨，占总重量的20%，令人难以接受。农机公司认为损耗标准太高，仓储公司的保管方式不科学，让草料失水严重，要求仓储公司赔偿。而仓储公司辩称，这个损耗标准是业内普遍接受的。双方争执不下，诉诸法院。法院经过调查发现，根据有关行业的资料记载：草料在仓储过程中水分会不断减少，损耗率一般在10%~12%，而本案中草料的损耗率达20%，其真正的原因是仓储公司没有采取合适的保管方式，没有在草垛上盖上足够多的油布。在本案中，仓储公司利用对方不熟悉行业标准，制定了远远高于行业标准的损耗率，具有欺诈性，因此，法院认定这个条款应予以撤销，仓储公司应对超出行业一般水平的那部分损耗承担赔偿责任。

　　资料来源　佚名. 如何应对因保管人的欺诈行为引起的仓储合同纠纷［EB/OL］.［2020-05-14］. http://www.lawtime.cn/info/hetong/zhengduan/2015090955963.html.引文经整理、节选和改编。

问题：
1）本案例中的当事人行为存在哪些思政问题？
2）结合问题对当事人的行为作出思政研判。
3）如何防止仓储合同保管人一方可能存在的欺诈行为？
研判要求：同第1章"单元训练"中本题型的"研判要求"。
□ 自主学习
【训练项目】
自主学习-II。
【训练目的】
见本章"学习目标"中的"自主学习"目标。
【教学方法】
采用"学导教学法"和"研究教学法"。
【训练要求】
　　1）以班级小组为单位组建学生训练团队，各团队依照本教材"附录三"附表3"自我学习"（初级）的"基本要求"和各技能点的"参照规范与标准"，制订自主学习计划。
　　2）各团队实施自主学习计划，自主学习本教材"附录一"附表1"自我学习"（初级）各技能点的"'知识准备'参照规范"所列知识。
　　3）各团队以自主学习获得的"学习原理"、"学习策略"与"学习方法"知识为指导，通过校图书馆、院资料室和互联网，查阅和整理近两年以"仓储合同"为主题的国内外学术文献资料。
　　4）各团队以整理后的文献资料为基础，依照相关规范要求，讨论、撰写和交流《"仓储合同"最新文献综述》。
　　5）撰写作为"成果形式"的训练课业，总结自主学习和应用"学习原理"、"学习策略"与"学习方法"知识（初级），依照相关规范，准备、讨论、撰写和交流《"仓储合同"最新文献综述》的体验过程。

【成果形式】

训练课业:《"自主学习-II"训练报告》

课业要求:

1)内容包括:训练团队成员与分工;训练过程;训练总结(包括对各项操作的成功与不足的简要分析说明);附件。

2)将自主学习计划和《"仓储合同"最新文献综述》作为《"自主学习-II"训练报告》的附件。

3)《"仓储合同"最新文献综述》应符合"文献综述"规范要求,做到事实清晰,论据充分,逻辑清晰。

4)结构与体例参照本教材"课业范例"的"范例-4"。

5)在校园网的本课程平台上展示班级优秀训练课业,并将其纳入本课程的教学资源库。

⬤━ 单元考核 ━➡

考核评价要求:同第1章"单元考核"的"考核评价要求"。

第4章
仓储作业管理

学习目标

引例　长虹在仓库管理中应用条码技术

4.1　仓储入库作业

4.2　仓储存储作业

4.3　仓储分拣与补货作业

4.4　仓储出库作业

4.5　仓储成本控制

本章概要

基本训练

单元考核

学习目标

理论目标：学习和把握入库准备工作的意义和内容、不同分拣方法的含义与特点、入库作业单证的种类以及每种单证所包含的内容、验收作业中可能出现的问题、仓储作业中的岗位以及相应的岗位职责、仓储成本分析的意义、第三方物流企业仓储成本的构成等陈述性知识；能用其指导"仓储作业管理"的认知活动，正确解答"单元训练"中"理论题"各题型的相关问题。

实务目标：学习和把握仓储入库作业、存储作业、分拣作业、补货作业以及出库作业的相关流程，商品编码与货位编码的方法，堆码与苫垫及盘点等作业的操作方法，出库业务中合理的分拣方法，能对仓储成本进行合理控制；能够根据仓储成本的定价方法对仓储服务进行定价，了解"业务链接"等程序性知识；能用其规范"仓储作业管理"中的技能活动，正确解答"单元训练"中"实务题"各题型的相关问题。

案例目标：运用所学理论与实务知识研究相关案例，培养"仓储作业管理"情境中的多元表征能力；结合本章教学内容，依照相关规范或标准，对"课程思政4-1""课程思政4-2"专栏和章后"课程思政-Ⅳ"等案例中的企业从业人员行为进行思政研判，激发与其议题相关的法律法规思考，培养高尚的道德情操，树立社会主义核心价值观。

实训目标：参加"××货物入库"业务胜任力的实践训练。在了解和把握本实训所涉及"能力与道德领域"相关技能点的"规范和标准"的基础上，通过切实体验各实训任务的完成，系列技能操作的实施，相关实训报告的准备、撰写、讨论与交流等有质量、有效率的活动，培养"货物入库业务训练"的专业能力，强化"信息处理""与人合作""解决问题"等职业核心能力（中级），并通过"认同级"践行"职业态度""职业良心""职业作风""职业守则"等行为规范，促进健全职业人格的塑造。

引例 长虹在仓库管理中应用条码技术

背景与情境：长虹在绵阳拥有40多个原材料库房、50多个成品库房、200多个销售库房。过去的仓库管理主要由人工完成，各种原材料信息通过手工录入。虽然应用了ERP系统，但有关原材料的各种信息仍记录在纸面上，存放地点完全依靠工人记忆。货品入库之后，所有数据都通过手工录入到计算机中。对制造企业来说，仓库的每种原材料都有库存标准，库存过多会影响成本，库存不够时需要及时订货。由于纸笔方式具有一定的滞后性，而且手工录入方式效率低、差错率高，在出库频率提高的情况下，问题更为严重，因此，真正的库存与系统中的库存永远存在差距，导致总部无法作出及时和准确的决策。

为了解决上述问题，长虹决定应用条码技术以及无线解决方案。经过慎重选型，长虹选择的方案是采用条码技术，并以 Symbol MC 3000 作为移动处理终端，配合无线网络部署，进行仓库数据的采集和管理。目前，长虹主要利用 Symbol MC 3000 对其电视机生产需要的原材料仓库以及2 000多平方米的堆场进行管理，对入库、出库以及盘点环节的数据进行移动管理；在仓库管理中应用讯宝科技的移动解决方案，进行现场数据采集和分析，使成品信息、物料信息及配送信息全部集成到公司的ERP系统上。由此，长虹基本形成了一体化的物流信息系统，实现了无线网络仓储管理，极大提升了长虹物流的整体水平。

资料来源 佚名. 长虹的流动仓库 [EB/OL]. [2020-02-12]. http://www.51test.net/show/537297.html.引文经整理、节选和改编。

从引例可见，我国的生产企业开始通过条码信息采集技术来提高仓库管理的效率。目前，我国的仓库管理还处于新技术使用的起始阶段，很多企业还没有像长虹那样尝试应用信息采集技术。要想在行业中普及这项技术，还需要不断地进行宣传和引导。

4.1 仓储入库作业

入库管理是指根据供货合同的规定，完成物品的接收、核验和办理入库手续等业务活动的全过程。它是仓储管理的关键环节。入库必须有存货单位正式开出的物品入库单，并在与相应的供货合同相一致的条件下方可入库。入库单是仓库据以接收物品的唯一凭证。

4.1.1 入库作业流程

仓管员在入库环节的职责见表4-1。

1）商品入库方式

商品入库方式是指仓库商品来源的方式。它包括到承运单位提货、到铁路专用线接货、到供货单位提货、供货单位送货到库、承运单位送货到库、过户、转库和零担到货等。商品入库交接是商品入库业务的重要环节。

（1）专用线接运。它是铁路部门将转运的商品直接运送到仓库内部专用线的一种接运方式。采用这种方式时，在卸车过程中应该注意以下两点：

第一，卸车前进行检查。其主要内容包括：核对车号；检查货封是否脱落、破损或印纹不清、不符；校验商品名称、箱件数与商品运单上填写的名称、箱件数是否相符等。

表4-1　　　　　　　　　　　　　　仓管员在入库环节的职责

岗位名称：仓管员	作业环节：入库
负责对象	负责货品入库作业
工作目标	保证入库环节操作有条理
工作职责	①负责入库准备工作的计划与安排 ②负责入库交接时的二次审核 ③负责入库货品的验收 ④负责协调、组织入库货品的装卸和搬运 ⑤负责对入库货品做好登账、立卡、建档管理 ⑥负责入库单据的签收及反馈 ⑦负责配合其他工作人员完成在库相关工作

第二，卸车过程中正确操作。按车号、品名、规格分别堆放；按外包装上的指示标志，正确钩挂、铲兜、升起、轻放，防止包装和商品损坏；妥善处理苫盖，防止商品受潮和污损；对品名不符、包装损坏的商品，应另外堆放，清晰标注，并会同承运部门进行检查，编制记录；正确使用装卸机具、工具和安全防护用具，确保人身和商品安全等。

（2）车站、码头提货。凭提货单到车站、码头提货时，仓库提货员应根据提货凭证核对商品的名称、规格、数量、收货单位等。商品到库后，提货员应将运单连同提取回的商品与保管员当面清点，然后由双方办理交接手续。

（3）仓库自行接货。仓库接受货主委托直接到供货单位提货时，应根据提货通知来了解所提商品的性能、规格、数量，准备好提货所需的机械、工具和人员。保管员当场检验商品的质量、清点数量，并做好验收记录，接货与验收合并一次完成。

（4）库内接货。存货单位或供货单位将商品直接运送到仓库存储时，保管员或验收员应以企业的订单或货主的入库通知单为收货依据，审核送货单、实物、验收依据的一致性。保管员在接货时，若发现商品数量、规格及外观质量有问题时，应当场做好记录，由送货员签字证明，据此作为日后向有关部门提出索赔的依据。

对以上各种入库方式来说，商品初检是入库的关键环节。商品初检的内容主要是指外包装完好情况、大件数、外观质量受损情况、霉变情况、锈蚀和受潮情况的检查。

2）交接手续

交接手续是指仓库对收到的商品向送货人进行确认，表示已接收商品。办理完交接手续，意味着划清了运输、送货部门和仓储部门的责任。完整的交接手续包括：

（1）接收商品。仓库通过理货、查验商品，将不良商品剔出、退回或编制残损单证等明确责任，确定收到商品的确切数量和商品表面状态良好。

（2）接收文件。仓库接收送货人送交的商品资料、运输的货运记录、普通记录，以及在运输单证上随同商品注明的相应文件，如样图、准运证等。

（3）签署单证。仓库与送货人或承运人共同在送货人交来的送货单、交接单上签字，各方签署后留存相应的单证。同时，仓库提供相应的入库、查验、理货、残损单证以及事故报告，由送货人或承运人签署。

3）登账

仓库应建立详细反映商品仓储的明细账，登记货物入库、出库、结存的详细情况，用以记录库存商品动态和入出库过程。

登账的主要内容有：名称、规格、数量、件数、累计数或结存数、存货人或提货人、批次、金额、注明的货位号或运输工具、接（发）货经办人。

登账的规则有下列四点：

（1）必须以正式合法的凭证为依据。

（2）记账应连续、完整，不得跳行、隔页。

（3）用蓝色、黑色墨水笔记账，用红色墨水笔改错、冲账等。

（4）数字书写应占空格的2/3。

4）立卡

商品入库或上架后，将商品名称、规格、数量或出入库状态等内容填在料卡（又称为货卡或保管卡）上，称为立卡。它是商品的一种标签，插放在商品下方的货物支架上或摆放在货垛正面的醒目位置。

立卡按其作用不同，可分为状态卡、标志卡和储存卡。

（1）状态卡。它是用于反映商品质量状态的货卡，是表明货物所处状态或阶段的标志，如合格、不合格、待检验、待处理等状态的货卡。

（2）标志卡。它用于反映商品的名称、规格、生产商等。

（3）储存卡。它是用于反映商品入、出、存状态的货卡。

5）建档

商品入库后应及时建立相应的档案，将与入库商品相关的依据、凭证、技术资料分类归档保存。其目的是更好地管理商品的凭证、资料。商品建档有助于提高科学管理水平。商品档案应一物一档，统一编号，妥善保管。

入库作业的主要流程如图4-1所示。

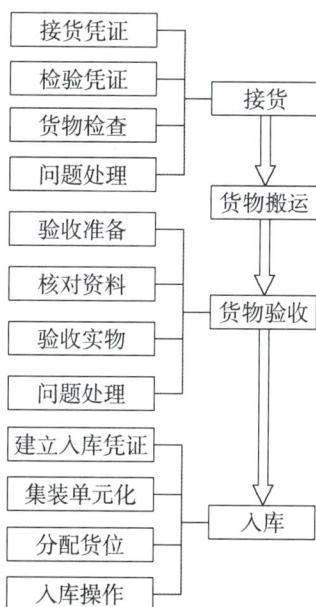

图4-1 入库作业的主要流程

同步案例 4-1

青年路储运经营公司仓储作业流程

背景与情境： 青年路储运经营公司隶属于北京市机电设备总公司，占地面积11万平方米，内有标准库房17栋（保温库6栋），库高10米，专门储存大型机电产品。单个库房面积从1080平方米到2480平方米不等，地面防潮处理较好，库内配备简单的立体货架4~5层，高约3米，并配有5吨、10吨桥式吊车，库房实行机械通风。场内有铁路专用线及其相关设备，并且有专业的消防队伍。

目前，青年路仓库作为集散型仓库，主要储存家用电器、食品、医药用品、装饰材料等商品，库房堆高6~7米。青年路仓库负责部分商品的储存、配送、运输作业，部分商品由厂家自己负责储存、运输与配送。其主要作业流程包括入库验收、抽样检测、进库码垛、保管、出库等。

资料来源　佚名. 青年路储运经营公司仓储作业流程［EB/OL］.［2020-05-04］. http://company.ch.gongchang.com/info/53233348_3da2.引文经整理、节选和改编。

问题： 青年路仓库作为集散型仓库有哪些特点？适合存储什么类型的商品？

分析提示： 从集散型仓库的功能进行阐述。

4.1.2　入库作业准备

入库作业准备工作主要应注意以下几点：

1）熟悉入库商品

认真查阅入库作业资料，必要时向存货人询问，掌握入库商品的品种、规格、数量、包装状态、单件体积、到库确切时间、存期、理化特性、保管的要求等，然后根据上述资料进行精确和妥善的库场安排、准备。

2）掌握仓库库场情况

仓库各部门应该了解商品入库时间、保管期间仓库的库容、设备、人员的变动情况，以便安排工作。必要时，各部门要对仓库进行清查，清理归位，以便腾出库容。如果有必须使用重型设备操作的商品，一定要保证该货位可进行重型设备的作业。

3）制订仓储计划

仓库作业部门根据商品情况、仓库情况、设备情况，制订仓储计划，并将任务下达到各相应的作业单位、管理部门。

4）仓库妥善安排货位

仓库各部门根据入库商品的性能、数量、类别，结合仓库分区分类保管的要求，核算货位大小；根据货位使用原则，妥善安排货位，验收场地，确定堆码方法和苫垫方案。

5）做好货位准备

仓库保管员要及时进行货位准备，彻底清理货位、清除残留物、清理排水管道（沟），必要时安排消毒、除虫、铺地，详细检查照明、通风等设备，发现损坏及时报修。货位准备主要应考虑的因素有商品性质、体积、重量、先进先出的原则等。

6）准备苫垫材料、作业工具

在商品入库前，仓库保管员要根据所确定的苫垫方案准备相应的材料，组织衬垫铺设作业，对作业所需的用具要准备妥当，以便及时使用。

7）验收准备

仓管员应根据商品情况和仓库管理制度确定验收方法，准备验收所需的点数、称量、测试、开箱装箱、丈量、移动照明等用具。

8）装卸搬运工艺设定

根据商品、货位、设备和人员的条件，合理、科学地采用卸车搬运工艺，保证作业效率。

9）文件单证准备

对商品入库所需的各种报表、单证、记录簿，如入库记录单、理货检验单、料卡、残损单等预填妥当，以备使用。

由于不同仓库、不同商品的性质不同，入库准备工作会有所差别，要根据实际情况和仓库制度做好准备。

4.1.3　入库验收

商品验收是根据验收依据和凭证，按照验收作业流程，对入库商品的数量和质量进行审核和查收的经济技术活动。凡商品进入库房储存，必须经过检查验收，只有验收合格的商品方可入库。

1）验收程序

商品验收程序包括验收准备、核对入库凭证、确定验收比例、实物验收及验收中发现问题的处理。验收业务具体可分为以下三个步骤：

步骤 1：验收准备。验收准备是商品入库验收的第一道程序。仓储部门接到到货通知后，应根据商品的性质和批量提前做好验收的准备工作，包括货位、设备、工具、人员的准备。货位准备应考虑的因素有商品的体积、性质、重量、先进先出原则等；设备准备主要应考虑包装方式、库房条件、体积、重量等；人员准备主要应考虑商品的重量、数量、验收方式与复杂程度、验收的期限等。

具体验收准备要做好以下五个方面的工作：

（1）全面了解验收商品的性能、特点和数量，根据其需求确定存放地点、堆垛方式和保管方法。

（2）准备堆码苫垫所需的材料和装卸搬运的机械、设备及人力，以便使验收后的商品能及时入库保管存放，减少商品的停顿时间。若是危险品，则需要准备防护设施。

（3）准备相应的验收工具，并做好事前检查，以便保证验收数量的准确性和质量的可靠性。

（4）收集和熟悉验收凭证及有关资料。

（5）对于进口商品或上级业务主管部门指定需要验收的商品，应通知有关检验部门共同验收。

步骤2：核对入库凭证。入库商品需具备下列凭证：

（1）货主提供的入库通知单、订单和订货合同副本，这是仓库验收商品的依据。

（2）供货单位提供的验收凭证，包括质量证明书、装箱单、磅码单、发货明细表、说明书、保修卡及合格证等。

（3）承运单位提供的运输单证，包括提货通知单和登记货物残损情况的货物记录、普通记录以及公路运输交接单等，作为向责任方进行交接的依据。

核对凭证就是将上述凭证加以整理后全面核对。入库通知单、订货合同要与供货单位提供的所有凭证逐一核对，相符后，才可以进入下一步的实物验收。如果发现有证件不齐或不符等情况，要与存货、供货单位、承运单位和有关业务部门及时联系解决。

验收单证的步骤为：先审核验收依据，即货主提供的入库通知书、订货合同、采购订单等；再核对供货单位提供的验收凭证，即质量保证书、装箱单、码单、说明书、保修卡和合格证等；最后核对承运单位提供的运输单证及货运记录、普通记录、公路运输交接单等。

步骤3：实物验收。这是仓储业务中的一个重要环节，包括验收数量、验收质量和验收包装三个方面，即数量是否与入库凭证相符，质量是否符合规定的要求，包装能否保证商品在储存和运输过程中安全。

2）实物验收

（1）数量验收。这是保证入库商品数量准确必不可少的措施，一般在质量验收之前，由仓库保管职能机构组织进行，要求商品入库时一次性验收完毕。数量验收按商品性质和包装情况进行，可分为四种形式。

①计件法。计件是按件数供货或以件数为计量单位的商品，在做数量验收时进行的件数清点。计件商品应全部清查件数（带有附件和成套的机电设备需清查主件、部件、零件和工具等）；固定包装的小件商品，如果包装完好，打开包装会对保管不利，可采用抽验法，按一定比例开箱点件验收，可抽验内包装的5%~15%，其他只检查外包装，不拆包检查；贵重商品应酌情提高验收比例或全部验收；进口商品则按合同或惯例办理。

②检斤法。检斤是对按重量供货或以重量为计量单位的商品进行的检验，即重量验收。商品的重量一般有毛重、皮重、净重之分。毛重是指商品包括包装重量在内的实重；净重是指商品本身的重量，即毛重减去皮重。通常所说的商品重量，多是指商品的净重。

金属材料、某些化工产品多半采取检斤法。按理论换算重量供应的商品，先要通过检尺，如金属材料中的板材、型材等，然后按规定的换算方法换算成重量验收。对于进口商品，原则上应全部检斤，但如果订货合同规定按理论换算重量交货，则按合同规定办理。所有检斤的商品都应填写"磅码单"。检斤时常会发现有磅差，磅差是由不同地区的地心引力差异、磅秤精度差异、运输装卸过程中的损耗造成的重量差异引起的。若磅差率超出允许的磅差范围，说明这批商品不合格，差额数应全额赔偿；若磅差率在允许的磅差范围内，说明这批商品合格，则按实际重量入库。

③检尺求积法。检尺求积是对以体积为计量单位的商品（如木材、竹材、砂石等）检尺，然后求体积的一种数量验收。

④精度验收法。金属材料的尺寸精度验收是仓库一项非常重要的工作。精度验收主要包括仪器仪表精度验收和金属材料尺寸的精度验收两个方面。

金属材料的尺寸可分为公称尺寸和实际尺寸两种。公称尺寸是国标和部标中规定的名义尺寸，即生产过程中希望得到的理想尺寸；实际尺寸是验收中直接测得的尺寸。偏差指实际尺寸与公称尺寸之间的差数，实际尺寸小于公称尺寸为负偏差，实际尺寸大于公称尺寸为正偏差。公差是允许的尺寸误差。

（2）质量验收。它包括外观验收、尺寸验收、机械物理性能验收和化学成分验收四种形式。仓库一般只作外观验收和尺寸验收，后两种验收如果有必要，则由仓库技术管理职能机构取样，委托专门机构检验。下面以外观验收为例进行说明。

外观验收是指通过人的感觉器官检查商品外观质量的过程。其主要检查商品的自然属性是否因物理及化学反应而造成负面的改变，是否受潮、沾污、腐蚀、霉烂等；检查商品包装的牢固程度；检查商品有无损伤，如被撞击、变形、破碎等外观验收有严重缺陷的商品要单独存放，等待处理，以防止混杂。凡经过外观验收的商品，都应该填写"验收记录单"。

外观验收的基本要求：凡是通过人的感觉器官检验后就可决定质量的商品，由仓储业务部门自行组织验收，做好商品验收的记录，这是验收工作中较为常用、普遍的方法；对于一些特殊商品，则由专门的检验部门进行化验和技术测定。验收完毕后，应尽快签发验收入库凭证，不能无故积压单据。

（3）包装验收。它是对商品外包装（也称为运输包装、工业包装）的验收。包装验收主要看包装有无被撬开、开缝、挖洞、污染、破损、水渍和粘湿等不良情况。包装被撬开、开缝、挖洞可能是发生被盗案件造成的；污染可能是配装、堆存不当所造成的；破损有可能因装卸、搬运作业不当或装载不当所造成；水渍和粘湿可能是由于雨淋、渗透、落水，或物质渗漏、潮解造成的。包装的含水量是影响商品保管质量的重要指标，一般包装物含水量高，表明商品已经受损，需要进一步检验。

若外包装验收时判定内容有受损的可能，或者验收标准要求开包验收、点算包内细数时，应该打开包装进行验收。开包验收必须有两人以上在现场，验收后在箱件上印贴已验收的标志。需要封装的商品应该及时进行封装，包装已破损的商品应该更换新包装。

业务链接 4-1

物品入库有关制度

（1）物品采购回来后首先办理入库手续，由采购人员向仓库管理员逐件交接。仓库管理员要根据采购计划单中所列的项目认真清点所要入库物品的数量，并检查物品的规格、质量，做到数量、规格、品种、价格准确无误，质量完好，配套齐全，并在接收单上签字（或在入库登记簿上与采购人员共同签字确认）。

（2）对于在外加工的货物，应认真清点所要入库物品的数量，并检查物品的规格、质量，做到数量、规格、品种准确无误，质量完好，配套齐全，并在接收单上签字。

（3）物品入库要根据入库凭证，现场交接；必须按采购合同中约定的物品质量标准对物品进行检查验收，并做好入库登记。

（4）物品验收合格后，应及时入库。

（5）物品入库，要按照不同的型号、材质、规格、功能和要求分类，分别放入货架的相应位置储存，在储存时注意做好防锈、防潮处理，保证物品的安全。

（6）物品入库需做到账、标牌、物品相符。如发现问题，不能随意更改记录，应查明原因，分析是否有漏入库、多入库等现象。

（7）精密、易碎及贵重货物要轻拿轻放，严禁挤压、碰撞、倒置，要做到妥善保存，其中贵重物品应入公司内小仓库保存，以防被盗。

（8）做好防火、防盗、防潮工作，严禁与公司无关的人员进入仓库。

（9）仓库应保持通风，保持库室内整洁。由于仓库的容量有限，货物的摆放应整齐紧凑，做到无遮掩，标牌要醒目，便于识别辨认。

🔑 课程思政 4-1

SD花园酒店的物资管理问题

背景与情境： SD花园酒店在餐饮成本控制的环节上存在以下问题：

一是原料采购问题。在采购原料的时候缺乏责任感，采购标准不严格，采购数量估算不准确，导致购入的一些新鲜食材因变质不能使用。

二是入库验收问题。验货员检查不严格，没有建立起有效的验收制度，导致质量不合格的物资流入仓库。

三是存货保管问题。酒店存货具有特殊性，盘存起来难度大，监管起来也不容易，所以在保管时容易发生损失。例如，仓管员缺乏责任感，没有及时检查物资，导致物资发霉变质。

四是物资领用问题。在领用物资的时候，厨师长不能严格控制领用的数量，致使物资不能实现最大化使用。

问题： 如何避免发生企业物资管理问题？

研判提示： 企业物资管理存在问题是多方面原因导致的，既有员工素质方面的原因，也有企业管理制度方面的原因。

4.2　仓储存储作业

4.2.1　货位编号

为了保证仓储作业准确而迅速地进行，可以对货位贴条码标签进行编号，赋予每个货位单独一个"地址和姓名"，使商品存取工作迅速而准确，这也是通过计算机进行高效和标准化管理的前提。

（1）货位编号的概念。

货位编号是指对库房、货场、货棚、货架按地址、位置顺序统一编列号码，并作出明显标志。货位编号应符合"标志明显易找、编排规律有序"的要求，使商品存取工作顺利、快捷地进行。

（2）常见的货位编号方法。

① 地址编号法。它是指利用保管区中现成的参考单位，如建筑物的第几栋、区

段、排、行、层、格等，按相关顺序编号，较常用的方法是"四号定位法"。

②区段编号法。它就是先把保管区分成几个区段，再对每个区段进行编码。这种方法以区段为单位，每个编码代表的储区较大，因此适用于单位化装载的货品以及量大而保管期短的物资，区域大小根据物流量而定。

③品类群编号法。它是指把相关物品集合后分成几个品类群，再对每个品类群进行编码。这种方式适合于品牌差距大的物品，如服饰群、食品群等。

（3）货位编号示例。

①库房的编号。把整个仓库的储存场所依其地面位置按顺序编号，库房、货架的号码可统一写在库房外墙或库门上，编号要清晰醒目，易于查找，如图4-2所示。

图4-2　库房的编号

②库房内的货位编号。根据库内业务情况，按库内主干、支干道分布，划分出若干货位，按顺序以各种简明符号和数字来编制货区、货位的号码，并标于明显处，如图4-3所示。

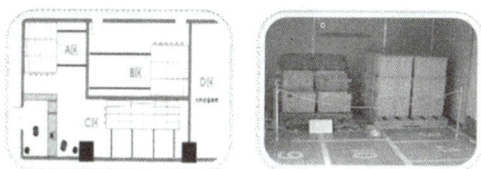

图4-3　库房内的货位编号

③货架上的货位编号。按四号定位法顺序，从里到外、从上到下、从左到右编好号码，并贴于货架上，如图4-4所示。

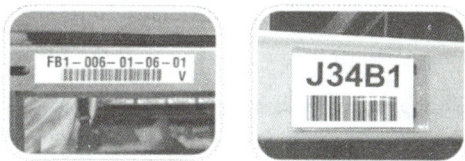

图4-4　货架上的货位编号

④货场的货位编号。常见的方法有两种：一种是在整个货场内先编上排号，然后再按排号顺序依次编上货位号；另一种是不分排号，直接编上货位号。对于集装箱堆场，应对每个箱位进行编号，并画出箱门和四角位置标记，如图4-5所示。

图4-5　货场的货位编号

4.2.2 堆码与苫垫作业

1）堆码作业

（1）堆码的概念。**堆码**（Stacking）是将物品整齐、规则地摆放成货垛的作业。根据商品的包装外形、重量、数量、性能和特点，结合地坪负荷、储存时间，将商品分别堆成各种垛形。

合理堆码有利于确保商品完好，提高仓容利用率，安全而快速地作业。进行商品堆码时，必须对堆码的方式、形状、高度等进行科学的研究和必要的计算。

（2）堆码的基本要求。

①堆码商品应具备的条件。

A.商品的数量、质量已彻底查清，验收合格；

B.对需取样的商品，堆码时注意方便取样；

C.包装完好，标志清楚；

D.外包装已清扫干净，或包装虽有污染，但不影响商品质量；

E.不合格品已加工修复或分开堆码。

②码垛的基本要求（如图4-6所示）。

合理   牢固   定量

整齐   节约   方便

图4-6 码垛的基本要求

A.合理。要求性质、品种、规格、等级、批次不同的货物和不同客户的货物，应分开堆放。货垛形式应适应货物的性质，有利于对货物的保管，能充分利用仓容和空间；货垛间距符合作业要求以及防火安全要求；大不压小，重不压轻，缓不压急，不会围堵货物，特别是后进货物不堵先进货物，确保"先进先出"。

B.牢固。要求堆放稳定结实，货垛稳定牢固，不偏不斜，必要时采用衬垫物料固定，不压坏底层货物或外包装，不超过库场地坪的承载能力。货垛较高时，上部适当向内收小。易滚动的货物，使用木楔或三角木固定，必要时使用绳索、绳网对货垛进行绑扎固定。

C.定量。要求每一货垛的货物数量保持一致，采用固定的长度和宽度，且为整数，如50袋成行，每层货量相同或呈固定比例递减，能做到过目知数。每垛的数字标记清楚，货垛牌或料卡填写完整，排放在明显位置。

D.整齐。要求货垛堆放整齐，垛形、垛高、垛距标准化和统一化；货垛上每件货物都排放整齐，垛边横竖成列，垛不压线；货物外包装的标记或标志一律朝向垛外。

E.节约。要求尽可能堆高，避免少量货物占用一个货位，以节约仓容，提高仓库利用率；妥善组织安排，做到一次作业到位，避免重复搬动，以节约劳动消耗；合理使用苫垫材料，避免浪费。

F.方便。选用的垛形、尺度、堆垛方法应方便堆垛、搬运装卸作业、提高作业效率；垛形方便理数、查验货物，方便通风、苫盖等保管作业。

③商品堆码的五距。商品堆码要做到货堆之间，货垛与墙、柱之间保持一定距离，留有适宜的通道，以便商品的搬运、检查和养护。要把商品保管好，"五距"很重要。"五距"是指顶距、灯距、墙距、柱距和堆距。

A.顶距。顶距是指货堆的顶部与仓库屋顶平面之间的距离。留顶距主要是为了通风，不顶楼房，顶距应在50厘米以上为宜。

B.灯距。灯距是指在仓库里的照明灯与商品之间的距离。留灯距主要是为了防止火灾，商品与灯之间的距离一般不应少于50厘米。

C.墙距。墙距是指货垛与墙之间的距离。留墙距主要是为了防止渗水，便于通风散潮。

D.柱距。柱距是指货垛与屋柱之间的距离。留柱距是为了防止商品受潮和保护柱脚，一般留10~20厘米。

E.堆距。堆距是指货垛与货垛之间的距离。留堆距是为了便于通风和检查商品，一般留10厘米即可。

④货物存放、堆码的基本方法。根据货物的特性、包装方式和形状、保管的需要，并确保货物质量、方便作业和充分利用仓容，以及根据仓库的条件确定存放方式。仓库货物存放的方式有：地面平放式、托盘平放式、直接码垛式、托盘堆码式、货架存放式。货物储存的堆码方法有：

A.散堆法。它适用于露天存放的没有包装的大宗货物，如煤炭、矿石、黄沙等，也适用于库内少量存放的谷物、碎料等散装货物。散堆法是直接用堆场机或者铲车从确定的货位后端起，直接将货物堆高，在达到预定的货垛高度时，逐步后退堆货，后端先形成立体梯形，最后成垛，整个垛形呈立体梯形状。由于散货具有流动、散落性，堆货时不能堆到太靠近垛位四边，以免散落使货物超出预定的货位。采用散堆法时，绝不能采用先堆高后平垛的方法堆垛，以免堆超高时压坏场地地面。

B.货架存放。它适用于小件、品种规格复杂且数量较少、包装简易或脆弱、易损害不便堆垛的货物，特别是价值较高而需要经常查数的货物。货架存放需要使用专用的货架设备。常用的货架有：橱柜架、悬臂架、U形架、板材架、栅格架、钢瓶架、多层平面货架、托盘货架、多层立体货架等。

C.堆垛法存货。对于有包装（如箱、桶、袋、箩筐、捆、扎等包装）的货物，包括裸装的计件货物，通常采取堆垛的方法储存。堆垛法存货能充分利用仓容，做到仓库内整齐、方便作业和保管。

a.重叠式。它也称直堆法，是逐件、逐层向上重叠堆码，一件压一件的堆码方式。为了保证货垛稳定，在一定层数后（如10层）改变方向继续向上，或者长宽各减少一件继续向上堆放（俗称四面收半件）。该方法较方便作业、计数，但稳定性较差，适用于袋装货物、箱装、箩筐装货物，以及平板、片式货物等。

b.纵横交错式。每层货物都改变方向向上堆放，适用于管材、捆装、长箱装货物等。该方法较为稳定，但操作不便。

c.仰伏相间式。对上下两面有大小差别或凹凸的货物，如槽钢、钢轨、箩筐等，将货物仰放一层，再反一面伏放一层，仰伏相间相扣。该垛极为稳定，但操作不便。

d.压缝式。将底层货物并排摆放，上层货物放在下层的两件货物之间。如果每层货物都不改变方向，则形成梯形；如果每层货物都改变方向，则类似于纵横交错式。上下层件数的关系分为"2顶1""3顶2""4顶1""5顶3"等（如图4-7所示）。

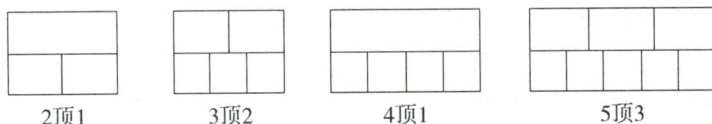

| 2顶1 | 3顶2 | 4顶1 | 5顶3 |

图4-7 压缝式垛码示意图

e.通风式。货物在堆码时，相邻的货物之间都留有空隙，以便通风。层与层之间采用压缝式或者纵横交错式。此法适用于需要较大通风量的货物堆垛。

f.栽柱式。码放货物前在货垛两侧栽上木桩或者钢棒（如U形货架），然后将货物平码在桩柱之间，码放几层后用铁丝将相对两边的柱拴连，再往上摆放货物。此法适用于棒材、管材等长条状货物。

g.衬垫式。码垛时，隔层或隔几层铺放衬垫物，衬垫物平整牢靠后，再往上码放货物。其适用于不规则且较重的货物，如无包装电机、水泵等。

h.直立式。它是货物保持垂直方向码放的一种方法，适用于不能侧压的货物，如玻璃、油毡、油桶、塑料桶等。

2）垫垛作业

垫垛是指在货物码垛前，在预定的货位地面位置，使用衬垫材料进行铺垫。常见的衬垫物有：枕木、废钢轨、货板架、木板、帆布、芦席、钢板等。

（1）垫垛的目的：使地面平整；堆垛货物与地面隔离，防止地面潮气和积水浸湿货物；通过强度较大的衬垫物使重物的压力分散，避免损害地坪；使地面杂物、尘土与货物隔离；形成垛底通风层，有利于货垛通风排湿；货物的洒漏物留存在衬垫之内，不会流动扩散，便于收集和处理。

（2）垫垛的基本要求：所使用的衬垫物不会对拟存货物产生不良影响，具有足够的抗压强度；地面要平整坚实、衬垫物要摆平放正，并保持同一方向；衬垫物间距适当，直接接触货物的衬垫面积与货垛底面积相同，垫物不伸出货垛外；要有足够的高度，露天堆场要达到0.3~0.5m，库房内达到0.2m即可。

同步计算 4-1

衬垫面积的确定

某仓库内要存放一台自重30t的设备，该设备底架为两条2m×0.2m的钢架。该仓库库场单位面积技术定额为3t/m²。问需不需要垫垛？如何采用2m×1.5m、自重0.5t的钢板垫垛？

解：货物对地面的压强为：30÷（2×2×0.2）t/m²=37.5t/m²，远远超过库场单位面积技术定额，必须垫垛。

假设衬垫钢板为n块，根据：

重量（含衬垫重量）=面积×库场单位面积技术定额

则：

30+n×0.5=n×2×1.5×3

n≈4（块）

需要使用4块钢板衬垫。将4块钢板平铺展开，设备的每条支架分别均匀地压在两块钢板之上（如图4-8所示）。

图4-8　衬垫

3）苫盖作业

苫盖是指采用专用苫盖材料对货垛进行遮盖，以减少自然环境中阳光、雨雪、大风、尘土等对货物的侵蚀、损害，并使货物由于自身理化性质所造成的自然损耗尽可能减少，保护货物在储存期间的质量。常用的苫盖材料有帆布、芦席、竹席、塑料膜、铁皮、铁瓦、玻璃钢瓦、塑料瓦等。

（1）苫盖的方法。

① 就垛苫盖法。直接将大面积苫盖材料覆盖在货垛上遮盖。其适用于起脊垛或大件包装货物，一般采用大面积的帆布、油布、塑料膜等。就垛苫盖法操作便利，但基本上不具有通风条件。

② 鱼鳞式苫盖法。将苫盖材料自货垛的底部开始，自下而上呈鱼鳞式逐层交叠围盖。该法一般采用面积较小的席、瓦等材料苫盖。鱼鳞式苫盖法具有较好的通风条件，但每件苫盖材料都需要固定，操作比较烦琐复杂。

③ 活动棚苫盖法。将苫盖材料制作成一定形状的棚架，在货物堆垛完毕后，移动棚架到货垛上遮盖，或者采用即时安装活动棚架的方式苫盖。活动棚苫盖法较为快捷，具有良好的通风条件，但活动棚本身需要占用仓库位置，也需要较高的购置成本。

（2）苫盖的要求。苫盖的目的是给货物遮阳、避雨、挡风、防尘。苫盖的要求就是实现苫盖的目的。

① 选择合适的苫盖材料。应选用防火、无害的安全苫盖材料；苫盖材料不会对货物产生不利影响；成本低廉，不宜损坏，能重复使用，没有破损和霉烂。

② 苫盖牢固。每张苫盖材料都需要牢固固定，必要时在苫盖物外用绳索、绳网绑扎或者采用重物"镇压"，确保刮风揭不开。

③ 苫盖的接口要紧密，要有一定深度的互相叠盖，不能迎风叠口或留空隙；苫盖必须拉挺、平整，不得有折叠和凹陷，以防止积水。

④ 苫盖的底部与垫垛平齐，不腾空或拖地，并牢固地绑扎在垫垛外侧或地面的绳桩上，衬垫材料不要露出垛外，以防雨水顺延渗入垛内。

⑤ 使用旧的苫盖物或在雨水丰沛季节，垛顶或者风口需要加层苫盖，确保雨淋不透。

为了在仓储保管中及时掌握货物资料，需要在货垛上摆放或拴挂有关该垛货物的资料标签。该记载货物资料的标签称为货垛牌或者货物标签、料卡等。在货物码垛完毕后，仓库管理人员就需要根据入库货物资料、接收货物情况制作货垛牌，并摆放或拴挂在货垛正面明显的位置或者货架上。

货垛牌的主要内容有：货位号、货物名称、规格、批号、来源、进货日期、存货人、该垛货物数量、接货人（制单人）等。此外，根据仓库的不同特点可以相应增减项目。

4.2.3　盘点作业

货物因不断地进出库，在长期的累积下库存资料容易与实际数量产生不符。此外，有些货物因存放过久、方式不恰当，致使品质、机能受到影响，难以满足客户的需求。为了有效地控制货物数量而对各储存场所进行数量清点的作业，称为盘点作业。

1）盘点作业的目的

（1）确定现存量，并修正料账不符产生的误差。通常，物料在一段时间不断接收与发放后，容易产生误差，这些误差的形成主因有：

① 库存资料记录不准确，如多记、误记、漏记等。

② 库存数量有误，如损坏、遗失、验收与出货清点有误。

③ 盘点方法选择不恰当，如误盘、重盘、漏盘等。

这些差异必须在盘点后查找其产生的起因，并予以更正。

（2）计算企业的损益。企业的损益与总库存金额有相当密切的关系，而总库存金额又与库存量及其单价成正比。因此，为了能准确地计算出企业实际的损益，就必须针对现有数量加以盘点。一旦发觉库存太多，即表示企业的经营面临压力。

（3）稽核货品管理的绩效，使出入库的管理方法和保管状态变得清晰。如呆废品的处理状况、存货周转率、物料的保养维修，均可借盘点发现问题，以谋改善之策。

2）盘点作业的步骤

一般盘点必须遵循下列步骤逐步实施，如图4-9所示。

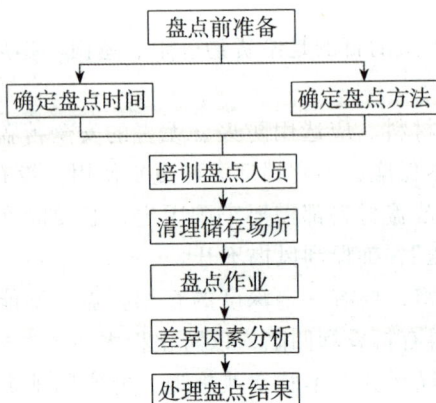

图4-9　盘点作业的步骤

（1）盘点前准备。盘点作业的事先准备工作是否充分，关系到盘点作业的进行是否顺利。为了使盘点能在较短的时间内利用有限的人力达到迅速、准确的目标，必须做好事先的准备工作。

① 明确盘点的具体方法和作业程序。

② 配合会计决算进行盘点。

③ 盘点、复盘、监盘人员必须经过训练。

④ 经过训练的人员必须熟悉盘点用的表单。

⑤ 盘点用的表单必须事先印制完成。

⑥ 库存资料必须确实结清。

（2）盘点时间的确定。一般性货物就货账相符的目标而言，盘点次数越多越好，但因每次实施盘点必须投入人力、物力、财力，考虑到成本耗费，所以要控制盘点次数。事实上，导致盘点误差的关键原因在于出入库过程，可能是因出入库作业传票的输入、检查点数的错误或是出入库搬运造成的，因此一旦出入库作业次数多时，误差也会随之增加。所以，对一般生产企业仓库而言，如货物流动速度不快，半年至一年实施一次盘点即可。但对物流中心、配送中心仓库而言，在货物流动速度较快的情况下，既要防止过久盘点给公司造成的损失，又要节约盘点资源，因而最好能视物流中心各货物的性质确定不同的盘点时间。

例如，在实施商品ABC分类管理的公司，一般会建议：A类主要货品：每天或每周盘点一次；B类货品：每两三周盘点一次；C类较不重要货品：每月盘点一次即可。

未实施商品ABC分类管理的企业，至少也应对较容易损耗、毁坏及高单价之货物增加其盘点次数。另外，应注意的是，当实施盘点作业时，时间应尽可能缩短，以2~3日内完成较佳。至于日期，一般会选择以下时间：

① 财务决算前夕——因便于计算损益以及表达财务状况。

② 淡季进行——因淡季储货量少，盘点容易，人力的损失相对降低，且调动人力较为便利。

（3）确定盘点方法。因盘点场合、要求的不同，盘点的方法亦有差异。为应对不同情况，必须明确盘点的方法（具体会在下面详述）。

（4）培训盘点人员。为使盘点工作得以顺利进行，盘点时必须增派人员协助进行。对于由各部门增援的人员，必须组织化并且加以短期训练，使每位参与盘点的人员能切实发挥其作用。人员的培训必须分为两部分：

① 针对所有人员进行盘点方法训练。对盘点程序、表格的填写必须充分了解，这样工作才能得心应手。

② 对复盘与监盘人员进行认识货物的训练。因为复盘与监盘人员对货物大多并不熟悉，故而应加强对货物的认识，以利于盘点工作的顺利进行。

（5）清理储存场所。

① 在盘点前，对厂商交来的物料必须明确其所有数。如已验收完成属本仓库的，应即时整理归库；若尚未完成验收程序，属厂商的，应划分清楚，避免混淆。

② 储存场所在关闭前应通知各需求部门预领所需之物资。

③ 储存场所清理完毕，以便计数盘点。

④ 预先鉴定呆料、废品、不良品，以便盘点时列出。

⑤ 账卡、单据、资料均应整理后加以结清。

⑥ 储存场所的管理人员在盘点前应自行预盘，以便提早发现问题并加以预防。

（6）盘点作业。盘点时，因工作单调琐碎，人员较难以持之以恒，为确保盘点的正确性，除人员培训时加强指导外，工作进行期间也应加强指导与监督。

（7）差异因素分析。盘点结束后，发现所得数据与账本资料不符时，应追查差异的主因。可以着手的方向有：

① 是否因记账员工作疏漏，导致错记、漏记或者货品数目无法表达。

② 是否产生漏盘、重盘、错盘等状况。

③ 盘点前账目资料未结清。

④ 物资自然损耗引起的短少。

⑤ 仓库物资被盗、丢失。

（8）处理盘点结果。差异原因追查完后，应针对原因进行恰当的调整与处理，至于呆废品、不良品等减少的部分，应与盘亏一并处理。

货物除了盘点时产生数量的盈亏外，有些货物在价格上会产生增减，这些变化在经主管审核后必须利用货品盘点盈亏及数目增减更正表进行修改。

3）盘点的种类与方法

（1）盘点的种类。就像账面库存与现货库存一样，盘点也分为账面盘点和现货盘点。

所谓账面盘点，又称为"永续盘点"，就是把每天入库、出库货物的数量及单价，记录在计算机或账簿上，从而不断地累计加总，算出账面上的库存量及库存金额。

现货盘点亦称为"实地盘点"或"实盘"，也就是实际清点仓库内的库存数，再依货物单价计算出实际库存金额的方法。

因此，如要得到最准确的库存资料并确保盘点无误，最直接的方法就是确定账面盘点与现货盘点的结果完全一致。一旦存在差异，即出现"料账不符"的现象，究竟是账面盘点记错还是现货盘点点错，则需再费时间来找寻错误原因，然后才能得出正确结果，并确认责任归属。

（2）盘点的具体方法。

① 账面盘点法。**账面盘点法**是将每一种货品分别设账，然后将每一种货品的入库与出库情况详加记载，不必实地盘点即能随时从计算机或账册上查悉货品存量的盘点方式。通常量少而单价高的货品较适合采用此方法。

② 现货盘点法。现货盘点法依其盘点时间频度的不同又分为"期末盘点法"和"循环盘点法"。期末盘点法是指在期末一次性清点所有货品数量的方法，而循环盘点法则是在每天、每周作少量的盘点，到了月末或期末则每项货品至少完成一次盘点的方法。

A.期末盘点法。由于期末盘点是将所有品项的货品一次盘完，因而必须全体员工一起出动，采取分组的方式进行盘点。一般来说，每组盘点人员至少要三人，以便能互相核对减少错误，同时也能彼此监督避免作弊。其盘点程序如下：

步骤1：将全公司员工分组。

步骤2：由一人先清点所负责区域的货品，将清点结果填入各货品盘存单的上半部。

步骤3：由第二人复点，将清点结果填入各货品盘存单的下半部。

步骤4：由第三人核对，检查前二人之记录是否相同且正确。

步骤5：将盘存单交给会计部门，合计货品库存总量。

步骤6：等所有盘点结束后，再与计算机或账册资料进行对照。

B.循环盘点法。它是将每天或每周当成一个周期来盘点，除了能减少过多的损失外，对于不同货品还能施以不同的管理手段。就如同前述商品ABC分类管理的做法，价格越高或越重要的货品，盘点次数越多；价格越低或越不重要的货品，就尽量减少盘点次数。循环盘点法因一次只进行少量盘点，因而只需专门人员负责即可，不必动员全体人员。

4.3 仓储分拣与补货作业

4.3.1 分拣作业的含义与功能

分拣作业是依据顾客的订货要求或配送中心的送货计划，尽可能迅速、准确地将商品从其储位或其他区域拣取出来，并按一定的方式进行分类、集中，等待配装送货的作业过程。在配送作业的各环节中，分拣作业是非常重要的一环，它是整个配送中心作业系统的核心。在配送中心的搬运成本中，分拣作业搬运成本约占90%；在劳动密集型配送中心，与分拣作业直接相关的人力占50%；分拣作业时间占整个配送中心作业时间的30%~40%。因此，合理规划与管理分拣作业，对配送中心作业效率具有决定性的影响。

分拣作业集中在配送中心内部完成，是为高水平配送商品所进行的拣取、分货、配货等工作，是配送中心的核心工序。从各国的物流实践来看，由于大体积、大批量需求的货物多采取直达、直送的供应方式，因此，配送的主要对象是中、小件货物，即配送多为多品种、小体积、小批量的物流作业。这就使得分拣作业工作量占配送中心作业量的比重非常大，而且工艺复杂，特别是对于客户多、商品品种多、需求批量小、需求频率高、送货时间要求高的配送服务，分拣作业的速度和质量不仅对配送中心的作业效率起决定性的作用，而且直接影响到整个配送中心的信誉和服务水平。因此，迅速且准确地将顾客需要的商品集合起来，并且通过分类配装及时送交顾客，是分拣作业最终的目的及功能。

4.3.2 分拣作业的基本过程

分拣作业是配送中心作业的核心环节。从实际运作过程来看，分拣作业是在拣货信息的指导下，行走和搬运、拣取，再按一定的方式将货物分类、集中。因此，分拣作业的主要过程包括四个环节，如图4-10所示。

| 产生拣货信息 | → | 行走和搬运 | → | 拣取 | → | 分类、集中 |

图4-10　分拣作业的基本过程

1）产生拣货信息

拣货作业必须在拣货信息的指导下才能完成。拣货信息来源于顾客的订单或配送中心的送货单，因此，有些配送中心直接利用顾客的订单或配送中心的送货单作为人工拣货指示，即拣货作业人员直接凭订单或送货单拣取货物。这种信息传递方式无法准确标示所拣货物的储位，会使拣货人员延长寻找货物的时间和拣货行走路径。在国外大多数配送中心，一般先将订单等原始拣货信息经过处理后，转换成"拣货单"或电子拣货信号，指导拣货人员或自动拣取设备进行拣货作业，以提高作业效率和作业准确率。

2）行走和搬运

拣货时，拣货作业人员或机器必须直接接触并拿取货物，因此形成拣货过程中的行走与货物的搬运，缩短行走和货物搬运距离是提高配送中心作业效率的关键。拣货人员可以步行或搭乘运载工具到达货物储存的位置，也可以由自动储存分拣系统完成。

3）拣取

无论是人工还是机械拣取货物，都必须首先确认被拣货物的品名、规格、数量等内容是否与拣货信息传递的指示一致。这种确认既可以通过人工目视读取信息，也可以利用无线传输终端机读取条码由计算机进行对比，后一种方式往往可以大幅度降低拣货的错误率。拣货信息被确认后，拣取可以由人工或自动化设备完成。通常小体积、少批量、搬运重量在人力范围内且出货频率不是特别高的货物，可以采取手工方式拣取；对于体积大、重量大的货物，可以利用升降叉车等搬运机械辅助作业；对于出货频率很高的货物，可以采用自动分拣系统。

4）分类、集中

配送中心在收到多个客户的订单后，可以进行批量拣取，然后再根据不同的客户或送货路线分类集中，有些需要进行流通加工的商品还需根据加工方法进行分类，加工完毕再按一定方式分类出货。多品种分货的工艺流程较复杂，难度也大，容易发生错误，必须在统筹安排形成规模效应的基础上，提高作业的精确性。在物品体积小、重量轻的情况下，可以采取人力分货，也可以采取机械辅助作业，或利用自动分货机自动将拣取出来的货物进行分类与集中。分类完成后，货物经过查对、包装便可以出货、装运、送货了。

从分拣作业的四个基本过程我们可以看出，整个分拣作业所消耗的时间主要包括以下四大部分：

（1）订单或送货单经过信息处理后，形成拣货指示的时间。

（2）行走与搬运货物的时间。

（3）准确找到货物的储位并确认所拣货物及其数量的时间。

（4）拣取完毕，将货物分类、集中的时间。

因此，提高分拣作业效率，主要应缩短以上四个作业时间，以提高作业速度与作业能力。此外，为防止分拣错误的发生，提高配送中心内部储存管理账物相符率以及顾客满意度，降低作业成本也是分拣作业管理的目标。

4.3.3　分拣作业的形式与方式

分拣作业是将用户所订的货物从储存保管处取出，按客户分类、集中、处理和放置。

1）分拣作业的形式

（1）人工拣选。分拣作业由人来完成，人、货架、集货设备（货箱、托盘等）配合完成配货作业，在实施时，由人一次巡回或分段巡回于各货架之间，按各客户的需求拣货，直至配齐。

（2）人工+手推作业车拣选。分拣作业人员推着手推车一次巡回或分段巡回于货架之间，按客户需求进行拣货，直到配齐。它与人工拣选基本相同，区别在于借助半机械化的手推车作业。

（3）机动作业车拣选。分拣作业员乘车辆或台车为一个客户或多个客户拣选。

（4）传动运输带拣选。分拣作业人员只在附近几个货位进行拣选作业，传动运输带不停地运转，或分拣作业人员按指令将货物取出放在传动运输带上，或者放入传动运输带上的容器内。传动运输带运转到末端时把货物卸下来，放在已施划好的货位上待装车发货。

（5）拣选机械拣选。自动分拣机或由人操作的叉车、分拣台车巡回于一般高层货架间进行拣选，或者在高层重力式货架一端进行拣选。

2）分拣作业的方式

（1）摘果式（又称作"拣取式"、"按单分拣"或"人到货前式"）作业。

①摘果式的作业流程。针对每一份订单，分拣人员按照订单所列商品及数量，将商品从储存区域或分拣区域拣取出来，然后集中在一起。储物货位相对固定，而拣选人员或工具相对运动。一般是一次只为一个客户进行配货作业；在搬运车容积允许而且配送商品不太复杂的情况下，也可以同时为两个以上的客户配货。

②摘果式拣选作业的特点。

A.可按照客户要求的时间确定配货的先后顺序。

B.按单拣选作业方法简单，接到订单后可立即拣货，作业前置时间短。

C.作业人员责任明确。

D.商品品项较多时，拣货行走路线加长，拣取效率较低。

E.针对各客户的拣选不互相牵制，可以根据客户的要求调整拣选的先后次序，集中力量优先完成对某一客户的配货任务。

F.拣选完一个货单，一个客户的货物便配齐了，可以不再落地直接装车送货。

G.对机械化、自动化没有严格要求。

H.用户数量不受工艺限制，可以在很大范围内波动。

③摘果式作业的应用范围。

A.储存的商品不易移动。

B.每一个客户需要的商品品种较多，且每种商品的数量较少。

C.按单拣选适合订单大小差异较大、订单数量变化频繁、品类差异较大的商品，如化妆品、家具、电器、百货、高级服饰等。

D.不能建立相对稳定的客户分货货位的情况。

E.客户之间共同需求差异较大的情况。

F.客户配送时间要求不一的情况。

G.传统的仓库改造为配送中心，或新建的配送中心初期运营时。

④摘果式的作业形式。

A.人工拣选。分拣作业人员一次巡回或分段巡回于各货架之间，按订单拣货，直至配齐。

B.人工+手推作业车拣选。分拣作业人员推着手推车一次巡回或分段巡回于各货架之间，按订单进行拣货，直到配齐。它与人工拣选基本相同，区别在于借助半机械化的手推车作业。

C.机动作业车拣选。分拣作业人员乘车辆或台车为一个或多个用户拣选，在拣选过程中就进行货物装箱或装托盘的处理。

D.传动运输带拣选。分拣作业人员只在附近几个货位进行拣选作业，传送带不停地运转；或分拣作业人员按照电子标签的指令将货物取出放在传送带上，或放入传送运输带上的容器内。传送运输带转到末端时把货物卸下来，放在已施划好的货位上，待装车发货。每个作业人员仅负责几种货物的拣选。

E.拣选机械拣选。自动分拣机或由人操作的叉车、分拣台车巡回于高层货架间进行拣选，或者在高层重力式货架一端进行拣选。这种方式可以人随机械（或车）操作，也可以通过计算机控制使拣选机械自动寻址、自动取货。其适用于重量和体积都较大且易形成集装单元的货物的拣选。

F.回转式货架拣选。分拣作业人员固定在拣货的位置，按用户的订单操纵回转货架作业。其适用于拣选作业区域窄小的情况。

（2）播种式拣选作业。它又称为"分货式""批量分拣"式作业。

①播种式的作业流程。播种式作业类似于田野中的播种操作。它将多张订单集合成一批，先将需要配送数量较多的同种商品从储存货位取出，集中搬运到发货区，然后组配机械在各个客户的发货位间移动，并依次将各个客户需要的该类商品按照要求的数量分拣出来。这样，每巡回一次，就将某一种商品分到若干个需要该类商品的客户的发货位上。如此反复，直到将每个客户需要的各种商品都配齐，就完成了一次配货作业任务。用户货位固定，分货人员和工具相对运动，所以又称为"分货式""批量分拣"式作业。

与摘果式拣选作业相比，播种式拣选作业可以提高配货速度，节约配货的劳动消耗，提高作业效率，尤其是当需要配送的客户数量很多时，采用播种式作业能够取得更好的效果。

②播种式拣选作业的特点。

A.批量拣取可以缩短拣取商品时的行走时间，增加单位时间的拣货量。

B.由于需要订单累积到一定数量时，才做一次性的处理，因此，会有停滞时间产生。

C.集中取出众多用户需要的货物，再将货物分放到事先施划好的用户货位上。

D.这种工艺计划性较强，若干用户的需求集中后才开始分货，直到最后一种共同需要的货物分放完毕。

③播种式拣选作业的应用范围。

A.客户需要的商品种类较少、每种商品的需要量不大。

B.批量拣取适合订单变化较小、订单数量稳定的配送中心和外形较规则、固定的商品出货。

C.需进行流通加工的商品也适合批量拣取，再批量进行加工，然后分类配送，有利于提高拣货及加工效率。

D.用户稳定且用户数量较多的情况。

E.各用户需求具有很强的共性，差异较小；在需求数量上有一定的差异，但需求的种类差异很小。

F.所有货物分放完毕后，需要对每个用户的货物进行统计，因此适用于用户需求货物种类有限、易于统计和不至于消耗太长分货时间的情况。

G.用户配送时间要求没有严格限制或轻重缓急的情况。

④播种式拣选作业的方式。

A.人工分货。如药品、仪表、小型零部件、小百货及邮政信件等体积较小、重量较轻的货物。

B.人工+手推作业车分货。其适合于一般小包装的货物分拣。

C.机动作业车分拣。

D.传动运输带+人工分拣。

E.分货机自动分货。

F.回转货架分货。

4.3.4　补货作业

补货作业是将货物从仓库保管区域搬运到拣货区的工作。补货作业流程为：确定所需补充的货物→领取商品→做好上架前的各种打理、准备工作→补货上架。

1）补货方式

补货方式主要有以下几种：

（1）整箱补货。由货架保管区补货到流动货架的拣货区。这种补货方式的保管区为料架储放区，动管区为两面开放式的流动棚拣货区。拣货员拣货之后把货物放入输送机并运到发货区，当动管区的存货低于设定标准时，则进行补货作业。这种补货方式由作业员到货架保管区取货箱，用手推车载箱至拣货区。整箱补货较适合于体积小且少量多样出货的货品。

（2）托盘补货。这种补货方式是以托盘为单位进行补货。托盘由地板堆放保管区运到地板堆放动管区，拣货时把托盘上的货箱置于中央输送机送到发货区。当存货量低于设定标准时，立即补货，使用堆垛机把托盘由保管区运到拣货动管区，也可把托盘运到货架动管区进行补货。这种补货方式适合于体积大或出货量多的货品。

（3）货架上层–货架下层的补货方式。此种补货方式保管区与动管区位于同一货架，也就是将同一货架上的中下层作为动管区，上层作为保管区，而进货时则将动管区放不下的多余货箱放到上层保管区。当动管区的存货低于设定标准时，利用堆垛机将上层保管区的货物搬至下层动管区。这种补货方式适合于体积不大、存货量不高，且多为中小量出货的货物。

2）补货时机

补货作业的发生与否主要看拣货区的货物存量是否符合需求，因此究竟何时补货要看拣货区的存量，以避免出现拣货区货量不足而影响整个拣货作业的情况。通常，补货时机可采用批次补货、定时补货或随机补货三种方式。

（1）批次补货。在每天或每一批次拣取之前，经计算机计算所需货品的总拣取量和拣货区的货品量，计算出差额并在拣货作业开始前补足货品。这种补货原则比较适合于一天内作业量变化不大、紧急追加订货不多，或是每一批次拣取量需事先掌握的情况。

（2）定时补货。将每天划分为若干个时段，补货人员在时段内检查拣货区货架上的货品存量，如果发现不足，马上予以补足。这种"定时补足"的补货原则，较适合于分批拣货时间固定且处理紧急追加订货的时间也固定的情况。

（3）随机补货。随机补货是一种指定专人从事补货作业方式，这些人员随时巡视拣货区的分批存量，发现不足随时补货。此种"不定时补足"的补货原则，较适合于每批次拣取量不大、紧急追加订货较多，以至于一天内作业量不易事前掌握的场合。

同步案例 4-2

××邮局分拣作业存在的问题

对××邮局的分拣系统进行考察后发现，其存在作业效率低、速度慢、错误率高等弊端。具体表现为如下问题：（1）分拣流程过于复杂。中心局主要靠人工识别、人工搬运、人工核对，导致分拣过程中作业环节多，物品要先经过粗分，分至相应的大区，然后经过若干次细分才能完成分拣过程。整个分拣过程中一件邮件需要经过多次识别、多次搬运、多次存放才能完成，分拣效率很低。（2）机械化程度低，拣选作业人员劳动强度大。中心局采用的基本上是纯人工的分拣方式，只有两台带式输送机和若干无动力台车配合分拣作业，而且带式输送机由于老化，经常出现故障。分拣人员作业强度大，分拣过程中来回走动，邮件分拣比一般分拣作业时间要求紧，拣选作业人员为了加快作业速度以完成分拣任务，分拣过程中难免存在野蛮分拣的现象。当邮件被从1米多高的传送带上掀翻在地后，纸箱、木箱包装很难承受撞击。邮件堆放点、分拣员、传送带之间的距离跨度较大，故当分拣量大的时候，分拣人员动作过于频繁，易使得分拣人员疲劳，漏拣或错拣时有发生。

资料来源　佚名．××邮局分拣作业存在的问题［EB/OL］．［2020-05-22］．http://www.docin.com/p-1396711039.html.引文经整理、节选和改编。

问题：该邮局分拣过程中存在的问题应该如何改进？

分析提示：从分拣流程、分拣设施设备、分拣作业人员、分拣管理制度等方面寻求解决办法。

4.4　仓储出库作业

4.4.1　物资出库作业管理

物资出库作业管理是仓库根据出库凭证，将物资发放给需用单位所进行的各项业务管理。物资出库作业的开始，标志着物资保管、养护业务结束。物资出库作业管理包括两方面工作：一是用料单位持有规定的领料凭证，如领料单、提货单、调拨单等，并且所领物资的品种、规格、型号、数量等项目及提取货物的方式等必须书写清楚、准确。二是仓库方面必须核查领料凭证的正误，按所列物资的品种、规格、型号、数量等组织备料，并保证把物资及时、准确、完好地发放出去。

4.4.2　物资出库的要求

物资出库要做到"三不三核五检查"。"三不"，即未接单据或电子数据不翻账，未经审单不备货，未经复核不出库；"三核"，即在发货时要核实凭证、账卡、实物；"五检查"，即要检查单据和实物品名、规格、包装、件数、重量等。商品出库要求严格执行各项规章制度，提高服务质量，积极与用户联系，为用户提供、创造方便条件，杜绝差错事故。

（1）凭证发货。物资出库必须按规定程序进行，领料提货单据必须符合要求。"收有据、出有凭"是物资收发的重要原则。凭证发货就是指出库必须凭正式单据和手续，对于非正式凭证或白条，一律不予发放（国家或上级指令的、紧急抢险救灾物资除外）。

（2）坚持先进先出原则。在保证物资使用价值不变的前提下，坚持先进先出原则。同时，要做到保管条件差的先出、包装简易的先出、容易变质的先出、有保管期限的先出、回收复用的先出。

（3）做好发放准备。为使物资得到合理使用，及时投产，必须快速、准确发放。为此，必须做好发放的各项准备，如化整为零、备好包装、复印资料、组织搬运人力、准备好设备工具等。

（4）及时记账。物资发出后，应随即在物资保管账上核销，并保存好发料凭证。

（5）保证安全。在物资出库作业时，要注意安全操作，以防止损坏包装和震坏、压坏、摔坏物品。同时，要保证运输安全，做到物品包装完整，捆扎牢固，标志正确清楚，以避免发生运输差错和损坏物品的事故。此外，也要保证物品质量安全。仓库人员必须经常注意物品的安全保管期限等，对已变质、已过期失效、已失去原使用价值的物品不允许分发出库。

4.4.3　仓储物资出库方式

仓储物资出库方式一般有托运、自提、送料、移仓、过户等。

（1）托运。托运是由仓库将物资通过运输单位托运，发到物资需用单位的一种出库方式。仓库会计人员根据货主事先送来的发货凭证开出商品出库单或备货单，交仓库保管员做好货物的配送、包装、集中、理货、待运等准备作业。

仓库备完货后，到运输单位代用户办理货运手续，通过承运部门（如铁路运输、水运、汽运、航空运输、邮寄等）将物资运送到用户所在地，然后用户自己去提取。在办理托运前，仓库应根据需用单位的要求，进行物资的分割（如金属材料、电缆等）、配套（如机电设备等）、包装等，并做好发运日记（见表4-2）。在中转仓库中，仓库应有专职人员办理出库物资的包装。包装工作应符合下列条件：

表4-2　　　　　　　　　　　　　　　　发运日记

待运							托运		发货				
日期	运输方式	到站	名称	件数	重量	收货人	日期	经办人	日期	件数	运单号	经办人	备注

① 根据物资的特点和运输部门的规定，选择包装材料，确定包装的大小和形状。包装应牢固，便于装卸。

② 充分注意物资在运输中的安全。怕潮物资应垫防潮纸，容易破碎的物资应垫软质衬垫物；在包装外部要有明显的标志，表明对装卸的要求，特别是危险品，需按照危险品的要求进行包装，并加上危险品的标志。

③ 绝对禁止性能不同、互有影响的物资混合包装，危险品必须单独包装。

（2）自提。自提是提货人凭货主所填制的发货凭证，用自备的运输工具到仓库提取货物的一种物资出库方式。仓库会计人员根据发货凭证开出物资出库单。仓库保管人员按上述证、单配货，经专人逐项复核后，将货物当面点交给提货人员，在库内办清交接手续，开出门单，由提货人员提走货物。

（3）送料。送料是仓库直接把物资送到用户手中的一种物资出库方式。送料必须以定额为依据，完善交接手续，分清责任。物资以送料方式出库，需由送料人办理发料凭证，要一式四份：一份由送料人签收后交保管员留存并依此核销库存；一份经保管员签章后由送料人留存；一份由送料人、保管员共同签章后交用料单位；一份由送料人、保管员签章后交给物资统计员。

送料人员必须了解运送物资的性质、体积、重量、紧迫性等，以便选择运送工具，组织装卸力量，安排装车的先后顺序，以尽量节约运力。装车后，应检查捆绑、加固、苫盖等措施是否稳妥。卸车后，必须收回苫盖和加固材料。

送料的组织可采取专人定路线的方式。采用这种方式，可以用集装箱巡回送料，也可由保管员每日定时送料。保管员直接送料可以减少交接手续，直接由用料单位签收即可。

在送料以及向用料单位交接物资的过程中，如果发现物资包装损坏、物资受损或数量短少等现象，应由送料人追查处理。

（4）移仓。移仓是因业务或保管需要而将储存的货物从某一仓位转移到另一仓位的发货方式。它分为内部移仓和外部移仓。内部移仓需填制仓储企业内部的移仓单，并据此发货；外部移仓则根据货主填制的货物移仓单结算和发货。

（5）过户。过户是指在不转移仓库物资的情况下，通过转账单变更物资所有权的一种发货方式。物资过户时，其所有权由于调拨或销售而转换给另一单位，但仍应由原货主填制正式发货凭证，仓库据此进行过户转账。

4.4.4　物资出库作业流程

物资出库作业流程为：物资出库前准备→核对出库凭证→备料→复核→点交清理等。根据具体情况不同，侧重点也会有所差异。

（1）核单。物资出库凭证为领（发）料单（见表4-3）或调拨单（见表4-4），均应由主管分配的业务部门签章。

表4-3　　　　　　　　　　　　器材领（发）料单

用料单位：　　　　　　　　　编号：

项目或用途　　　　　　　　　登账日期：

领料日期：

器材编号	品名规格	单位	数量		单价	金额
			分配	实发		

领料单位主管：　　　　　领料人：　　　　　保管员：

表4-4　　　　　　　　　　　物资调拨单

用料单位：　　　　　　运输方式：　　　　　编号：

地址：　　　　　　　　结账方式：

到站：　　　　　　　　银行账号：

收货人：　　　　　　　开单日期：　　年　月　日

品名规格	单位	数量	单价	总价	调拨原因

主管：　　　　　财务：　　　　　保管：　　　　　制单：

出库凭证应包括以下内容：收货单位名称，发料方式（自提、送料、代运），物资名称、规格、数量、单价、总价、用途或调拨原因，调拨单编号，有关部门和人员签章，付款方式及银行账号。

仓库接到出库凭证后，由业务部门审核证件上的印鉴是否齐全、相符，有无涂改。审核无误后，按照出库单证上所列的物资品名规格、数量与仓库账目全面核对。核对无误后，在料账上填写预拨数，将出库凭证移交给仓库保管员。

保管员复核料卡无误后，即可做物资出库的准备工作，包括准备随货出库的物资技术证件、合格证、使用说明书、质检证书等。

凡在证件核对中物资名称、规格、型号不对的，印鉴不齐全、数量有涂改、手续不符合要求的，均不能发料出库。

（2）备料。物资保管人员按照出库凭证上的品名规格核对实物保管卡，注意规格、批次和数量。规定有发货批次的，按规定批次发货；未规定批次的，按先进先出原则，利用计算机等对在库和出库的货位进行查询处理，并打印出货指示一览表和出货明细表。

备料有两种方式：第一种是在原货位上备料，无须"上线"集中，这种方式多用于大宗物资出库；第二种备料方式是备料出库上线就位，即将出库物资按出库凭证上所列的品名、规格、数量，经过搬卸运输作业，送到指定的待运场所集中。这种方式多用于小批量或不是整车发运而是需要集中配装的出库物资。

由于出库作业非常复杂，工作量大，因此要事先对出库作业加以合理组织，安排好作业人力，保证各个环节紧密衔接。物资出库前的准备工作分为两方面：一是计划工作，就是根据需货方提出的出库计划或要求，事先做好物资出库的安排，包括货场货位、机械搬运设备、工具和作业人员等的计划、组织；二是要做好出库物资的包装和涂写标志工作。

出库发运外地的物资，包装要符合运输部门的规定，以便于搬运装卸。出库物资大多数是原件分发的，由于经过运输、多次中转装卸、堆码及翻仓倒垛或拆件验收，部分物资包装已不能适应运输的要求，所以仓库必须根据情况整理加固或改换包装。

对于经常需要拆件发零的物品，应事先准备一定数量和不同品种的物品，货物发出后，要及时补充，避免临时再拆整取零，延缓付货。拼箱物品一般要做好挑选、分类、整理等准备工作。有的物品可以根据要求事先进行分装。

对于有装箱、拼箱、改装等业务的仓库，在发货前应根据物品的性质和运输部门的要求，准备各种包装材料及相应衬垫物。此外，还要准备刷写包装标志的用具、标签、颜料及钉箱、扩仓的工具、用品等。

出库商品从办理托运到出库的付运过程中，需要安排一定的仓容或站台等作为理货场所，需要调配必要的装卸机具。提前集中付运的物品，应按物品运输流向分堆，以便于运输人员提货发运，及时装载物品，加快发货速度。

具体出货时，若是用计算机管理的自动化仓库，其通用的流程如下：

① 按堆垛机号打印出的应取货的货位一览表进行发货。发货记录票上记载机号、货位号、托盘号、出货单号、制品和数量等数据。按照出货计划文件，计算机向管理控制台发出出货指令。

② 管理控制台对堆垛机的地上控制盘发出出货指令。

③ 堆垛机从指定的货位取出托盘，并搬运到移动台车上。

④ 移动台车自动行走。此时，出货终端显示出货单号和其他相关项目。

⑤ 货物备好后，为了防范备料过程中可能出现的差错，应再做一次全面的复核查对。要按照出库凭证上所列的内容进行逐项复核。

核查的具体内容有：

① 能否承受装载物的重量，能否保证物资在运输装卸中不致破损，保证物资完整。

② 是否便于装卸搬运作业。

③ 怕震、怕潮等物资，衬垫是否稳妥，密封是否严密。

④ 收货人、到站、箱号、危险品或防震、防潮等标志是否正确、明显。

⑤ 每件包装是否都有装箱单（见表4-5），装箱单上所列各项目是否与实物、凭证等相符。

表4-5　　　　　　　　　　　　　　　装箱单

毛重：　　　　　净重：　　　　　箱号：

发货凭证号	品名规格	单位	数量	备注

装箱日期：　年　月　日　　　　　装箱人：

物资出库的复核、查对形式应视具体情况而定，可以由保管员自行复核，也可以由保管员相互复核，还可以设专职出库物资复核员进行复核或由其他人员复核等。

如经反复核对确实不符，应该立即调换，并将原错备物品上的标记除掉，退回原库房；复核结余物品数量或重量是否与保管账目、商品保管卡片结余数相符，发现不符应立即查明原因。

（3）出库交接。出库物资，经过全面复核、查对无误之后，即可办理清点交接手续。如果是采取用户自提方式，即将物资和证件向提货人当面点清，办理交接手续。如果是采取代运方式，则应办理内部交接手续，即由物资保管人员向运输人员或包装部门的人员点清交接，由接收人签章，以划清责任。

运输人员根据物资的性质、重量、包装、收货人地址和其他情况选择运输方式后，应对箱件进行清点，做好标记，整理发货凭证、装箱单等运输资料，向承运单位办理委托代运手续。对于超高、超长、超宽和超重的物资，必须在委托前说明，以便承运部门计划安排。

承运单位同意承运后，运输人员应及时组织力量，将物资从仓库中提取出来安全无误地交给承运单位，并办理结算手续。运输人员应向承运部门提供发货凭证样本、装箱单，以便和运单一起交给收货人。运单总体应由运输人员交财务部门作为物资结算资料。

如果是专用线装车，运输人员应在装车后检查装车质量，并向车站监装人员履行交接手续；物资点交清楚，出库发运之后，该物资的仓库保管业务即告结束，物资仓库保管人员应做好清理工作，及时注销账目、料卡，调整货位上的吊牌，以保持物资的账、卡、物一致，及时准确地反映物资进出、存取的动态。

（4）销账存档。货物全部出库完毕，仓库应及时从仓储保管账上将其核销，以便仓库内账货相符；将留存的提货凭证、货物单证、记录、文件等归入货物档案；将已空出的货位标注在货位图上，以便安排其他货物。

4.4.5 物资出库中发生问题的处理

（1）出库凭证（提货单）上的问题。

① 如出库凭证超过提货期限，用户前来提货时，必须先办理手续，按规定交足逾期仓储保管费，方可发货。任何白条都不能作为发货凭证。提货时，用户如发现规格开错，保管员不得自行调换规格发货，必须通过制票员重新开票方可发货。

② 凡发现出库凭证有疑点，或者情况不清楚，以及出库凭证发现有假冒、复制、涂改等情况时，及时与仓库保卫部门以及出具出库单的单位或部门联系，妥善处理。

③ 物资进库未验收，或者期货商品尚未进库的出库凭证，一般暂缓发货，并通知货主，待货到并验收后再发货，其提货期顺延，保管员不得代验。

④ 如客户因各种原因将出库凭证遗失，应及时与仓库发货员和账务人员联系挂失；如果挂失时货已被提走，保管人员不承担责任，但要协助货主单位找回商品；如果货还没有被提走，经保管人员和账务人员查实后，做好挂失登记，将原凭证作废，缓期发货。

（2）提货数与实存数不符。商品出现提货数与实存数不符的情况（一般是实存数小于提货数），原因主要有：

① 物资入库时，由于验收问题，虚增了实收物资的签收数量，从而使账面数大于实存数。

② 仓库保管人员和发货人员在以前的发货过程中，因错发、串发等造成物资实际库存数小于账面数。

③ 货主单位没有及时核减开出的提货数，造成库存账面数大于实际储存数，从而导致开出的提货单提货数量过大。

④ 仓储过程中造成的货物毁损。

当遇到提货数量大于实际商品库存数量时，无论是何种原因造成的，都需要与仓库主管部门以及货主单位及时联系后再做处理。如属于入库时弄错账，则可以采用报出报入方法进行调整，即先按库存账面数开具物资出库单销账，然后按实际库存数重新入库登账，并在入库单上注明情况。如果属于仓库保管员串发、错发而引起的问题，应该由仓库方面负责解决库存数与提单数间的差数。如果属于货主单位漏记账而多开出库数，应该由货主单位出具新的提货单，重新组织提货和发货。如果是仓储过程中的损耗，需要考虑该损耗数量是否在合理的范围内，并与货主单位协商解决。合理范围内的损耗，应由货主单位承担，而合理范围之外的损耗，则由仓储部门负责赔偿。

（3）串发和错发货。串发和错发货是指发货人员在对商品种类、规格不够熟悉的情况下，或者由于工作疏漏，把错误规格、数量的商品发出库的情况。如提货单开具某种商品的甲规格出库，而在发货时错把该种商品的乙规格发出，造成甲规格账面数小于实存数，乙规格账面数大于实存数。在这种情况下，如果商品尚未离库，应该立即组织人力重新发货；如果商品已经被提出仓库，保管人员要根据实际库存情况，如实向本库主管部门和货主单位讲明串发和错发货的品名、规格、数量、提货单位等情况，会同货主单位和运输单位共同协商解决。在无直接经济损失的情况下，由货主单位重新按实际发货数冲单（票）解决；如果已造成直接经济损失，应按赔偿损失单据冲转、调整保管账。

（4）包装破漏。包装破漏是指在发货过程中，因商品外包装破散等现象引起的商品渗漏、裸露等问题。这是在储存过程中因堆垛挤压、发货装卸操作不慎等情况引起的，发货时应经过整理或更换包装，方可出库，否则损失应由仓储部门承担。

（5）漏记账和错记账。漏记账是指在物资出库作业中，由于没有及时核销商品明细账而造成账面数大于或小于实存数的现象。错记账是指在物资出库后核销明细账时没有按实际发货出库的物资名称、数量等登记，造成账实不符。无论是漏记账还是错记账，一经发现，除及时汇报外，还应根据原出库凭证查明原因，调整保管账，使之与实际库存一致。如果由于漏记账和错记账给货主单位、运输单位和仓储部门造成了损失，应予以赔偿，同时追究相关人员的责任。

同步案例 4-3

家乐福配送中心出库流程

背景与情境： 家乐福生鲜食品配送中心专为家乐福服务，经营蔬菜类、水果类及干果类商品。该配送中心租用中以示范农场的库房及办公区，面积约500平方米，其中加工作业区面积约330平方米（分为收货区、加工区、配送区、临时储存区4个作业区），高3米左右；储存区、冷藏仓库面积各为70平方米；堆垛最高为1.8米（为搬运方便）。配送中心里基本上是人工作业，机械作业设备只有小叉车（4台×650千克）。入库商品由供应商负责运输、装卸，出库商品由配送中心负责配送。

每天早晨8点，配送中心的出库管理员都会根据出库凭证（出库凭证由家乐福超市前一天晚上10点发出的订单生成）进行核单备货。为防止所备货物出错，仓库保管员会对出库管理员所备的货物进行复核。在确认无误后，由包装业务员对所备的生鲜食品进行必要的包装。早上9点左右，家乐福的提货人会赶到配送中心"点交货物"，即当面清点所需货物，办理货物的交接手续并在出库凭证上签章。交接手续办完后，出库管理员必须填单，即填写出库单并签章，将出库货物记录在册。最后，派人清理作业现场和库存商品，并对在库商品的收发、盈亏、数量等档案资料进行清理。

问题： 请设计该配送中心的出库作业流程，并画出流程图。

分析提示： 结合案例中的提示进行描述。

4.5　仓储成本控制

仓储成本是指仓储企业在开展仓储业务活动中各种要素投入的以货币计算的总和。它是物流成本的重要组成部分，对物流成本的高低有直接影响。对于物流企业来说，仓储成本分析意义重大。其有利于提高仓储企业的经济效益，减少仓储生产经营中的各种浪费，也能为仓储产品定价提供依据，加速仓储企业的现代化建设。

4.5.1 仓储成本的构成

《物流术语》（GB/T 18354—2006）中指出，**仓储费用**（Warehousing Fee）是指货主委托公共仓库进行货物保管时，仓库从货主处收取的服务费用，包括保管和装卸等各项费用；或企业内部仓储活动所发生的保管费、装卸费以及管理费等各项费用。仓储成本是在仓储过程中，为保证商品合理储存、正常出入库而发生的与储存商品运作有关的费用。仓储运作成本包括库房折旧费或租赁费、仓库管理人员的工资和福利费、保管费、装卸搬运费、设备维修费、能源费、水费、耗损材料费、管理费、资金利息、仓储损失等一切发生在库房中的费用。

1）库房折旧费或租赁费

仓储企业有的是以自己拥有所有权的仓库以及设备对外承接仓储业务，有的是以向社会承包租赁的仓库及设备对外承接仓储业务。自营仓库的固定资产每年需要提取折旧费，对外承包租赁仓库的固定资产每年需要支付租赁费。折旧费或租赁费是仓储企业一项重要的固定成本。对仓库固定资产按折旧期分年提取折旧费，主要包括：库房、堆场等基础设施的折旧费和机械设备的折旧费等。

2）仓库管理人员的工资和福利费

仓库管理人员的工资一般包括固定工资、奖金和各种生活补贴。福利费可按标准提取，一般包括住房公积金、医疗以及退休养老金支出等。

3）保管费

保管费是为存储货物所支出的货物养护、保管等费用，包括用于货物保管的货架、货柜的费用开支、仓库场地的使用费等。

4）装卸搬运费

装卸搬运费是指货物入库、堆码和出库等环节发生的装卸搬运费用，包括搬运设备的运行费用和搬运工人的成本。

5）设备维修费

设备维修费主要用于设备、设施和运输工具的定期大修理，每年可以按设备、设施和运输工具投资额的一定比率提取。

6）能源费、水费、耗损材料费

能源费、水费、耗损材料费包括动力、电力、燃料、生产设备、原料等的耗损，仓库用水的耗损，装卸、搬运生产使用的工具耗损，绑扎、衬垫、苫盖材料的耗损等。

7）管理费用

管理费用指仓储企业或部门为管理仓储活动或开展仓储业务而发生的各种间接费用，主要包括仓库设备的保险费、办公费、人员培训费、差旅费、招待费、营销费。

8）资金利息

资金利息即资本成本，是仓储企业使用投资资金所要承担的利息。当资金为借贷资金时，其表现为实际支付的贷款利息。

9）仓储损失

仓储损失是指保管过程中因货物损坏而需要仓储企业赔付的费用。货物损失的原因一般包括仓库本身的保管条件，管理人员的人为因素，货物本身的物理、化学性能，搬运过程中的机械损坏等。实践中，应根据具体情况，按照企业的制度标准，分清责任，将其合理计入成本中。

同步思考 4-1

马云的"菜鸟"该如何面对"中国式"物流顽疾

马云高调退休后又高调斥资数千亿元组建菜鸟网络公司，他号称要打造中国的智能骨干网。毫无疑问，这个梦想将给中国的物流业发展带来翻天覆地的变化。

菜鸟网络通过自建、共建、合作、改造等多种模式，在全国范围内形成一套开放的社会化仓储设施网络以及数据应用平台。马云对此诠释为："10 年后，全中国任何一个地方，只要网上购物，24 小时送达，还能支持 1 000 万名快递人员很通畅地服务，让马路、高速、铁路更好地发挥通道的力量。"

全国任意地区 24 小时送达，这是什么概念？数据显示，目前全国九大物流公司的 2 860 条线路中，能做到 3 日送达的尚不足 50%。这就是当前中国电子商务的现状，物流已经严重影响到网购的客户体验了。"菜鸟"虽志向高远，但压力可想而知。它绕不开我国流通业中多如牛毛的税费问题。中国物流与采购联合会的统计数据也显示，跑长途的物流企业交纳的路桥费已占运营成本的 20% 至 30%。再如，我国大中城市近 90% 的鲜活农产品通过批发市场集散，税费负担拉高了流通成本，推升了农产品价格。商务部的一份报告显示，我国流通行业总体税负水平为 26.4%，分别比房地产、金融保险、信息通信行业高出 4.6、5.8 和 13.6 个百分点。

可喜的是，高层已下定决心要破解"中国式"物流问题。国务院办公厅印发《深化流通体制改革加快流通产业发展重点工作部门分工方案》，强调减轻流通产业税收负担，降低流通环节费用。在一定期限内免征农产品批发市场、农贸市场城镇土地使用税和房产税，将免征蔬菜流通环节增值税政策扩大到有条件的鲜活农产品。

资料来源　包兴安. 马云的"菜鸟"该如何面对"中国式"物流顽疾 [EB/OL]. [2020-05-22]. http://finance.people.com.cn/n/2013/0607/c70846-21771852.html.

问题：中国的电子商务物流存在什么问题？

理解要点：送达服务缓慢是目前的突出问题，税负问题也十分严重。

4.5.2　仓储成本的计算

在计算仓储成本之前，需要明确仓储成本的计算范围。计算范围取决于成本计算的目的，如果要对所有的仓储物流活动进行管理，就需要计算出所有的仓储成本。同样是仓储成本，由于所涵盖的范围不同，计算结果也不一样。如果只考虑库房本身的费用，不考虑仓储物流等其他领域的费用，也不能全面反映仓储成本的全貌。每个企业在统计仓储费用时的口径不一样，往往缺乏可比性。因此，在讨论仓储成本的时候，首先应该明确成本计算所涵盖的范围。

仓储（运作）成本可以分为固定成本和变动成本两部分。**仓储固定成本**是在一定的仓储存量范围内，不随出入库量变化的成本。比如，库房折旧、设备折旧、库房租金、库房固定人员工资等。**仓储变动成本**是仓库运作过程中与进出入库量有关的成本。它主要包括水、电、气费用，工人加班费用，货品损坏成本等。

（1）固定成本的计算。仓储固定成本在每月进行成本计算时相对固定，与日常的运作、消耗没有直接关系，在一定范围内与库存数量也没有直接关系。固定成本中的库房折旧、设备折旧、外租库房租金和固定人员工资等数据从财务部可以直接得到。库房中的固定费用可以根据不同的作业模式而有不同的内容，包括固定取暖费、固定设备维修费、固定照明费用等。

（2）变动成本的计算。库房运作变动成本是根据实际发生的运作费用进行统计和计算的，包括按月统计的实际运作中发生的水、电、气费用，设备维修费用，由于货量增加而发生的工人加班费和货品损坏成本等。

在计算仓储成本时，原始数据主要来自财务部门提供的数据。因此，应该把握按支付形态分类的成本。在这种情况下，对外支付的保管费可以直接作为仓储物流成本全额统计。但对于企业内发生的仓储费用，由于它是与其他部门发生的费用混合在一起的，需要从中剥离出来，如材料费、人工费、物业管理费、管理费、营业外费用等。其计算方法如下：

① 材料费。与仓储有关的包装材料、消耗工具、器具备品、燃料等的费用，可以根据材料的出入库记录，将此期间与仓储有关的消耗量计算出来，再分别乘以单价，便可得出仓储材料费。

② 人工费。人工费可以根据物流人员的工资、奖金、补贴等报酬的实际支付金额，以及由企业统一负担部分按人数分配后得到的金额计算出来。

③ 物业管理费。物业管理费包括水、电、气等费用，可以根据设施上所记录的用量来获取相关数据，也可以根据建筑设施的比例和物流人员的比例简单推算。

④ 管理费。管理费无法从财务会计方面直接得到相关的数据，可以按人头比例简单计算。

⑤ 营业外费用。营业外费用包括折旧、利息等。折旧根据设施设备的折旧年限、折旧率计算；利息根据相关资产的贷款利率计算。

4.5.3　降低仓储成本的措施

仓储成本管理是仓储企业管理的基础，对提高整体管理水平和经济效益有重大影响，但是由于仓储成本与物流成本的其他构成要素（如运输成本、配送成本，以及服务质量和水平）之间存在二律背反的现象，因此，降低仓储成本要在保证物流总成本最低和不降低企业的总体服务质量和目标水平的前提下进行，常见的措施有：

1）采用"先进先出"的方式，减少仓储物的保管风险

"先进先出"是储存管理的准则之一，它能保证每个被储物的储存期不至过长，减少仓储物的保管风险。有效的先进先出方式主要有：

（1）贯通式（重力式）货架系统：利用货架的每层形成贯通的通道，从一端存入物品，另一端取出物品，物品在通道中自行按先后顺序排队，不会出现越位等现象。贯通式（重力式）货架系统能非常有效地保证先进先出。

（2）"双仓法"储存：给每种被储物都准备两个仓位或货位，轮换进行存取，再配以必须在一个货位中出清后才可以补充的规定，从而保证实现"先进先出"。

（3）计算机存取系统：采用计算机管理，在存货时向计算机输入时间记录，编入一个简单的按时间顺序输出的程序，取货时计算机就能按时间给予指示，以保证"先进先出"。这种计算机存取系统还能将储存计划和快进快出结合起来，即在保证一定先进先出的前提下，将周转快的物资随机存放在便于存储之处，以加快周转，减少劳动消耗。

2）提高储存密度，提高仓容利用率

这样做的主要目的是减少储存设施的投资，提高单位存储面积的利用率，以降低成本、减少土地占用。具体有下列三种方法：

（1）采取高垛的方法，增加储存的高度：具体方法有采用高层货架仓库、集装箱等，都比一般堆存方法能大大增加储存高度。

（2）缩小库内通道宽度以增加储存有效面积：具体方法有采用窄巷道式通道，配以轨道式装卸车辆，以减少车辆运行宽度要求；采用侧叉车、推拉式叉车，以减少叉车转弯所需的宽度。

（3）减少库内通道数量以增加有效储存面积：具体方法有采用密集型货架、不依靠通道可进车的可卸式货架、各种贯通式货架，以及不依靠通道的桥式起重机装卸技术等。

3）采用有效的储存定位系统，提高仓储作业效率

储存定位是指被储存物位置的确定。如果定位系统有效，能大大节约寻找、存放、取出的时间，节约不少物化劳动及活劳动，而且能防止差错、便于清点及实行订货点等的管理方式。储存定位系统可采取先进的计算机管理，也可采取一般人工管理。行之有效的方式主要有：

（1）"四号定位"方式：《物流术语》（GB/T 18354—2006）中指出，**四号定位**（Four Number Location）是用库房号、货架号、货架层次号和货位号表明货物储存的位置，以便查找和作业的货物定位方法。这种方法是我国手工管理中采用的科学方法。这四个号码分别是：库号、架号、层号、位号。这就使每一个货位都有一个组号，在货物入库时，按规划要求，对其编号，记录在账卡上，提货时按四位数字的指示，很容易将货物拣选出来。这种定位方式可对仓库存货区事先作出规划，并能很快地存取货物，有利于提高速度，减少差错。

（2）电子计算机定位系统：电子计算机定位系统是利用电子计算机储存容量大、检索迅速的优势，在货物入库时将存放货位输入计算机，出库时向计算机发出指令，并按计算机的指示人工或自动寻址，找到存放货并拣选取货的方式。其一般采取自由货位的方式，计算机指示入库货物存放在就近易于存取之处，或根据入库货物的存放时间和特点，指示合适的货位，取货时也可就近就便。这种方式可以充分利用每一个货位，而不需要专位待货，有利于提高仓库的储存能力，当吞吐量相同时，可比一般仓库减少建筑面积。

4）采用有效的监测清点方式，提高仓储作业的准确程度

对储存物资数量和质量的监测有利于掌握仓储的基本情况，也有利于科学控制库

存。在实际工作中稍有差错，就会使账物不符，所以，必须及时且准确地掌握实际储存情况，经常与账卡核对，确保仓储物资完好无损，这是人工管理或计算机管理必不可少的。此外，经常性的监测工作也是掌握存储物资数量状况的重要手段。监测清点的有效方式主要包括：

（1）"五五化"堆码："五五化"堆码是我国手工管理中采用的一种科学方法。储存物堆垛时，以"五"为基本计数单位，堆成总量为"五"的倍数的垛形，如梅花五、重叠五等。堆码后，有经验者可过目成数，大大加快了人工点数的速度，而且很少出现差错。

（2）光电识别系统：在货位上设置光电识别装置，通过该装置对被存物的条形码或其他识别装置（如芯片等）进行扫描，并将准确数目自动显示出来。这种方式不需要人工清点就能准确掌握库存的实有数量。

（3）电子计算机监控系统：用电子计算机指示存取，可以避免人工存取容易出现差错的弊端。如果在储存物上采用条形码技术，使识别计数和计算机联网，每次存、取一件物品时，识别装置自动将条形码识别并将其输入计算机，计算机会自动进行存取记录。这样只需向计算机查询，就可了解所存物品的准确情况，因而无须再建立一套对仓储物实有数量进行监测的系统，可以减轻查货、清点工作负担。

5）降低装卸成本和产品包装成本

（1）降低装卸成本的方法有：

① 使用集装箱和托盘，通过机械化来实现省力化；

② 减少装卸次数。

（2）降低产品包装成本的方法有：

① 使用价格低的包装材料；

② 包装作业机械化；

③ 包装简单化；

④ 采用大尺寸的包装。

这些合理的对策可以单独实施，也可以同时实施。实施时，要充分掌握费用的权衡关系，必须在降低总的物流费用前提下研究其合理化的效果。

6）采取多种经营方式，盘活资产

仓储设施和设备的巨大投入，只有在充分利用的情况下才能获得收益，如果不能投入使用或者只是低效率使用，只会造成成本的加大。仓储企业应及时决策，采取出租、借用、出售等多种经营方式盘活这些资产，提高资产设备的利用率。

7）加强劳动力管理

工资是仓储成本的重要组成部分，劳动力的合理使用是控制人员工资的基本原则。我国是具有劳动力优势的国家，工资较为低廉，较多使用劳动力是合理的选择。对劳动力进行有效管理，避免人浮于事、出工不出力或者效率低下也是成本管理的重点。

8）降低经营管理成本

经营管理成本是企业经营活动和管理活动的费用和成本支出，包括管理费、业务费、交易成本等。加强该类成本管理，减少不必要支出，也能实现成本降低。当然，经营管理成本的支出通常不能产生直接的收益和回报，但也不能完全取消，加强管理是很有必要的。

同步案例 4-4

奥康：物流运营零成本

背景与情境： 奥康提出的物流运营零成本并非物流运营不花一分钱，只是通过一种有效的运营方式，极大地降低成本，提高产品利润。

现代企业的竞争，就是比谁看得准、谁下手狠，特别是对皮鞋行业而言，许多产品是季节性的。对于这类产品，就是比时间、比速度。对于一些畅销品种，如果能抢先对手一星期上货、一个月出货，就意味着抢先占领了市场。而对市场的管理终极目的也在于此，如果你的产品慢于对手一步，就会形成积压。积压下来无法销售掉的鞋子将会进行降价处理，如此一来，利润减少，物流成本加大。实在处理不掉的鞋子，将统一运回总部，二次运输成本随之产生，物流成本也就在无形之中增加了。据了解，奥康将一年分为8个季，鞋子基本上做到越季上市。一般情况下，在秋季到来的半个月前，秋鞋必须摆上柜台。这在一定程度上考验了奥康的开发设计能力，必须准确地把握产品的时尚潮流信息。为此，奥康在广州、米兰等地设立信息中心，将国际最前沿的流行信息在第一时间反馈到温州总部。这样就可以做到产品开发满足市场需求、减少库存、增加利润。很多消费者可能都有这样一种经历，电视台上有些大打广告的产品，当你心动准备去购买的时候，跑遍了所在城市的每一个角落，也找不到它们的踪影。如此一来，企业信息成本加大，进一步导致了利润降低。奥康的广告策略是广告与产品同时上市或广告略迟于产品上市。这样既可以使产品在上市之初进行预热，又可以收集到产品上市后的相关信息，有利于对返单的鞋子进行产品宣传及进一步的开发设计，达到高销量的要求，同时也降低了物流运营成本。

问题： 奥康通过什么方法来降低物流运营成本？

分析提示： 降低物流运营成本的途径非常多，体现在企业运营的方方面面，奥康就是在市场营销的过程中做得非常出色（比如奥康的广告策略是广告与产品同时上市或广告略迟于产品上市），从而降低了物流运营成本。

同步思考 4-2

中国物流企业资源闲置浪费现象严重

目前，中国一方面物流资源闲置浪费，另一方面又出现了重复建设等不良现象。一项针对中国物流企业的调查显示：车辆利用率90%以上的企业占被调查企业的39.0%，利用率在70%~90%的占26.6%，利用率在50%~70%的占22.7%，仓库利用率达到90%以上的物流企业仅占39.3%左右，物流产业集中度低的问题非常突出，亟待优化整合。截至2019年8月，中国物流与采购联合会评估的A级物流企业共有565家，但代表我国物流业发展最高水平的5A级物流企业仅17家。物流行业企业数量多，规模都很小，入行门槛低。未来随着物流企业整合步伐的加快，市场集中度有望进一步提高。此外，中国物流业在空间布局上还存在各地区、各行业物流规划相互分割、脱节，缺乏综合一体化的考虑等问题。

问题：针对这些问题，你有什么想法和建议？

理解要点：物流资源需要进行网络化整合，未来的物流服务将是基于信息技术而建立起来的企业间分工与协作共存的网络化服务，通过网络化服务体系可以达到综合一体化利用物流资源的目的。

4.5.4 仓储服务定价

1）平均成本的仓储费计算

仓储成本需要在每单位仓储货物的仓储收费中得到补偿，要将总成本分摊到每一单位的仓储物上，只需确定每种货物在某一时期内的平均成本，再考虑企业的收益和税负，从而确定所收取的仓储费用。

仓储总成本由一定时期的库房折旧费或租赁费、仓库管理人员的工资和福利费、保管费、装卸搬运费、设备维修费、能源费、水费、耗损材料费、管理费、资金利息、仓储损失等构成，其中资金利息表现为所使用资金的利息，包括自有资金的利息。其公式如下：

$$仓储总成本=\dfrac{库房折旧费}{或租赁费}+\dfrac{仓库管理人员的}{工资和福利费}+保管费+\dfrac{装卸}{搬运费}+\dfrac{设备}{维修费}+能源费+水费+\dfrac{耗损}{材料费}+管理费+\dfrac{资金}{利息}+\dfrac{仓储}{损失}$$

将仓储管理费分摊到同期的仓储量中，就可以确定每一仓储量的仓储成本。其公式如下：

单位仓储成本=仓储总成本÷库存总量

其中，库存总量可以按库存吨天量计算，则所确定的单位仓储成本为日成本，所确定的价格为日价；如果按月存量计算，则可得到月价。一般来说，仓储成本主要发生在出入库过程中，因而定价期的确定需要考虑货物存期。存期短、周期快的仓库应以日价确定价格；存期长的仓库可以选用较长期的价格。

库存总量如果采用前期的历史数据，则只能反映前期的单位成本；仓储费定价却是为了提供给将来使用，因而需要考虑未来的变动因素进行调整，理论上应采用预测存量。

预测存量=仓库面积×单位面积存量×保险系数×统计期天数

单位面积存量虽然因货物的不同而不完全一样，但在预测时可以用仓库单位堆存定额；保险系数就是仓库利用率。

仓储服务收费单价=单位仓储成本×（1+利润率）

而将库存管理费分摊到库存商品的资产上，就形成了单位资金库存费率。

单位资金库存费率=仓储总成本÷库存金额

同步计算 4-2

××市火车南站附近某独立经营仓库，去年普通货物的仓储单位收费为16元/吨·天，根据对第二年储运市场的调研和预测，短途搬运费会上涨20%，燃料费有上浮的趋势，经预测计算，计划期的单位仓储成本为17.1元/吨·天，仓储业社会平均利润率17%不变，求第二年的收费单价。

同步链接4-1

深入学习二十大精神 多措并举降低物流成本

解：仓储收费单价=17.1×（1+17%）=20（元/吨·天）

2）仓储费价格的计量单位

仓储费价格以吨·天为业务量基本计量单位，意即每吨货物储存一天的收费为多少元。计费吨可分为重量吨和体积吨，1重量吨是1 000千克，体积吨是体积折算的吨位，1立方米为1体积吨。货物计算时，对重量吨和体积吨折大计算，即若1 000千克的货物的体积大于1立方米，按重量吨计费；若1 000千克的货物的体积小于1立方米，则按体积吨计算。

3）仓储费的分级定价

仓储成本需要通过对仓储货物收费得以回收，但是如果都按照每一单位货物的仓储成本进行计费回收，则会有过多的收费标准，这是不容易操作的。仓储费定价需要按照一定的规律进行分类，如按类别进行定价，定价类别越少，则越便于操作。当然，类别太少对于成本投入差别大的货物就会出现高成本低收费或者低成本高收费的不合理现象，最终会使得高成本的货物得到较大的消费者剩余，而大量选择该仓储，造成仓储企业的收益减少或者发生亏损；仓储成本低的货物因生产者剩余太多，而寻找其他定价低的仓储企业的仓储服务，从而使仓储企业流失业务。

通过合理的分级，使仓储成本高的货物定价较高，成本低的货物定价较低，会使得价格更加合理。这样一方面能满足和提高货物对仓储费的承受能力，另一方面也有利于局部市场的竞争。

（1）分级的原则。

① 货物仓储所需的条件。如仓库储存和堆场储存分别制定费率，各自按照所需的成本进行定价。

② 作业的难度。作业所需的劳动或机械投入大，则可定较高的价格；作业简单，无须特殊设备，则可定较低的价格。

③ 仓储物价值。它会影响到仓储风险和仓库进行保管的细致程度。高价值货物可适当增加仓储费，低价值货物则可以定价较低。

④ 仓储时间。应该说，对于一般的仓储保管，仓储期间越长，仓储费率越低。但对于周转量大的流通仓储（如码头、车站），为了保证仓储空间，往往采取递增的累进方式，仓储期越长，费率越高。

（2）分级的方法。由于货物种类繁多，价格分级也应适当简化，减少分级数，或者说适当增大级差，可以采取五级制、十级制等。专业型大宗货仓库也可直接按货物种类定价。例如广东省港口货物保管费就简单地把货物分为普通货物、轻泡货物、贵重货物、危险品，集装箱三大类，再将集装箱分为20ft、40ft、重箱、空箱四种。

课程思政 4-2

搬运与库存是一种浪费

背景与情境：搬运的浪费具体表现为放置、堆积、移动、整列等动作浪费，由此而带来物品移动所需空间的浪费、时间的浪费和人力工具的占用等不良后果。国内目前有不少企业管理者认为搬运是必要的，不是浪费。因此，很多人对搬运浪费视而不见，更谈不上去消灭它。从 JIT 的角度来看，搬运是一种不产生附加价值的动作，而不产生价值的工作都属于浪费。用输送带的方式来克服，行吗？这种做法是花大钱来减少工人体力的消耗，实际上并没有排除搬运本身的浪费。而库存更是一种浪费，精益生产者认为"库存是万恶之源"，所有改善行动皆会直接或间接地与消除库存有关。库存会产生不必要的搬运、堆积、放置、防护处理、找寻等浪费；会使先进先出的作业困难；会损失利息及管理费用；物品的价值会减低，变成呆滞品；会占用厂房空间、造成多余货场、仓库建设等；会造成设备能力及人员需求的误判。因库存造成的无形损失，绝不亚于上述有形损失。库存过多掩盖问题，降低库存暴露问题，精益生产者认为库存会隐藏问题；而问题被精益生产者认为是宝藏，问题如果能不断地被发现、解决，则利益便会不断地产生。

　　问题：你认为企业如何做才能减少搬运和库存的浪费？

　　研判提示：过多的搬运和库存不仅浪费企业的资源，也掩盖了企业众多的管理问题。企业要利用精益生产的理念和方法指导实践，有效地消除这些不必要的浪费。

◁━ 本章概要 ━▷

　　□　内容提要与结构

　　▲ 内容提要

　　● 仓储入库作业：仓储入库作业流程、入库作业准备、入库验收等。

　　● 仓储存储作业：商品编码与货位编码、堆码与苫垫作业、盘点作业。

　　● 分拣作业：分拣作业的含义与功能、分拣作业的基本过程、分拣作业的形式与方式。

　　● 补货作业：补货作业的方式、补货作业的时机。

　　● 仓储出库作业：物资出库作业管理、物资出库的要求、仓储物资出库方式、物资出库作业流程、物资出库中发生问题的处理。

　　● 仓储成本：仓储企业在开展仓储业务活动中各种要素投入的以货币计算的总和。

　　● 第三方物流企业仓储成本的构成：①保管费；②仓库管理人员的工资和福利费；③库房折旧费或租赁费；④设备维修费；⑤装卸搬运费；⑥管理费用；⑦能源费、水费、材料耗损费；⑧仓储损失；⑨资金利息。

　　● 降低仓储成本的途径：①采用"先进先出"的方式，减少仓储物的保管风险；②提高储存密度和仓容利用率；③采用有效的储存定位系统，提高仓储作业效率；④采用有效的监测清点方式，提高仓储作业的准确程度；⑤降低装卸成本和产品包装成本；⑥采取多种经营的方式，盘活资产；⑦加强劳动力管理；⑧降低经营管理成本。

　　● 分级的原则：①货物仓储所需的条件；②作业的难度；③仓储物价值；④仓储时间。

　　▲ 内容结构

　　本章内容结构如图 4-11 所示。

仓储作业管理
- 仓储入库作业
  - 入库作业流程
  - 入库作业准备
  - 入库验收
- 仓储存储作业
  - 货位编号
  - 堆码与苫垫作业
  - 盘点作业
- 仓储分拣与补货作业
  - 分拣作业的含义与功能
  - 分拣作业的基本过程
  - 分拣作业的形式与方式
  - 补货作业
- 仓储出库作业
  - 物资出库作业管理
  - 物资出库的要求
  - 仓储物资出库方式
  - 物资出库作业流程
  - 物资出库中发生问题的处理
- 仓储成本控制
  - 仓储成本的构成
  - 仓储成本的计算
  - 降低仓储成本的措施
  - 仓储服务定价

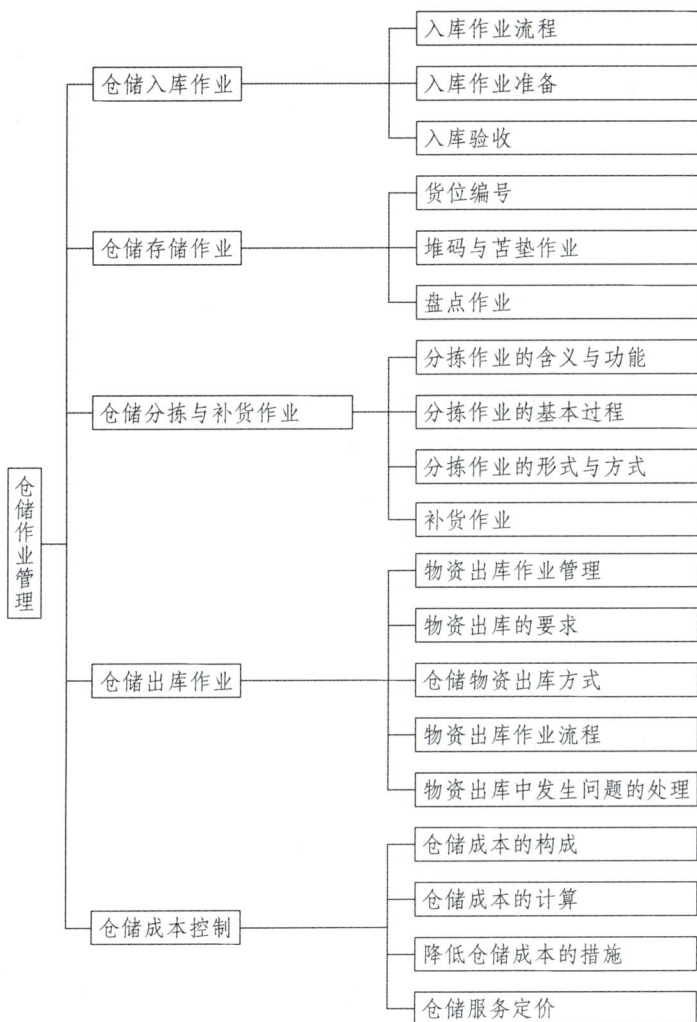

图4-11　本章内容结构

□ 主要概念和观念

▲ 主要概念

计件法　检斤法　检尺求积法　货位编号　堆码　垫垛　账面盘点法　分拣作业　仓储成本　仓储费用　资金利息　仓储固定成本　仓储变动成本　"双仓法"储存　四号定位

▲ 主要观念

仓储入库作业　仓储存储作业　分拣作业　补货作业　出库作业　仓储成本管理　仓储服务定价

□ 重点实务和操作

▲ 重点实务

仓储入库作业流程　入库验收　商品编码与货位编码　堆码与苫垫作业　盘点作业　分拣作业　补货作业　仓储出库作业　仓储成本的构成分析

▲ 重点操作

入库验收操作　商品编码操作　堆码与苫垫操作　分拣作业　补货作业　盘点作业　出库操作

═ 基本训练 ═➡

□ 理论题

▲ 简答题

1）入库验收包括哪些方面？

2）盘点有何意义？

3）简述摘果式分拣和播种式分拣的异同点。

4）简述补货作业的方式和补货作业的时机。

5）鱼鳞式苫盖法的优缺点各有哪些？

6）什么是仓储成本？

▲ 理解题

为了实现货物快速入库和出库的目标，仓库工作人员需要做哪些准备工作？

□ 实务题

▲ 规则复习

1）如何处理入库验收中发现的质量问题？

2）在仓库中如何对商品进行编码？

3）简述盘点的流程。

4）简述仓储入库作业的流程。

5）如何对仓储成本进行有效控制？

▲ 业务解析

货物快速入库和出库是提高物流运行效率的重要一环。入库和出库流程的合理设计是保证出入库速度的基础。请结合物流企业实际阐述如何设计出入库流程。

□ 案例题

▲ 案例分析

【训练项目】

案例分析-Ⅳ。

【相关案例】

正泰集团自动化立体仓库作业流程

背景与情境：正泰集团是中国目前低压电器行业龙头企业。其自动化立体仓库是公司物流系统中的一个重要部分，在计算机管理系统的指挥下，高效、合理地储存各种型号的低压电器成品，准确、实时、灵活地向各销售部门提供所需的产成品，并为物资采购、生产调度、计划制订、产销衔接提供准确信息。同时，它还具有节省用地、减轻劳动强度、提高物流效率、降低储运损耗、减少流动资金积压等功能。

正泰立体库占地面积达1 600平方米（入库小车通道不占用库房面积），高度近

18米，3个巷道（6排货架）。作业方式为整盘入库，库外拣选。其基本工作流程如下：

（1）入库流程。仓库二、三、四层两端6个入库区各设1台入库终端，每个巷道口各设2个成品入库台。需入库的成品经入库终端操作员键入产品名称、规格型号和数量。控制系统通过人机界面接收入库数据，按照均匀分配、先下后上、下重上轻、就近入库、ABC分类的原则，管理计算器自动分配一个货位，并提示入库巷道。搬运工可依据提示，将装在标准托盘上的货物由小电瓶车送至该巷道的入库台上。监控机指令堆垛机将货盘存放于指定货位。

库存数据入库处理分两种类型：一种是在产品入库之后，操作员将已入库托盘上的产品的名称（或代码）、型号、规格、数量、入库日期、生产单位等信息在入库客户机上通过人机界面输入；另一种是托盘入库。

（2）出库流程。底层两端为成品出库区，中央控制室和底层终端各设一台出库终端，在每一个巷道口都设有LED显示屏幕，用于提示本盘货物要送至装配平台的出门号。需出库的成品，经操作人员键入产品名称、规格、型号和数量后，控制系统按照先进先出、就近出库、出库优先等原则，查出满足出库条件且数量相当或略多的货盘，修改相应账目数据，自动地将需出库的各类成品货盘送至各个巷道口的出库台上，电瓶车将之取出并送至汽车上。同时，出库系统在完成出库作业后，在客户机上生成出库单。

（3）回库空盘处理流程。底层出库后的部分空托盘经人工叠盘后，操作员键入空托盘回库作业命令，搬运工依据提示用电瓶车送至底层某个巷道口，堆垛机自动将空托盘送回立体库二、三、四层的原入口处，再由各车间将空托盘拉走，形成一定的周转量。

正泰集团高效的供应链、销售链大大降低了物资库存周期，提高了资金的周转速度，减少了物流成本和管理费用。自动化立体仓库作为现代化的物流设施，对提高该集团的仓储自动化水平无疑具有重要作用。

资料来源　正泰集团. 正泰集团采用自动化立体仓库，提高物流速度［EB/OL］.［2020-05-22］. http：//sanwen.net/a/ieqvsoo.html.引文经整理、节选和改编。

问题：

1）自动化立体仓库作为现代化的物流设施，对提高仓储自动化水平具有什么作用？

2）正泰集团自动化立体仓库在公司物流系统中所占的位置如何，功能如何？

3）自动化立体仓库都有哪些设施？

4）在日常存取活动中，怎样对立体仓库所有出入库作业进行最佳分配及登录控制？

分析要求：同第1章"基本训练"中本题型的"分析要求"。

▲ 课程思政

【训练项目】

课程思政-Ⅳ。

【相关案例】

××快递暴力分拣

背景与情境：近日，一段名为"××快递暴力分拣物品现场"的视频在网络上流传。视频显示，仓库里等待分装的物品被工作人员随意丢放。××公司声明，否认视频中的快递公司为该公司，将视事态发展采取应对措施。记者走访××公司位于三里河的中转站发现，工作人员在分装时的确存在抛掷、踩踏快件的现象。

快递公司暴力分拣快件的视频被各网站转载后，一周内的点击量已突破200万。记者在该段视频中看到，在三四百平方米的仓库里，满地的包裹被"啪啪"地扔到五六米外等待分装，一个个快件在车间飞来飞去，20多名未穿统一制服的工作人员连续抛扔……

"这样飞，黄金都会被摔掉个角！"有网友留言指责快递公司分装方式粗暴，质疑其服务质量。

北京××公司总经理马先生说，北京××公司的总中转站是在传输带上进行分件工作的，不可能把快件扔来扔去，且工作人员穿着统一工作服，但各区县的分中转站没有传送带。员工随意踩踏快件属于违规行为，年底快递量较大，可能会有个别员工违规，公司一旦查实，将对其进行处罚。

资料来源　沈云芳. ××快递被指暴力分拣 探访发现快件被随意踩踏［EB/OL］.［2020-05-22］. https: //news.qq.com/a/20101230/000303.htm.引文经整理、节选和改编。

问题：

1）本案例中的当事人行为存在哪些思政问题？

2）结合问题对当事人的行为作出思政研判。

3）结合二十大精神，通过网络或图书馆调研等途径收集研判所依据的相关规范。

研判要求：同第1章"基本训练"中本题型的"研判要求"。

□ 实训题

【训练项目】

"××货物入库"业务胜任力训练。

【训练目的】

见本章"章名页"之"学习目标"中的"实训目标"。

【能力与道德领域】

专业能力——货物入库业务操作技能

技能Ⅰ

名称：入库货物验收操作技能

规范与标准：

1）能依照相关实务规则正确对入库货物进行验收。

2）能依照相关实务规则正确处理货物验收过程中出现的问题。

技能Ⅱ

名称：商品编码操作技能

规范与标准：

1）能依照相关实务规则正确对货品进行分类。

2）能依照相关实务规则正确对商品进行编码。

技能Ⅲ

名称：堆码与苫垫操作技能

规范与标准：

1）能对商品进行正确的堆码操作。

2）能对商品进行正确的苫垫操作。

技能Ⅳ

名称：盘点作业技能

规范与标准：

1）能依照相关实务规则正确制定盘点表格。

2）能依照相关实务规则完成盘点作业。

技能Ⅴ

名称：撰写"××货物入库业务训练"相应《实训报告》技能

规范与标准：

1）能合理设计"××货物入库业务训练"的相应实训报告，其结构层次较分明。

2）能较规范地撰写实训报告。

3）本教材网络教学资源包中《学生考核手册》考核表1-2所列各项"考核指标"和"考核标准"。

职业核心能力——"信息处理""与人合作""解决问题"（中级）

上述能力领域的"基本要求"、"技能点"和"规范与标准"参见本教材"附录二"中的附表2-2。

职业道德——"职业态度"、"职业良心"、"职业作风"和"职业守则"（认同级）

各道德领域的"规范与标准"参见本教材"附录二"中的附表2-3。

【训练任务】

3月18日，山西宝泽仓储有限公司接到客户通知，需将一批货物入库。货物已经到达1号仓库，请你设计并完成该批货物的入库工作。

1）货物信息

货物信息见表4-6。

表4-6　　　　　　　　　货物信息

序号	货品编号	货品名称	规格型号	单位	单价（元）	数量	外包装尺寸（mm×mm×mm）
（1）	D001	康师傅矿泉水	550ml×24	扎	5	15	350×220×220
（2）	F001	统一小当家	35g×48	箱	5	24	250×410×130
（3）	D002	康师傅桶面	119g×12	箱	5	8	390×260×220
（4）	F002	乐吧薯片	(68g×16)×4	箱	5	20	320×230×260
（5）	F003	华丰魔法士	360g×48	箱	5	18	410×290×140
（6）	W001	汉斯小木屋果啤	620ml×9	扎	5	25	250×250×280
（7）	W002	惠普彩色显示器	4.5kg×1	台	2 500	4	492×380×148
（8）	W003	美汁源果粒橙	1.25L×12	箱	5	32	370×300×280
（9）	W004	康师傅红茶	500ml×15	箱	5	32	340×200×220
（10）	W005	双汇香辣肠	45g×60	箱	5	20	330×240×120

2）库存周转量统计表（4月1日至3月15日）

库存周转量情况见表4-7。

表4-7　　　　　　　　　　　　　　库存周转量统计表

序号	货品名称	编号	周转量（箱）	排序
（1）	康师傅矿泉水	D001	250	
（2）	统一小当家	F001	200	
（3）	康师傅桶面	D002	10	
（4）	乐吧薯片	F002	1 000	
（5）	华丰魔法士	F003	160	
（6）	汉斯小木屋果啤	W001	100	
（7）	惠普彩色显示器	W002	5	
（8）	美汁源果粒橙	W003	80	
（9）	康师傅红茶	W004	50	
（10）	双汇香辣肠	W005	20	

3）货位信息

货位采用不固定货物式的管理方式，货物可以随机摆放在任何货位。仓库采用横梁式托盘多层货架，长×宽×高=6 000mm×1 500mm×3 500mm，共12个货位。货架示意图如图4-12所示。

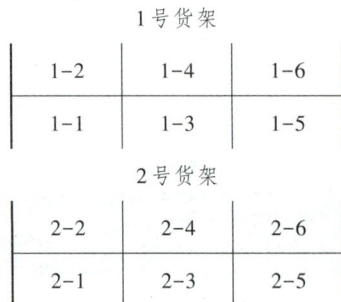

1号货架

1-2	1-4	1-6
1-1	1-3	1-5

2号货架

2-2	2-4	2-6
2-1	2-3	2-5

图4-12　货架示意图

【训练要求】

1）实训前学生要了解并熟记本实训的"训练目的"、"能力与道德领域"、"训练任务"与"训练要求"

2）通过"训练步骤"，将"训练任务"所列训练整合并落实到本实训的"活动过程"和"成果形式"中。

3）实训后学生要对本次实训活动进行总结，在此基础上撰写实训报告。

【情境设计】

将学生分成若干实训组，根据实训题目"××货物入库业务训练"的相关要求进行实训。各实训组通过对实训任务之入库验收操作、商品编码操作、堆码与苫垫操作、盘点作业等活动的参与和体验，完成本实训操练的相关实训任务，在此基础上撰写关于"××货物入库业务训练"的实训报告。

【指导准备】

知识准备：

1）入库作业流程的内容。

2）入库作业操作中的注意事项。

3）入库作业岗位的基础知识。

操作指导：

1）教师向学生阐明"实训目的"、"能力与道德领域"和"知识准备"。

2）教师就"知识准备"中的第1）、3）项，对学生进行培训。

【训练时间】

本章课堂教学内容结束后的双休日和课余时间，为期3天。

【训练步骤】

1）将学生组成若干个实训组，每5~8位同学分成一组，每组确定1人负责，分别选择一种仓储物。

2）编制货物入库计划书。

制作货物入库计划书，包括：

（1）封面与前序。要求：写清题目、组别、组长和组员，制订入库方案时各成员的分工，制订入库方案时各成员的工作内容及职责。

（2）入库计划书的主要内容。其应包括：

① 接货物入库的计划时间，货物的数量、包装形式、规格；应按照货物发出和运输的时间，计算出大致准确的到达时间。

② 计算货物所需占用的仓容大小。

③ 预测车辆到达的时间及送货车型。

④ 为了方便装卸搬运，计划车辆的停放位置；车辆停放位置一般位于装卸作业区门口。

⑤ 计划货物的装卸方式，人员配备。装卸方式根据货物的重量、包装等来确定；人员配备应根据装卸方法、装卸设备情况、工作效率等因素来确定。

⑥ 计划货物的临时存放地点。

⑦ 计划货物的存放储位。明确写明货物的储位安排，以及安排的依据和原因。储位安排要根据仓库实际的货位管理方式和安排货位的原则进行。

⑧ 计划货物的检验、验收内容。验收内容应写明验收哪些项目，需验收哪些单证，验收方法分别是什么，为什么要验收这些项目，为什么采用这种验收方法（注意：不同货物可能采用不同的验收方法）。

⑨ 计划货物入库应准备的相关工具和材料。写明需准备哪些工具和材料，为什么需要准备这些材料。

⑩ 货位准备的计划。写明该货位应怎样准备接货，需做哪些准备工作，为什么需要做这些工作。

以上各项内容，均要求写明如此计划的原因和考虑因素。

入库计划书作为方案设计的第一部分内容。

3）货物堆放设计。

入库的所有货物都要用托盘堆放在货架上，因此需由学生设计出货物在托盘上堆放的方法。

要求：尽可能节省托盘数量，尽可能多地往托盘上堆放。但是货物不能超出托盘的边缘，高度不能超过 1.5m。堆放要整齐、稳固，不能出现重心偏移、倾斜等情况。在实训过程中，要画出货物在托盘上的堆放设计图。

货物堆放设计作为方案设计的第二部分内容。

4）货物入库单证处理。

货物入库过程中，要接触到很多的单证，根据货物入库的过程，逐个填写相关的单证。

要求：填写所有的单证，并按顺序整理，作为方案设计的第三部分内容。

【成果形式】

《××货物入库作业设计》。

课业要求：

1）格式与体例参照"课业范例"的范例-3。

2）必须包括"专业能力训练"和"职业核心能力和职业道德训练"的双重内涵。

3）将本次实训的相关资料和记录作为附件。

4）初稿经小组讨论后，提交班级交流。

5）经过班级交流后由各组修改与完善。

6）各组实训课业定稿后，在其标题下注明"项目组长姓名"和"项目组成员姓名"。

7）将附有"教师点评"的优秀实训课业在班级展出，并纳入本校该课程的教学资源库。

➡ 单元考核 ➡

考核评价要求：同第1章"单元考核"的"考核评价要求"。

第5章
在库商品的养护与保管

学习目标

理论目标：学习和把握商品保管与养护的定义和目的，商品保管、养护的主要工作内容，库存商品的变化形式及其影响因素，温度、湿度、露点的基本概念，食品低温储藏的意义和原理，我国冷链管理的现状等陈述性知识；能用其指导"在库商品的保管与养护"的认知活动，正确解答"单元训练"中"理论题"各题型的相关问题。

实务目标：学习和把握库存商品的储存保管方法，库房湿度的控制方法，库存商品的防霉、防虫、防锈、防老化方法，易燃、易爆商品和其他危险品的保管方法，冷库库房的管理方法和冷库商品的管理方法，以及"业务链接"等程序性知识；能用其规范"在库商品的养护与保管"中的技能活动，正确解答"单元训练"中"实务题"各题型的相关问题。

案例目标：运用所学理论与实务知识研究相关案例，培养"在库商品的养护与保管"情境中的多元表征能力；结合本章教学内容，依照相关规范或标准，对"课程思政5-1"至"课程思政5-3"专栏和章后"课程思政-V"等案例中的企业从业人员行为进行思政研判，激发与其议题相关的法律法规思考，培养高尚的道德情操，树立社会主义核心价值观。

自主学习：参加"自主学习-III"训练。在实施自主学习计划的基础上，通过阶段性学习和应用"附录一"附表1"自主学习"（中级）"'知识准备'参照范围"所列知识，收集、整理与综合"在库商品的养护"前沿知识，讨论、撰写和交流《"在库商品的养护"最新文献综述》，撰写《"自主学习-III"训练报告》。

引例　气象与商品养护

背景与情境：在我们的日常生活中，人们所熟悉的烟酒、糖茶、服装、鞋帽、医药、化妆品、家用电器以及节日燃放的烟花爆竹等商品，有的怕潮、怕冻、怕热，还有的易燃、易爆。影响仓储商品质量（变化）的因素有很多，其中最重要的是空气的温度与湿度。

（1）温度对商品储存的影响。某些怕热的商品，如油毡、复写纸、各种橡胶制品及蜡等，储存温度超过要求（30℃~35℃）就会发黏、熔化或变质；某些怕冻的商品，如医药针剂、口服液、墨水、乳胶等，库存温度过低就会出现冻结、沉淀或失效现象。例如，苹果在1℃贮存比在4℃~5℃贮存时寿命要延长一倍，但贮藏温度过低会引起果实冻结或生理失调，也会缩短贮存寿命。

（2）湿度对商品储存的影响。由于大部分商品本身含有一定的水分，如果空气相对湿度超过75%，有吸湿性的商品就会从空气中吸收大量的水分而逐渐增大本身的含水量，就会对产品的质量产生影响，如食盐、洗衣粉等会出现潮解、结块等现象，服装、药材、糕点等会生霉、变质，金属会氧化生锈。而空气相对湿度过小（低于30%），也会使一些商品的水分蒸发而影响其质量，如皮革、香皂、木器家具、竹制品等会开裂，失去商品的使用价值。因此，经常观察和了解气象变化的规律，根据要求进行调整，才能保证商品的质量。

从上面的引例可以看出，气象因素即空气的温度和湿度对库存货品的质量会产生很大的影响。为了使库存货品更好地保持原有的使用价值，仓库的保管员应掌握相应的商品保管与养护知识，用科学的方法保证货品储存效果。

5.1　商品养护概述

5.1.1　商品养护的概念

商品养护是指商品在储存过程中所进行的保养和维护。从广义上说，商品从离开生产领域而进入消费领域之前这段时间的保养与维护工作，都称为商品养护。

商品只能在一定的时间内、一定的条件下，保持其质量的稳定性。商品经过一定的时间，就会发生质量变化，这种情况在运输和储存中都会出现，而且由于商品的不同，其质量变化的快慢程度也不同。商品越容易发生质变，对储运条件的要求就越严格，它的流通空间就越狭窄，销售市场就越带有地方性。因此，易发生变质的商品，对其流动时间限制就越大，就越需要商品养护。

要做好商品养护工作，首先必须研究商品储存期间导致其质量变化的两个因素：第一个因素是商品本身的自然属性，即商品的结构、成分和性质，这是内因；第二个因素是商品的储存环境，包括空气的温度、湿度，以及氧气、阳光、微生物等，这是外因。

5.1.2　商品养护的目的

商品养护的目的，在于维护商品的质量，保护商品的使用价值。因此"商品养护学"的内容主要有两个方面：一方面是研究商品在储存过程中受内外因素的影响，质量发生变化的规律；另一方面是研究安全储存商品的科学养护方法，以保证商品的质量，减少商品损失。要搞好商品养护工作，就要不断地学习和了解各种新产品、新材料的性质，并采取新的养护技术与方法，推动商品养护科学化的进程，保证商品安全储存。

5.1.3　商品养护的任务

商品养护是流通领域各部门不可缺少的重要工作之一。在此过程中，应贯彻"以防为主、防重于治、防治结合"的方针，达到最大限度地保证商品质量、减少商品损失的目的。"防"是指不使商品发生质量上的降低和数量上的减损，"治"是指商品出现问题后采取救治的方法。"防"和"治"是商品养护不可缺少的两个方面。具体要做好以下几方面的工作：

1）建立健全必要的规章制度

要做好商品的养护工作，应建立健全相关规章制度，如岗位责任制，以便明确责任，更好地按照制度的要求完成养护工作。

2）加强商品的入库验收

商品入库验收时，一定要将商品的品种、规格和数量与货单进行核对；同时检查商品的包装是否完好，有无破损；检验商品的温度与含水量是否符合入库要求；检验商品是否已发生虫蛀、霉变、锈蚀、老化等质量变化。

3）适当安排储存场所

应按照商品的不同特性，适当安排储存场所。易霉变及易生锈的商品，应储存在较干燥的库房；易挥发及易燃、易爆的商品，应储存在低温干燥的地下或半地下库房；贵重商品要储存在楼上防潮条件优越的库房内。

4）有效地苫垫、堆码

应根据商品的性能、包装特点和气候条件做好苫垫、堆码工作。应将商品的垛底垫高，有条件的可以用油毡纸或塑料薄膜垫隔潮层。堆放在露天货场的商品，货区四周应设有排水渠道，并将货物严密苫盖，防止积水与日晒、雨淋。应选择适当的堆码方式，如采用行列式、丁字形、井字形、围垛式等堆成通风垛，垛高一般不超过12层。

5）加强仓库温湿度的管理

要想加强仓库温湿度的管理，必须掌握气温变化规律，做好库内温湿度的测定工作，以便更好地对仓库的温湿度进行控制和调节。

6）搞好环境卫生

为使商品安全储存，必须保持环境卫生。库区要铲除杂草，及时清理垃圾；库房的各个角落均应清扫干净，做好商品入库前的清仓消毒工作，将库房的清洁卫生工作持久化、制度化，杜绝一切虫鼠生存的空间，有效地做好环境清洁工作。

7）做好在库商品的检验工作

对于在库商品，应根据其本身的特性及质量变化规律，结合气候条件和储存环境，实行定期或不定期检查，及时掌握商品质量变化的动态，发现问题及时解决。

同步链接 5-1

落实二十大
精神　管好
天下粮仓

业务链接 5-1

加强物资维护、保养 提升仓库管理水平

为确保仓库物资安全储存，杜绝因保管、保养不善而导致物资短少、变质、锈蚀、损坏的发生。

今年 8 月，北流海螺供应处仓库开展了一次全面的仓库物资维护、保养活动。本次维护、保养活动，主要是对容易产生质变和需要长期保存的物资采取有针对性的养护措施。如对桶装油漆，注意定时翻垛，以免表面结皮；在轴承表面涂抹润滑油脂，以达到防锈、防腐、保持物资原有性能的目的。同时，对仓库存放的物资进行了重新分类，对于易变质、易锈蚀的物资，单独分区存放，以便于日常检查保养。

课程思政 5-1

仓库保管员监守自盗被"判三缓五"

背景与情境：1985 年出生的陈某，18 岁开始打工，仅有初中文化的他由于没有一技之长，每一份工作的工资都不高。今年 5 月，陈某被本市一家科技公司录用，担任仓库保管员。看着仓库货架上码放整齐的一盒盒电脑芯片、移动硬盘、光驱等电脑配件，陈某动了"拿出去换点钱"的念头。6 月上旬，他试探性地拿了一个移动硬盘自己使用，想看看会有什么反应。一个多月过去了，一切风平浪静。陈某终于决定"动真格"的了。8 月下旬的一天，他从货架上拿了两种型号的 12 个移动硬盘，又过了 20 多天，见公司方面没有任何反应，陈某将之前的顾忌彻底抛在了脑后。从 9 月 17 日到 10 月 1 日的两周内，陈某频频出手，先后 5 次从仓库的货架上拿了 170 多个各种类型及型号的电脑配件，总计价值 11 万余元。11 月 4 日，公司管理人员到仓库盘货时发现大量配件不翼而飞，立即向警方报案。12 月 7 日，在公司领导的陪同下，陈某向警方投案自首。陈某的"糊涂"让其父母欲哭无泪，销赃所得的 3 万余元已被陈某挥霍一空，为了"救"儿子，他们拿出了自己的积蓄替儿子"退赃"。12 月 11 日，长宁法院对此案进行了公开开庭审理。法庭综合考虑陈某自首、当庭认罪、悔罪以及在家人帮助下全额退还单位损失等情节后作出了"判三缓五"的判决。

资料来源 佚名. 仓库保管员监守自盗被"判三缓五"[EB/OL]. [2020-05-14]. http://news.online.sh.cn/news/gb/content.引文经整理、节选和改编。

问题：仓储企业对仓储保管人员有何要求？仓库保管员监守自盗属何种行为？

研判提示：不触犯国家法律、做守法公民是每个公民的基本义务和做人准则。作为仓库保管员，既要遵守企业纪律，又应该认真为企业做事、踏踏实实做人，这也是每个企业员工应具备的基本职业道德。本案例中陈某的行为既有违法律、法规，也有违职业道德。

5.2 库存商品的变化及其影响因素

5.2.1 库存商品的变化

商品在储存期间，由于商品本身的成分、结构和理化性质及受到日光、温度、湿度、空气、微生物等客观外界条件的影响，会发生质量变化。商品质量变化的形式很多，归纳起来主要有物理变化、化学变化、生理生化变化和生物学变化。同时，由于受储存时间和储存占用资金的影响，也会发生价值变化。

1）质量变化

（1）物理变化。库存商品的**物理变化**是指商品仅改变其本身的外部形态（如气体、液体、固体"三态"之间发生的变化），在变化过程中没有新物质生成，而且可以反复进行变化的现象。例如，商品的串味、渗漏、沾污、干裂等都属于物理变化。

（2）化学变化。**化学变化**是指构成商品的物质发生变化后，不仅改变了商品本身的外观形态，也改变了本质，并有新物质生成的现象，常见的有氧化、分解、锈蚀、风化、燃烧与爆炸、老化等。钢铁的锈蚀如图 5-1（a）所示。

（a）钢铁的锈蚀　　　　　　　　　　　（b）土豆的发芽

图5-1　库存商品的质量变化

（3）生理生化变化。**生理生化变化**是指有机体商品（有生命力商品）在生长、发育过程中，为了维持其生命活动，自身发生的一系列特有的变化。如呼吸作用、后熟作用、发芽与抽薹、胚胎发育等现象，都属于自身的生理生化变化。土豆的发芽如图 5-1（b）所示。这些变化使有机体商品消耗了大量的营养物质，使商品发热增湿，造成微生物的繁殖，以致污染、分解商品，加速了商品霉腐变质。

（4）生物学变化。**生物学变化**是指商品在外界有害生物作用下受到破坏的现象，如虫蛀、鼠咬、霉变等。有些商品在温度适宜的条件下易受到虫蛀。在仓储条件较差时，商品也会受到鼠的咬损。由于有机商品是虫、鼠需要的营养成分，也是虫、鼠的食物，所以易被虫、鼠损坏。

2）价值变化

（1）呆滞损失。商品如果储存的时间过长，虽然原商品的使用价值并未变化，但社会需要发生了变化，从而使该商品的效用降低，无法按原价值继续在社会上流通，形成长期聚集在储存领域的呆滞商品，这些商品最终要进行降低价格处理或报废处理，这个过程所形成的损失为呆滞损失。

（2）时间价值损失。商品储存实际上也是货币储存的一种形式。储存时间越长，利息支付越多，或者储存时间越长，资金的机会投资损失越大。这是储存时不可忽视的损失。

业务链接 5-2

库存茶叶的保管保养措施

首先，茶叶必须储存在干燥、阴凉、通风良好、无日光照射及具备防潮、避光、隔热、防尘、防污染等防护措施的库房内，并按要求进行密封。

其次，茶叶应专库储存，不得与其他物品混存，尤其严禁与药品、化妆品等有异味以及有毒、有粉尘和含水量大的物品混存。库房周围也要求无异味。

最后，一般库房温度应保持在15℃以下，相对湿度不超过65%。

资料来源　朱莉. 仓储管理实务 [M]. 西安：西安电子科技大学出版社，2012.

5.2.2　库存商品的损耗

商品在储存过程中，受自身的性质、自然条件等的影响，以及计量工具的合理误差，或人为的原因，均会发生损耗。**商品的保管损耗**是指在一定的期间内，保管某种商品所允许发生的自然损耗，一般以商品保管损耗率来表示。商品保管损耗率，即库存商品自然损耗率，是某种商品在一定的保管条件和保管期间内，其自然损耗量与该商品库存量之比，以百分数或千分数表示。其公式为：

商品保管损耗率＝自然损耗量÷商品库存量×100%

商品保管损耗率低于标准，为合理损耗；反之，则为不合理损耗。商品保管损耗率是考核仓库工作质量好坏的指标。

1）商品的自然损耗

其主要表现为商品的干燥、风化、黏结、散失、破碎等。

2）人为因素或自然灾害造成的损失

它是指由于仓库保管人员的失职或保管不善、水灾、地震造成的非常损失，以及包装破损而造成的漏损等。

3）装卸、搬运、上垛和磅差

商品经装卸、搬运、中转到分库验收、过磅、上垛、入库，都可能发生损耗。磅差是商品在进出库时，由于计量工具精度的差别造成的商品数量的差异。允许磅差是商品流通过程中各环节对商品的称量所允许发生的重量差别。

5.2.3　影响库存商品发生质量变化的因素

商品储存期间，会发生质量变化，质量变化的影响因素也是多方面的。下面仅以工业品为例来说明影响库存商品发生质量变化的因素。霉变、虫蛀、锈蚀、老化是工业品储存期间最易发生的质量变化。

1）霉变

商品霉变主要是由霉菌引起的。由于霉菌在商品中进行新陈代谢，把商品中的营养物质变成各种代谢物，从而改变商品的物理性能，使机械性能降低，产生霉臭气味，甚至出现长毛现象，严重者会丧失其使用价值。玉米和皮鞋的霉变如图5-2所示。

图5-2　商品的霉变

2）虫蛀

商品在储存过程中，常常受到各种害虫的侵袭，害虫不仅能蛀蚀、污染动植物性商品，有时还会危害塑料、化学纤维等高分子商品，直接威胁到商品的安全，甚至使商品完全失去使用价值。所以，虫蛀也是商品储存过程中的主要生物危害之一。

害虫大多数来源于农作物，其食性广泛，为多食性昆虫，生殖力强，对环境条件有很大的适应性和抵抗能力。用药物防治害虫时，如果浓度低或剂量不足，剩余的个别害虫通过长期世代遗传，可能会形成对某种药物的抗药性，因此，害虫能在仓库这种特定的环境下生存与繁殖。此外，温度、湿度与食物对害虫的生长也有极大的影响。

3）锈蚀

锈蚀又称腐蚀，是指金属与其所接触的物质发生化学或电化学作用引起的破坏现象，其本质是氧化还原反应。

金属制品在储存中易被潮湿的大气锈蚀。潮湿大气锈蚀，是在金属制品表面形成的水膜下发生的电化学锈蚀过程。所以，相对湿度的大小，直接影响着金属锈蚀的快慢。当空气中相对湿度较小时，制品只会发生化学锈蚀。当相对湿度逐渐增大，直到在金属表面形成的水膜足以满足电化学锈蚀的需要时，锈蚀的速度则明显加快，这时的相对湿度值称为临界湿度。一般金属锈蚀的临界湿度在70%左右。金属制品表面粗糙，结构复杂，表面吸附有盐类、尘埃及有害气体等，都能降低锈蚀的临界湿度。

4）老化

高分子材料（塑料、橡胶、合成纤维等）在生产、加工、储存、使用过程中，由于内外因素的综合影响，会使其失去原有的优良性能，以致最后丧失使用价值，这种变化称为老化。影响老化的内在因素有高分子材料的结构、材料中含有的杂质等，影响老化的外部因素有日光、热、臭氧和相对湿度等。夏天的骤雨淋在晒热的高分子材料上，会引起热冲击作用，使其表面突然冷却，产生一定的应力；雨水、凝露形成的水膜，能使水溶性物质（增塑剂、亲水基团等）被溶解，加速高分子材料的老化。

业务链接 5-3

如何防治仓储粮食害虫新技术——加压破碎法

最近，日本企业成功地研制和开发出一种代替传统利用溴甲烷等化学药剂在储藏前对粮食进行熏蒸处理的新技术。

众所周知，在仓储粮食中，因受外界环境的影响，多种对粮食有严重危害的害虫会逐渐繁殖起来。例如，象虫就是其中具有典型特征的害虫。象虫成虫体呈黑褐色，咀嚼式口吻突出，形如象鼻，后翅膜质，能飞翔。象虫既能在仓库内繁殖，又能飞到田间繁殖，且耐寒力较强。这类害虫的共同特点是抗干、抗热性强，并具有耐饥、耐寒和假死等特性，是一类较为难以防治的害虫。以往，人们通常采用日晒、冷冻、过筛及使用二氯乙烯、溴甲烷等化学药剂进行熏蒸等灭虫方法，但效果不佳。另外，使用化学药剂还会对大气层中的臭氧层产生破坏作用。根据日本政府有关保护环境的法令，从2005年开始，将全面禁止使用化学药剂对粮食进行灭虫处理。为此，日本企业研制出一种利用二氧化碳气体进行粮食灭虫新技术——加压破碎法。首先，选择一个能够承受高压的金属容器，将粮食装入其中，并往容器内充入二氧化碳气体。然后，开始加大容器内的压力。最后，当气压达到预定值时，即可马上减压，停止充气，并迅速排空容器内的二氧化碳气体。瞬间的压力变化，能够完全破坏隐藏在粮食颗粒中害虫的身体。这是因为，在害虫的体内，60%左右是水分，一经高压处理，二氧化碳气体就可进入害虫体内，并产生沸腾和膨胀，而急速减压则会瞬间造成害虫身体破碎，从而达到灭虫的目的。据实验测试结果，该项技术不仅能够完全消灭隐藏于粮食中的成虫和卵，而且对环境也不会造成污染。

资料来源　内蒙古农牧业信息网. 如何防治仓储粮食害虫新技术——加压破碎法［EB/OL］.［2020-05-22］. http：//www.agri.cn/V20/syjs/jgjs/201307/t20130711_3519481.htm.

5.3　库存商品的养护方法

5.3.1　温湿度控制

影响仓储商品质量变化的环境因素有很多，其中最重要的是仓库的温湿度。商品对温度和湿度都有一定的适应范围，如果超过此范围，就会产生不良影响，甚至会发生质的变化。过高、过低的温度和过于潮湿的空气，对商品的储存、保养是非常不利的。因此，商品养护的首要问题，就是采用科学的方法控制与调节温湿度，使之适合商品的储存，以保证商品完好无损。

1）温度

温度是指物体（包括空气）冷热的程度。温度的变化，可以提高或降低商品的含水量，使某些易溶、易挥发的液体商品以及有生理机能的商品发生质量变化。为此，必须对仓库制定适合于商品长期安全储存的温度界限，即"安全温度"。对一般商品来说，只要求最高温度界限；一些怕冻商品和鲜活商品，则要求最低温度界限。

2）湿度

湿度是指空气中水蒸气含量的程度。空气湿度的表示方法有绝对湿度、饱和湿度、相对湿度等。

（1）绝对湿度（e）。它是指在单位体积的空气中，实际所含水蒸气的量。其可以按密度来计算，即按每立方米空气中实际所含水蒸气的重量来计算，用克/立方米表示。如每立方米含有水蒸气10.8克时，空气的绝对湿度就是10.8克/米³。空气温度越高，水蒸气蒸发得越多，绝对湿度越大；反之，绝对湿度越小。

（2）**饱和湿度（E）**。它是指在一定温度下，单位体积中能容纳水蒸气量的最大限度，用克/立方米表示。空气的饱和湿度随着温度的升高而增大，随温度的降低而减小。

（3）相对湿度（r）。它是指在一定温度下，绝对湿度与饱和湿度的百分比。用公式表示如下：

相对湿度=绝对湿度÷同温度下的饱和湿度×100%

相对湿度表示空气中实际水蒸气的量距离饱和状态的程度。相对湿度大，空气就愈潮湿，水分不易蒸发；反之，则容易蒸发。相对湿度对仓储商品的质量有较大影响，因此，掌握空气的相对湿度对商品的保管、养护至关重要。表5-1中列示了一些商品对温湿度的要求。

表5-1　　　　　　　　　　几种商品的温湿度要求

种类	温度（℃）	相对湿度（%）	种类	温度（℃）	相对湿度（%）
金属及制品	5~30	≤75	重质油、润滑油	5~35	≤75
碎末合金	0~30	≤75	轮胎	5~35	45~65
塑料制品	5~30	50~70	布电线	0~30	45~60
压层纤维塑料	0~35	45~75	工具	10~25	50~60
树脂、油漆	0~30	≤75	仪表、电器	10~30	70
汽油、煤油、轻油	≤30	≤75	轴承、钢珠、滚针	5~35	60

业务链接 5-4

库存啤酒的质量控制措施

首先，啤酒入库验收时外包装要求完好无损、封口严密、商标清晰；啤酒的色泽清亮，不能有沉淀物；内瓶壁无附着物；抽样检查时具有正常的酒花香气，无酸、霉等异味。

其次，鲜啤酒适宜的储存温度为0℃~15℃，熟啤酒适宜的储存温度5℃~25℃，高级啤酒适宜的储存温度为10℃~25℃，库房相对湿度要求在80%以下。

再次，瓶装酒堆码高度为5~7层，不同出厂日期的啤酒不能混合堆码，严禁倒置。

最后，严禁阳光暴晒，冬季还应采取相应的防冻措施。

3）露点

含有一定数量水蒸气的空气（绝对湿度）在温度下降到一定程度时，所含水蒸气就会达到饱和（饱和湿度，即相对湿度达100%），并开始液化成水，这种现象叫结露。水蒸气开始液化成水的温度称为露点温度（简称露点）。如果温度继续下降到露点以下，空气中的水蒸气就会凝集在物体的表面上，俗称"出汗"。有时可以看到在一些表面光滑、导热较快的金属制品、水泥地、石块或柱脚上有一些水珠，就是这种现象。

由此可见，温度的变化对空气的潮湿程度有很大影响。原来比较干燥的空气，如温度逐渐降低，空气就会变得越来越潮湿；反之，则变得越来越干燥。因此，仓库保管人员应随时掌握温度的变化情况，控制库内温湿度。

4）温湿度控制的方法

温湿度是影响商品质量变化的重要因素。控制与调节温湿度，必须熟悉商品的特性，了解商品质量的变化规律及商品储存的最适宜温湿度；掌握本地区的气候变化规律及气象、气候知识；采取相应措施控制温湿度的变化，对不适宜商品储存的温湿度要及时调节，保持适宜商品安全储存的环境。最常用的方法有：密封、通风、吸湿等。

（1）密封。密封就是将商品严密封闭，减少外界因素对商品的不良影响，切断感染途径，达到安全储存的目的。

密封是温湿度管理的基础，它是利用一些不透气、能隔热、隔潮的材料，把商品严密地封闭起来，以隔绝空气，降低或减少空气温湿度变化对商品的影响。它要求密封前要检查商品的含水量、温度、湿度，选择绝热、防潮材料（沥青纸、塑料薄膜、芦席等），确定密封时间，封后加强管理。密封的形式可以是整库密封、整垛密封、整柜密封、整件密封。密封是进行通风、吸湿等的有效保证。

密封材料的选择标准通常为：导热系数小；气密性好；吸湿性小；具有一定结构和良好的抗压强度，足以支撑自身重量；体积小；无毒无味，不产生污染；不易燃烧或燃烧后不产生有害气体；价格低廉。

（2）通风。通风就是指利用库内外空气对流，达到调节库内温湿度的目的。通风既能起到降温、驱潮和升温的作用，又可排除库内的污浊空气，使库内空气适宜于储存商品的要求。

通风有自然通风和机械通风。自然通风就是打开库房门窗和通风口，让库内外空气自然交换，既可以降温、驱潮，又可以升温、增潮，还可以排除库内的污浊空气。夏天气温较高，天晴时可在凌晨和夜晚通风，雨天不能通风；库内湿度较高时，可用通风散潮，一般在上午通风，但要注意此时库外湿度要低于库内。机械通风是用鼓风机、电扇等送风或排风，以加速空气交换，达到降温、散潮的目的。另外，为提高工作效率，也可将自然通风和机械通风配合使用。通风设施如图5-3所示。

图5-3 通风设施

（3）吸湿。吸湿就是利用吸湿剂减少库房的水分，以降低库内湿度的一种方法，尤其在梅雨季或阴雨天，库内湿度过大，不宜通风散潮，但为保持库内干燥，可以放置吸湿剂吸湿。常用的吸湿剂有生石灰、木炭、炉灰、氯化钙、硅胶、氯化锂等。生石灰学名为氧化钙，吸湿性较强，价格便宜，使用时用木箱盛装，放于库房墙角处。对一些怕潮商品，还要将生石灰放在堆垛边。木炭和炉灰也有一定的吸湿性，木炭的使用方法同生石灰一样；炉灰可铺在墙角或堆垛下，上面可盖一层薄席，与商品隔离开来。氯化钙和硅胶的吸湿能力强，但价格较高，一般只用于较贵重商品的吸湿。

5）温湿度管理方法

（1）在库内外适当地点设立干湿球温度计，一般可在每个库房内的中部悬挂一个，悬挂的高度离地面约 1.5 米；库外则应挂在"百叶箱"内。

（2）指定专人每天按时观察和记录。观察时间一般上下午各一次，记录的内容应包括：干湿球温度计所表示的温度，并依据换算表对当时的相对湿度、绝对湿度和饱和湿度进行换算，同时记录气候变化情况。每天的气候和温湿度情况，可用"气候通知牌"公布，以引起注意。每个大中型仓库都可以在库外设置气候通知牌，有关人员每天上下午及时将库外气候变化情况通知仓库保管人员，以便根据库内外温湿度情况，及时控制和调节库内温湿度。

（3）按月、季、年对记录进行分析，统计该时期内最高、最低和平均温湿度，为改进仓库管理积累历史资料。

（4）当发现库内温湿度超过要求时，应立即采取相应措施，以达到商品安全储存的目的。

5.3.2　金属制品的养护处理

金属制品在储存期间发生锈蚀，是常见的现象。这不仅影响其外观质量，造成商品陈旧，而且使其机械强度下降，从而降低其使用价值，严重者甚至报废。金属腐蚀的图片如图 5-4 所示。

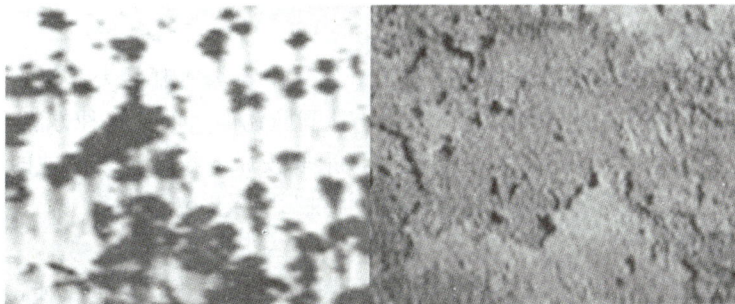

图5-4　金属腐蚀

各种刀具因锈蚀会使其表面形成斑点、凹陷，难以平整并保持锋利；精密量具锈蚀，可能影响其使用的精确度。因此，就要对其进行养护处理。金属制品的养护处理措施如下：

1）选择适宜的保管场所

保管金属制品的场所，不论是库内还是库外，均应清洁干燥，不得与酸、碱、盐类、气体和粉末状商品混存。不同种类的金属制品在同一地点存放时，也应有一定的间隔距离，防止发生接触而腐蚀。

2）保持库房干燥

相对湿度在60%以下，就可以防止金属制品表面凝结水分，生成电解液层而遭受电化学腐蚀。但相对湿度60%以下较难达到，一般来说，库房的湿度应控制在65%~70%。

3）塑料封存

塑料封存就是利用塑料对水蒸气及空气中腐蚀性物质的高度隔离性能，防止金属制品在环境因素的作用下发生锈蚀。其常用的方法有：

（1）塑料薄膜封存。它是指在干燥的环境中用塑料薄膜直接封装金属制品，或封入干燥剂以保持金属制品的长期干燥，不致锈蚀。塑料薄膜封存如图5-5所示。

图5-5 塑料薄膜封存

（2）收缩薄膜封存。它是将薄膜纵向或横向拉伸几倍，处理成收缩性薄膜，使得包装商品时其会紧紧黏附在商品表面，既防锈又可减少包装体积。

（3）可剥性塑料封存。它是以塑料为成膜物质，加入增塑剂、稳定剂、缓蚀剂及防霉剂等加热熔化或溶解，喷涂在金属表面，待冷却或挥发后在金属表面可形成保护膜，以阻隔腐蚀介质对金属制品的作用，达到防锈的目的。这是一种较好的防锈方法。

4）涂油防锈

涂油防锈是金属制品防锈的常用方法。它是指在金属制品表面涂刷一层油脂薄膜，使商品在一定程度上与大气隔离开来，达到防锈的目的。这种方法省时、省力、节约、方便且防锈性能较好。涂油防锈一般采取按垛、按包装或按件的方式涂油密封。涂油前必须清除金属表面的灰尘污垢，涂油后要及时包装封存。

5）气相防锈

气相防锈是指利用挥发性缓蚀剂，在金属制品周围挥发出缓蚀气体，来阻隔腐蚀介质的腐蚀作用，以达到防锈的目的。

气相缓蚀剂在使用时不需要涂在金属制品表面，只用在密封包装或容器中，因它是一种挥发性物质，在很短的时间内就能充满包装或容器内的各个角落和缝隙，既不影响商品外观，又不影响使用，也不污染包装，是一种有效的防锈方法。

金属制品的养护处理方法不同，在选择防锈材料及方法时，应根据其特点、储存环境、储存期的长短等因素，同时还要考虑相关的成本及防锈施工的难易度等因素，以收到较好的防锈效果。

5.3.3　虫害与霉变的防治

1）虫害的防治

仓库的害虫不仅蛀蚀动植物商品和包装，还危害塑料、化纤等化工合成商品（如图5-6所示）。因此，仓库虫害的防治工作是商品养护中一项十分重要的工作。

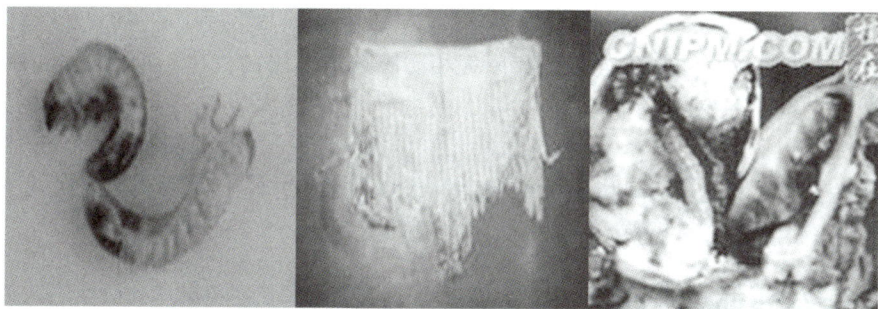

图5-6　仓虫与货品被虫蛀

（1）杜绝仓库害虫的来源。仓库一旦发生虫害，必然造成极大危害。因此，必须加强入库验收工作，将商品依据具体情况，分别入库，隔离存放；在商品储存期间，要定期对易染虫害的商品进行检查，做好预测、预报工作；做好日常的清洁卫生工作，铲除库区周围的杂草，清除附近沟渠的污水，同时辅以药剂进行空库消毒，在库房四周1米范围内用药剂喷洒防虫线，以有效杜绝害虫的来源。

（2）物理防治。物理防治就是利用物理因素（光、电、热、冷冻、原子能、超声波、远红外线、微波及高频振荡等）破坏害虫的生理机能与机体结构，使其不能生存或抑制其繁殖。

（3）化学防治。化学防治就是利用化学药剂直接或间接毒杀害虫的方法。常用药剂有敌敌畏、六六六等。此外，还有一些杀虫剂可以配成诱饵，被害虫吞食后通过胃肠吸收进入体内，使其中毒死亡，称为胃毒剂，如亚砷霜、亚砷霜钠等。

在化学防治中，要选用对害虫有较高毒性的药剂，同时选择害虫抵抗力最弱的时期施药。施药时，应严格遵守药物使用规定，注意人身安全和被处理商品、库房建筑以及备品用具的安全。应采取综合防治与轮换用药等方法，以防害虫形成抗药性。

2）霉变的防治

霉变是仓储商品的主要质量变化形式。霉变产生的条件有：商品受到霉变微生物污染，其中含有可供霉变微生物利用的营养成分（如有机物构成的商品）；处在适合霉变微生物生长繁殖的环境下。霉菌往往寄生于能供给它养料的有机材料（如木、皮革、皮棉、麻制品等）上面。要想防治霉变，必须根据霉菌的生理特点和生长繁殖的环境条件，采取相应的措施，抑制或杀灭霉菌微生物。

（1）常规防霉。常规防霉可以采用低温防霉法与干燥防霉法。低温防霉法就是根据商品的不同性能，控制和调节仓库温度，使商品温度降至霉菌生长、繁殖的最低温度界限以下，抑制其生长、繁殖；干燥防霉法就是降低仓库环境中的湿度和商品本身的含水量，使霉菌得不到生长、繁殖所需要的水分，达到防霉变的目的。

（2）药剂防霉。药剂防霉是将对霉变微生物具有杀灭或抑制作用的化学药品撒加或喷洒到商品上，如苯甲酸及其钠盐对食品的防腐、甲基托布津对果菜的防腐保鲜。另外，还有水杨酰苯胺及五氯酚钠等对各类日用工业品及纺织品、服装鞋帽等的防腐。

防霉药剂能够直接干扰霉菌的生长、繁殖。理想的防霉药剂，应当是灭菌效果好，对人的毒害小，常用的有水杨酰苯胺、五氯酚钠、氯化钠、多菌灵、甲基托布津等。

（3）气相防霉。气相防霉就是利用气相防霉剂散发出的气体，抑制或毒杀商品上的霉菌。它是一种较先进的防霉方法，用法是把挥发物放在商品的包装内或密封垛内。

对于已经发生霉变但可以救治的商品，应立即采取措施，根据商品性质可选用晾晒、加热消毒、烘烤、熏蒸等办法，以减少损失。

5.4　在库商品的保管

5.4.1　在库商品的保管原则

为了保证在库商品的质量和商品流通的有效性，一般应遵循以下的管理方法和原则：

1）先进先出的管理方法

在仓库商品保管中，"先进先出"是一项非常重要的原则，尤其是有保质期的商品，如果不以"先进先出"原则处理的话，恐怕会造成商品过期或者变质，以致影响整个仓库的保管效益。当然，也有些商品为了满足特殊的需求，按"先进后出"的原则安排。

2）零数先出的管理方法

在仓库商品保管中，时常会有拆箱零星出货的情形发生。因此，在出货时，应优先考虑使零数或者已经拆箱的商品先出货，除非整箱订货。这样可以减少额外劳动，提高仓库的工作效率。

3）重下轻上的管理方法

在储存规划时，如果是多层楼房，应该考虑较重的商品存放在楼下，而较轻的商品存放在楼上，如果使用货架或者是直接平放在地面上，则应该考虑较重的商品存放在下层容易进出的地方，而较轻的商品存放在上层。如此规划布置，才能避免较轻的商品被较重的商品压坏，同时，也可以提高仓库的作业效率。

4）ABC分类的管理方法

《物流术语》（GB/T 18354—2006）中指出，**ABC分类（ABC Classification）管理**是将库存商品按品种和占用资金的多少分为特别重要的库存（A类）、一般重要的库存（B类）和不重要的库存（C类）三个等级，然后针对不同等级分别进行管理与控制。在商品的存放规划、布置上，首先应该按商品的出货频率，将商品分为A、B、C三类。在进行平面规划时，把出货频率高的A类商品规划在靠近门口或者是走道旁边，把出货频率最低的C类商品规划在角落或者是靠门较远的地方，而B类商品则堆

放在 A 类与 C 类商品之间。如果使用托盘式货架，则必须考虑将 A 类商品存放于货架第一层容易存取的地方，将 B 类商品存放在第二层，将 C 类商品存放于最上层比较不容易存取的地方。如果使用箱式料架，则按照人体操作原则，将 A 类商品存放于人站立时两手很容易存取的中层位置，将 B 类商品存放于需要蹲下时才能存取的位置，将 C 类商品存放于需要使用梯子或者椅子才能存取得到的上层位置。

学习微平台

视频 5-1

5）按照商品类别存放的管理方法

在仓库商品保管中，尽量将特性相同的商品放在一起存放。例如，有些商品会散发气味（香皂、香水等），有些商品则会吸收气味（茶叶等商品），而有些商品既散发气味也吸收气味（香烟等商品）。若把散发气味与吸收气味的商品存放在一起，则会使商品的质量发生变化。因此，在仓库中应将不同类别的商品分类存放，并考虑商品的特性，能够互相影响的商品要格外考虑。

5.4.2　冷冻商品的保管

1）冷冻保管的意义

有些食品具有呼吸功能、后熟作用，也会出现萌发与抽薹、蒸发等现象，其本身的质量在不断发生着变化，会降低食品的食用特性。在仓库保管中，可以通过影响食品的外界条件来延缓这些变化。降低环境温度和适当控制湿度是一项重要措施。

食品含有丰富的营养，为微生物繁殖创造了良好的条件。在储存过程中，受环境和时间的影响，食品往往由于微生物的污染而发生腐烂、霉变和发酵等生物学变化。防止食品发酵的措施是：对于含水量低或干燥的食品，应在相对湿度低于 70% 的条件下存放，尽量保持其原有的安全水分含量；对于含水量较大的生鲜食品，应控制在低温条件下储存，储存温度一般应控制在 10℃ 以下，若长期储存则应采取冷冻措施。

2）食品低温储藏的原理

（1）食品低温储藏的目的。有些食品经过冷却或冻结后，应放在冷藏或冷冻的环境中储存，并尽可能使食品温度和储存环境温度处于平衡状态，以抑制食品中的各种变化，确保食品的鲜度和质量。冷冻状态的食品因 80% 以上的水冻结成冰，故能达到长期储藏、保鲜的目的。

（2）低温储藏、保鲜应遵循的原则。为了保持食品的质量，在冷库内储藏食品时，应遵循以下原则：

① 食品入库前必须经过严格检验，适合冷冻、冷藏的产品才能入库。

② 严格按照食品储存要求的温度条件进行储存。温、湿度要求不相同的食品，不能存放在一起。

③ 有挥发性和有异味的食品应分别储藏，否则会造成串味并影响食品质量。

④ 食品严格按照先进先出的原则进行管理。

3）食品冷链的环节

食品冷链由冷冻加工、冷冻储藏、冷藏运输和冷冻销售四个方面构成。

（1）冷冻加工。冷冻加工包括肉类、鱼类的冷却与冻结，果蔬的预冷与速冻，各种冷冻食品的加工等。其主要涉及冷却与冻结装置。

（2）冷冻储藏。冷冻储藏包括食品的冷却和冻结储藏，也包括果蔬的气调储藏。其主要使用各类冷藏库、冷藏柜、冷冻柜和家用冰箱等设备。

（3）冷藏运输。冷藏运输包括食品的中、长途运输及短途送货等。其主要涉及铁路冷藏车、冷藏汽车、冷藏船、冷藏集装箱等低温运输工具。

在冷藏运输过程中，温度的波动是引起食品质量下降的主要原因之一，因此，运输工具必须具有良好的性能，不但要保持规定的低温，更切忌大的温度波动，长距离运输尤其如此。

（4）冷冻销售。冷冻销售包括冷冻食品的批发及零售等，由生产厂家、批发商和零售商共同完成。在我国，早期的冷冻食品销售主要由零售商的零售车及零售商店承担，近年来，城市中超级市场的大量涌现，已使其成为冷冻食品的主要销售渠道。例如，超市中的冷藏陈列柜（如冰激凌、速冻水饺的冷藏陈列柜），兼有冷藏和销售的功能。

4）冷藏商品温度的检验与跟踪

冷藏商品的流通管理也叫冷链管理。冷链管理中非常重要的工作是对商品流通中的某一阶段或全过程的温度的检验、记录和跟踪。没有温度的检验和跟踪就不能保证冷藏商品在流通的各环节都处于合格的温度控制范围，就不能及时发现冷链中存在的问题。冷链中温度的检验与跟踪也是货品交接中保证货品质量的依据。

5）冷库的管理

冷库与一般通用库房不同，它的结构、使用性能都有特殊的要求。冷库是用隔热材料建成的低温密封性库房，具有怕潮、怕水、怕风、怕热交换等特性。因此，在使用冷库时，应注意以下问题：

（1）冷库门要保持常闭状态，商品出入库时，要随时关门。空气的对流是温度散失的主要原因，所以要尽量减少冷热空气的对流。凡经常出入库商品的门，要安装空气幕、塑料隔温帘或快速门等装置。要保持库门的灵活，并尽可能安装电动门，使库门保持随时关闭状态。

（2）冷库内各处（包括地面、墙面和顶棚）应无水、霜、冰，库内的排管和冷风机要定期除霜、化霜。库房墙面和顶棚出现冰霜可能是库房漏气或隔热层失效造成的，所以要严格检查。

（3）冷库是储存冷冻货品的设施，一般设计时没有考虑急速降温功能，所以没有经过冻结的温度过高的商品，不能入库。一是由于较高温度的商品会造成库内温度的急速回升，使库温波动过大；二是商品入库后带入库房的热空气会产生凝结在库房墙面上的冰霜，时间一长会使库板夹层分离。

（4）冷库必须按规定用途使用，高、低温库不能混淆使用。在没有商品存库时，也应保持一定的温度，速冻间和低温冷藏间应在-5℃以下，高温冷藏间在露点温度以下，以免库内滴水受潮，影响建筑物使用寿命。

（5）冷库的地板与一般库房地板不同，有隔热层，所以有严格的承重要求和保温要求。如果地板表面保护层被破坏，有水分浸入，会使隔热层失效。因此，不能将商品直接铺放在库房地板上冻结；拆垛时，不能用倒垛的方法；脱钩和脱盘时，不能在地坪上摔击，以免砸坏地坪，破坏隔热层。

（6）为了防止冷库地板下面因温度差而发生冻结和鼓起，要安装自然通风或强制通风装置；要保持地下通风畅通，并定期检查地下通风道内有无结霜、堵塞和积水，检查回风温度是否符合要求，地下通风道周围严禁堆放物品。

（7）冷库商品的堆放要与墙、顶、灯、排管有一定的距离，以便于检查、盘点等作业。

（8）冷库库内要有合理的走道，方便操作、运输，并保证安全。库内操作要防止运输工具和商品碰撞冷藏门、电梯门、柱子、墙壁、排管和制冷系统的管道，应在易受碰撞之处加装保护装置。

6）冷库商品的管理

冷库中储存的商品一般是处于产成品阶段的商品。确保商品在储存过程中的质量完好，并提高冷库的运作效率是冷库管理所追求的目标。冷库的商品管理一般应注意以下几方面：

（1）严格控制库房温度、湿度，满足商品储存的特性要求。一般情况下，冷库的平均温度升降幅度一昼夜不得超过10℃，高温库房的温度一昼夜升降幅度不得超过0.5℃。这不包括设备化霜和出入库所引起的短时间和局部的温度变化。在商品进出库过程中，低温库温度升高不得超过4℃，高温库温度升高不得超过3℃。食品的入库温度一般不应高于冷库设定温度3℃以上，即在−18℃的库房中，商品的入库温度达到−15℃时较为合理。当入库商品温度偏高会影响库内原有商品温度时，应把入库商品单独储藏，待降温后再入库。

（2）降低商品干耗。食品在冷加工与储藏过程中，会发生水分的蒸发，即食品的干耗。干耗不仅使食品干枯、降低营养价值，而且会引起重量损失。一般应采取以下措施：

① 降低储藏温度。

② 改进包装。

③ 控制库房湿度。

④ 用冰衣覆盖货品。

（3）合理堆放。冷库商品堆放要尽量紧密，以提高库房利用率。不同类别的商品放置在不同的地方，没有包装的商品不要和有包装的商品放在一起，味道差异比较大的商品不要放在一起。货品堆放要尽量避开风机、蒸发器下面，以免冷凝水滴在货品上。

（4）经常检查。冷库中的商品要经常检查，查看商品是否按照出入库要求先进先出，是否存放时间过长而发生质量变化，商品表面是否结冰、结霜等。

（5）减少货品搬动次数。冷库中由于作业环境的关系，应尽量减少商品搬动的次数。搬动次数的增加会加大商品破损的可能性，并且低温环境下的人工作业会加大运作成本。可以采用整板出货、整层出货的方法减少人工搬动商品的机会。

7）冷库人员的管理

冷库中的作业环境与其他仓库中的作业环境有相当大的差别，所以冷库中的作业人员管理也要引起足够的重视，以下几点需注意：

（1）加强防护，避免冻伤。冷库作业人员必须穿符合要求的保温工作服、保温鞋，戴手套；要按规定时间限制库内连续作业时间，一般冷库中连续作业不能超过30分钟；作业人员身体的裸露部位不得接触冷冻库内的物品，包括货物、排管、货架、作业工具等。

（2）防止人员缺氧窒息。冷库特别是冷藏库内的植物和微生物的呼吸作用会使二氧化碳浓度增加或者使冷媒泄入库内，从而使得库房内氧气不足，造成人员窒息。人员在进入库房前，尤其是长期封闭的库房，需进行通风，避免氧气不足问题。

（3）避免人员被封闭在库内。冷库门在关闭之前一定要确认库内没有人员滞留。人员入库，应能看到悬挂的警示牌和逃逸指示。冷库应有逃逸门，并且要保持正常使用状态。

（4）加强培训，安全作业。冷库作业人员要加强培训，使每一个作业人员都了解冷库的操作特点和要求。在冷库中，作业人员不能跑动，不能攀爬货架，注意操作注意事项等，要让员工了解并遵照执行。

（5）妥善使用设备。冷库中所使用的设备和仪器必须有低温运行性能。冷库叉车是特殊用途的叉车，冷库的灯也要用专用灯。一般的塑料托盘不能在冷库中使用，而必须用耐低温的专用托盘。

同步案例 5-1

租用冷库变热窖致水果变质　商贩获赔1万元

背景与情境： 水果商租用冷库存放水果，不料冷库温度出现异常，导致数万元水果变质。谁该对此负责？官司经两级法院审理后，终因当事人双方均有过错，水果商获赔1万元。

去年9月，从事水果生意的肖某决定从南疆购进一批香梨在石河子销售。为方便储存，肖某租用了何某的一间冷库。两人口头约定，租赁期限6个月，租金9 000元。当月，肖某付租金5 000元后，何某将冷库的钥匙交给了他。随后，肖某从库尔勒购进大批香梨，存放在冷库中，准备将这批水果卖到第二年春天。由于忙于生意，除了提货，肖某很少去冷库查看货物。今年1月，肖某突然接到何某的电话，他说："别人告诉我，冷库的控制箱显示的温度不对，你快去看看！"肖某急忙让妻子赶到冷库查看，发现控制箱上显示的温度为57℃！而库房里存放的香梨此刻表皮已全部泛黑了，数万元水果腐败变质。肖某夫妇找到何某，要求他赔偿损失，但遭到了何某的拒绝："我已经把冷库交给你使用了，冷库的温度为何会升高，我也不清楚，这不是我的责任。"肖某委托有关机构对存放在冷库的香梨进行了估价，总价值达6万余元。随后，肖某将何某起诉到法院，要求其赔偿损失。法院查明，肖某租赁的冷库与另外两间冷库共用一个外间，冷库温度的控制箱安装在外间的墙壁上。冷库升温的主要原因是有人动了控制箱的调控开关。

资料来源　佚名. 在库货品的保管与养护［EB/OL］.［2020-05-22］. https://wenku.baidu.com/view/5bdb496b26d3240c844769eae009581b6bd9bdec.html.引文经整理、节选和改编。

问题： 本案例中的双方当事人各存在什么过错？

分析提示： 承租人肖某在取得冷库的使用权存放物品后，未尽管理义务，对冷库放任不管，负主要责任。而出租人何某明知控制箱开关存在他人可能扳动的隐患，在出租冷库时既不明确告知，也不察看控制箱的工作状态，未尽到出租人对制冷设备的管理义务，对造成的损失也有一定责任。法院判决：撤销一审判决；由何某赔偿肖某财产损失1万元。

课程思政 5-2

险！冷库差点儿冻死两个人

背景与情境： 近日，江西南昌的一个冷库内发生了一起严重的安全生产事件。两个人在冷库里搬东西的时候，居然被粗心的同事反锁在了冷库里，冷库里面有一个安全栓可以用来脱身，但是他们谁都不知道。张先生说，晚上7时左右他和同事正在冷库里搬东西，东西还没搬完，突然间灯灭了，幸好身上带了手机，他赶紧找人，在冷库里被冻了20多分钟后，家人赶到才把他们救了出来。

资料来源　佚名. 险！冷库差点儿冻死两个人〔EB/OL〕.〔2020-05-22〕. http：//www.18038028788.com/axw_view.php？id=29.

问题： 在冷库的管理过程中，应该如何避免此类险情的发生？

研判提示： 在冷库的管理中，企业要完善安全管理制度，要对作业人员进行安全培训和预演。

8）我国食品冷链管理的现状

食品的冷冻加工处于冷链的生产阶段，即指易腐食品从收获后的现场冷冻保鲜至低温储藏的过程。食品的冷冻加工是目前我国食品冷链中比较薄弱的环节，具体表现为冻结设备少、加工能力不足，特别是缺少机械化加工设备。在渔业方面，只有少量渔船配备冷冻装置，绝大多数靠冰块保鲜，而冰块保鲜仅能维持10~12天，渔船回港后，舱底早期捕捞的鱼质量较差。果蔬加工同样存在这样的问题。当进入果蔬原料收摘旺季时，由于加工条件的限制，相当多的果蔬不能进入冷冻冷藏环节，大部分只能在常温下用敞篷车运输，损耗十分严重。许多易腐产品，由于冷冻加工处理不当，在冷链的其他环节虽能按部就班，但最终还是不能达到保鲜的目的。

冷冻冷藏运输属于冷链的流通阶段。流通阶段的硬件设施主要指流通过程中的冷藏运输设备，包括冷藏火车、冷藏汽车、冷藏船和冷藏集装箱等。我国的肉、蛋、奶、水产品、果蔬等每年增产10%以上，而这些食品中有70%以上为易腐食品。这些易腐食品主要靠铁路和公路运输。从运输方式来看，2018年我国超过70%的货运量由公路运输完成，而在冷链物流领域更是有近90%的货运量是由公路冷链运输完成，随着"公转铁"改革的深化实施，未来铁路冷链运输市场份额会逐渐扩大，但目前公路冷链运输无疑是冷链运输市场的核心主导方式。

冷藏集装箱有冷藏汽车无可比拟的优点。目前，我国有集装箱生产企业多家，但基本上都是生产海运集装箱，主要用来运输进出口的易腐食品，对内销食品没有起到多大的帮助。只有当公路、水路和铁路的冷藏运输设备共同担负起我国易腐食品的冷藏运输任务，我国食品冷链物流才能达到世界先进水平。

在销售环节，20世纪70年代以前，我国易腐食品的销售多数都是在常温下进行的。改革开放以来，冷链消费环节的硬件设施建设有了快速发展，我国引进了国外零售业先进的冷藏生产设备，各种用途和各种类型的商用冷柜不断推向市场，商业批发、零售基本已配置冷柜或小型冷库。销售环节冷藏设备的加强使食品冷链得到了延长，温控食品的质量得到了进一步的改善。

总之，近几年我国冷链管理水平有了很大的提高，食品冷链所依托的设施和设备有了很大发展，加工、储藏、销售等各环节的衔接更加紧密和协调，特别是冷藏陈列柜替代了冷藏库，成为食品冷链末端面对客户的设备主体，从而形成了一个较完整的冷链。这对保证食品质量、促进市场发展起到了关键的作用。

学习微平台

延伸阅读 5-1

业务链接 5-5

连云港外贸冷库

连云港外贸冷库于 1973 年由原外经贸部投资兴建，是我国外贸系统的大型冷藏库之一，由 12 000 吨的低温库（-18℃）和 5 000 吨的保鲜库（0℃）组成，配备双回路电源。另有 3 000 平方米的普通仓库、100 多吨运力的冷藏车队、年加工能力 1 500 吨的冷冻品加工厂。其经营范围为物资储存，商品储存、加工，食用油及制品、副食品、饲料、建筑材料、金属材料的销售、代购、代销以及公路运输服务等。

冷库所处区位优越，在连云港港区内，门前公路东接港口，西接宁连、徐连、汾灌高速公路，距离连云港民航机场只有 50 千米，库内有铁路专用线与亚欧大陆桥东桥头堡相连，毗邻公路、铁路客运站，交通十分便捷。

设备完善的主库和从日本引进的组装式冷库提供了一流的冷冻冷藏条件，保鲜库为国内外客户储存苹果、蒜头、洋葱等果品、蔬菜类保鲜食品。冷冻品加工厂设备完善，质保体系严格，采用恒温避光作业，拥有蔬菜、水产品两条加工生产线，可常年同时加工鲜、冻农副产品及水产品。其附属仓库在存放商品方面条件优越。

5.4.3　特种商品的保管

1）易燃、易爆商品

易燃、易爆商品在保管时除了必须严格遵守国家的有关规定外，在管理时还要注意：

（1）易燃液体在常温下会不断挥发出可燃蒸气，其蒸气一般均有毒性，有时还有麻醉性，所以在入库时必须严格检查包装是否漏损，在储存期内也应定期检查，发现问题，及时解决。同时，库房必须保持通风，作业人员应穿戴相应的防护用品，以免发生中毒事件。

（2）易燃液体受热后蒸发出的气体，在压力增大后会使容器膨胀，严重时可使容器破裂发生爆炸事故，所以容器不可装得过满；同时，库房内和库区周围应严禁烟火，加强通风。

（3）易爆商品受到外界的一定影响如高热、震动、摩擦、撞击或与酸、碱等物质接触时，会发生剧烈反应，产生大量气体和热量，由于气体的急剧膨胀，会产生巨大压力而爆炸。根据其性质，易爆商品可分为点火即起爆器材（点火绳、导爆索、雷管等）、炸药及爆炸性药品（TNT、硝化甘油炸药、黑火药等）和其他爆炸性物品（炮弹、枪弹、礼花炮、爆竹等）。保管该类物品应注意装卸和搬运时轻拿轻放，严禁碰撞、拖拉与滚动，作业人员严禁穿有铁钉的鞋，工作服严防产生静电。储存易爆商品的仓库必须远离居民区，还应与周围建筑、交通干道、输电线路保持一定的安全距离；库房一定要远离火源，必须保持通风干燥，同时还应安装避雷设备，保持适宜的温湿度。一般情况下，库温以 15℃~30℃为宜，存储易吸湿爆炸品的库房的相对湿度不得超过 65%，仓库地面应铺垫 20cm 左右的木板。盛放或携带零星易爆商品时，不能用金属容器，要用木、竹、藤制的筐或箱，以免因摩擦而发生爆炸事故。易爆商品必须单独隔离，限量储存。仓库内的电气设备应符合安全要求，定期检修，规范操作。

课程思政 5-3

仓库工作人员遗留火种导致火灾

背景与情境： 2016 年天津市某化工公司发生特大火灾，大火烧毁了精萘、纯碱等化工原料以及引进的设备及库房 3 栋，造成直接经济损失 1 347 万元。

事发时，某装卸队在仓库内为该库往火车皮内装纯碱。装车任务完成后，装卸工陈某某站在库区老罩棚西侧的第一个精萘（易燃化工原料）垛的东北角下吸烟，而后在给火车皮盖苫布的过程中，陈又站在该原料垛垛顶上吸烟，并遗留下火种。当晚 23 时许，陈某遗留在垛顶的火种在苫布上长时间阴燃后，燃到苫布簇拥处时热量积聚，随之出现明火，迅速将精萘引燃，导致特大火灾事故，烧毁库房 3 栋（建筑面积 6 000 余平方米）和精萘、纯碱、橡胶、树脂等化工轻工原料，以及天津市渤海啤酒厂代存在该库的引进啤酒灌装生产线，给国家造成直接经济损失 1 347 万元。

资料来源　佚名. 仓库工作人员遗留火种导致火灾［EB/OL］.［2019-08-15］. http：//www.safehoo.com/Case/Case/Blaze/200810/4089.shtml.引文经整理、节选和改编。

问题： 仓库工作人员在作业时，应该注意什么问题？

研判提示： 仓库工作人员应严格遵守仓库工作纪律。本案例中的当事人由于吸烟留下火种引发重大火灾，给国家造成了巨大损失。作为一名仓库工作人员，当事人不仅不合格，更有违职业道德。

2）其他危险品

除了要对上述特种商品进行妥善保管外，仓库还应对压缩气体和液化气体，易燃固体、自燃物品和遇湿易燃物品，有毒物品，氧化剂和有机过氧化物，放射性物品，腐蚀品等危险品进行妥善保管。其具体要求如下：

（1）储存危险品的库房不得用地下室或其他地下建筑，应具有一定的耐火等级、层数、占地面积、安全疏散和防火间距；必须安装通风设备，并注意设备的防护措施；库区及库房内输配电线路、灯具、火灾事故照明和疏散指示标志，都应符合安全要求。

（2）压缩气体和液化气体必须专库专用；盛装液化气体的容器属压力容器的，必须有压力表、安全阀、紧急切断装置，并定期检查，不得超装。

（3）易燃固体、自燃物品和遇湿易燃物品，应注意库房温度的控制；装卸搬运时，应轻拿轻放，严禁与氧化剂、氧化性酸类混放。

（4）有毒物品应储存在阴凉、通风、干燥的场所，不能露天存放，不能接近酸类物质。库内温度应在32℃以下，相对湿度在80%以下。操作时严禁有毒物品与皮肤接触，要注意防护。

（5）氧化剂和有机过氧化物应储存在阴凉、通风、干燥的库房内，要轻拿轻放，严禁摩擦、拖拉，防止日晒。

（6）腐蚀品应根据其性质的不同，进行分类存放；存放酸、碱的库房地面要用砂土、炉灰夯实；盛装酸类的容器不得与盛装其他物品的容器混用。

同步案例5-2

一危险品厂房兑药时发生爆炸

背景与情境： 被告人李某系某鞭炮厂6个股东之一，拥有一条鞭炮生产线和一条引线生产线，实行独立核算，自主经营、生产和管理。其引线车间由被告人李某聘请被告人胡某负责管理，保管原材料、成品引线以及负责引线车间的生产和安全等工作；兑药房由兑药师谢某负责兑药，兑药房勤杂工王某负责在被告人胡某处领取兑药原材料，并将已兑好的药及时运至中转房储存。按有关装、兑药房岗位安全规定：本岗位只限一人，每次领用的兑药量不超过1 500克，存放药量不超过250克，禁用钢铁质及其他易产生火星的工具。而该鞭炮厂兑药师使用的兑药工具正是被告人李某从泸州购回的一筛网为不锈钢的筛子。领取原材料（氯酸钾，每包重25千克）的记录载明：一日内领取氯酸钾量为2~11包不等。4月上旬，被告人李某因家里装修房子及其他工作，约20天没到厂，期间，兑药房勤杂工王某因农忙和其他原因未上班，由胡某叫其亲戚张某（无上岗证，未培训）到兑药房当勤杂工。4月29日，被告人李某到玄滩镇赶集至下午6时仍未回厂，当日因气温高，其他车间已停产，18时30分许，谢某在使用不锈钢筛子筛药时发生爆炸，将在同一兑药房扫地的张某当场炸死，谢某被炸成重伤，送泸州医学院抢救无效，于5月3日死亡。

资料来源 佚名. 一危险品厂房兑药时发生爆炸［EB/OL］.［2020-05-20］. https://www.fa-bao365.com/xingshi/146760/.引文经整理、节选和改编。

问题：

1）导致上述事故的主要原因是什么？

2）危险品操作应注意什么事项？

分析提示： 危险品的储存和保管应严格遵守国家的相关法律、法规，企业和个人在使用和操作时不得违反。

本章概要

□ 内容提要与结构

▲ 内容提要

● 商品养护是指商品在储存过程中所进行的保养和维护。从广义上说，商品从离开生产领域到进入消费领域之前这段时间的保养与维护工作，都称为商品养护。

● 商品养护的目的，在于维护商品的质量，保护商品的使用价值。因此"商品养护学"的内容主要有两个方面：一方面是研究商品在储存过程中受内外因素的影响质量发生变化的规律；另一方面是研究安全储存商品的科学养护方法，以保证商品的质量，避免和减少商品损失。

● 商品保管损耗率=自然损耗量÷商品库存量×100%。商品保管损耗率低于标准的，为合理损耗；反之，则为不合理损耗。商品保管损耗率是考核仓库工作质量好坏的指标。

● 温湿度是影响商品质量变化的重要因素。控制与调节温湿度，必须熟悉商品的性能，了解商品质量的变化规律及商品储存的最适宜温湿度；掌握本地区的气候变化规律及气象、气候知识；采取相应措施控制温湿度的变化，对不适宜商品储存的温湿度要及时调节，保持适宜商品安全储存的环境。其最常用的方法有：密封、通风、吸湿等。

● 金属制品的养护处理方法：①选择适宜的保管场所；②保持库房干燥；③塑料封存；④涂油防锈；⑤气相防锈。

● 虫害的防治方法：①杜绝仓库害虫的来源；②物理防治；③化学防治。

● 霉变的防治方法：①常规防霉；②药剂防霉；③气相防霉。

● 常规防霉：可以采用低温防霉法与干燥防霉法。

● 药剂防霉：把对霉变微生物具有杀灭或抑制作用的化学药品撒加或喷洒到商品上，如苯甲酸及其钠盐对食品的防腐，甲基托布津对果菜的防腐保鲜等。

● 气相防霉：利用气相防霉剂散发出的气体，抑制或毒杀商品上的霉菌。这是一种较先进的防霉方法，用法是把挥发物放在商品的包装内或密封垛内。

● 在库商品保管的方法：①先进先出的管理方法；②零数先出的管理方法；③重下轻上的管理方法；④ABC分类的管理方法；⑤按照商品类别存放的管理方法。

▲ 内容结构

本章内容结构如图5-7所示。

图5-7　本章内容结构

□ 主要概念和观念

▲ 主要概念

商品养护　物理变化　化学变化　生理生化变化　生物学变化　商品的保管损耗　饱和湿度　ABC分类管理

▲ 主要观念

商品养护目的　库存商品的变化及影响因素　库存商品的养护方法　特种商品的保管

□ 重点实务和操作

▲ 重点实务

库存商品的储存保管方法　库房湿度的控制方法　库存商品的防霉、防虫、防锈、防老化方法　易燃、易爆商品和危险品的保管方法　冷库的保管操作

▲ 重点操作

仓库温湿度的控制操作　防霉、防虫、防锈、防老化操作　易潮商品保管操作冷冻库房管理操作

━ 基本训练 ━➤

□ 理论题

▲ 简答题

1）什么是商品养护？为什么要进行商品养护？

2）库存商品的变化形式有哪些？

3）库存商品的损耗原因有哪些？

4）空气湿度的单位是什么？

▲ 理解题

1）什么是库存商品的呆滞损失和时间价值损失？

2）食品为什么要低温储藏？食品冷链由哪四个方面构成？

□ 实务题

▲ 规则复习

1）怎样控制和调节仓库的温湿度？最常用的方法有哪些？

2）如何避免金属制品在储存期间发生锈蚀？

3）虫害的防治方法有哪些？

4）霉变的防治方法有哪些？

5）简述易潮商品的保管方法。

6）简述易燃液体的保管方法和易爆商品的保管方法。

▲ 业务解析

目前我国的仓储企业在商品保管、保养过程中存在什么样的问题？请结合企业实际谈谈自己的感受。

□ 案例题

▲ 案例分析

【训练项目】

案例分析－Ⅴ。

【相关案例】

赛璐珞引发的爆炸案

背景与情境： 2019 年 5 月，南京有一乐器厂停产，因原储存库房另作他用，导致在乐器制作中剩余的 50 千克赛璐珞、15 千克酒精以及少量松节油等无处存放。乐器厂的管理人员找到了另一家单位开办的地下室招待所，租用了这家招待所一间堆放杂物的仓库。这间仓库内没有电灯，钢制的门一关，外面的火源、热源也隔绝了，由于在地下，所以气温也不高。他们认为，这些易燃物品堆放在里面是最安全的。

2019 年 9 月 7 日傍晚，该地下室招待所的仓库发生猛烈爆炸，引起一场大火。扑救火灾用了 4 个多小时，爆炸产生的有毒气体使 22 人中毒。

1）事故原因分析

恰恰是地下室这样的环境，造成了这场大火。地下室不通风，因此常年处于潮湿环境之中。赛璐珞的正式名称是硝化纤维塑料，主要成分是硝化棉、樟脑和酒精。该物品最忌的就是受潮。由于仓库与外界隔绝，空气不流通，赛璐珞受潮后产生的热量也不易散发。在潮湿、闷热的环境中，赛璐珞会分解出一氧化氮（NO），在空气中又会进一步生成二氧化氮（NO_2），二氧化氮遇到空气中的水分能产生酸根和亚硝酸。这时的赛璐珞表面上会出现所谓的霉斑，这种变质会加快分解反应，物品的燃点也随之下降，在分解过程中释放出的热量使温度不断上升，地下室近乎封闭的状态更加快了热量的积聚，灾祸就是在这种情况下发生的。

2）教训与启示

这家乐器厂的领导尽管知道这些东西是危险物品，却不知道这些物品的危险特性。他们想为这些危险品寻找一个安全的储存场所，却不知道自己找到的偏偏是最不具安全性的处所。这个案例告诉人们：凡从事与危险物品有关工作的人，一定要掌握危险物品的特性、防范措施和应急救援的方法，不然的话将为自己的无知付出代价。

资料来源　梅艺华，吴辉，李海波. 仓储管理实务［M］. 北京：北京理工大学出版社，2010.

问题：

1）思考为什么会引发爆炸事件？

2）如何避免类似事件的发生？

分析要求： 同第 1 章"基本训练"中本题型的"分析要求"。

▲ 课程思政

【训练项目】

课程思政–V。

【相关案例】

××市粮油储运总公司负责人玩忽职守致 11 000 吨储备粮严重变质

背景与情境： ××市粮油储运总公司因弄虚作假、负责人玩忽职守，致 11 000 吨储备粮严重变质，损失巨大。对于 11 000 吨储备粮严重变质的原因，据知情人透露，系"该公司在年底轮进储备粮时弄虚作假，导致大批未烘干的高水分粮入库"以及该公司分管仓储的主要负责人"天天上班炒股、玩游戏，对工作不管不问"所致。此次变质的储备粮，预计给国家造成了 500 万元的损失。

资料来源　张洪革，孙宏英. 仓储配送与管理：理论、实务、案例、实训［M］. 大连：东北财经大学出版社，2014.

问题：

1）本案例中的当事人行为存在哪些思政问题？

2）结合问题对当事人行为作出思政研判。

研判要求： 同第1章"基本训练"中本题型的"研判要求"。

☐ 自主学习

【训练项目】

自主学习-III。

【训练目的】

见本章"学习目标"中的"自主学习"目标。

【教学方法】

采用"学导教学法"和"研究教学法"。

【训练要求】

1）以班级小组为单位组建学生训练团队，各团队依照本教材"附录三"附表3"自我学习"（中级）的"基本要求"和各技能点的"参照规范与标准"，制订自主学习计划。

2）各团队实施自主学习计划，自主学习本教材"附录一"附表1"自我学习"（中级）各技能点的"'知识准备'参照规范"所列知识。

3）各团队以自主学习获得的"学习原理"、"学习策略"与"学习方法"知识为指导，通过校图书馆、院资料室和互联网，查阅和整理近两年以"在库商品的养护"为主题的国内外学术文献资料。

4）各团队以整理后的文献资料为基础，依照相关规范要求，讨论、撰写和交流《"在库商品的养护"最新文献综述》。

5）撰写作为"成果形式"的训练课业，总结自主学习和应用"学习原理"、"学习策略"与"学习方法"知识（中级），依照相关规范，准备、讨论、撰写和交流《"在库商品的养护"最新文献综述》的体验过程。

【成果形式】

训练课业：《"自主学习-III"训练报告》

课业要求：

1）内容包括：训练团队成员与分工；训练过程；训练总结（包括对各项操作的成功与不足的简要分析说明）；附件。

2）将自主学习计划和《"在库商品的养护"最新文献综述》作为《"自主学习-III"训练报告》的附件。

3）《"在库商品的养护"最新文献综述》应符合"文献综述"规范要求，做到事实清晰，论据充分，逻辑清晰。

4）结构与体例参照本教材"课业范例"的"范例-4"。

5）在校园网的本课程平台上展示班级优秀训练课业，并将其纳入本课程的教学资源库。

⟹ 单元考核 ⟹

考核评价要求：同第1章"单元考核"的"考核评价要求"。

第6章
配送作业

学习目标

理论目标：学习和把握配送的概念、意义、作用、特点与要素，配送的结构模式，共同配送的特征、优势与类型，配送成本的构成等陈述性知识；能用其指导"配送作业"的相关认知活动，正确解答"单元训练"的"理论题"中各题型的相关问题。

实务目标：学习和把握配送作业的基本流程、配送方法、实施共同配送应注意的问题、物流配送成本核算的方法与计算公式、降低配送成本的五种策略、配送成本控制，以及"同步业务"等程序性知识；能用其规范"配送作业"中的相关技能活动，正确解答"单元训练"的"实务题"中各题型的相关问题。

案例目标：运用所学理论与实务知识研究相关案例，培养"配送作业"情境中的多元表征能力；结合本章教学内容，依照相关规范或标准，对"课程思政6-1"专栏和章后"课程思政-Ⅵ"等案例中的企业从业人员行为进行思政研判，激发与其议题相关的法律法规思考，培养高尚的道德情操，树立社会主义核心价值观。

实训目标：参加"配送业务流程"业务胜任力的实践训练。在了解和把握本实训所及"能力与道德领域"相关技能点的"规范和标准"的基础上，通过切实体验各实训任务的完成，系列技能操作的实施，相关实训报告的准备、撰写、讨论与交流等有质量、有效率的活动，培养"配送业务流程"的专业能力，强化"自我学习""与人合作""解决问题"职业核心能力（中级），并通过"认同级"践行"职业观念"、"职业态度"、"职业作风"和"职业守则"等行为规范，促进健全职业人格的塑造。

引例 京东的物流配送之殇

背景与情境： 京东多年来凭借快速物流积累起来的忠实用户将面临流失的危险。家住北京天通苑附近的李女士是一位已经被京东"黏"了三年的忠实回头客，在炎热的夏季却被一次空调的网购经历彻底伤害了——迟缓混乱的物流、严重受损的产品以及机械应付的客服人员，改变了她对京东商城的印象。

类似的糟糕体验近来并不鲜见。"这是我经历过的最糟糕的网购""开一辆'金杯'，把冰箱横着就送来了"……很多用户在微博上给刘强东直接留言投诉。从用户们给京东商城的网评来看，大部分的投诉都集中在大家电的物流、配送和售后环节。

事实上，如何解决上述问题，已经成了刘强东及其团队近来的大课题。从客户体验的角度，李女士的抱怨针对的是产品完成下单付款后的环节——配送。京东在大家电项目中的买家评论中，差评也主要集中在物流配送环节。送货慢、送错货以及物流损伤，成为投诉最多的问题。在刘强东的短期任务列表中，"不遗余力地继续投资物流、扩大订单和售后处理能力"，也始终被放在"快速提高销售额，稳步提升毛利率"之前。但这件事非朝夕之功。

资料来源 王姗姗. 京东商城卖"大家电"物流成心头之痛［EB/OL］.［2020-05-22］. https：//finance.qq.com/a/20110912/000353.htm.引文经整理、节选和改编。

从引例中可以看到，这些年来电子商务在飞速发展，然而随之而来的商品配送问题却成为制约企业快速发展的瓶颈。

6.1 配送概述

配送包含了物流若干功能要素，是物流中一种特殊的、综合的活动形式，是商流与物流的结合。在现代市场经济竞争中，为了满足不同客户或收货人的需要，尤其是多品种、小批量、多批次、高频率的物流服务需要，流通企业或物流企业必须对资源进行科学、合理的配置，通过低成本配送满足客户的需要。

6.1.1 配送的概念

"配送"这个词汇来自日语原词，《日本工业标准（JIS）物流用语》中将配送定义为"将货物从物流据点送交给收货人"。

《物流术语》（GB/T 18354—2006）将**配送**定义为：在经济合理区域范围内，根据客户要求，对物品进行拣选、加工、包装、分割、组配等作业，并按时送达指定地点的物流活动。一般来说，配送在整个物流过程中既是一种包含集货、储存、拣货、配货、装货等的狭义的物流活动，也是一种包括输送、送达、验货等以送货上门为目的的商业活动。它是商流与物流紧密结合的一个综合性的、特殊的供应链环节，也是物流过程中的关键环节。由于配送直接面对消费者，最直观地反映了供应链的服务水平，所以，它"在恰当的时间、地点，将恰当的商品提供给恰当的消费者"的同时，也将优质的服务传递给客户。配送作为供应链的末端环节和市场营销的辅助手段，日益受到重视。

6.1.2　配送的意义和作用

在发达国家，配送已经成为企业经营活动的重要组成部分，对优化经济结构、节约社会劳动，以及充分发挥物流功能起到了巨大的作用。其具体表现在：

1）推行配送有利于物流运动实现合理化

配送不仅能促进物流的专业化、社会化发展，还能以其特有的运动形态和优势调整流通结构，促使物流活动向"规模经济"发展。从组织形态上看，它是以集中的、完善的送货取代分散性、单一性的取货。从资源配置上看，它是以专业组织的集中库存代替社会上的零散库存，衔接了产需关系，打破了流通分割和封锁的格局，很好地满足了社会化大生产的发展需要，有利于实现物流社会化和合理化。

2）完善了运输和整个物流系统

现代载重量较大的运输工具，只适于长距离、大批量的干线运输。支线运输一般是小批量，如果使用载重量大的运输工具则是一种浪费。另外，支线小批量运输频度高、服务性强，要求比干线运输具有更高的灵活性和适用性。配送通过其他物流环节的配合，可实现定制化服务，能满足这种要求。配送与运输只有紧密结合，干线运输与支线运输才能有机统一起来，实现运输系统的合理化。

3）提高了末端物流的效益

采取配送方式，通过增大经济批量可实现经济进货。它采取将各种商品配齐集中起来向用户发货和将多个用户的小批量商品集中在一起进行发货等方式，即通过配货和送货或者与其他企业协商实施共同配送，提高末端物流的经济效益。

4）通过集中库存使企业实现了低库存或零库存

实现了高水平配送之后，尤其是采取了准时制配送方式之后，生产企业可以完全依靠配送中心的准时制配送而不需要保持自己的库存，或者生产企业只需保持少量保险储备而不必留有经常储备。这就可以实现生产企业多年追求的零库存，将企业的库存包袱扔掉，同时解放出大量储备资金，从而改善企业的财务状况。实行集中库存时，集中库存总量远低于不实行集中库存时各企业分散库存之总量。同时，增强了调节能力，也提高了社会经济效益。此外，采用集中库存可利用规模经济的优势，使单位存货成本下降。

5）简化事务，方便用户

由于配送可提供全方位的物流服务，用户只需要从配送中心一处订购就能达到向多处采购的目的，只需组织对一个配送单位的接货便可替代现有的高频率接货，就可以得到全过程、全功能的物流服务，因而大大减轻了用户的工作量和负担，也节省了订货、接货等的一系列费用开支。

6）提高了供应保证程度

生产企业自己保持库存、维持生产，供应保证程度很难提高（受库存费用的制约）。如果采取配送方式，配送中心可以做到比任何企业自身的储备量都大，因而对每个企业而言，中断供应、影响生产的风险便相对缩小，从而使用户免去短缺之忧。

7）为电子商务的发展提供了基础和支持

从商务角度来看，电子商务的发展要具备两个重要的条件：一是货款的支付，二是商品的配送。网上购物方便快捷，无论怎样减少流通环节，唯一不能减少的就是商品配送，配送服务如不能相匹配，则网上购物就不能发挥其方便快捷的优势。

6.1.3 配送的特点

配送是指按照用户的订货要求和时间计划，在物流节点（仓库、商店、货运站、物流中心等）进行分拣、加工和配货等作业后，将配好的货物送交收货人的物流过程。配送是货物位移的一种形式，它与运输既有区别又有联系。通常，配送是近距离、小批量、多品种、按用户需要搭配品种与数量的物流服务体系。目前，配送已形成了自身的特点，具体如下：

1）配送是从物流据点到用户之间的一种特殊送货形式

从送货的功能看，其特殊性表现在：从事送货的是专职流通企业，而不是生产企业；配送是"中转"型送货，而一般传统意义上的送货，尤其是从工厂至用户的送货往往是直达型，生产企业生产什么就送什么，有什么就送什么，而配送则是需要什么送什么。

2）配送是运输与其他活动共同构成的组合体

虽然配送活动离不开运输，但在整个运输过程中它处于"二次运输""支线运输""末端运输"的位置，是接近顾客的行为，是物流节点至用户终端的运输。

3）配送是供给者送货到户的服务性供应，是一种"门到门"的服务

它可以将货物从物流节点一直送到用户的仓库、营业现场、车间乃至生产线的起点。

4）配送是"配"和"送"的有机结合形式

配送是在全面配货的基础上，完全按用户要求进行的运送，是"配"和"送"的有机结合形式。配送不是消极的送货、发货，而是在全面配货的基础上，充分按照用户要求的数量、种类、时间等完成分货、配货、配装等工作。

6.2 配送的基本作业与模式

6.2.1 配送的要素

配送是根据客户的订货要求，在配送中心或物流节点进行货物的集结与组配，以最适合的方式将货物送达客户的全过程。配送包括以下要素：

1）集货

集货是配送的首要环节，它是将分散的、需要配送的物品集中起来，以便进行运输、配送作业。集货是配送的准备工作或基础工作，它通常包括制订进货计划、组织货源、储存保管等基本业务。专业化流通机构组织货源时，可以由配送机构组织订货、购货、结算，同时承担进货验收、存储等其他物流业务。比如，商业性批发配送机构的连锁超市配送中心，也可以由配送机构只代理供方或需方商品的入库、验收、储存等物流活动，而采购、结算等商流活动由供需双方直接完成，即实现了商流与物流分离的模式。由传统仓库发展而来的仓储配送中心即属于这一类。为了满足特定用户的配送要求，有时需要把用户从几家甚至数十家供应商处预订的货物集中到一处。配送的优势之一，就是通过集货形成规模效益。

2）分拣

分拣是将需要配送的货物从储位上拣选出来，配备齐全，并按配装和送货要求进行分类，送入指定发货地点的作业。

分拣不同于配送中的其他功能要素，它是配送的一项支持性工作，具有完善与提升配送水平的作用，是不同配送企业在送货时进行竞争和提高自身经济效益的必然延伸。所以，也可以说，分拣是送货向高级形式发展的必然。有了分拣作业，才能大幅度地提高配送服务水平。

3）配货

配货是指使用各种拣选设备和运输装置，将存放的物品按客户的要求分拣出来，配备齐全并进行必要的组合和集合，送入指定发货区（地点）。它与分拣作业不可分割，二者一起构成了一项完整的作业。分拣、配货可实现高水平送货，满足客户要求。

4）配装

配装也称配载，指充分利用运输工具的载重量和容积，合理安排货物的装载。在配送中心的作业流程中，单个客户的配送数量不能达到车辆的有效载运负荷时，就存在如何集中不同客户的配送货物进行搭配装载，以便充分利用运能、运力的问题，这就需要配装。配送有别于一般性的送货，它可以提高送货水平及降低送货成本，减少运次，同时缓解交通流量过大造成的交通堵塞，降低空气污染。所以，装配也是配送系统中具有现代化的功能要素之一。

5）配送运输

配送运输属于运输环节中的末端运输、支线运输。它与一般的运输形态的主要区别在于：配送运输是较短距离、较小规模、较高频度的运输形式，一般使用中小型汽车作为运输工具。与干线运输的另一个区别是：配送运输的路线选择问题是一般干线运输所没有的。干线运输的干线一般是唯一的运输路线，不可选择，而配送运输由于配送客户多、地点分散，一般集中在城市内或城郊。由于城市交通路线较为复杂，存在空间和时间上的峰谷交替，如何组合最佳路线、如何使配装和路线选择有效搭配成为配送运输的工作难点。这也是配送运输的特点，对于较为复杂的配送运输，需要用数学模型规划整合来取得较好的运输效果。

6）送达服务

将配好的货物运输到客户处，还不算配送工作的结束，这是因为货物送达和客户接收往往还会出现不协调等问题，容易使配送前功尽弃。因此，要圆满地实现货物运到之后的移交，有效、方便地办理相关手续并完成结算，还应当注意卸货地点、卸货方式等。这便是送达服务应该考虑的问题。送达服务也是配送独具的特色。

7）配送加工

配送加工是流通加工的一种，是按照客户的要求所进行的流通加工。在配送活动中，为便于流通和消费、改进商品质量、促进商品销售，有时需要根据客户的需求，对商品进行剪裁、简单组装、分装、贴标、包装等加工活动；有时是为了提高配送的效率而进行加工。配送加工这一功能要素在配送中不具有重要意义，但是，配送加工可以大大提高客户的满意程度和配送效率。

业务链接 6-1

巴塞罗那大众物流公司的配送

巴塞罗那大众物流公司承担着为大众、奥迪、斯柯达、斯亚特四个品牌的汽车配送零部件的任务。四个品牌的汽车在整车下线前两个星期，有关这些车辆的 88 000 种零部件在这里都可以全部采购到。假如用户新买的车坏了，只要在欧洲，24 小时内就会有专门的配送公司把用户所需要的零部件送到其手中。

配送管理岗位的职责主要是负责配送中心的统筹管理，负责配送计划的制订和实施，负责所配送产品的搬运、储存、交付等工作，协调各方面的关系，控制配送成本、费用，提升顾客满意度。

6.2.2　配送作业的基本流程

配送业务的组织一般是按照功能要素展开的，其基本流程如图 6-1 所示。

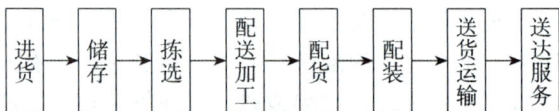

图6-1　配送业务的基本流程

具体到不同类型、不同功能的配送中心或物流节点的配送活动，其流程可能有所不同，而且不同的商品，由于其特性不一样，其配送流程也会有所区别。例如，食品由于其种类繁多，形状、特性不同，保质、保鲜要求也不一样，所以通常有不同的配送流程，如图 6-2 所示。

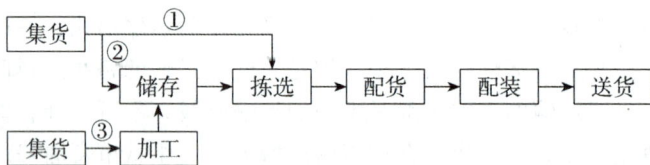

图6-2　食品的三种配货流程

第①类商品，如海鲜产品、鱼、肉类制品等，由于保质期短，保鲜要求高，集货环节不经过储存就立即分拣配货、配装后送至客户手中。

第②类商品，如矿泉水、方便食品等，保质期较长，可以在集货后经过储存、保管，再按客户订单要求组织配送。

第③类商品，如速冻食品、大包装进货食品等，在集货后需按客户的要求、商品特性进行加工后再组织配送。

业务链接 6-2

三马五金机电的配送系统

三马五金机电配送有限公司（简称三马配送）的总部位于佛山市区，由三马创业投资有限公司组建，主要经营和配送纺织印染设备及零部件、陶瓷机电、五金化工、塑胶、电子、印刷纸品包装等工业原材料、辅料等，年营业额可达1亿元人民币，有员工100多人。近些年来，三马配送凭借先进合理的配送作业流程、科学的管理手段获得了飞跃式的发展，能够为商家提供"1小时配送"的便利服务。

三马配送严格控制库存物资数量，当货物数量即将达到安全库存时开始按计划进货。进货有两种形式：供应商送货和配送中心提货。当货物到达配送中心时，进行一系列的卸货、检查单据、货物检验、搬运等操作。所有环节检查无误后，搬运人员利用叉车等设备将货物运往指定的货架进行储存。

配送中心接到客户订单后，就要按照订单指令进行分拣，有时按照不同客户的要求可进行简单的包装、分装、贴标签等作业。把拣取、分类完成的货品经过配货、检查无误后，装入容器并做好标记，再运到配货准备区，待装车后送货至客户处。

资料来源　张洪革，孙宏英. 仓储配送与管理：理论、实务、案例、实训［M］. 大连：东北财经大学出版社，2014.

6.2.3　配送的结构模式

1）商流、物流一体化的配送模式

这种配送结构模式又称为配销模式。其模式结构如图6-3所示。

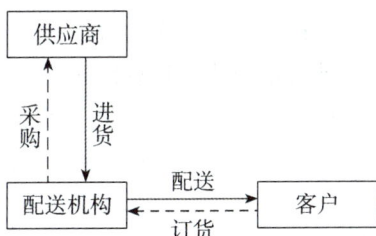

图6-3　商流、物流一体化的配送模式

在这种配送模式下，配送的主体通常是销售企业或生产企业，也可以是生产企业的专门物流机构。这些配送主体不仅参与物流过程和商流过程，而且将配送作为其商流活动的一种营销手段和策略，即参与商品所有权的让渡和转移，在此基础上向客户提供高水平的配送服务。其主要经营行为是商品销售，配送是实现其营销策略的具体实施手段，主要目的是通过提供高水平的配送服务来促进商品销售和提高市场占有率。在我国物流实践中，以批发为主体经营业务的商品流通机构以及连锁经营企业的内部配送多采用这种配送模式，国外的许多汽车配件中心所开展的配送业务同样也属于这种配销模式。

商流、物流一体化的配送模式对于行为主体来说，由于其直接组织货源及商品销售，因而配送活动中能够形成资源优势，扩大业务范围和服务对象，同时也便于向客户提供特殊的物流服务，如配套供应物资等，从而满足客户的不同需求。可见，这种配送模式是一种能全面发挥专业流通企业功能的物流形式。但这种模式对组织者的要求较高，需要大量资金和管理技术的支持，给企业资源配置带来了过重的压力，不利于扩大物流配送企业的经营规模。

此外，由于这种配送模式是围绕着销售而展开的，因此不可避免地要受到后者的制约。在现代化大批量、单品种生产条件下，生产企业采取这种配送模式直接配送自己的产品，往往难以获得物流方面的优势。

2）商流、物流相分离的配送模式

商流、物流相分离的配送模式的结构如图6-4所示。

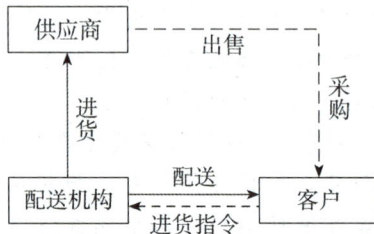

图6-4　商流、物流相分离的配送模式

在这种配送模式下，配送的组织者不直接参与商品交易活动，即不参与商流过程。它只是专门为客户提供货物的入库、保管、加工、分拣、运送等物流服务，其业务实质上属于"物流代理"。从组织形式上看，其商流与物流活动是分离的，分属于不同的行为主体。

在我国的物流实践中，这类模式多存在于由传统的储运企业发展起来的物流企业。其业务是在传统的仓储与运输业务基础上增加了配送服务功能，宗旨是为市场提供全面的物流保证。发达国家的运输企业配送中心、仓储企业配送中心和物流服务中心所开展的配送活动均属于这种配送模式。这种配送模式的优点有：

（1）配送企业的业务活动单一，有利于专业化的形成，能提高物流服务水平。

（2）占用资金相对较少，易于扩大服务范围和经营规模。

（3）只提供物流代理服务，企业收益主要来自服务费，经营风险较小。

这种配送模式的主要缺点就是配送机构不直接掌握货源，其调度和调节能力较差。另外，因为对客户的依赖性更强，容易随客户的销售不畅而导致自身配送规模的下降，所以配送企业的经营主动性较差。

6.3　配送作业组织

6.3.1　配送方法

在不同的市场环境下，为了满足不同产品、不同客户、不同的流通环境的要求，在配送组织活动过程中，可以采取不同的配送形式。

1）按配送组织者的不同分类

按配送组织者的不同，可以把配送分为以下几种形式：

（1）配送中心配送。这是配送的重要形式，其组织者是专职配送中心。配送中心是一种以物流配送活动为核心的经营组织，通常有较大的存储、分拣及输送系统和设施，而且要建立较大的商品储备规模，风险和投资都比较大。其设施及工艺流程一般是根据配送活动的特点和需要而专门设计和建设的。其优缺点见表6-1。

表6-1 配送中心配送形式的优缺点

优点	①规模较大，专业性较强
	②配送能力强
缺点	投资规模较大，灵活性与机动性较差

优点：①规模较大，专业性较强。配送中心一般都与用户之间存在固定的配送关系，都实行计划配送，需要配送的商品也有一定的库存量。因此，很少超越自己的经营范围。②配送能力强。配送距离较远，覆盖面较宽，配送的品种多，配送的数量大，可以承担工业生产用的主要物资的配送以及针对配送商店实行补充性配送等。

缺点：投资规模较大，灵活性与机动性较差。作为大规模配送形式的配送中心配送，必须有一套配套的大规模配送的设施。因此，其投资较大，并且一旦建成便很难改变。所以，其灵活性和机动性较差，这就导致了在配送初期很难大量建立配送中心。

（2）仓库配送。这种配送形式是以一般仓库为据点来进行配送。它可以把仓库完全改造成配送中心，也可以在保持仓库原有功能的前提下，以仓库原有功能为主，再增加一部分配送职能。其优缺点见表6-2。

表6-2 仓库配送形式的优缺点

优点	投资规模小，上马快
缺点	配送规模小，专业化水平低

优点：投资规模小，上马快。仓库配送是开展中等规模的配送优先选择的形式。由于可以利用原仓库的储存设施及能力、收发货场地、交通运输线路等现有条件实现配送活动，因此仓库配送不需要大规模投资，上马较快。

缺点：配送规模小，专业化水平低。由于其并不是按配送中心的要求而专门设计和建立的，所以仓库配送的规模较小，配送的专业化水平比较低。

（3）商店配送。这种配送形式的组织者是商业或物资企业的门市网点。这些网点往往经营商品的零售，它们可以在经营的同时，根据用户的要求，把本店经营的商品种类配齐，甚至为用户代理订购他店的商品，连同该店的商品一起送到用户的手中。其优缺点见表6-3。

表6-3 商店配送形式的优缺点

优点	灵活机动，适用于小批量、零星商品的配送
缺点	无法承担大批量的商品配送

优点：灵活机动，适用于小批量、零星商品的配送。这是由于商业和物资企业的经营网点较多，因此可以承担生产企业非主要生产物资的配送以及对消费者个人的配送，满足企业和消费者的需求。

缺点：无法承担大批量的商品配送。这是因为商业或物资企业的门市网点通常规模和实力有限，其配送能力受到限制。

按照商店的性质和其进行配送的程度，该配送进一步分为专营配送形式和兼营配送形式。专营配送形式是指商店不进行销售，而是专门进行配送；兼营配送形式是指商店在进行一般销售的同时还进行商品的配送。

（4）生产企业配送。这种配送形式的组织者是生产企业，尤其是进行多种产品生产的企业。这种配送形式越过了配送中心，直接由生产企业进行配送。其优缺点见表6-4。

表6-4　　　　　　　　　生产企业配送形式的优缺点

优点	节省成本
缺点	适用条件有局限性

优点：节省成本。由于具有直接、避免中转的特点，所以在节省成本方面具有一定的优势。

缺点：适用条件有局限性。由于这种配送形式多适用于大批量、单一产品的配送，不适用于多种产品"化零为整"的配送，所以具有一定的局限性。

其实，把生产企业作为配送的主体是不适宜的，只有在那些有独特的生产技术和独特的产品种类的企业才适用。

2）按配送时间及数量分类

按照配送时间及数量的不同，可以把配送分成以下几种：

（1）定时配送。定时配送，即按事先约定的时间间隔进行配送，如数天、数小时一次，每次配送的品种及数量可以预先计划，也可以根据客户的需求进行调整，用商定的联络方式（电话、互联网）通知配送品种和数量。

优点：时间固定，易于安排工作计划，易于计划使用设备，也有利于安排接运人员和接运作业。

缺点：临时性较强，配货、配装工作紧张，难度较大；如果配送数量变化较人，也会出现配送运力短缺的现象。

定时配送有以下两种常见形式：

①日配。日配是定时配送中使用较广泛的一种形式，尤其是在城市内的配送，日配占了较大比例。日配在时间方面的要求大体是，上午订货当天下午送达，下午订货第二天送达，配送时间在订货后24小时之内。

广泛而稳定地开展日配，可以使用户基本上无须保证库存，做到以日配方式代替传统的库存来实现生产的准时和销售经营的及时。日配主要适用于以下一些情况：A.生鲜食品配送，如蔬菜、水果、点心、肉类等的配送；B.小型商店配送，这些商店要求商品随进随售，因而需要采取日配形式，实现快速周转；C.为不能保持较长时期库存的用户配送，如实现"零库存"的企业或缺乏冷冻设施的用户。

②看板方式。看板方式是运用"准时制"生产方式的一种手段，是配送供货与企业生产保持同步的一种配送方式。与日配方式和一般定时方式相比，这种方式更为精细和准确。其配送每天至少一次，甚至几次，以保证企业生产不发生中断。这种配送方式的目的是实现供货时间恰好是用户生产或需求之时，从而保证货物不需要在用户

的仓库中停留，可直接运往生产场地。这样，与日配方式相比，连"暂存"这种方式也可取消，可以绝对地实现"零库存"。

看板方式要求依靠很高水平的配送系统来实施，由于要求迅速反应，因而对多用户实施周密的共同配送计划是不大可能的。该方式适合于装配型、需要重复大量生产的用户。这种用户所需配送的物资是重复、大量而且没有大变化的，因而往往是一对一的配送。

（2）定量配送。它是按规定的批量在一个指定的时间范围内进行的配送。

优点：由于数量和品种相对固定，备货工作相对简单，而时间规定不严格，则为将不同用户所需的物品拼凑成整车运输、充分提高运力提供了机会，并能对配送路线进行合理优化，以达到节约运力、降低成本的目的。此外，定量配送还有利于充分发挥集合包装运输的优越性，如使用托盘或集装箱运输，可以提高运送效率。

（3）定时、定量配送。它是指在规定的时间内对规定了品种和数量的商品进行的配送。

特点：兼有以上两种方式的特点，对配送企业的要求比较严格，管理和作业的难度较大，需要配送企业有较强的计划性和准确度。

适用场合：相对来说比较适用于生产和销售稳定，产品批量较大的生产、制造企业和大型连锁商场的部分商品的配送及配送中心采用。

（4）定时、定量、定点配送。它是按照确定的周期、确定的货物品种和数量，对确定的用户进行的配送。

特点：这种配送形式一般事先由配送中心与用户签订配送协议，双方严格按协议执行。

适用场合：其适用于重点企业和重点项目，配送中心一般与用户有长期稳定的业务往来。这对于保证物资供应、降低企业库存非常有利。

（5）定时、定路线配送。它是通过对客户的分布状况进行分析，设计出合理的运输路线，根据运输路线安排到达站点的时刻表，按照时刻表，沿着规定的运行路线进行的配送。用户可以按规定的路线、站点及规定的时间接货或提出配送要求。

特点：对配送中心来说，易于安排车辆和驾驶人员及接、运货工作；对用户来讲，既可以按一定路线和时间进行选择，又可以有计划地安排接货活动。

适用场合：消费者比较集中的地区。

（6）即时配送。它是完全按照用户突然提出的时间和数量方面的配送要求，立即将商品送达指定地点的配送方式。

特点：可以灵活高效地满足用户的临时需求，但是对配送中心的要求比较高，特别是对配送速度和配送时间要求比较严格。

适用场合：通常只有配送设施完备、具有较高的管理和服务水平、较高的组织和应变能力的专业化配送中心才能大规模地开展即时配送业务。只有即时配送才会使用户真正实现保险储备的零库存，适用于采取"准时制"生产方式的企业。

（7）快递配送。它是一种面向社会的快速的配送方式。图6-5为全球三大快递公司标识。这三大快递公司分别是：联邦快递集团（FedEx）、联合包裹服务公司（UPS）、敦豪国际公司（DHL）（2016年5月，FedEx对外宣布，已经完成对荷兰

"TNT"快递公司的收购）。

图6-5 世界三大快递公司标识

特点：与即时配送相比，这种配送方式更为灵活机动。其服务对象为广大的企业和用户，覆盖范围比较广，服务时间随地域的变化而变化。

适用场合：配送的物品主要是小件物品，它可以快速地将物品送到所需用户手中。由于这种方式方便快捷，大受市场欢迎，发展很快。如美国的FedEx、中国的EMS等。

业务链接6-3

7-11便利店的配送组织

7-11便利店（以下简称7-11）经营的不同食品对配送时间和频率会有不同的要求。对于有特殊要求的食品，如冰淇淋，7-11会绕过配送中心，由配送车早中晚三次直接从生产商处拉到各个店铺。对于一般商品，7-11实行的是一日三次的配送制度，早上3点到7点配送前一天晚上生产出来的一般食品，早上8点到11点配送前一天晚上生产出来的特殊食品（如牛奶、新鲜蔬菜），下午3点到6点配送当天上午生产出来的食品。这样一日三次的配送频率在保证了商店不缺货的同时，也保证了食品的新鲜度。为了确保各店铺供货的万无一失，配送中心还有一个特别配送制度来和一日三次的配送相搭配。每个店铺都会随时碰到一些特殊情况造成缺货，这时只能向配送中心打电话求助，配送中心则会用安全库存为店铺紧急配送，如果安全库存也已告罄，配送中心就转而向供应商紧急要货，并且在第一时间送到缺货的店铺中。

资料来源 佚名. 7-11便利店的配送组织［EB/OL］.［2020-05-22］. https://www.sohu.com/a/162771451_726993.引文经整理、节选和改编。

3）按配送商品的种类及数量不同分类

按照配送商品种类及数量的不同，可以把配送分为以下几种形式：

（1）单（少）品种、大批量配送。一般来说，对于工业企业需求量较大的商品，由于单独一个品种或几个品种就可达到较大输送量，所以可以实行整车运输。在这种情况下，就可以由专业性很强的配送中心实行配送，往往不需要再与其他商品进行搭配。由于配送量大，可使车辆满载并使用大吨位车辆。同时，由于配送中心的内部设置、组织、计划等工作也较为简单，可使配送成本较低。但是，如果可以从生产企业将这种商品直接运至用户处，同时又不至于使用户库存效益下降，采用直送方式往往效果更好一些。

（2）多品种、少批量配送。在现代企业生产中，除了需要少数几种主要物资外，大部分物资属于次要物资，品种数较多。由于每一品种的需要量不大，如果采取直接运送或大批量的配送方式，一次进货批量大，必然造成用户库存增多等问题，类似的情况在向零售商店补充一般生活消费品的配送中也存在。所以，以上这些情况适合采用多品种、少批量的配送方式。

多品种、少批量配送是根据用户的要求，将其所需的各种物品（每种物品的需要量不大）配备齐全，凑整装车后从配送据点送达用户处。这种配送作业水平要求高，配送中心设备要求复杂，配货、送货计划难度大，因此需要有高水平的组织工作能力，而且在实际工作中，多品种、少批量配送往往伴随多用户、多批次的特点，配送频度往往较高。

配送的特殊作用主要反映在多品种、少批量的配送中。因此，这种配送方式在所有配送方式中是一种高水平、高技术的方式。这种配送能满足物品品种多样化的需求，符合市场环境的主流需要，也是配送中最典型的形式。

（3）配套成套配送。这种配送方式是指根据企业的生产需要，尤其是装配型企业的生产需要，把生产每一种产品所需要的全部零部件配齐，按照生产节奏定时送至生产企业，生产企业随即将此成套零部件送入生产线以装配产品。在这种配送方式中，配送企业承担了生产企业大部分的供应工作，使生产企业可以专注于生产，它与多品种、少批量的配送效果相同。

4）按供应主体分类

（1）供应商直接配送。它是指用户为了自己的供应需要所采取的配送形式。在这种配送形式下，一般来讲是由用户或用户集团组建配送据点，集中组织大批量进货（以便取得批量折扣），然后向本企业配送或向本企业集团若干企业配送。在大型企业或企业集团或联合公司中，常常采用这种配送形式组织对本企业的供应。例如，商业中广泛采用的连锁商店，就常常采用这种形式。用配送方式进行供应，能保证供应水平、提高供应能力、降低供应成本。

（2）企业自营配送。这是目前商贸企业广泛采用的一种配送模式。商贸企业通过独立组建配送中心，实现对内部各零售店的商品供应（配送）。作为一种物流组织，配送中心成为企业的一个有机组成部分。其最大的优点是具有灵活性，因为企业可以对其政策和作业程序进行调整，以满足自身的需要。自营配送模式与其他模式相比，可以提供给商贸企业更多的控制权。因为企业对所有活动拥有绝对的决策权，这种控制能使企业把配送活动与企业内部的其他物流活动结合在一起。

自营配送模式在满足大型商贸企业供应方面发挥了重要作用。许多超市都通过组建自己的配送中心来实现对内部各门店的统一采购、统一配送和统一结算。例如，沃尔玛公司所属的自用型配送中心就是公司独资建立的，专门为公司所属连锁店提供配送服务。

同时，采用自营配送模式还能使商贸企业拥有一定的无形利益，尤其体现在市场形象方面。配送车辆上冠有企业的名字，会使顾客产生一种响应性和稳定性的感觉，这种感觉有时会使企业拥有优于其他企业的营销优势。

（3）社会化配送。在社会化配送模式中，商贸企业的物流业务由第三方的专业公司来承担。商贸企业可以将全部或部分物流业务委托给第三方物流公司来运作。社会化配送的优势在于专业配送公司更能够通过规模化操作带来经济利益，所以具有较低的成本。另外，专业配送公司能够通过提供更多的物流作业和物流管理方面的专门知识，使商贸企业降低经营风险。在运作中，专业配送公司对信息进行统一组合、处理后按客户订单的要求，将商品配送到各零售店。这种配送模式还表现为在用户之间进行供应信息的交流，从而起到调剂余缺、合理利用资源的作用。

（4）共同配送（Joint Distribution）。《物流术语》（GB/T 18354—2006）中指出，**共同配送**是由多个企业联合组织实施的配送活动。其实质就是在同一个地区，许多企业在物流活动中互相配合、联合运作，共同进行理货、送货等的一种组织形式。实际操作时，有两种具体做法：

① 共同投资建立"共同配送中心"，使装卸、保管、发送等职能全面协作化，以求更有效地完成货物分类和理货、发送等工作。

② 共同（或联合）配送运输、共同发送。后者有两种类型：其一，以物流业者为主体所组织的共同运送；其二，由需要提供运输服务的厂商和批发商牵头组织的共同配送。

共同配送的目的是增大单体企业中有限的物流量，寻求规模最有效的途径。由于对共同化的对象相互补充利用，能够追求商品配送的规模化并缩短总的配送距离，最有效地使物流效率化和降低成本，并能通过大量储存、大量输送、大量处理使单位物流成本大幅度下降。共同配送对社会也是有利的，首先是节约了社会运力，降低了对交通的压力；其次是减少了空气及噪声污染。

🔑 课程思政 6-1

谨防物流配载中的"搭便车"陷阱

背景与情境： 业内有不少货主在长途配送运输过程中遭遇过"搭便车"的陷阱，由于诈骗手法隐蔽，往往令货主防不胜防。在江苏宜兴警方破获的一起案件中，19名邳州籍犯罪嫌疑人分工明确，骗、销一条龙作业，伪造驾驶证、汽车行驶证及牌照，以配载运货为幌子，在山东、天津、江苏、上海、浙江、河北、山西等地诈骗作案17起，骗得电缆、彩钢板、洗衣机、席梦思床垫、化工原料及各种钢材、钢管等价值数百万元货物。物流配载诈骗案件的特点决定了防范胜于打击，从事物流配载相关工作的单位和人员应该提高警惕、严加防范。

资料来源　佚名. 警惕物流配载诈骗犯罪［EB/OL］.［2020-05-22］. http://www.gov.cn/gzdt/2006-03/21/content_232603.htm.引文经整理、节选和改编。

问题： 案例中的犯罪分子采用了什么手段来达到行骗的目的？

研判提示： 抓住货运业主贪图便宜的心理，以较优惠的费用诱骗客户；伪造"良好的商业信誉"，麻痹客户的警觉心理；伪造身份证、驾驶证、车牌等相关证件，取得货主信任。

6.3.2　共同配送

1）共同配送的特征

（1）技术设备先进。共同配送服务质量要求高，需要有高新技术的支撑，且配送规模较大，资金流动充足。

（2）多网络的有机结合。共同配送不仅是多家连锁企业多种配送网络的机械组合，而且是多家连锁企业多种配送网络的有机整合，使其产生递增的规模效益。

（3）长距离、高密度的聚集与发散。共同配送的服务范围一般较大，涉及的领域一般较广。

（4）工作人员较少但素质较高。由于共同配送技术含量高，所以工作人员需求量较少，但是要求工作人员有较高的文化水平和工作技能。

2）共同配送的优势

共同配送是经过长期的发展和探索，优化出的一种配送形式，也是现代社会影响面较大、资源配置较为合理的一种配送形式。其优势可以从两方面看：

一方面，从货主（厂家、批发商和零售商）的角度来说，通过共同配送可以提高物流效率，如中小批发业者各自的配送，难以满足零售商多批次、小批量的配送要求。采用共同配送的形式，送货的一方可以实现少量物流配送，收货的一方可以统一进行验货，从而达到提高物流配送水平的目的。

日本的共同配送历史要追溯到20世纪60年代中叶，时值日本经济快速发展时期，随着物流量的扩大，"大批量的运输""直达运输"这类词成为那个时代物流的关键词。但是，同时也出现了单程运输效率低、返程汽车运力浪费甚至空驶等问题。另外，城市交通不畅有长期发展的趋势，交通法规的修订使车辆的载重能力受到限制，环保法规的出台使汽车的废气排放标准也越来越高，导致配送成本增加，于是出现了共同配送这种配送方式。日本当时实施的共同配送与现在实施的共同配送在思路上有些差别，当时是以减少交通量、削减车辆的数量等为主要目的。20世纪90年代后，便利店总部向连锁店的共同配送等新形态的配送方式开始普及。据1996年日本连锁经营协会的调查，大多数零售业都采用共同配送的形式，采用率大约为55.4%，其中的41%为配送中心或物流中心进行的配送。

另一方面，从卡车运输业者的角度来看，卡车运输业内多为中小企业，不仅资金少、人才储备不足、组织脆弱，而且运量少、运输效率低，在独自承揽业务、物流合理化及效率方面受到限制。如果能实现合理化的共同配送，则筹集资金、大宗运货、通过信息网络提高车辆使用效率进行往返运货等问题均可得到解决。同时，也可以通过共同配送，扩大多批次、小批量的服务范围。

共同配送的目的在于最大限度地提高人员、物资、资金、时间等物流资源的效率（降低成本），取得最大效益（提高服务水平）。此外，还可以避免多余的交错运输，取得缓解交通压力、保护环境等社会效益。

共同配送的优点见表6-5。

表6-5　　　　　　　　　　　　　共同配送的优点

货主	运输业者
①运费负担减轻	①可以提高运送效率
②可以裁减人员	②可以降低物流成本
③可以小批量进行配送	③可以减少物流人员
④收货人员可以对不同品种货物统一验收	④可以减少不适当的竞争
⑤物流空间可以互相融通	⑤可以减少重复的服务
⑥可以缓解交通拥堵的压力	⑥可以缓解交通拥堵的压力
⑦可以降低污染物排放	⑦可以降低污染物排放

业务链接 6-4

《吉林市快递服务及城市共同配送车辆便捷通行管理办法》印发

近日，吉林市政府办公厅印发《吉林市快递服务及城市共同配送车辆便捷通行管理办法》（以下简称《办法》），快递服务车辆"通行难、停靠难、投递难"的问题将得到有效解决。《办法》共四章二十条，明确了快递服务车辆的定义和范围，细化了车辆通行证申请的条件、相关材料和受理程序，提出了监督管理的具体要求，重点围绕快递服务车辆的种类，逐一明确了市区通行时间、通行路段、停靠标准等。同时，建立由邮政、交通、城管、公安等部门组成的联合管理机制，明确了各部门的分工和职责。《办法》出台实施是落实国务院办公厅《关于推进电子商务与快递物流协同发展的意见》和《快递暂行条例》的具体举措，切实有效解决了快递服务车辆通行、停靠、投递难的问题，提高了地区邮政业服务专业化水平。

资料来源　吉林省邮政管理局. 吉林市政府办公厅印发快递服务及城市共同配送车辆便捷通行管理办法［EB/OL］.［2020-05-22］. http://www.spb.gov.cn/xw/dsjxx_1/201805/t20180523_1570408.html.

3）共同配送的两种类型

共同配送可以分为以货主为主体的共同配送和以物流业者为主体的共同配送。在日本，以货主为主体的共同配送的类型与具体事例见表6-6。

（1）以货主为主体的共同配送。它是指以有配送需要的厂家、批发商、零售商以及由它们组建的合作机构为主体进行配送，避免个别配送的低效率。该种配送方式对货主而言，可以在不增加物流成本的情况下，实现小批量、多批次的配送。

（2）以物流业者为主体的共同配送。它是指以提供配送的物流业者，或以它们组建的新公司或合作机构为主体进行配送，避免个别配送的低效率。该种配送方式对物流业者而言，可以提高配送效率、改善服务、提高市场竞争力。

表6-6　　　　　　　　**以货主为主体的共同配送的类型与具体事例**

主体		类型		具体事例
货主主体型	发货货主主体型	与交易对象共同配送		NEC集团（采购零件部），莱昂（交原材料）
		与不同行业的货主共同配送		麒麟集团（三菱材料、味之素、莱昂等100家公司）
		集团系统内的共同配送		味之素集团（味之素、AFG、梅尔鲁）
		与同业货主协同	集团共同配送	关西百货店（阪急百货店等大阪7家百货店）
			共同出资组建公司进行共同配送	巴比克斯公司（纸批发业6家公司）共荣系统等5家公司，医疗设备1公司，东日本桥流通服务公司
			组建合作社进行共同配送	（合作社）东京具马尔谢公司、仙台批发商中心等
			使用行业增值网共同配送	日本唱片公司（唱片、CD等）、行星物流（莱昂等11家）
	收货货主主体型	以主力批发商为窗口交货的共同配送		"7-11"公司（一揽子送货）、神奈川西基西中心（神奈川超市6家）
	合作型	运送业者的共同配送		南王运送（代向百货店交货、验货）、四国运输（家庭纸厂20家）
		共同出资组建新公司进行共同配送		爱知共同配送
		运送业者组建合作社进行共同配送		东京都市圈货物输送合作社（小批量杂货）
		运送业、批发业组建合作社进行共同配送		西大阪运送事业合作社（机械工具）

共同配送按照配送形态的不同可以分为以下两种：

① 水平式的共同配送。**水平式的共同配送**是在批发商店及代理商店之间进行的一种配送。

② 垂直式的共同配送。**垂直式的共同配送**是由制造商主导来汇总批发业的配送，或由连锁店总部主导来汇总供货厂商的配送。

4）实施共同配送应注意的问题

为了使共同配送健康发展，实施共同配送应该注意以下几点：

（1）参与共同配送的双方应签订较为正式的协议。

（2）承担配送的货主或物流主体应具备较为完善的信息系统作为技术支持，在物流信息管理方面应具有一定的基础。

（3）在客户分布、商品特性、操作方式及经营系统方面应具有相似性和趋同性，便于组织管理和相互协调。

（4）货主或物流主体在物流配送方面应为共同的利益相互合作、相互配合，尽管它们在其他方面或许是竞争对手。

（5）对于配送收益的分配，在合同或协议内应有明确的规定，以免以后引起不必要的争端。

同步案例 6-1

学习微平台

延伸阅读 6-1

7-11便利店的共同配送系统

背景与情境： 7-11在全球20多个国家和地区拥有2.1万家便利连锁店。一家成功的便利店背后一定有一个高效的物流配送系统，7-11从一开始采用的就是在特定区域高密度集中开店的策略，在物流管理上也采用集中的物流配送方案，这一方案每年大概能节约相当于商品原价10%的费用。

一间普通的7-11连锁店一般只有一二百平方米大小，却要提供两三千种食品，不同的食品有可能来自不同的供应商，运送和保存的要求也各有不同，每一种食品又不能短缺或过剩，而且要根据顾客的不同需要随时能调整货物的品种，这给连锁店的物流配送提出了很高的要求。

7-11的物流管理模式先后经历了三种方式的变革。起初，7-11并没有自己的配送中心，它的货物配送是依靠批发商来完成的。为了自身的发展，批发商需要最大限度地扩大自己的经营范围，尽量向更多的便利店送货，并且要对整个配送和订货系统作出规划来满足7-11的需要。

渐渐地，这种由各个批发商分别送货的方式已经无法再满足规模日渐壮大的7-11便利店的需要，7-11开始和批发商及合作生产商构建统一的集约化的配送和进货系统。集约化配送有效地减少了批发商的数量和配送环节，为7-11节省了物流费用。

何不自己建一个配送中心？与其让别人掌控自己的命脉，不如自己来掌控。7-11的物流共同配送系统就这样浮出了水面。共同配送中心代替了特定批发商，分别在不同的区域统一集货、统一配送。共同配送的优点不止于此，还在于7-11从批发商手中夺回了配送的主动权，7-11能随时掌握在途商品、库存货物等数据，对财务信息和供应商的其他信息也能准确把握。对一个零售企业来说，这些数据都是至关重要的。

资料来源　佚名. 知识贴：便利店的配送体系如何构建？看看"7-11"的案例［EB/OL］.［2020-05-22］. https://www.headscm.com/Fingertip/detail/id/11143.html.引文经整理、节选和改编。

问题： 通过7-11的共同配送系统，我们能得到什么启示？

分析提示： 从7-11的背景、规模变化上来分析；从7-11物流配送系统的改革上来分析。

6.4　配送成本分析

6.4.1　配送成本构成

配送是物流企业重要的作业环节，是指在经济合理区域范围内，根据客户要求，对物品进行拣选、加工、包装、分割、组配等作业，并按时送至指定地点的物流活动。通过配送，物流活动才得以最终实现，但完成配送活动是需要付出代价的，即**配送成本**。物流配送成本主要由以下费用构成：

1）运输费用

（1）车辆费用：从事配送运输生产而发生的各项费用。其具体包括驾驶员及助手等的工资及福利费、燃料费、轮胎磨损、修理费、折旧费、车船税等项目。

（2）**配送间接费用**：营运过程中发生的不能直接计入各成本计算对象的站、队经费。其包括站、队人员的工资及福利费，办公费、水电费、折旧费等，但不包括管理费用。

2）分拣费用

（1）分拣人工费用：从事分拣工作的作业人员及有关人员的工资、奖金、补贴等费用的总和。

（2）分拣设备费用：分拣机械设备的折旧费用及修理费用。

3）配装费用

（1）配装材料费用：常见的配装材料有木材、纸、自然纤维和合成纤维、塑料等。这些材料功能不同，成本相差很大。

（2）配装辅助费用：除上述费用外，还有一些辅助费用，如包装标记、标志的印刷费用，拴挂物费用等的支出。

（3）配装人工费用：从事包装工作的工人及有关人员的工资、奖金、补贴等费用总和。

4）流通加工费用

（1）流通加工设备费用：流通加工设备因流通加工形式的不同而不同，购置这些设备所支出的费用，以流通加工费用的形式转移到被加工产品中去。

（2）流通加工材料费用：在流通加工过程中，投入其中的一些材料消耗的费用。

（3）流通加工人工费用：在流通加工过程中从事加工活动的管理人员、工人及有关人员的工资、奖金等费用的总和。实际应用中，应该根据配送的具体流程归集成本，不同的配送模式，其成本构成差异较大。在相同的配送模式下，由于配送物品的性质不同，其成本构成差异也很大。

同步链接6-1

"外卖小哥"
交流学习党的
二十大精神

6.4.2 物流配送成本的核算

配送成本的核算由于涉及多个环节的成本，所以对每个环节应当计算各成本计算对象的总成本。总成本是指成本计算期内成本计算对象的成本总额，即各个成本项目金额之和。配送成本费用总额由各个环节的成本组成。其计算公式如下：

配送成本＝运输成本＋分拣成本＋配装成本＋流通加工成本

需要指出的是，在进行配送成本核算时，要避免配送成本费用重复交叉问题。

1）运输成本的核算

配送运输成本的核算，是指将配送车辆在配送生产过程中所发生的费用，按照规定的配送对象和成本项目，计入配送对象的运输成本项目中去的方法。运输成本的核算方法在本章第2节已做了详细阐述，这里只进行简单介绍。

（1）配送运输成本的数据来源。其包括：①工资及职工福利费；②燃料费；③轮胎磨损；④修理费；⑤折旧费；⑥运输管理费；⑦车船税、行车事故损失和其他费用；⑧营运间接费用。

（2）配送运输成本计算表。物流配送企业月末应编制配送运输成本计算表，以反映配送运输总成本和单位成本。配送运输总成本是指成本计算期内成本计算对象的成本总额，即各个成本项目的金额之和。单位成本是指成本计算期内各成本计算对象完成单位周转量的成本额。各成本计算对象计算的成本降低额，是指用该配送成本的上年度实际单位成本乘以本期实际周转量计算的总成本，减去本期实际总成本的差额。它是反映该配送运输成本由于成本降低所产生的节约金额的一项指标。

按各成本计算对象计算的成本降低率，是指该配送运输成本的降低额与上年度实际单位成本乘以本期实际周转量计算的总成本比较的百分比。它是反映该配送运输成本降低幅度的一项指标。各成本计算对象的降低额和降低率的计算公式如下：

成本降低额=上年度实际单位成本×本期实际周转量−本期实际总成本

成本降低率=成本降低额÷（上年度实际单位成本×本期实际周转量）×100%

2）流通加工成本的核算

（1）流通加工成本的项目和内容。其包括：直接材料费用、直接人工费用、制造费用。

（2）流通加工成本项目的归集。其包括：直接材料费用的归集、直接人工费用的归集、制造费用的归集。

学习微平台

延伸阅读 6-2

6.4.3 降低配送成本的五种策略

形状、价格、运输批量、交货日期、到达地点等不同的货物，都有与之相对应的适当的运输方式。运输方式的经济性与迅速性、安全性、便利性之间存在着相互制约的关系。因此，在目前多种运输方式并存的情况下，在控制运输成本时，必须注意根据不同货物的特点及对物流时效的要求，对运输方式所具有的不同特征进行综合评估，以便制定选择合理运输方式的策略。

1）混合策略

混合策略是指配送业务一部分由企业自身完成。这种策略的基本思想是：尽管采用纯策略（即配送活动要么全部由企业自身完成，要么完全外包给第三方物流公司完成）易形成一定的规模经济，并使管理简化，但由于产品品种多变、规格不一、销量不等，采用纯策略的配送方式超过一定程度不仅不能取得规模效益，反而还会造成规模不经济。而采用混合策略，合理安排企业自身完成的配送和外包给第三方物流公司完成的配送，能使配送成本最低。例如，美国一家干货生产企业为满足遍及全美的1 000家连锁店的配送需要，建造了6座仓库，并拥有自己的车队。随着经营的发展，企业决定扩大配送系统，计划在芝加哥投资7 000万美元再建一座新仓库，并配以新型的物料处理系统。该计划提交董事会讨论时，却发现这样不仅成本较高，而且就算仓库建起来也还是满足不了需要。于是，企业把目光投向租赁公共仓库，结果发现，如果企业在附近租用公共仓库，增加一些必要的设备，再加上原有的仓储设施，企业所需的仓储空间就足够了，而且总投资只需20万美元的设备购置费、10万美元的外包运费，加上租金，也远没有7 000万美元之多。

2）差异化策略

差异化策略的指导思想是：产品特征不同，为顾客提供的服务水平也不同。

当企业拥有多种产品线时，不能对所有产品都按同一标准的顾客服务水平来配送，而应按产品的特点、销售水平来设计不同的库存、不同的运输方式以及不同的储存地点，忽视产品的差异性会增加不必要的配送成本。例如，一家生产化学品添加剂的公司，为降低成本，按各种产品的销售量比重进行分类：A类产品的销售量占总销售量的70%以上，B类产品的销售量占20%左右，C类产品的销售量占10%左右。对于A类产品，公司在各销售网点都备有库存；对于B类产品，只在地区分销中心备有库存，而在各销售网点不备有库存；对于C类产品，连地区分销中心都不设库存，仅在工厂的仓库才有存货。经过一段时间的运行，事实证明这种方法是成功的，企业总的配送成本下降了20%之多。

3）合并策略

合并策略包含两个层次：一是配送方法上的合并，二是共同配送。

（1）配送方法上的合并。企业在安排车辆完成配送任务时，充分利用车辆的容积和载重量，做到满载满装，这是降低成本的重要途径。由于产品品种繁多，不仅包装形态、储运性能不一，在容重方面，也往往相差甚远。车上如果只装容重大的货物，往往是达到了载重量，但容积空余很多；只装容重小的货物则相反，看起来车装得满，实际上并未达到车辆载重量。这两种情况实际上都造成了浪费。实行合理的轻重配装、容积大小不同的货物搭配装车，不但在载重方面能达到满载，而且也能充分利用车辆的有效容积，取得最优效果。

（2）共同配送。共同配送是一种产权层次上的共享，也称集中协作配送。它是几个企业联合集小量为大量共同利用统一配送设施的配送方式。其标准运作形式是：在中心机构的统一指挥和调度下，各配送主体以经营活动或以资产为纽带联合行动，在较大的地域内协调运作，共同对某个或某几个客户提供系列化的配送服务。这种配送分为两种情况：一是中小生产、零售企业之间分工合作实行共同配送，即同一行业或在同一地区的中小型生产、零售企业在单独进行配送的运输量少、效率低的情况下进行联合配送，不仅可减少企业的配送费用，使配送能力得到互补，而且有利于缓和城市交通压力，提高配送车辆的利用率；二是几个中小型配送中心之间的联合，即针对某一地区的用户，由于各配送中心所配物资数量少、车辆利用率低等，几个配送中心将用户所需物资集中起来，共同配送。

4）延迟策略（Postponement Strategy）

《物流术语》（GB/T 18354—2006）中指出，**延迟策略**是将供应链上的顾客化活动延迟直至接到订单时为止，也即在时间和空间上推迟顾客化活动，使产品和服务与顾客的需求实现无缝连接，从而提高企业的柔性以及顾客价值的策略。传统的配送计划安排中，大多数的库存是按照对未来市场需求的预测量设置的，这样就存在着预测风险，当预测量与实际需求量不符时，就会出现库存过多或过少的情况，从而增加配送成本。延迟策略的基本思想就是对产品的外观及生产、组装、配送尽可能推迟到接到顾客订单后再确定，一旦接到订单就要快速反应。因此，采用延迟策略的一个基本前提是信息传递要非常快。一般来说，实施延迟策略的企业应具备以下几个基本条件：

（1）产品特征：模块化程度高，产品价值密度大，有特定的外形，产品特征易于表述，定制后可改变产品的容积或重量。

（2）生产技术特征：模块化产品设计、设备智能化程度高、定制工艺与基本工艺差别小。

（3）市场特征：产品生命周期短、销售波动性大、价格竞争激烈、市场变化大、产品按订单生产的提前期短。

实施延迟策略常采用两种方式：生产延迟（或称形成延迟）和物流延迟（或称时间延迟）。配送过程中往往存在着加工活动，所以实施配送延迟策略既可采用形成延迟方式，也可采用时间延迟方式。具体操作时，常常发生在诸如贴标签（形成延迟）、包装（形成延迟）、装配（形成延迟）和发送（时间延迟）等领域。例如，美国一家生产金枪鱼罐头的企业就通过采用延迟策略改变配送方式，降低了库存水平。历史上这家企业为提高市场占有率曾针对不同的市场设计了几种标签，产品生产出来后运到各地的分销仓库储存起来。由于顾客偏好不一，几种品牌的同一产品经常出现某种品牌畅销而缺货、另一些品牌却滞销而压仓的情况。为了解决这个问题，该企业改变了以往的做法，在产品出厂时都不贴标签就运到各分销中心储存，当接到各销售网点的具体订货要求后，才按各网点指定的品牌标志贴上相应的标签，这样就有效地解决了"此消彼长"的矛盾，从而降低了库存。

5）标准化策略

标准化策略就是尽量减少因品种多变而导致的附加配送成本，尽可能多地采用标准零部件、模块化产品。采用标准化策略要求厂家从产品设计开始就要站在消费者的立场去考虑怎样节省配送成本，而不要等到产品定型生产出来了才考虑采用什么技巧降低配送成本。

6.4.4　配送成本控制

1）加强配送的计划性

在配送活动中，临时配送、紧急配送或无计划的随时配送都会大幅度增加配送成本。临时配送由于事先计划不善，未能考虑正确的装配方式和恰当的运输路线，到了临近配送截止期时，不得不安排专车，单线进行配送，从而可能造成车辆不满载、里程多等问题。紧急配送往往只要求按时送货，来不及认真安排车辆配装及配送路线，从而可能造成载重和里程的浪费。而为了保持服务水平，又不能拒绝紧急配送。但是如果认真核查并有调剂准备的余地，紧急配送也可纳入计划。随时配送对订货要求不作计划安排，有一笔送一次。这样虽然能保证服务质量，但是不能保证配装与路线的合理性，也会造成很大浪费。

为了加强配送的计划性，需要制定配送申报制度。所谓配送申报制度，就是零售商店订货申请制度。制定这个制度的基本原则是：在尽量减少零售店存货、尽量减少缺货损失的前提下，相对集中各零售店的订货。应针对商品的特性，制定相应的配送申报制度。

（1）对于鲜活商品，应实行定时定量申报、定时定量配送。为保证商品的鲜活，零售店一般一天申报一次，商品量应以当天全部销售完为度。实行定时定量申报的商品，在商品量确定以后，分店除特殊情况外，不必再进行申报，由配送中心根据零售店的定量，每天送货。

（2）对于普通商品，应实行定期申报、定期配送。定期申报是指零售店定期向配送中心订货，订货量为两次订货之间的预计需求量。实行定期申报的优点包括：

① 各零售店的要货相对集中。零售店同时发出订货申请，配送中心将订货单按商品分类、汇总，统一完成配送。

② 零售店不必经常清点每种商品的盘存量，减少了工作量。

③ 零售店是向众多单个消费者销售商品，不确定因素多，实行定期申报，零售店只需预测订货周期较短的商品的需求量，降低了经营风险。零售店定期发出订货申请，配送中心定期送货，送货的时间间隔与订货的时间间隔一致。例如，每七天订一次，每七天送一次货。问题的关键是如何确定合理的时间间隔。时间间隔太长，每次的发货量必定很多，这无疑需要将配送中心的存货分散到零售店储备；时间间隔太短，每次发的货太零星，既增加了配送难度，也增加了配送次数。一个合理的时间间隔应该是零售店保持较少的库存而又不缺货，在实际操作中应通过数据分析和经验来确定。

2）确定合理的配送路线

配送路线合理与否对配送速度、成本、效益影响很大，因此，采用科学方法确定合理的配送路线是配送的一项重要工作。确定配送路线可以采用各种数学方法和在数学方法的基础上发展和演变出来的经验方法。无论采用何种方法，都必须满足一定的约束条件。对于一般的配送，约束条件有：

（1）满足所有零售店对商品品种、规格、数量的要求。

（2）满足零售店对货物到达时间范围的要求。

（3）在交通管理部门允许通行的时间内进行配送。

（4）各配送路线的商品量不超过车辆容积及载重量的限制。

（5）在配送中心现有的运力允许的范围之内配送。

3）进行合理的车辆配载

各分店的销售情况不同，订货情况也就不大一致，一次配送的商品可能有多个品种。这些商品不仅包装形态、储运性质不一，而且密度差别较大。密度大的商品往往达到了车辆的载重量，但空间剩余很大；密度小的商品虽能装满车辆，但达不到载重量。如前所述，实行轻重配装，既能使车辆满载，又能充分用车辆的有效空间，会大幅度降低运输费用。

4）量力而行建立计算机管理系统

在配送作业中，分拣、配货要占全部劳动的60%，而且容易发生差错。如果在分拣、配货中运用计算机管理系统并应用条形码，就可使拣货快速、准确、高效，从而提高生产效率，节省劳动力，降低物流成本。

同步案例6-2

安利降低物流成本的秘诀

背景与情境： 如何降低物流成本是每个物流企业都面临的课题。面对物流资讯奇缺、物流基建落后、第三方物流公司资质参差不齐的实际情况，国内同行物流成本居高不下，安利（中国）的储运成本却仅占全部经营成本的4.6%。那么，安利在中国的物流是怎样运作的呢？

（1）非核心环节通过外包完成

安利采用了适合中国国情的"安利团队+第三方物流供应商"的全方位运作模式。对于核心业务如库存控制等由安利统筹管理，实施信息资源最大范围的共享，使企业价值链发挥最大的效益。而对于非核心环节，则通过外包形式完成，如以广州为中心的珠江三角洲地区主要由安利的车队运输，其他绝大部分货物运输都是由第三方物流公司来承担。另外，全国几乎所有的安利仓库均为外租第三方物流公司的仓库，而核心业务，如库存业务、调配指令及储运中心的主体设施与运作，则主要由安利本身的团队统筹管理。目前，已有多家大型第三方物流公司承担安利公司的大部分配送业务。公司会派人定期监督和进行市场调查，以评估服务供应商是否提供了具有竞争力的价格，是否符合公司要求的服务标准。这样，既能整合第三方物流公司的资源优势，与其建立牢固的合作伙伴关系，同时又通过对企业供应链核心环节——管理系统、设施和团队的掌控，保持安利的自身优势。

（2）仓库半租、半建

在美国，安利仓库的自动化程度相当高，而在中国，很多现代化的物流设备并没有被采用，因为美国土地和人工成本非常高，而在中国这方面的成本比较低。两相权衡，安利弃高就低。创建新的物流中心的方式很好地反映出安利的"适用"哲学。新物流中心占地面积达 40 000 平方米，是原来仓库的 4 倍，而建筑面积达 16 000 平方米。这样大的物流中心如果全部自建的话，土地和库房等基础设施方面的投资就需要数千万元。安利采取了和另一物流发展商合作的模式，合作方提供土地和库房，安利租用仓库并负责内部的设施投入。

（3）核心环节大手笔投入

安利另一个值得借鉴的方面就是在核心环节的大手笔投入。安利单在信息管理系统上就投资了 9 000 多万元，其中主要是用于物流、库存管理的 AS400 系统。它使公司的物流配送运作效率得到了很大的提升，同时大大地降低了各种成本。安利先进的计算机管理系统将全球各个分公司的存货数据联系在一起，各分公司与美国总部直接联机，详细记录每项产品的生产日期、销售数量、库存状态、有效日期、存放位置、销售价值、成本等数据。有关数据通过数据专线与各批发中心直接联机。

资料来源　周以贵. 安利：如何降低物流成本 ［J］. 市场周刊（新物流），2003（5）. 引文经整理、节选和改编。

问题： 简要阐述安利公司是怎样降低物流成本的。

分析提示： 安利公司降低物流成本的秘诀是其全方位物流战略的成功运用，具体从 3 方面体现：①非核心环节通过外包完成；②仓库半租、半建；③核心环节大手笔投入。

➡ 本章概要

　　□ 内容提要与结构

　　▲ 内容概要

　　● 配送的概念：在经济合理的区域范围内，根据用户的要求，对物品进行拣选、加工、包装、分割、组配等作业，并按时送达指定地点的物流活动。

● 配送的特点：①配送是从物流据点到用户之间的一种特殊送货形式；②配送是运输与其他活动共同构成的组合体；③配送是由供给者送货到户的服务性供应，是一种"门到门"的服务；④配送是"配"和"送"的有机结合形式。

● 配送的要素：集货、分拣、配货、配装、配送运输、送达服务、配送加工。

● 配送方法：第一，按配送组织者不同分类：①配送中心配送；②仓库配送；③商店配送；④生产企业配送。

第二，按配送时间及数量分类：①定时配送；②定量配送；③定时、定量配送；④定时、定量、定点配送；⑤定时、定路线配送；⑥即时配送；⑦快递配送。

第三，按配送商品种类及数量的不同分类：①单（少）品种、大批量配送；②多品种、少批量配送；③配套成套配送。

第四，按供应主体分类：①供应商直接配送；②企业自营配送；③社会化配送；④共同配送。

● 配送成本计算：配送成本=配送运输成本+分拣成本+配装成本+流通加工成本。

● 降低配送成本的五种策略：①混合策略；②差异化策略；③合并策略；④延迟策略；⑤标准化策略。

● 配送成本控制：①加强配送的计划性；②确定合理的配送路线；③进行合理的车辆配载；④量力而行建立计算机管理系统。

▲ 内容结构

本章内容结构如图6-6所示。

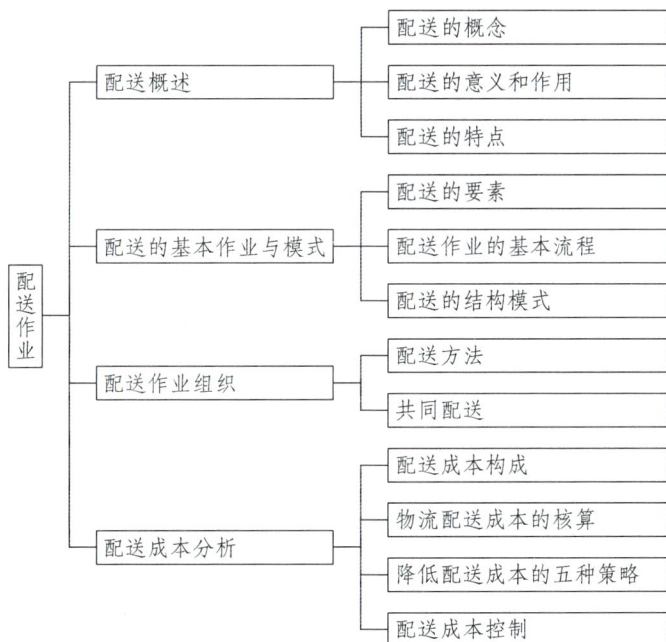

图6-6　本章内容结构

□ 主要概念和观念

▲ 主要概念

配送　共同配送　水平式的共同配送　垂直式的共同配送　配送成本　配送间接

费用　延迟策略

　　▲ 主要观念

配送的基本作业与模式　配送作业组织　配送成本分析

　　□ 重点实务和操作

　　▲ 重点实务

配送业务流程　配送订单处理方法　配货工作　流通加工工作　送达服务

　　▲ 重点操作

配送业务流程设计操作　订单处理操作　配货作业操作　配送部门岗位设置

━ 基本训练 ━➤

　　□ 理论题

　　▲ 简答题

1）配送的含义是什么？

2）配送的要素有哪些？

3）配送业务的组织有哪几种模式？

　　▲ 理解题

如何理解配送在物流管理中的作用和地位？

　　□ 实务题

　　▲ 规则复习

1）举例说明配送的基本业务流程。

2）如何计算物流配送成本？

3）降低配送成本可以采取怎样的策略？

　　▲ 业务解析

根据配送业务的基本流程，请结合实际考虑如何降低配送成本。

　　□ 案例题

　　▲ 案例分析

【训练项目】

案例分析-Ⅵ。

【相关案例】

戴尔成功的秘诀

背景与情境： 在不到20年的时间里，戴尔公司的创始人迈克尔·戴尔白手起家，把公司发展到250亿美元的规模。即使面对美国经济的低迷，在惠普等竞争对手纷纷裁员减产的情况下，戴尔仍以两位数的发展速度飞快前进。该公司分管物流配送的副总裁迪克·亨特一语道破天机："我们只保存可供5天生产的存货，而我们的竞争对手则保存30天、45天甚至90天的存货。这就是区别。"

亨特在分析戴尔成功的诀窍时说："戴尔总支出的74%用在材料配件购买方面，如果我们能在物流配送方面降低0.1%，就等于我们的生产效率提高了10%。物流配送对企业的影响之大由此可见。"从戴尔公司的经验来看，其材料库存量只有5天，当其竞争对手维持4周的库存时，就等于戴尔的材料配件开支与对手相比保持着3%

的优势。当产品最终投放市场时，物流配送优势就可转变成2%~3%的产品优势，竞争力的优劣不言而喻。

在提高物流配送效率方面，戴尔和50家材料配件供应商保持着密切、忠实的联系，戴尔所需材料配件的95%都由这50家供应商提供。戴尔与这些供应商每天都要通过网络进行协调沟通：戴尔监控每个零部件的进展情况，并把自己新的要求随时发布在网络上，供所有的供应商参考，以提高透明度和信息流通效率，并刺激供应商之间的相互竞争；供应商则随时向戴尔通报自己的产品进展、价格变化、存量等方面的信息。

几乎所有工厂都会出现过期、过剩零部件。而高效率的物流配送使戴尔的过期零部件比例保持在材料开支总额的0.05%~0.1%，2000年戴尔全年在这方面的损失为2 100万美元。而这一比例在戴尔的对手企业都高达2%~3%，在其他工业部门更是高达4%~5%。

即使是面对如此高效的物流配送，戴尔的亨特副总裁仍不满意："有人问5天的库存量是否为戴尔的最佳物流配送极限，我的回答是当然不是，我们能把它缩短到2天。"

资料来源　朱庆伟，刘莉. 配送管理实务［M］. 北京：中国财富出版社，2011.

问题：戴尔是如何做到降低配送成本的？

分析要求：同第1章"基本训练"中本题型的"分析要求"。

▲ 课程思政

【训练项目】

课程思政-Ⅵ。

【相关案例】

光明牛奶的"变质门"

背景与情境：9月8日上午，上海光明牛奶鲜牛奶订户发现，所定的光明品牌鲜牛奶味道怪异，怀疑牛奶变质。不久，光明集团承认牛奶变质并发表声明，初步分析产品发生酸败的原因是：该批次产品从工厂下线后集中存放于大冷库，为满足清晨的送奶上门服务，在配送前进行移库的过程中，因配送司机一时疏忽，车辆温度设定没达到标准，导致其中部分产品发生酸败。9月10日，上海质监部门责令该公司全面开展质量安全整顿，受此影响，光明集团股价连续大跌。

资料来源　佚名. 上海质监部门责令光明公司全面开展质量安全整顿［EB/OL］.［2020-05-10］. http：//www.gov.cn/jrzg/2012-09/11/content_2222189.htm.引文经整理、节选和改编。

问题：

1）本案例中配送工作人员的行为存在哪些道德伦理问题？

2）结合问题对当事人行为作出善恶研判。

3）通过网络或图书馆调研等途径收集善恶研判所依据的行业规范。

研判要求：同第1章"基本训练"中本题型的"研判要求"。

□ 实训题

【训练项目】

"配送作业基础运作"业务胜任力训练。

【训练目的】

同"学习目标"中的"实训目标"。

【能力与道德领域】

专业能力——配送作业基础运作

技能 I

名称：配送业务流程设计技能

规范与标准：

1）能熟悉和把握配送业务的各主要环节。

2）能熟悉和把握配送作业的一般流程。

3）能依照相关实务规则正确设计配送业务流程。

技能 II

名称：订单处理与配货作业操作技能

规范与标准：

1）能依照相关实务规则完成订单处理作业。

2）能依照相关实务规则完成配货作业操作。

技能 III

名称：配送部门岗位设置与职责设置技能

规范与标准：

1）能依照相关实务规则设置配送部门岗位。

2）能依照相关实务规则设置岗位职责。

技能 IV

名称：撰写"配送作业基础运作"相应《实训报告》技能

规范与标准：

1）能合理设计"配送作业基础运作"的相应实训报告，其结构、层次较分明。

2）能较规范地撰写实训报告。

3）本教材网络教学资源包中《学生考核手册》考核表1–2所列各项"考核指标"和"考核标准"。

职业核心能力——"自我学习""与人合作""解决问题"（中级）

上述能力领域的"基本要求"、"技能点"和"规范与标准"参见本教材"附录二"中的附表2–2。

职业道德——"职业观念""职业态度""职业作风""职业守则"（认同级）

各道德领域的"规范与标准"参见本教材"附录二"中的附表2–3。

【训练任务】

1）对"配送作业基础运作"专业能力领域各技能点实施阶段性基本训练。

2）对"自我学习""与人合作""解决问题"等职业核心能力领域各技能点实施"中级"强化训练。

3）对"职业观念""职业态度""职业作风""职业守则"等职业道德领域各素质点实施"认同级"相关训练。

【训练要求】

1）实训前学生要了解并熟记本实训的"训练目的"、"能力与道德领域"、"训练任务"与"训练要求"。

2）通过"训练步骤"，将"训练任务"所列训练整合并落实到本实训的"活动过程"和"成果形式"中。

3）实训后学生要对本次实训活动进行总结，在此基础上撰写实训报告。

【情境设计】

将学生分成若干实训团队，根据实训题目"配送作业基础运作"的相关要求进行实训。各实训团队通过对实训任务之配送业务流程设计操作、订单处理操作、配货作业操作、配送部门岗位设置等活动的参与和体验，完成本实训操练的相关训练任务，在此基础上撰写关于"配送作业基础运作"的实训报告。

【训练方式】

1）实地了解配送中心的配送业务流程。

2）设定相关条件，同学分组模拟岗位角色，模拟配送业务流程。

【训练内容】

1）实地参观

主要参观并了解配送中心的进货、验收、储存、捡取、加工与包装、分类配货、配送出货检查、车辆调度、车辆配装、运送等环节的运作过程。完成任务后，每人要按要求编写实训报告。

2）模拟操作

步骤一，将学生组成若干团队，明确岗位角色。例如：第一团队分货；第二团队配货检查；第三团队包装、打捆；第四团队车辆调度；第五团队车辆配装；第六团队运送、运达服务与交割、费用结算；第七、八团队为模拟客户。

步骤二，各团队明确各自的职责范围和相应的岗位职责要求，按活动要求做好相关单据准备工作。

步骤三，各团队相互配合，按流程完成配货和送货等作业。

步骤四，各团队互换岗位角色，再次模拟配送业务流程。

步骤五，各团队进行小结，实训学生编写实训报告。

步骤六，指导教师对各团队进行考核评分，并进行总结讲评。

【成果形式】

《"配送作业基础运作"实训报告》。

课业要求：

（1）格式与体例参照"课业范例"的范例-3。

（2）必须包括"专业能力训练"和"职业核心能力和职业道德训练"的双重内涵。

（3）将本次实训的相关资料和记录作为附件。

（4）初稿经团队讨论后，提交班级交流。

（5）经过班级交流后由各团队修改与完善。

（6）各团队实训课业定稿后，在其标题下注明"项目队长姓名"和"项目团队成员姓名"。

（7）将附有"教师点评"的优秀实训课业在班级展出，并纳入本校该课程的教学资源库。

━ 单元考核 ➤

考核评价要求：同第1章"单元考核"的"考核评价要求"。

第7章
配送中心运作与管理

学习目标

理论目标：学习和把握配送中心的概念与功能，几种典型配送中心的模式与类型，影响配送中心的各种环境因素等陈述性知识；能用其指导"配送中心运作与管理"的认知活动，正确解答"单元训练"的"理论题"中各题型的相关问题。

实务目标：学习和把握配送人员岗位职责和工作任务，配送中心作业流程的设计方法，配送中心选址原则与布局方法，以及"业务链接"等程序性知识；能用其规范"配送中心运作与管理"的技能活动，正确解答"单元训练"的"实务题"中各题型的相关问题。

案例目标：运用所学理论与实务知识研究相关案例，培养"配送中心运作与管理"情境中的多元表征能力；结合本章教学内容，依照相关规范或标准，对"课程思政7-1"专栏和章后"课程思政-VII"等案例中的企业从业人员行为进行思政研判，激发与其议题相关的法律法规思考，培养高尚的道德情操，树立社会主义核心价值观。

自主学习：参加"自主学习-IV"训练。在实施自主学习计划的基础上，通过阶段性学习和应用"附录一"附表1"自主学习"（高级）"'知识准备'参照范围"所列知识，收集、整理与综合"配送中心选址"前沿知识，讨论、撰写和交流《"配送中心选址"最新文献综述》，撰写《"自主学习-IV"训练报告》。

引例 美国通用汽车公司的配送中心

背景与情境: 美国通用汽车公司在美国的14个州中大约有400个供应商负责把各自的产品送到30个配装工厂进行组装,由于卡车满载率很低,使得库存和配送成本急剧上升。为了降低成本,改进内部物流管理,提高信息处理能力,通用汽车公司委托Penske专业物流公司为它提供第三方物流服务。

调查了解配送路线之后,Penske公司建议通用汽车公司在Cleveland组建一家配送中心,负责接收、处理、组配半成品,由Penske公司派送员管理,同时Penske公司提供了60辆卡车和72辆拖车。除此之外,Penske公司还通过E01系统帮助通用汽车公司调度供应商的运输车辆以便实现"准时制(JIT)"送货。为此,Penske公司设计了一套最优送货方案,增加供应商的送货频率,减少库存水平,改进外部物流活动,并运用全球卫星定位技术,使供应商随时了解行驶中的送货车辆的方位。与此同时,Penske公司还通过在配送中心组配半成品,然后对装配工厂实施共同配送的方式,降低了卡车的空载率,同时也减少了通用汽车公司的运输车辆。

资料来源 吴欣. 通用汽车:发挥配送中心作用〔N〕. 现代物流报,2008-05-14(A04).

从引例中可以看出,配送中心在物流配送过程中具有重要的地位和作用。组建配送中心,并对配送中心进行科学的管理对于大型的生产企业来说是降低物流成本的一条有效途径。

学习微平台

延伸阅读7-1

7.1 配送中心概述

7.1.1 配送中心的概念

《物流术语》(GB/T 18354—2006)将**配送中心**定义为:从事配送业务的物流场所或组织,应基本符合下列要求:

(1)主要为特定的用户服务。

(2)配送功能健全。

(3)辐射范围小。

(4)多品种、小批量、多批次、短周期。

(5)主要为末端客户提供配送服务。

配送中心样例如图7-1所示。

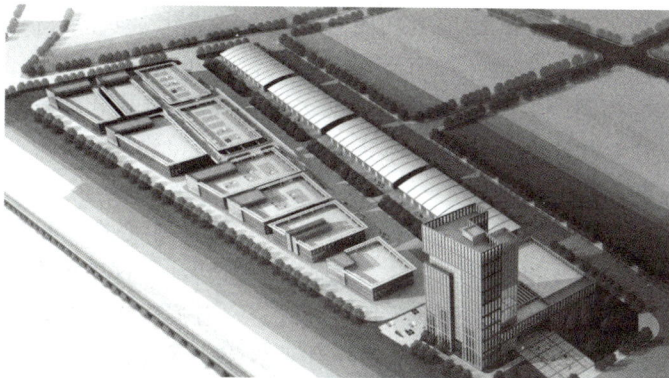

图7-1 配送中心

　　王之泰在《现代物流学》一书中对配送中心的定义如下：配送中心是从事货物配备（集货、加工、分货、拣选、配货）和组织对用户的送货，以高水平实现销售或供应的现代流通设施。

　　日本《市场用语词典》对配送中心的注解是：（它）是一种物流节点，不以贮藏仓库的这种单一的形式出现，而是发挥配送职能的流通仓库，也称作基地、据点或流通中心。配送中心的目的是降低运输成本、减少销售机会的损失，为此建立设施、设备并开展经营、管理工作。

　　日本《物流手册》对配送中心的定义是：配送中心是从供应者手中接受多种大量的货物，进行倒装、分类、保管、流通加工和情报处理等作业，然后按照众多需要者的订货要求备齐货物，以令人满意的服务水平进行配送的设施。

　　不论国内外如何认识配送中心，定义如何不同，但对于配送中心的现实功能目的的认识是一致的，就是配送中心是配送业务活动的聚集地和发源地，其功能目的是按照客户的要求为客户提供高水平的供货服务。至于配送中心是一种物流设施还是物流活动组织，则要看配送中心的经济功能定位。

7.1.2　配送中心的形成与发展

　　要认识配送中心，先要看看配送中心的形成与发展。很多学者认为，配送中心是在仓库的基础上发展起来的，仓库的基本功能就是保管、储存各种物资。随着社会经济的发展，生产总量逐步扩大，仓库成了"转搬仓"。中华人民共和国成立后，为适应计划经济体制，我国出现了大量以衔接流通为职能的"储运仓库"。现阶段，我国一部分物流企业和配送中心就是由储运仓库通过功能拓展而发展起来的。

　　在国外，发达国家对物流合理化进行了积极的探索。在经济高速发展时期，流通状况存在许多问题，比如物流分散、道路拥挤、运输效率低而流通费用高。美国"20世纪财团"在一次调查中发现，"以商品零售价格为基数进行计算，流通费用所占的比例达59%，其中大部分是物流费用"。流通结构分散和物流费用逐年上升，严重阻碍了生产的发展和企业利润率的提高。在这种形势下，改变传统的物流方式，采用现代化的物流方式，进一步提高物流合理化程度，成为企业界的共识，并因此采取了一系列的改革措施。美国企业界人士受第二次世界大战期间"战时后勤"观念的影响和启发，率先把"战时后勤"的概念引入企业的经营活动中，推出了新的供货方式，将物流中的装卸、搬运、保管、运输等功能一体化和连贯化，取得了很大成就。同时，改革不合理的流通体制，改造了原有仓库。据统计，20世纪60年代，美国的许多公司将原来的老式仓库适当合并改造成了"配送中心"，使老式仓库减少了约90%。在日本，企业界也针对物流中存在的问题寻求解决办法，在建设物流中心和物流节点的同时，积极推行共同配送制度。

　　20世纪80年代后，在多种因素的共同作用下，配送中心有了长足的发展，配送已演化成以高新技术为支撑的系列化、多功能的供货活动。这主要表现在以下几个方面：①配送区域进一步扩大。②作业手段日益先进，普遍采用了自动分拣、光电识别和条形码等现代先进技术手段，极大提高了作业效率。③配送的集约化程度提高。据有关资料介绍，1986年，美国GPR公司共有送货点3.5万个，经过合并，到1988年时送货点减少到了 0.18 万个，减少幅度为 94.85%；美国通用食品公司用新建的 20 个配送中心取代了过去的 200 个仓库，逐步依靠配送中心形成了规模经济优势。④配送方式日趋多样化。

由此可见，配送中心是基于物流合理化和拓展市场两方面需要而逐步发展起来的。它是物流领域中社会分工、专业分工进一步细化后的产物。在新型的配送中心没有建立起来之前，配送中心当前承担的某些职能是在转运型节点中完成的。此后，一部分这类中心向纯粹的转运站发展，以便衔接不同的运输方式和不同规模的运输；另一部分则增加了"送"的职能，继而向更强的"配"的方向发展。

7.1.3　配送中心的分类

1）按配送中心的经济功能分类

（1）供应型配送中心。**供应型配送中心**是专门向某些用户供应商品，以提供后勤保障为主要特点的配送中心。在物流实践中，有许多配送中心与生产企业或大型商业组织建立起相对稳定的供需关系，为其供应原材料、零配件和其他商品，这类配送中心即属于供应型配送中心。例如，我国上海市 6 家造船厂共同组建的钢板配送中心、美国 SUZUKI MOTOR 洛杉矶配件中心以及德国 MAZDA MOTOR 配件中心等物流组织，就是这种配送中心的典型代表。

供应型配送中心担负着向多家用户供应商品的任务，发挥着供应商的作用，因此，这类配送中心占地面积比较大，一般建有大型的现代化仓库并储存一定数量的商品。

（2）销售型配送中心。**销售型配送中心**是以销售商品为目的，借助配送这一服务手段来开展经营活动的配送中心。在激烈的市场竞争环境下，商品生产者和经营者为促进商品的销售，通过为客户代办理货、加工和送货等服务手段来降低成本，提高服务质量。与此同时，它们还改造和完善了物流设施，运用现代化配送理念组建了专门从事加工、分拣配货、送货等活动的配送中心。这类配送中心主要有以下三种类型：①生产企业建立的配送中心；②流通企业建立的配送中心；③流通企业和生产企业联合建立的销售型配送中心。

（3）储存型配送中心。**储存型配送中心**是以储存功能为主，在充分发挥储存作用的基础上开展配送活动。从商品销售的角度来看，在买方市场条件下，企业商品的销售需要有较大的库存支持；在卖方市场条件下，生产企业需要储存一定数量的生产资料，以保证生产连续运转，其配送中心需要有较强的储存功能。另外，进行大范围配送的配送中心，需要有较大的库存支持，也是储存型配送中心。例如，美国福来明公司食品配送中心的建筑面积为 7 万平方米，其中包括 4 万平方米的冷库、3 万平方米的杂货仓库，经营商品达 8 万多种。

（4）加工型配送中心。**加工型配送中心**主要功能是对商品进行流通加工，在配送中心对商品进行清洗、组装、分解、集装等加工活动。如在我国一些城市已广泛开展的煤炭配送、水泥配送等都属于加工型配送中心。

2）按配送中心归属分类

（1）自有型配送中心。**自有型配送中心**是指隶属于某一个企业或企业集团，通常只为本企业提供配送服务的配送中心。连锁经营的企业常常建有这类配送中心，如美国沃尔玛公司下属的配送中心，就是公司独资建立并专门为本公司的连锁企业提供商品配送服务的自有型配送中心。

（2）公共型配送中心。**公共型配送中心**是以营利为目的，面向社会开展后勤服务的配送组织。其特点是服务范围不限于某一个企业。在配送中心总量中，这类配送组织占有相当大的比例，并随着经济的发展其比例还会提高。

3）按配送中心辐射服务范围分类

（1）城市配送中心。**城市配送中心**是为城市范围内的用户提供配送服务的物流组织。其特点是多品种、小批量，配送距离短，要求反应能力强，提供门到门的配送服务，根据城市道路的特点，其运载工具常为小型汽车。另外，城市配送的对象多为连锁零售企业的门店和最终消费者，如我国很多城市的食品配送中心、菜篮子配送中心等都属于城市配送中心。

（2）区域配送中心。**区域配送中心**主要特点是库存商品充足，辐射能力强，配送范围广，可以跨省、市开展配送业务。这类配送中心规模较大，客户较多，配送批量也较大。其服务对象经常是下一级的配送中心、零售商或生产企业用户，如前所述的美国沃尔玛公司的配送中心，建筑面积12万平方米，每天可为6个州100家连锁店配送商品。

同步链接7-1

认真学习党的二十大精神努力将学习成果转化为工作实效

7.1.4　配送中心的功能

配送中心是专业从事货物配送活动的物流场所或经济组织，它是集加工、理货、送货等多种职能于一体的物流节点，也可以说，配送中心是集货中心、分货中心、加工中心功能的综合。因此，配送中心具有以下一些功能：

1）存储功能

配送中心的服务对象是生产企业和商业网点，如连锁店和超市，其主要职能就是按照用户的要求及时将各种配装好的货物交到用户手中，满足生产的需要和消费需要。为了顺利有序地完成配送商品（或货物）的任务，更好地发挥保障生产和消费需要的作用，配送中心通常都建有现代化的仓储设施，如仓库、堆场等，存储一定量的商品，形成对配送的资源保证。某些区域性大型配送中心和开展"代理交货"配送业务的配送中心，不但要在配送货物的过程中存储货物，而且它所存的货物数量更大，品种更多。如大连中远物流有限公司在大连拥有10万平方米的配送中心，是配备了国内一流仓储设备的现代化物流仓库。

配送中心必须按照用户的要求，在规定的时间和地点把商品送到客户手中，以满足生产和消费的需要。因此，必须存储一定数量的商品以保证配送服务所需要的货源。无论何种类型的配送中心，存储功能都是其重要的功能之一。

2）分拣功能

作为物流节点的配送中心，其客户是为数众多的企业或零售商。这些客户之间存在着很大的差别，不仅经营性质、产业性质不同，而且经营规模和经营管理水平也不一样。面对这样一个复杂的用户群，为满足不同用户的不同需求，有效组织配送活动，配送中心必须采取适当的方式对组织来的货物精心分拣，然后按照配送计划组织配货和分装。强大的分拣能力是配送中心实现按客户要求组织送货的基础，也是配送中心发挥其分拣中心作用的保证，分拣功能是配送中心重要的功能之一。

配送中心服务对象众多，对配送服务的时间要求、数量要求及品种要求差异很大，而配送中心必须满足用户的配送需求。因此，配送中心必须通过分拣作业完成商品的配货工作，为配送运输做好准备，以满足用户的不同需要。可以说，分拣功能是配送中心与普通仓库的主要区别。

3）集散功能

在一个大型的物流系统中，配送中心凭借其特殊的地位和拥有的各种先进设备、完善的物流管理信息系统能够将分散在各个生产企业的产品集中在一起，通过分拣、配装、配货等环节向多家用户进行分送。同时，配送中心也可以把各个用户所需的多种货物有效地组合或配装在一起，形成经济、合理的批量，来实现高效率、低成本的商品流通。另外，配送中心在建设选址时也充分考虑了其集散功能，一般选择商品流通发达、交通较为便利的中心城市或地区，以便充分发挥配送中心作为货物或商品集散地的功能。例如，大连中远物流有限公司按照统一标准在东北三省形成了梯次仓储配送格局，配送中心集散功能如图7-2所示。图7-3所示的是大连中远物流有限公司的配送中心网络布局。

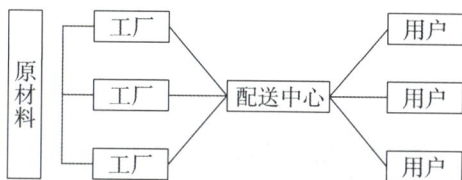

图7-2 大连中远物流有限公司配送中心的集散功能图

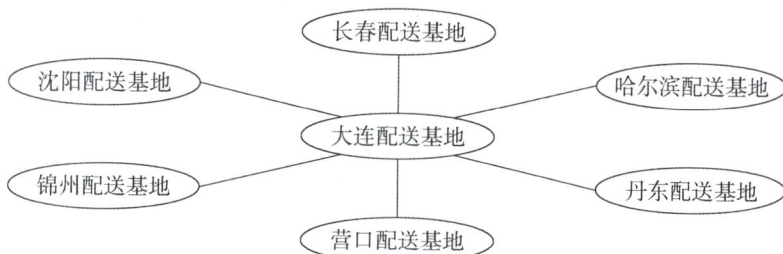

图7-3 大连中远物流有限公司配送中心的网络布局图

配送中心凭借其拥有的先进的物流设施和设备将分散的商品集中起来，经过分拣、配装，送达多家客户。集散功能是配送中心的一项基本功能，通过集散商品来调节生产与消费，实现资源的合理配置，并由此降低物流成本。

4）衔接功能

通过开展货物配送活动，配送中心能把各种生产资料直接送到用户手中，可以发挥衔接生产和消费的功能。另外，通过发货和储存，配送中心又起到了调节市场需求、平衡供求关系的作用。现代化的配送中心如同一个"蓄水池"，不断地进货、送货，快速地周转，有效解决了产销不平衡，缓解供需矛盾，在生产、销售之间建立起一个缓冲平台，这是配送中心衔接供需两个市场的另一个表现。可以说，现代化的配送中心通过发挥存储和集散货物功能，体现出了其衔接生产与消费、衔接供应与需求的功能，使供需双方实现了无缝隙对接。

配送中心是重要的流通节点，衔接生产和消费，通过配送服务，把各种商品运送到用户手中。同时，通过集货和存储商品，配送中心又发挥着平衡供求的作用。

5）流通加工功能

流通加工功能虽然不是配送中心普遍具备的，但其往往是体现重要作用的功能要素，它可以大大提高客户的满意程度。国内外许多配送中心都很重视提升自己的配送加工能力，按照客户的要求开展配送加工可以使配送的效率和满意程度提高。配送加工有别于一般的流通加工，它一般取决于客户的要求，有时也根据市场需求来进行简单的配送加工。

配送中心为扩大经营范围和提高配送服务水平，按用户的要求根据合理配送的原则对商品进行分装、组装、贴标签等初加工活动，使配送中心拥有一定的加工能力。加工功能是配送中心提高经济效益和提高服务水平的重要手段，必须引起足够的重视。

6）信息处理功能

配送中心连接着物流干线和配送支线，直接面对产品的供需双方，因此配送中心不仅实现了物的流通，更重要的是信息的传递和处理，包括配送信息生成和交换。信息化、网络化、自动化是配送中心的发展趋势，信息系统越来越成为配送中心的重要组成部分。

课程思政 7-1

城管查处一"山寨"燃气配送点

后湖街城管执法中队队员刘××在巡查时，发现一名燃气配送人员正在配送瓶装液化气。虽然这名男子的衣服和车上均印有"武汉燃气"的字样，但奇怪的是，其电瓶车后座上挂着的两个液化气瓶却锈迹斑斑。刘××一路跟随，竟发现该男子将液化气瓶搬入了一个隐蔽的简易木板房内，10余平方米的房间地上"躺"满了液化气瓶。

中队副队长赵××收到信息后，立即联系江岸区燃管办并组织城管队员20余人、执法车辆3台迅速赶往现场，一举将正欲逃离现场的假冒燃气公司配送人员的中年男子抓个正着。

因当事人涉嫌无证经营瓶装液化气，江岸区燃管办调度后湖街城管执法中队已对此处的40瓶液化气进行了证据保全，其来源也在进一步调查中。

问题：该配送点在经营过程中违反了什么规定？

研判提示：配送点在经营燃气罐等危险品时，应符合国家关于危险品经营的相关要求。

7.1.5　物流中心与配送中心

物流中心是从事物流活动的场所或组织，它主要是面向社会服务，具有完整的物流功能和完善的信息网络，辐射的范围较大，涉的商品品种较少、批量较大，存储和吞吐货物的能力较强，物流业务统一经营管理。物流中心是综合性、地域性、大批量的物流物理位移集中地，它把商流、物流、信息流、资金流融为一体，成为产销企业之间的媒介。按照功能不同，物流中心分为流转中心、配送中心、储存中心、流通加工中心等。

配送中心作为物流中心的一种形式，其功能基本涵盖了所有的物流功能要素。它是以组织配送性销售或供应，实现实物配送为主要职能的流通型物流节点。在配送中心，为了做好送货的编组准备，需要采取零星售货、批量进货等种种资源收集工作和对货物分整配备等工作，因此配送中心也具有售货中心、分货中心、加工中心的职能。配送中心的功能全面、完整，实际上不但是售货中心、分货中心、加工中心功能的综合，也是"配"与"送"的有机结合。因此，配送中心作为物流中心的一种主要形式，有时便和物流中心等同起来了。

7.2　配送中心的作业流程和作业项目

7.2.1　配送中心的作业流程

配送中心的效益主要来自"统一进货、统一配送"。统一进货的主要目的是避免库存分散，可以降低企业的整体库存水平。通过降低库存水平，可以减少库存商品占用的流动资金，减少为这部分占用资金支付的利息和机会损失，降低商品滞销压库的风险。统一配送的主要目的是减少送货的交通流量，提高送货车辆的实载率，从而减少送货费用。因此，配送中心的作业流程设计要便于实现两个主要目标：一是降低企业的物流总成本；二是缩短补货时间，提供更好的服务。

一般情况下，配送中心的作业流程如图7-4所示，流程中操作的每一步都要准确、及时，并且具备可跟踪性、可控制性和可协调性。

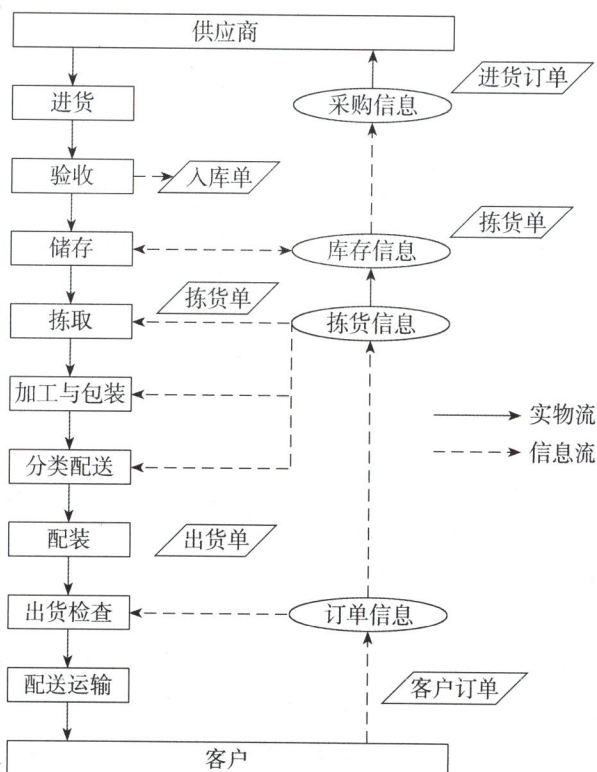

图7-4　配送中心的作业流程

业务链接 7-1

雀巢公司的配送流程

在配送业务中，雀巢公司的具体配货作业步骤如下：当配送管理部门接到配送订单后，首先由管理人员进行订单分析处理，将配送需求指示转换成配货单，然后向有关的作业人员下达配货指令。配货作业人员则根据配货单上的内容说明，按照出货优先顺序、储位区号、配送车辆趟次号、客户号、先进先出等方法和原则，把出货商品分拣、组配，整理出来，经复核人员确认无误后，放置到暂存区，准备装货上车。

7.2.2　配送中心的作业项目

配送中心的作业项目包括订货、到货接收、验货入库与退货、订单处理、存储、加工、拣选、包装、装托盘、组配、配装、送货、送达服务等作业项目，各环节衔接紧密，环环相扣，整个过程既包含实物流，又包括信息流，同时还有资金流。

1）进货作业

如图 7-5 所示，一般进货作业流程包括确定进货商品、卸货、拆装、分类商品、检查单据、货品检查和指派入库位置等步骤，以及将有关信息书面表述等一系列工作。

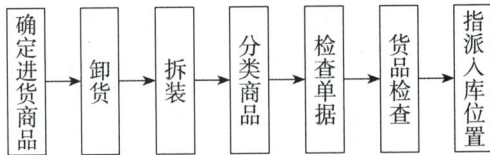

确定进货商品 → 卸货 → 拆装 → 分类商品 → 检查单据 → 货品检查 → 指派入库位置

图7-5　一般进货作业流程

进货作业的基本流程是：确定进货目标→货车到达→卸货→拆装→提示及分类货品→检查单据、传票等文件→在进货单上记录进货→货品验收检查→进货正确记录→指派入库位置。

其中，确定进货目标的内容一般包括：掌握货物到达的日期、品种、数量；配合停泊信息协调进出货车的交通问题；为了方便卸货及搬运，计划好货车的停车位置；预先计划临时存放位置。

货物验收是对产品的质量和数量进行检查的工作。验收工作一般分为两种：第一种是先点收货物，再通知负责检验的单位办理检验工作；第二种是先由检查部门检验品质，认为完全合格后，再通知仓储部门办理收货手续。

2）订单处理

从接到客户订单开始到着手准备拣货之间的作业阶段，称为订单处理，通常包括订单资料确认、存货查询、单据处理等内容。订单处理分人工处理和计算机处理两种形式。人工处理具有较大弹性，但只适合少量的订单处理，一旦订单数量较多，处理将变得缓慢且易出错。计算机处理则速度快、效率高、成本低，适合大批量的订单处理，因此成为当前主要采取的形式。一般订单处理作业流程如图7-6所示。

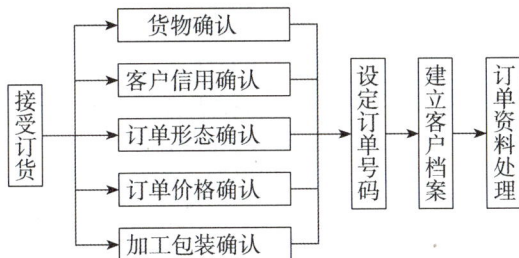

图7-6 一般订单处理作业流程

（1）接受订货。接单作业是订单处理的第一步。随着流通环境的变化和现代科技的发展，现在客户更趋于高频次的订货，且要求快速配送。因此，接受客户订货的方式也渐渐由传统的人工下单、接单，演变为计算机间通过互联网直接送收订货资料的电子订货方式。电子订货，即采用电子传送方式取代传统人工书写、输入、传送的订货方式，它将订货资料由书面资料转为电子资料，通过通信网络进行传送。

（2）货物数量及日期的确认。接单以后，首先确认货物名称、数量及日期，即检查品名、数量、送货日期等是否有遗漏、笔误或不符合公司要求的情形。尤其当送货时间有问题或出货时间已延迟时，更需与客户再次确认订单内容或更正运送时间。同样，若采用电子订货方式接单，也必须对已接受的订货资料加以检查确认。

（3）客户信用的确认。不论订单是通过何种方式传至公司，配送系统都要核查客户的财务状况，以确定其是否有能力支付该订单的账款。通常的做法是检查客户的应收账款是否已超过其信用额度。若客户应收账款已超过其信用额度，系统自动发出警示，以便输入人员决定是继续输入其订货资料还是拒绝其订单。运销部门一旦发现客户的信用有问题，则将订单送回销售部门再调查或退回订单。

（4）订单形态确认。配送中心虽有整合传统批发商的功能以及高效率的物流信息处理功能，但在面对较多的交易对象时，仍需根据顾客的不同需求采取不同做法。在接受订货业务方面，表现为具有多种订单的交易形态，所以物流中心应对不同的客户采取不同的交易及处理方式。

① 一般交易订单。一般的交易订单，即接单后按正常的作业程序拣货、出货、发送、收款的订单。其处理方式是：接单后，将资料输入订单处理系统，按正常的订单处理程序处理，资料处理完后进行拣货、出货、发送、收款等作业。

② 间接交易订单。间接交易订单是客户向配送中心订货，直接由供应商配送给客户的交易订单。其处理方式是：接单后，将客户的出货资料传给供应商由其代配。此方式需注意的是，客户的送货单是自行制作或委托供应商制作的，应对出货资料加以核对确认。

③ 现销式交易订单。现销式交易订单是与客户当场交易、直接给货的交易订单。其处理方式是：订单资料输入后，因货物此时已交给客户，故订单资料不再参与拣货、出货、发送等作业，只需记录交易资料即可。

④ 合约式交易订单。合约式交易订单是与客户签订配送契约的交易，如签订在

某期间内定时配送某数量的商品。其处理方式是：在约定的送货日，将配送资料输入系统处理以便出货配送；或一开始便输入合约内容的订货资料并设定各批次送货时间，以便在约定日期系统自动生成所需的订单资料。

（5）订单价格确认。对于不同的客户（批发商、零售商）、不同的订购批量可能对应不同的售价，因而输入价格时系统应加以检核。若输入的价格不符（输错或业务员降价接受订单等），系统应加以锁定，以便主管审核。

（6）加工包装确认。客户订购的商品是否有特殊的包装、分装或贴标等要求，或是有关赠品的包装等资料，系统都需加以专门确认并记录。

（7）设定订单号码。每一份订单都要有单独的订单号码，此号码一般是由控制单位或成本单位来指定，它除了便于计算成本外，还有利于制造、配送等一切相关的工作。所有工作的说明单及进度报告都应附有此号码。

（8）建立客户档案。将客户状况详细记录，不但有助于此次交易顺利进行，而且有助于以后合作机会的拓展。

（9）订单资料处理输出。订单资料经上述处理后，即可开始填制出货单据，展开后续的物流作业。

3）补货作业

补货作业是将货物从仓库保管区搬运到拣货区的工作，其目的是确保商品能保质保量按时送到指定的拣货区。补货作业的基本流程如图7-7所示。

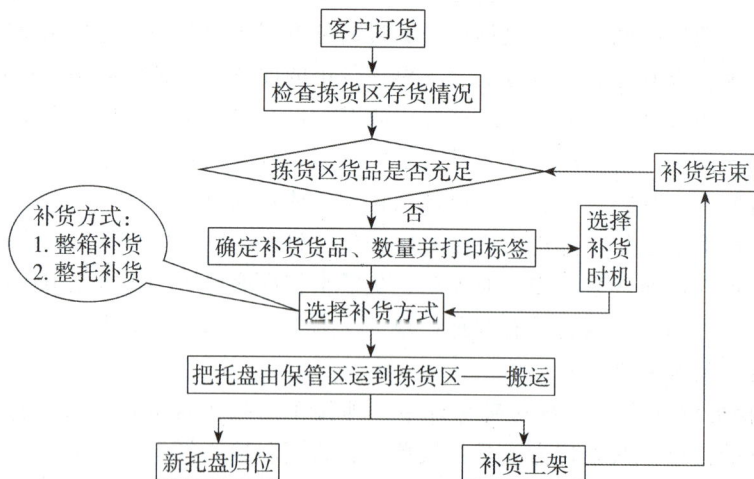

图7-7　补货作业的基本流程

补货方式主要有整箱补货、托盘补货和从货架上层——向货架下层补货三种。补货的时机主要有批组补货、定时补货和随机补货三种。批组补货，是指每天由计算机计算所需货物的总拣取量和查询动管区存货量后得出补货数量，从而在拣货前一次性补足，以满足全天拣货量。这种一次补足的补货原则，较适合一日内作业量变化不大、紧急订单不多或是每批次拣取量大的情况。定时补货，是把每天划分为几个时点，补货人员在规定时段内检查动管拣货区货架上的货品存量，若不足则及时补货。这种方式适合分批拣货时间固定且紧急处理较多的配送中心。随机补货，是指定专门的补货人员随时巡视动管拣货区的货品存量，发现不足则随时补货。这种方式较适合每批次拣取量不大、紧急订单多以至于1日内作业量不易事先掌握的情况。

4）配货作业

配货作业是指把拣取分类完成的货品经过配货检查过程后，装入容器和做好标识，再运到配货准备区，待装车后发送。配货作业既可以采用人工作业方式，也可以采用人机作业方式，还可采用自动化作业方式，但组织方式有一定区别。其作业流程如图7-8所示。

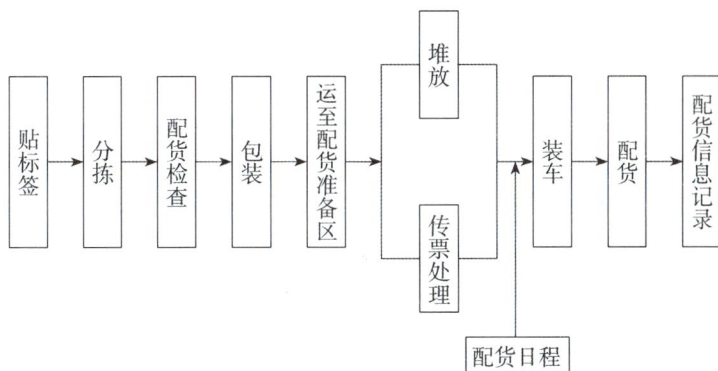

图7-8　一般配货作业流程

业务链接 7-2

联华生鲜配送中心的配送计划

联华生鲜配送中心每天都要处理大量的订单，配送1 000多种货物，如果没有很好的计划，其后果可想而知。其根据批次计划，结合场地及物流设备的情况，做好配货的安排。例如，针对门店类型的配货限量控制；针对业务类型的配货限量控制，如正常配货、批发配货；启动标签拣货，而且系统可以实现拣货差错、串位、破损落实到人。

物流计划设定完成后，各部门需按照物流计划安排人员设备等，所有的业务运作都按该计划执行，不得更改。在产生特殊需求时，系统安排新的物流计划，新的计划和旧的计划并行执行，互不影响。

7.2.3　配送中心的特殊作业流程

配送中心的特殊作业流程是由于配送中心的类型不同，担负的流通职责不同，提供的服务差异很大，故其流程和配送中心基本作业流程相比有很大区别。

1）转运型配送中心

转运型配送中心主要的功能是提供配货和送货活动，本身不需要储存场所，而是利用"公共仓库"来完成商品的补充。转运型配送中心的特点是商品周转快，以临时性暂存为主，因此不需要储存区域。实际上，在这类配送中心内部，其分拣、暂存、分货等作业是同时进行的。在配送实践中，配送生鲜食品的配送中心通常都是按照这样的作业流程开展工作的。其作业流程如图7-9所示。

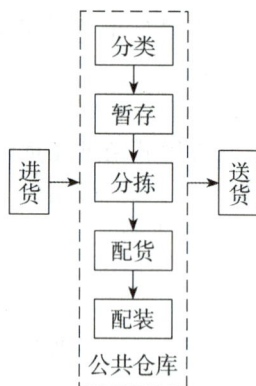

图7-9　转运型配送中心作业流程图

2）加工型配送中心

加工型配送中心以流通加工为主，因此，在其作业流程中，储存作业和加工作业居主导地位。流通加工多为单品种、大批量加工作业，商品种类少，因此通常不需要分拣作业环节，而是将加工好的商品放到专门的货位内，进行包装配货。图7-10为加工型配送中心流程图。

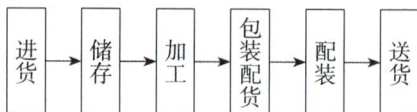

图7-10　加工型配送中心作业流程图

3）分货型配送中心

分货型配送中心是以商品中转为主要职能的配送组织。在一般情况下，这类配送中心在配送商品之前都先要按照要求把单（少）品种、大批量的商品分堆，然后再将分好的商品配送到用户指定的接货点。其作业流程比较简单，无须拣选、配货、配装等作业程序，作业流程如图7-11所示。

图7-11　分货型配送中心流程图

同步案例 7-1

沃尔玛配送中心的运作

背景与情境：沃尔玛的集中配送中心规模是相当大的，而且一般都位于一楼。配送中心之所以安排在一楼，是因为沃尔玛希望产品能够滚动运输，从一个门进另一个门出。如果有电梯或其他物体，就会阻碍流转过程。因此，沃尔玛是以一个非常巨大的地面建筑作为配送中心，通过使用一些传送带，让这些产品能够非常有效地流动。沃尔玛所有的系统都是基于一个 Unix 的配送系统，并采用传送带、产品代码以及自动补发系统和激光识别系统，形成非常大的开放式平台，所有的这些加在一起为沃尔玛节省了相当可观的成本。

（1）设立了高效运作的配送中心。从建立沃尔玛折扣百货公司之初，沃尔玛公司就意识到，有效的商品配送是保证公司达到最大销售量和最低存货周转天数及费用的核心，而唯一使公司获得可靠供货保证及提高效率的途径就是建立自己的配送部门，包括送货车队和仓库。配送中心的好处在于不仅使公司可以大量进货，而且可以要求供应商将商品集中送到配送中心，再由公司统一接收、检验、配货、送货。

（2）采用先进的配送作业方式。沃尔玛在配送运作时，大宗商品通过铁路送达配送中心，再由公司卡车送达商店。每店每周接收1~3卡车货物，60%的卡车在返回配送中心的途中又捎回从供应商购买的商品，这样的集中配货为公司节约了大量的资金。

（3）实现配送中心自动化的运行及管理。沃尔玛配送中心的运行完全实现了自动化。每种商品都有条码，通过几十千米长的传送带传送商品，通过使用激光扫描仪器和计算机追踪每件商品的储存位置及运送情况，每天能处理20万箱的货物配送。

（4）具有完善的配送组织结构。沃尔玛公司为了更好地进行配送工作，非常注意在自己企业的配送组织上加以完善。其中一个重要的举措便是公司建立了自己的车队进行货物的配送，以保持灵活性和为一线商店提供最好的服务。这使沃尔玛具备了极大的竞争优势，其运输成本也总是低于竞争对手。

（5）注重与第三方物流公司形成合作伙伴关系。在美国本土，沃尔玛做自己的物流和配送，拥有自己的卡车运输车队，使用自己的后勤和物流方面的团队。但是在美国之外，沃尔玛就只能求助于专门的物流服务提供商，飞驰公司就是其中之一。飞驰公司是一家专门提供物流服务的公司，在世界上的许多地方为沃尔玛提供物流方面的支持。飞驰成为沃尔玛大家庭的一员，并百分之百献身于沃尔玛的事业，与沃尔玛形成一种合作伙伴的关系，它们共同的目标就是努力做到最好。

（6）建立自动补发货和零售链接系统。沃尔玛之所以能够取得成功，还有一个很重要的原因是沃尔玛有一个自动补发货系统。每一个商店都有这样的系统，包括在中国的商店。它使得沃尔玛在任何一个时间点都可以知道目前某个商店中有多少货物、有多少货物正在运输过程中、有多少是在配送中心等。同时，补发货系统也使沃尔玛可以了解某种货物过去某段时间的销售情况，并可以预测将来的销售情况。

沃尔玛还有一个非常有效的系统，就是零售链接系统，它可以使供应商们直接进入到沃尔玛的系统。任何一个供应商都可以通过进入这个零售链接系统中来了解它们的产品当前卖得怎么样，昨天、今天、上一周、上个月和去年卖得怎么样，可以知道这种商品卖了多少。供货商们可以在沃尔玛公司每一个店当中，及时了解到有关情况。

资料来源　张洪革、孙宏英. 仓储配送与管理：理论、实务、案例、实训［M］. 大连：东北财经大学出版社，2014.

问题： 为什么沃尔玛能做到"天天平价"？难道仅仅是因为其规模大吗？

分析提示： 归纳总结文中沃尔玛物流配送中心的运营模式。

7.3　配送中心的设置

配送中心是以提供配送服务为核心的经济实体，具有一般企业的经济特征。因此，配送中心和其他类型企业一样，必须明确自身在市场中的竞争地位，并根据行业发展情况，结合自身条件，选择和调整经营模式，制定企业的经营发展目标。

7.3.1 物流需求分析

1）物流需求的概念

物流需求是指一定时期内社会经济活动对生产、流通、消费领域的原材料、成品和半成品、商品以及废旧材料等的配置作用而产生的对物流空间、时间和费用方面的要求，涉及运输、储存、包装、装卸搬运、流通加工以及与之相关的信息需求等物流活动的诸方面。

物流需求分析的目的在于为社会活动提供物流能力供给不断满足物流需求的依据，以保证物流服务的供给与需求之间的相对平衡，使社会物流活动保持较高的效率与效益。在一定时期内，当物流能力供给不能满足这种需求时，将对需求产生抑制作用；当物流能力供给超过这种需求时，不可避免地会造成浪费。

因此，企业在配送中心设立前必须重视物流需求分析，借助定性和定量的分析手段，充分了解社会经济活动对物流的需求强度，从而合理地对配送中心进行规划和建设。

2）影响物流需求的主要因素

物流活动伴随于整个生产、流通和消费的社会经济活动过程中，是社会经济活动的重要组成部分，因而社会经济发展是影响物流需求的主要因素。

（1）经济发展本身直接产生物流需求；

（2）宏观经济政策和管理体制的变化对物流需求将产生刺激和抑制作用；

（3）市场环境变化影响物流需求，包括国际、国内贸易方式的改变和生产企业、流通企业的经营理念的变化及经营方式的改变等；

（4）消费水平和消费理念的变化对物流需求的影响也很大，如随着生活水平的提高，消费者对生鲜商品的需求变化等；

（5）技术进步，诸如网络技术的发展和普及、电子商务的广泛应用，对物流需求的量、质、时间和范围都将产生重大影响。

7.3.2 配送中心的布点原则

配送中心建设是一项物流基础工程，一旦建成就很难改变，因此，配送中心的布点不能有一丝的随意性，应在一定设计原则下进行布点。配送中心的布点原则如图7-12所示。

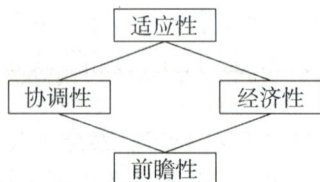

图7-12 配送中心的布点原则

1）适应性原则

配送中心布点必须与国家及地区的经济发展方针、政策相适应，与我国物流资源分布和需求分布相适应；同时还要与一个地区或区域的经济发展特征和主产品特征相适应；既要考虑配送中心本身经营运作上的可行性，又要与区域物流系统规划相适应。

2）协调性原则

配送中心布点要将国内乃至全球的物流网络作为一个大系统来考虑，要确立自身在网络中的位置，与整个系统相协调。同时，在配送中心的规模、设施与设备的选择上，在生产作业能力、配送商品的特性等方面要保持协调性、一致性。

3）经济性原则

配送中心布点中的费用主要包括建设费和经营费两大部分。两者涉及面广，一次性投入较大。一方面，包括规划设计费用、人工费用、使用费用、基本建设材料费用、设施与设备的选择与安装费用；另一方面，主要是配送中心建成后，经营配送中心所需的费用，比如运输费用、设备设施使用费用和维护费用。配送中心布点时，要充分考虑各种技术、经济因素，既要进行功能比较，又要进行价值分析；既要考虑企业效益，又要兼顾社会效益，总的原则是综合成本最低。

4）前瞻性原则

配送中心建设是一项长期投资，所以，配送中心布点要有全局观念和长远考虑，即要有前瞻性。应结合国家物流系统的长期规划和现实状况，以及国家经济长期发展规划来考虑，既要符合目前需要，又要考虑日后发展的可能。

7.3.3　配送中心布点的影响因素

如图7-13所示，配送中心布点时需要考虑自然环境、经营环境、基础设施及其他因素的影响。

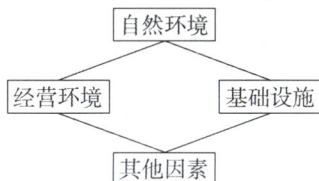

图7-13　配送中心布点的影响因素

1）自然环境因素

自然环境因素包括气象条件、地质条件、水文条件和地形条件。

2）经营环境因素

经营环境因素包括产业政策、主要商品特性、物流费用和服务水平。

3）基础设施状况

基础设施状况包括道路、交通条件和公共设施状况。

4）其他因素

其他因素包括国土资源利用、环境保护状况等。

学习微平台

延伸阅读7-2

7.4　配送中心内部的规划与布置

7.4.1　基本规划资料的收集与分析

根据不同行业的需要而设计的配送中心，其作业内容、内部结构布置、设备型号、营业范围有很大差异。但就其系统设计分析方法和步骤而言，它们有许多共同之处，一般来说，配送中心的设计和布置可以分为以下具体步骤：

根据欲建（或调整、改造）配送中心的类型，在进行配送中心设计与布置目标制定之前，首先进行基本资料的收集和调查工作。调查的方法包括现场访问记录和厂商实际使用的表单收集。图7-14所示为配送中心基本规划资料的收集与分析流程。

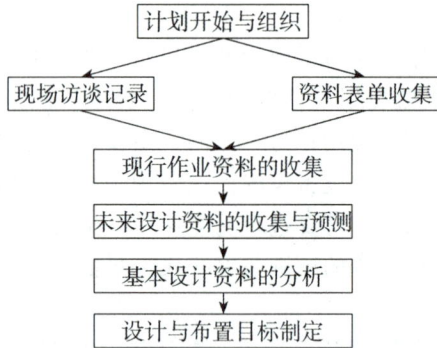

图7-14　配送中心规划基本资料的收集与分析流程

1）现行作业资料的收集

（1）基本运行资料。它包括业务类型、营业范围、营业额、人员数、车辆数、供应厂商和用户数量等。

（2）商品资料。它包括商品类型、分类、品项数、供应来源、保管形式等。

（3）订单资料。它包括商品种类、名称、数量、单位、订货日期、交货日期、生产厂家等。

（4）商品特性。它主要包括商品物态、气味、温湿度要求、腐蚀变质特性、装填性质。此外，它还包括商品的重量、体积、尺寸、包装规格、储存特性等。

（5）包装规格。包装规格按商品实际包装情况分为单品、内包装、外包装单位等包装规格。

（6）供应商销售资料。按地区、商品、客户及时间分别统计销售资料。

（7）作业流程。配送中心现有作业流程情况，包括进货、储存、拣选、加工、发货等流程的现状。

（8）商品搬运资料。它包括进货、发货、在库搬运、进货与发货频率、数量、车辆类型等。

（9）供应商资料。它包括供应商类型、规模、供应商数量、送货时间分布情况。

（10）配送网点分布。它包括配送道路类型、交通状况、配送点规模、收货时段、特殊配送要求等。

2）未来设计资料的收集与预测

（1）商品未来需求预测。分析商品现在销售增长率，估计未来增长趋势。

（2）商品品种变化趋势。采用定性及定量的方法对商品品种方面的变化情况进行科学预测，进而判断品种变化趋势。

（3）预测将来可能发展的选址和面积。结合商品需求预测及品种变化情况，对配送中心未来发展进行预测，判断现有规模是否满足需求。

3）基本设计资料的分析

基本设计资料的分析主要是对现行调查资料进行分析整理，并结合欲建配送中心的实际情况加以修订，作为配送中心规划与布置的重要参考。

（1）订单变化趋势分析。根据调查的基本资料，诸如发货资料和用户资料等一些情况，采用科学的分析方法，如时间序列分析法、回归分析法和统计分析法等，求出订单变化趋势或周期性变化，它有利于后续资料的分析。

根据预测不同种类的变化趋势，制定相应的对策和目标。通常设峰值的80%为目标值。当某订单的峰值与谷值之比超过3倍时，要在同一物流系统内处理，将使效率降低，运营成本增加。此时，必须制定适宜的运营策略和方法，以取得经济效益和运营规模的平衡。对于分析过程的时间单位，视资料收集范围及广度而定。对于未来发展趋势，以一年为单位；对季节变化预测，则以月为单位；分析月或周内的变化倾向，则以周或日为单位。

（2）订单品项和数量分析。对于配送中心来说，其区域规划、运作流程、设备、设施布置等都和订单有直接关系，掌握了订单就能了解配送中心的重要特征。

在对订单品项和数量分析时可以采用日本铃木震先生倡导的EIQ规划法进行设计分析。所谓EIQ，是指物流特征的关键因素的订单件数（Entry）、商品种类（Item）和数量（Quantity）。EIQ规划是根据配送中心的目的，掌握物流特征，从物流特征判断出配送中心的物流状态、运作方式，从而规划出配送中心的总体框架结构。

在进行订单品项数量分析时需考虑时间范围和单位。在以每天为单位的分析数据中，主要订单发货资料可分解为表7-1的格式。在资料分析时必须注意统一数量单位，同时应把所有订单品项的发货量转换成相同的计量单位，如常用的计量单位有重量、体积、箱、个或金额单位。金额单位和价值功能分析有关，多用在货品和储区分类等方面。重量、体积等单位与配送中心物流作业有直接关系，将影响整个系统的规划设计。

表7-1　　　　　　　　　　　EIQ资料分解格式（天）

发货订单	发货品项						订单发货数量	订单发货品项
	I_1	I_2	I_3	I_4	I_5	...		
E_1	Q_{11}	Q_{12}	Q_{13}	Q_{14}	Q_{15}	—	Q_1	N_1
E_2	Q_{21}	Q_{22}	Q_{23}	Q_{24}	Q_{25}	—	Q_2	N_2
E_3	Q_{31}	Q_{32}	Q_{33}	Q_{34}	Q_{35}	—	Q_3	N_3
⋮	—	—	—	—	—	—	—	—
单品发货量	$Q_{.1}$	$Q_{.2}$	$Q_{.3}$	$Q_{.4}$	$Q_{.5}$	—	$Q_{..}$	N
单品发货次数	K_1	K_2	K_3	K_4	K_5	—	...	K

要真正掌握配送中心实际运作的物流特征，只就一天的资料分析是不够的，但若分析一年的资料，往往因资料数量庞大，分析过程需耗费过多财力和物力。实际操作中可采取抽样的方法对配送中心的物流特征进行分析，这样既可节省许多财力、物力，又有代表性。

①订单量（EQ）分析。通过对订单量的分析可以了解单张订单的订购量分布情况，从而可以决定处理订单的原则、拣货系统的规划、发货方式和发货区的规划。对订单量的分析一般采取对营业日的分析为主，表7-2为订单统计规则及规划要点。

表7-2 订单统计规则及规划要点

订单统计规则	订单量分布趋两极化	大部分订单量相近，仅少部分有特大量或特小量	订单量分布呈渐减趋势，无特别集中于某些订单或范围	订单量集中于特定数量而无连续性渐减，可能为整数（箱）发货，或为大件、少量发货
规划要点	规划时可采用ABC分类，少数而量大的订单可作重点管理，相关拣货设备的使用亦可分级	可以对主要量分布范围进行规划，少数差异较大者可以特例处理，但必须规范特例处理模式	系统较难规划，宜规划通用的设备，以增加运用的弹性，货位也以易调为宜	可以较大单元负载单位规划，而不考虑零星发货

当订单量分布趋势越发明显时，分区规划越容易，否则应以柔性较强的设计为主。订单量很小的订单数所占比例大于50%时，应把订单另外分类，以提高效率。

②品项数量IQ分析。通过对品项数量IQ分析，可以知道各种商品发货量的分布情况，有利于分析商品的重要性和运输情况。同时应用于仓储系统的规划选用、储位空间的估算、拣货方式及拣货区规划，在设计储区时多采用时间周期为一年的IQ分析为主。表7-3为对品项数量分析后的统计规则及相应的规划要点。

表7-3 品项数量统计规则及规划要点

品项数量统计规则	订单量分布趋网极化	大部分订单量相近，仅少部分有特大量或特小量	订单量分布呈渐减趋势，无特别集中于某些订单或范围	订单量集中于特定数量而无连续性渐减，可能为整数（箱）发货，或为大件、少量发货
规划要点	规划时可将商品分类按储区储存，各类商品储存单位、存货水平可设定为不同的水平	可以采取同一规格的储存系统及定位储存系统，少数差异较大者可以特例处理	系统较难规划，宜规划通用的设备，以增加运用的弹性，货位也以易调为宜	可以较大单元负载单位规划，或重量型储存设备规划，但仍需配合商品特性加以考虑

在进行订单品项和数量分析时，应结合商品相关物料性质、包装规格及特性，以及储运单位等因素进行分析。这样，更有利于对仓储和拣货区的设计。

根据储存保管特性可分为干货区、冷冻区、冷藏区。按商品重量可分为重物区、轻物区。按商品价格可分为贵重物品区和一般商品区。表7-4为一般商品基本物料性质与包装单位分析表。

表7-4　　　　　　　　　　　商品物料性质与包装单位分析表

特性	资料项目	资料内容
物料性质	a.物态	□气体　□液体　□半液体　□固体
	b.气味特性	□中性　□散发气体　□吸收气体　□其他
	c.储存保管特性	□干货　□冷冻　□冷藏
	d.温湿度需求特性	_____℃　　_____%
	e.内容物特性	□坚硬　□易碎　□松软　□其他
	f.装填特性	□规则　□不规则
	g.可压缩性	□可　□否
	h.有无磁性	□有　□无
	i.单品外观	□方形　□长条形　□圆筒　□不规则　□其他
单品规格	a.重量	_____（单位：　　）
	b.体积	_____（单位：　　）
	c.尺寸	长____×宽____×高____（单位：　　）
	d.物品基本单位	□个　□包　□条　□瓶　□其他
基本包装单位规格	a.重量	_____（单位：　　）
	b.体积	_____（单位：　　）
	c.外部尺寸	长____×宽____×高____（单位：　　）
	d.基本包装单位	□箱　□包　□盒　□捆　□其他
	e.包装单位个数	_____（个/包装单位）
	f.包装材料	□纸箱　□捆包　□金属容器　□塑料容器　□袋　□其他
外包装单位规格	a.重量	_____（单位：　　）
	b.体积	_____（单位：　　）
	c.外部尺寸	长____×宽____×高____（单位：　　）
	d.基本包装单位	□托盘　□箱　□包　□其他
	e.包装单位个数	（个/包装单位）
	f.包装材料	□包膜　□纸箱　□金属容器　□塑料容器　□袋　□其他

　　此外，在配送中心规划时，除了数量化信息之外，一般物流与信息流等定性化的资料也很重要。如在配送中心运转过程中，需有大量的表单和资料进行传递，由于配送中心品项众多，每日订单量很大，使得处理订单和相关发货表单的工作量很大。为提高配送中心运作效率，需要对配送中心事务流程进行分析。

7.4.2　配送中心的内部规划

1）作业功能的规划

（1）作业流程的规划。配送中心的主要活动是订货、进货、储存、订单拣货、发货和配送作业。有的配送中心还有流通加工作业，当有退货作业时，还要进行退货品的分类、保管和退回作业。所以，只有经过基本资料分析和基本条件假设之后，才能针对配送中心的特性进一步分析，并制定合理的作业程序，以便选用设备和规划设计空间。通过对各项作业流程的合理化分析，从而找出作业中不合理和不必要的作业，力求简化配送中心可能出现的不必要的计算和处理环节。这样规划出的配送中心减少了重复堆放的搬运、翻堆和暂存等工作，提高了配送中心的效率，降低了作业成本。如果储运单位过多时，可将各作业单位予以分类合并，避免内部作业过程中储运单位过多的转换。尽量简化储运单位，以托盘或储运箱为容器。把体积、外形差别大的商品归类为相同标准的储运单位。

（2）作业区域的功能规划。在作业流程规划后，可根据配送中心的运营特性进行区域及周边辅助活动区的规划。物流作业区指装卸货、入库、订单拣取、出库、发货等基本的配送中心作业环节；周边辅助活动区指办公室、计算机中心等。通过归类整理，可把配送中心分成如下作业区域：

① 配送中心基本物流作业区。此区域是配送中心核心区域，在此进行基本的物流作业，包括车辆入库、卸货、进货点收、理货、入库、储存、流通加工、发货、配载、配送等作业。

② 退货物流作业区。此区域的设置可根据配送中心的规模大小及与供应商的协议等实际需要而定。在此区域进行的作业有退货卸货、退货点收、退货责任确认、退货良品处理、退货瑕疵品处理、退货废品处理等作业。

③ 换货补货作业区。此区域可安排在基本物流作业区内，主要的作业有退货后换货作业、零星补货拣取作业、零星补货包装、零星补货运送等。

④ 流通加工作业区。此区域根据实际需要设置，如果流通加工业务量很小，可在配装区进行。流通加工区的主要作业有拆箱、裹包、多种物品集包、外包装、发货商品称重、印贴标签等。

⑤ 物流配合作业区。物流配合作业是配合物流基本作业的，如容器回收、空容器暂存、废料回收处理等。具体设置时可根据实际需要，如设置容器暂存区或容器储存区、废料暂存区或废料处理区等。

⑥ 厂房使用配合作业区。此区域主要是保证配送中心业务正常进行的配合区域，主要的作业项目有电气设备使用、动力及空调设备的使用、安全消防设备的使用、设备维修工具器材存放、人员车辆通行、机械搬运设备停放等。

⑦ 办公事务区。办公事务是配送中心正常运转及高效率运行的基础保证，主要的事务活动有配送中心各项事务性的办公活动、一般公文文件与资料档案的管理、配送中心计算机系统的使用及管理等。

⑧ 劳务活动区。此区域是配送中心员工及供应商休息、膳食、盥洗的场所。

（3）作业区的能力规划。在确定了配送中心的作业区之后，根据配送中心服务的对象、商品的特性、自动化水平、信息系统建设情况等因素进一步确定各作业区的具体安排。在对作业区域进行规划时应以物流作业区域为主，再延伸到相关周边区域。对物流作业区的规划，可根据流程进出顺序逐区规划。

2）设施规划与选用

配送中心的设施与设备是保证配送中心正常运作的必要条件，设施与设备规划是配送中心规划中的重要工作，涉及建筑模式、空间布局、设备安置等多方面问题。一个完整的配送中心包含的设施基本上分为三类：物流作业区域设施、辅助作业区域设施和厂房建筑周边设施。

（1）物流作业区域设施。配送中心主要物流作业活动，均与仓库、搬运和拣取作业有关，为此，规划的重点是对物流设备的规划设计和选用。不同功能的物流设备要求与之相适应的厂房布置与面积。在系统规划阶段，由于厂房布置尚未定型，物流设备规划主要以要求的功能、数量和选用的型号等内容为主。物流作业区的主要物流设备包括：

① 容器设施。在配送中心作业流程及储运单位规划结束后，则可进行容器设施的规划，以利于商品在各作业流程中的流通。容器设施主要包括搬运、储存、拣取和配送用的容器，如纸箱、托盘、铁箱、塑料箱等。

② 储存设备。储存设备包括自动仓储设备、重型货架、轻型货架等。

③ 订单拣取设备。订单拣取设备包括一般型订单拣取设备和自动化订单拣取设备等。

④ 物料搬运设备。它包括自动化搬运设备、机械化搬运设备、输送带设备、分类输送设备、堆卸托盘设备和垂直搬运设备等。规划时配合仓储和拣取设备，估计每天进发货的搬运、拣货和补货次数，从而选择适用的搬运设备。

⑤ 流通加工设备。流通加工设备包括裹包设备、集包设备、外包装配合设备、印贴条码标签设备、拆箱设备和称重设备等。为了满足用户需求及进行多元化经营需要，配送中心将越来越强化流通加工的职能。

（2）辅助作业区域设施。辅助作业是保证配送中心正常运转的辅助性设施，如文件保管等办公设备，信息系统设施、网络设施，员工休息、膳食等劳务设施。

（3）厂房建筑周边设施。厂房建筑周边设施主要是水、电、动力、土建、空调、消防等设施。

3）信息系统规划

信息化、网络化、自动化是配送中心的发展趋势，信息系统已经成为配送中心的重要组成部分。在完成作业区域及基本作业流程之后，通过对配送中心事务流程分析，根据各项作业活动及活动间的相关性分析，综合考虑配送中心的管理、业务部门信息传递的通畅度以及作业效率的需要，规划配送中心的信息系统的功能，并建立功能模块。

在规划配送中心信息系统时，要充分考虑配送中心的类型、功能、管理方式及组织结构。配销模式的配送中心信息系统如图7-15所示。

配送中心信息系统

销售出库管理	采购入库管理	库存管理	运输调度管理	财务管理	经营绩效管理
*订单处理 *客户资料维护 *销售分析预测 *拣货规划 *流通加工规划 *出库处理	*厂商资料建档维护 *采购订单资料处理 *采购管理	*商品资料分类分级 *储位管理 *库存控制 *盘点处理 *库存预警系统	*运输资源管理 *运输线路优化 *运输过程控制 *配载控制 *商品跟踪	*人事资金管理 *财务处理系统	*经营管理 *绩效管理

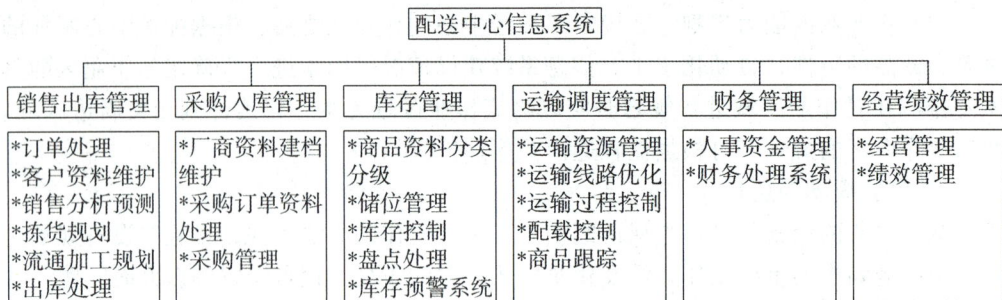

图7-15　配销模式的配送中心信息系统示意图

7.4.3　配送中心内部的布置

在完成配送中心功能、作业流程、设施设备选用及信息系统等规划后，下一步的工作就是进行空间区域的布置规划和区块布置工作。区域布置规划的主要内容有：活动关系的分析；作业空间规划与布置。

1）活动关系的分析

配送中心的各类作业区域之间存在着相关关系，如有些是程序上的关系，有些是组织上的关系，有些是功能上的关系。有些作业区域之间相关性很强，有些相关性较弱。因此，在进行区域布置规划时，必须对各区域之间的关系加以分析，明确各区域之间的相关程度，作为区域布置规划的重要参考。确定各区域之间相关程度的方法可采用关联分析法。

关联分析法的步骤是：

（1）划分区域（设施）关联的等级与原因。

（2）用图或表来表示区域（设施）之间的关联关系。

（3）按照关系紧密程度确定相邻布置的原则。

（4）根据面积或其他因素进行调整。

区域（设施）的关系密切程度一般分为六种：绝对重要 A（Absolutely important）、特别重要 E（Especially important）、重要 I（Important）、一般 O（Ordinary）、不重要 U（Unimportant）、不宜靠近 X。

分析区域（设施）之间的关系密切原因，不同的配送中心有不同的表现形式，表7-5为区域（设施）密切的原因举例。

2）作业空间规划与布置

作业空间规划与布置在整个配送中心规划中占有重要地位。在规划作业区域时，应对作业流量、作业活动特性、设备型号、建筑物特性、成本和运行效率等因素综合考虑，确定满足作业要求的长度、宽度、高度。

在规划作业区域时，除了考虑设备的基本使用面积外，还需考虑操作、物料暂存和通道面积。另外，在规划时必须考虑配送中心的发展情况，新技术、新设备的发展情况，规划要留有余地及要有弹性。

（1）通道空间的布置规划。通道的合理安排和宽度设计将直接影响物流效率。在规划布置仓库时首先应对通道的位置和宽度进行规划设计。

表7-5　　　　　　　　　　　　　　　关系密切原因举例

序号	关系密切的原因
①	共用场地
②	共用人员
③	使用共同记录
④	人员接触
⑤	文件接触
⑥	工作流程连续
⑦	做类似的工作
⑧	共用设备
⑨	其他

在进行通道规划布置时要考虑影响通道布置的因素，结合拟布置的通道类型合理制定规划。

（2）进出货区的作业空间规划与布置。物品在进出货时需要拆装、理货、检查或暂存以待入库存储或待车装载配送，为此在进出货平台上应留空间作为缓冲区。为了使平台与车辆高度能满足装卸货的顺利进行，进出货平台需要连接设备，这种设备需要1~2.5m的空间。在使用固定式连接设备时需要1.5~3.5m的空间。为使车辆及人员畅通进出，在暂存区和连接设备之间应有出入通道。图7-16所示为出入货平台所需的空间。

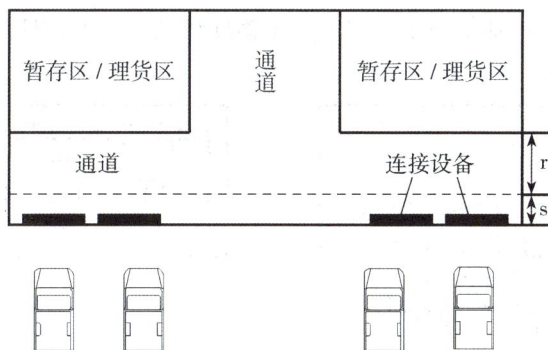

（注：使用可拆装式的连接设备时，s为1~2.5m；使用固定式连接设备时，s为1.5~3.5m；若通道上使用人力搬运，r为2.5~4m）

图7-16　出入货平台所需的空间

①进出货码头设计的形式。

A.进出货共用站台（如图7-17所示）。进出货共用站台可以有效提高空间和设备的使用率，但管理较困难，容易出现"进"与"出"相互影响的情况，特别是在进出货高峰时间。

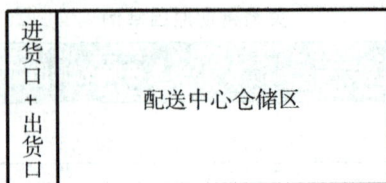

图7-17 进出货共用站台示意图

B.出货相邻，分开使用站台（如图7-18所示）。这种形式不会使进出货相互影响，可以共用设备，但空间利用率低。

图7-18 进出货相邻分开使用站台示意图

C.出货站台完全独立，两者不相邻（如图7-19所示）。这种形式是进出货作业完全独立的站台设计，不但空间分开而且设备也独立。

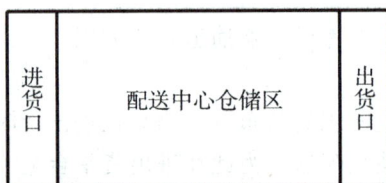

图7-19 进出货站台独立示意图

D.多个进出货站台。这种形式是有多个进出货口，进出货频繁，且空间足够。

②站台的设计形式。站台的设计形式有锯齿型和直线型两种。锯齿型站台的优点是车辆旋转纵深较浅，但占用仓库内部空间较大（如图7-20（a）所示）。直线型站台的优点是占用仓库内部空间小，缺点是车辆旋转纵深较大，且需要较大的外部空间（如图7-20（b）所示）。

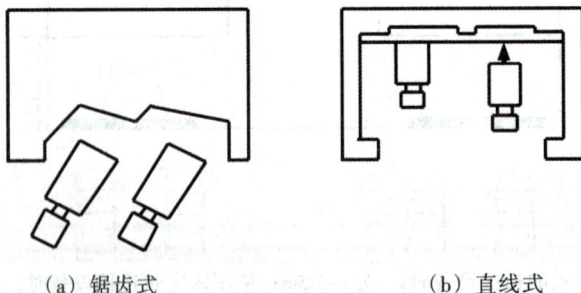

（a）锯齿式　　　　　　　　（b）直线式

图7-20 进出货站台设计形式

在设计进出货空间时，除考虑提高作业效率和充分利用空间外，还必须考虑安全问题。尤其是设计车辆和站台之间的连接部分时，必须考虑防止风吹、雨水进入货柜或仓库内部。同时，还应考虑避免库内冷暖空气外溢。为此，停车站台有以下三种形式：

A.内围式（如图7-21（a）所示）。把站台围在库区内，安全性高，有利于防止风雨侵袭和冷暖气外溢。这种形式造价较高。

B.齐平式（如图7-21（b）所示）。站台与仓库外边齐平，优点是整个站台仍在仓库内，可避免库内冷暖空气外溢，造成浪费，造价也很低，目前被广泛采用。

C.开放式（如图7-21（c）所示）。站台全部凸出在仓库之外，站台上的货物完全没有遮掩，库内冷暖空气容易外泄，安全性低。

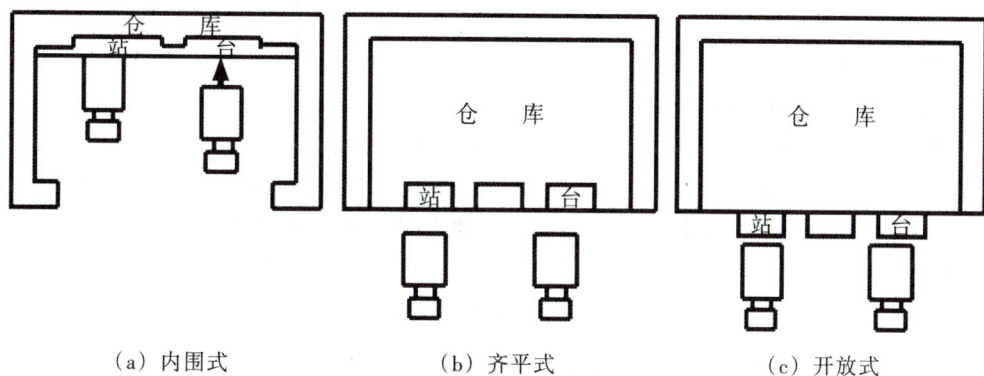

（a）内围式 　　　　　（b）齐平式 　　　　　（c）开放式

图7-21 停车站台设计形式

（3）拣货区作业空间的规划。拣货作业是配送中心核心作业环节，也是最费时的工作。拣货作业的合理布置可以提高整个配送中心的运作效率。根据配送中心类型及经营商品特性，拣货方式可分为储存和拣货区共用托盘货架、储存和拣货区共用的零星拣货方式、储存与拣货区分开的零星拣货方式和分段拣货的少量拣货方式等。

同步案例 7-2

地址的选择，不仅仅只是一个位置

背景与情境：设施选址程序由于受到环境、方法和相关政治问题的影响而变得相当复杂。美国百货连锁店 Target 在为发展中的芝加哥地区的市场服务而需建立一个9.3万平方米的分销中心选址时，就遇到了这样的问题。Target 使用室内模型软件分析了由55个团体提供的成本和税务支持，其中包括了诸多因素，如市场的接近度、运输成本、劳动力成本及其可用性。最初的分析将选址限于三个可能的地点，最后选择了威斯康星 Oconomoroc 的工业园。

问题：通过此案例，你认为配送中心选址时需要考虑的非技术因素应包括哪些内容？

分析提示：根据7.3及7.4节内的内容来回答。

本章概要

□ 内容提要与结构

▲ 内容提要

● 配送中心的概念：根据《物流术语》（GB/T 18354—2006），配送中心被定义为：从事配送业务的物流场所或组织，应基本符合下列要求：①主要为特定的用户服务；②配送功能健全；③辐射范围小；④多品种、小批量、多批次、短周期；⑤主要为末端客户提供配送服务。

● 配送中心的分类：（1）按配送中心的经济功能分为：①供应型配送中心；②销售型配送中心；③储存型配送中心；④加工型配送中心。（2）按配送中心归属分为：①自有型配送中心；②公共型配送中心。（3）按配送中心辐射服务范围分为：①城市配送中心；②区域配送中心。

● 配送中心的功能：①存储功能；②分拣功能；③集散功能；④衔接功能；⑤流通加工功能；⑥信息处理功能。

● 配送中心作业项目：配送中心的作业项目包括订货、到货接收、验货入库与退货、订单处理、存储、加工、拣选、包装、装托盘、组配、配装、送货、送达服务等作业项目，各环节衔接紧密，环环相扣，整个过程既包含实物流，又包括信息流，同时还有资金流。

● 配送中心的布点原则：①适应性原则；②协调性原则；③经济性原则；④前瞻性原则。

● 配送中心的布点影响因素：①自然环境因素；②经营环境因素；③基础设施状况；④其他。

● 内容结构

本章内容结构如图7-22所示：

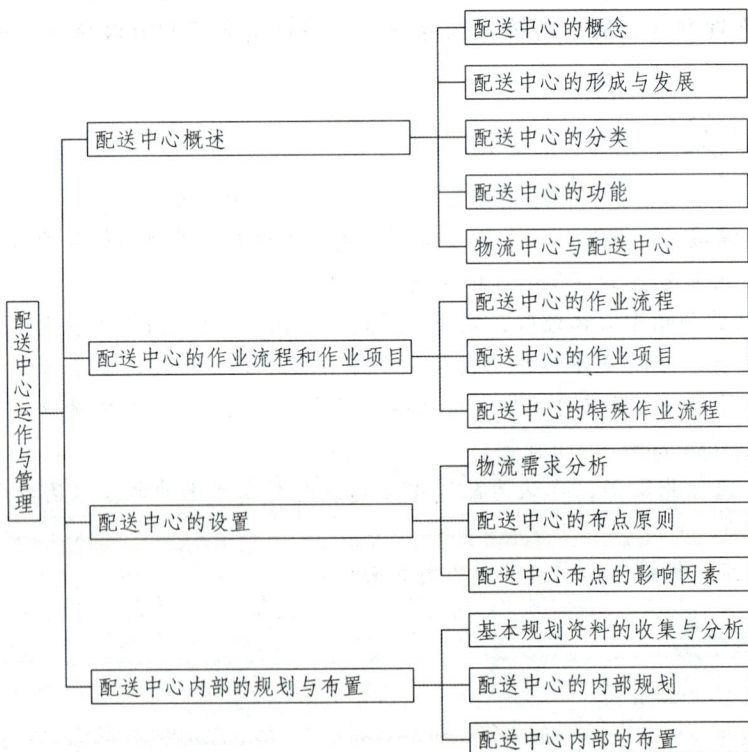

图7-22　本章内容结构

□ 主要概念和观念

▲ 主要概念

配送中心　供应型配送中心　销售型配送中心　储存型配送中心　加工型配送中心　自有型配送中心　公共型配送中心　城市配送中心　区域配送中心　物流需求

▲ 主要观念

配送中心作业流程　配送中心的设置　配送中心内部的规划与布置

□ 重点实务和操作

▲ 重点实务

配送中心的作业流程　配送中心的选址布局　配送中心内部的规划和布置

▲ 重点操作

配送中心作业流程设计　配送中心内部规划设计操作

━ 基本训练 ━➤

□ 理论题

▲ 简答题

1）简述配送中心的形成与发展。

2）简述配送中心的功能。

▲ 理解题

根据配送中心的含义与物流中心的含义，分析配送中心与物流中心的区别。

□ 实务题

▲ 规则复习

1）简述配送中心的基本作业流程和作业项目。

2）如何对配送中心的岗位和职责进行设置？

▲ 业务解析

配送中心的类型不同，作业流程也会有所不同。简述几种不同的配送中心的业务流程，并分析其优缺点。

□ 案例题

▲ 案例分析

【训练项目】

案例分析-Ⅶ。

【相关案例】

当当网的物流策略

背景与情境：为了方便顾客，当当网目前已经在全国63个城市开通了送货上门、货到付款的服务，以后还会在更多的城市开通这项服务。当当网不受上架周期和顾客地域性偏好的限制，为出版社尤其是专业性出版社、学术性出版社提供了窗口支持。在为消费者服务的同时，当当网帮助出版社提高了单本书的销量，并有效地延长了出版物的寿命。当当网的物流运作方式如下：

（1）在配送模式上选择了第三方物流的方式。不同于亚马逊的物流模式——大型城市建立了自己独立的配送中心，以自身为主，同时相应的在物流高峰期借助一部分第三方的力量，小型城市及偏远地区以邮政方式为主，当当网基本完全采用第三方物流的配送模式。当当网主要是依靠专业快递公司进行配送，与民营快递公司合作，并在一些大城市扩建了自己的仓储中心。通过选好配送公司，从而以更快的速度为消费者提供更好的服务。

（2）将库存控制在最低水平，实行零库存运转。当当网通过与供应商建立良好的合作关系，实现了对库存的有效控制。一般情况下，当当网是在顾客买书下了订单后，才从出版商那里进货。购书者选择自己希望的支付方式进行书款支付，而当当网却在图书售出后才向出版商付款，这就使得它的资金周转比传统书店要顺畅得多。由于保持了低库存，当当网的库存周转速度很快。

（3）降低退货率。虽然当当网经营的商品种类很多，但由于对商品品种选择适当，价格合理，商品质量和配送服务等能满足顾客需要，所以保持了很低的退货率。极低的退货率不仅减少了企业的退货成本，也保持了较高的顾客服务水平并取得良好的商业信誉。

（4）根据不同商品类别建立不同的配送中心，提高配送中心作业效率。当当网的配送中心按商品类别设立，不同的商品由不同的配送中心进行配送。这样做有利于提高配送中心的专业化作业程度，使作业组织简单化、规范化，既能提高配送中心作业的效率，又可降低配送中心的管理和运营费用。

资料来源　佚名. 当当网与京东商城配送模式比较［EB/OL］. ［2020-01-01］. http://www.docin.com/p-569909252.html.引文经整理、节选和改编。

问题：
1）本案例中，当当网的仓储配送中心的定位是什么？
2）该仓储配送中心的选址具有什么特点？
3）列举案例中进行仓储配送中心布置时可能包含的设施设备。

分析要求：同第1章"基本训练"中本题型的"分析要求"。

▲ 课程思政
【训练项目】
课程思政-Ⅶ。
【相关案例】

司机勾结配送工盗窃上百万元物资　运赃途中落网

背景与情境：柳州市警方4月1日通报，柳南公安分局近日侦破一系列企业物资被盗案，一家物流公司的三名司机勾结柳南区某大型企业汽车配件厂的三名配送工，多次将各种物资偷运出厂倒卖，据厂方统计总损失高达上百万元。

3月26日，一家物流公司的货车进汽配厂送完货出门时被拦下检查，门卫发现货车车厢里藏了半箱零件，仔细一看原来是40根氧传感器，是厂里仓库的物资。门卫将物流公司的司机覃某、曾某带到保卫科，并通知了民警。经警方审查，覃某、曾某承认，自去年4月以来，他们与物流公司的另一名司机梁某多次利用送货之便，与厂里的配送工勾结，从汽配厂偷出各种零件，有时也趁仓库人少的时候，自己顺手牵羊盗走一些汽车配件。由于物流公司与汽配厂长期合作，门岗对司机进出厂基本不检查，导致后者有机可乘。近来厂里提高了警惕，配送工不敢帮忙，覃某、曾某就想自己动手偷点零件，不料出门时败露。当天，警方赶到物流公司抓获了司机梁某，并在柳南区磨滩村覃某家里起获汽车电瓶、转向油泵等部分赃物。随后，三名配送工黄某、刘某、韦某分别被警方传唤。经查，这些合同制配送工因嫌工资不高，所以当物流司机许以"好处费"时，他们就答应帮偷东西。以作案最多的黄某为例，他常在夜间用电瓶拖车把零件偷运出厂，交给接应的物流司机，"出手"十几次后，黄某的分成达到了2万元，使他感觉这是条"生财之道"，于是乐此不疲，直到3月感到"风声紧"才停手。

目前，三名司机和三名配送工分别因涉嫌盗窃和职务侵占而被依法刑事拘留。

资料来源 苏建明. 司机勾结配送工盗窃上百万元物资 运赃途中落网［EB/OL］.［2020-12-26］. http://news.sohu.com/20120401/n339627814.shtml.引文经整理、节选和改编。

问题：

1）本案例中的当事人行为存在哪些思政问题？

2）结合问题对当事人行为作出思政研判。

3）通过网上或图书馆调研等途径收集研判所依据的行业规范。

4）假如你是本案例中的当事人，你会怎样做？

研判要求：同第1章"基本训练"中本题型的"研判要求"。

□ 自主学习

【训练项目】

自主学习-IV。

【训练目的】

见本章"学习目标"中的"自主学习"目标。

【教学方法】

采用"学导教学法"和"研究教学法"。

【训练要求】

1）以班级小组为单位组建学生训练团队，各团队依照本教材"附录三"附表3"自我学习"（高级）的"基本要求"和各技能点的"参照规范与标准"，制订自主学习计划。

2）各团队实施自主学习计划，自主学习本教材"附录一"附表1"自我学习"（高级）各技能点的"'知识准备'参照规范"所列知识。

3）各团队以自主学习获得的"学习原理"、"学习策略"与"学习方法"知识为指导，通过校图书馆、院资料室和互联网，查阅和整理近两年以"配送中心选址"为主题的国内外学术文献资料。

4）各团队以整理后的文献资料为基础，依照相关规范要求，讨论、撰写和交流《"配送中心选址"最新文献综述》。

5）撰写作为"成果形式"的训练课业，总结自主学习和应用"学习原理"、"学习策略"与"学习方法"知识（高级），依照相关规范，准备、讨论、撰写和交流《"配送中心选址"最新文献综述》的体验过程。

【成果形式】

训练课业：《"自主学习-IV"训练报告》

课业要求：

1）内容包括：训练团队成员与分工；训练过程；训练总结（包括对各项操作的成功与不足的简要分析说明）；附件。

2）将自主学习计划和《"配送中心作业管理"最新文献综述》作为《"自主学习-Ⅳ"训练报告》的附件。

3）《"配送中心选址"最新文献综述》应符合"文献综述"规范要求，做到事实清晰，论据充分，逻辑清晰。

4）结构与体例参照本教材"课业范例"的"范例-4"。

5）在校园网的本课程平台上展示班级优秀训练课业，并将其纳入本课程的教学资源库。

━━ 单元考核 ━━▶

考核评价要求：同第1章"单元考核"的"考核评价要求"。

第8章
配送运输

学习目标

理论目标：学习和把握配送运输的相关概念、影响因素、特点和作用；把握配送线路
优化的相关概念；能用其指导"配送运输"的认知活动，正确解答"单元
训练"的"理论题"中各题型的相关问题。

实务目标：学习和把握配送运输的方法、基本作业，车辆运行调度工作的内容、原则
与方法，配送车辆积载技术，节约法配送线路优化设计的前提与方法，以
及"业务链接"等程序性知识；能用其规范"配送运输"中的技能活动，
正确解答"单元训练"的"实务题"中各题型的相关问题。

案例目标：运用所学理论与实务知识研究相关案例，培养"配送运输"情境中的多元
表征能力；结合本章教学内容，依照相关规范或标准，对"课程思政8-
1"专栏和章后"课程思政–VIII"等案例中的企业从业人员行为进行思政
研判，激发与其议题相关的法律法规思考，培养高尚的道德情操，树立社
会主义核心价值观。

实训目标：参加"配送运输作业"业务胜任力的实践训练。在了解和把握本实训所涉
及"能力与道德领域"相关技能点的"规范和标准"基础上，通过切实体
验各实训任务的完成，系列技能操作的实施，相关实训报告的准备、撰
写、讨论与交流等有质量、有效率的活动，培养"配送运输作业"的专业
能力，强化"信息处理""与人交流""与人合作""解决问题"职业核心
能力（中级），并通过践行"职业情感""职业理想""职业态度""职业良
心""职业作风"等职业道德（认同级），促进健全职业人格的塑造。

引例　中石油四川泸州销售分公司优化配送纪实

背景与情境： 中石油四川泸州销售分公司开展的以"整顿运输流向、整顿运输工具、整顿运输费用"为主要内容的运输专项整顿工作初见成效。

这家分公司将全区市场划为5个配送片区，分片制订了详细的车辆运输优化路线方案，把机构用户、社会加油站和自有加油站纳入统一配送范围，建立起了布局合理、流向优化、管理扁平化、运转高效的成品油新型营销配送体制。这家分公司还对业务配送流程进行整合，将油料配送车辆的调度权由汽车队调整到销售中心，使销售、运输、服务一体化。同时，这家分公司在四川省销售系统率先给油罐车安装上了先进的卫星导航与定位系统（GPS系统），通过GPS连接，使油料配送准确率达到了98%，较开通前提高10个百分点。

在实际配送中，这家分公司做到了不仅要算收入账、安全账，更要算"节约账"。车辆调度员在安排车辆运输时对内部加油站采用大吨位、双罐多油品车辆配送，通过减少车辆运输次数，来降低过路过桥费、燃料费等变动费用。这家分公司还采取全程监控等有力措施，减少车辆修理费、轮胎费和燃料费，切实降低车辆运行费用。实行维修费定额制度，对超过预算维修费的部分不予报销。探索出节约轮胎费的使用办法，在全车队实行轮胎滚动循环使用，将全队车辆按使用轮胎类型、车辆吨位、运行路线分为大小两个级别，大吨位车辆的前轮使用到6~7成新时，换下给小吨位车辆使用至报废，仅靠此项措施，就使去年全年轮胎费节约了11万元。

从引例可以看出，对整个配送运输过程进行合理的优化和管理能够大大节约物流成本，从而提高物流经济效益。

8.1　配送运输概述

8.1.1　配送运输的概念

配送运输是指将顾客所需要的货物通过运输工具从供应点送至顾客手中的活动。其间可能是从工厂的仓库直接送至客户，也可能通过批发商、经销商或由配送中心、物流中心转送至客户手中。配送运输通常是一种短距离、小批量、高频率的运输形式。如果单从运输的角度看，它是对干线运输的一种补充和完善，属于末端运输、支线运输。它以服务为目标，尽可能满足客户需求。

配送运输主要由汽车运输完成，具有轨道运输条件的城市可以采用轨道运输，对于跨城市的地区配送可以采用铁路运输，或者在河道水域通过船舶完成。

8.1.2　配送运输的影响因素

影响配送运输效果的因素很多，既有动态因素也有静态因素。动态因素，如车流量变化、道路施工、配送客户的变动、可供调动的车辆变动等；静态因素，如配送客户的分布区域、道路交通网络、车辆运行限制等。各种因素互相影响，很容易造成送货不及时、配送路径选择不当、贻误交货时间等问题。因此，配送运输的有效管理极为重要，否则不仅会影响配送效率和信誉，而且将直接导致配送成本的上升。

同步链接8-1

学习宣传贯彻党的二十大精神　交通运输部在行动

8.1.3　配送运输的特点及作用

1）配送运输的特点

（1）时效性。配送运输是从客户到交货的最后环节，也是最容易引起时间延误的环节。因此，必须在认真分析各种因素的前提下，采用系统化的思维和原则，有效协调，综合管理，合理地选择配送线路、配送车辆、送货人员，使每位客户在其所期望的时间能收到所期望的货物。

（2）安全性。配送运输的宗旨是将货物完好无损地送到目的地。

（3）沟通性。配送运输是配送的末端服务，它通过送货上门服务直接与客户接触，是与客户沟通最直接的桥梁，代表着公司的形象和信誉。

（4）方便性。配送以服务为目标，以最大限度地满足客户需求为优先选择，因此，应尽可能地让顾客享受到便捷的服务。通过采用高弹性的送货系统，如紧急送货、顺道送货与退货、辅助资源回收等，为客户提供真正意义上的便利服务。

（5）经济性。实现一定的经济利益是企业运作的基本目标，因此，对合作双方来说，以较低的费用完成配送作业是企业建立双赢机制、加强合作的基础。所以，满足客户的要求不仅是提供高质量、及时方便的配送服务，还必须提高配送运输的效率，加强成本控制与管理，为客户提供优质、经济的配送服务。

2）配送运输的作用

（1）通过集中仓储与配送运输可以实现企业组织的低库存或零库存的设想，并提高社会物流的经济效益。

（2）通过配送运输可以节省出大量的设备资金用于开发企业的新业务，改善企业财务状况。

（3）配送运输可以提高物流服务水准，简化手续、方便用户，提高货物供应的保证程度。

（4）配送运输可以完善干线运输中的社会物流功能体系。

（5）配送运输可以使企业扩大商品占有率，提高市场竞争力。

同步案例 8-1

对 GPS 规划运输路线进行一次调整

背景与情境：据不完全统计，每逢"十一"假期，高速公路的小客车通行量至少要增加50%。小客车通行量的激增，也为正值业务高峰期的物流配送车辆加大了通行难度。那么，对于物流运输企业来说，应该如何应对呢？

（1）要合理安排物流配送时间，尽量避开私家车出行高峰。

（2）及时了解路况，必要时同交管信息中心建立协同关系。

（3）根据配送需要，合理调整企业 GPS 定位路线。

（4）为了保证货物安全和准时配送，预留出一定的机动时间。

资料来源　佚名. 高速路免费车流大 物流配送或遇阻［EB/OL］. http://www.cea.org.cn/content/details_10_7281.html.引文经整理、节选和改编。

问题：如何根据实际路况对以往的 GPS 规划运输路线进行调整？

分析提示：对本案例中（1）至（4）条进行归纳总结。

8.2　配送运输方法

由于影响配送运输的因素较多，故在运输方法的选择上既要有利于客户的便捷性、经济性，又要有利于货物的安全性，应尽量避免不合理运输。配送运输方法主要有汽车整车运输、多点分运及快件货运。

8.2.1　汽车整车运输

汽车整车运输是指同一收货人、一次性需要到达同一站点，且适合配送装运3吨以上的货物运输，或者货物重量在3吨以下，但其性质、体积、形状需要一辆3吨以上车辆一次或一批运输到目的地的运输。

1）汽车整车运输的特点

汽车整车货物运输一般中间环节较少，送达速度快，运输成本较低。通常以整车为基本单位订立运输合同，以便充分体现整车配送运输的可靠性、快速性、方便性和经济性。

2）汽车整车运输的业务流程

按客户需求订单备货→验货→配车→配装→装车→发车→运送→卸车交付→运杂费结算→货运事故处理（如图8-1所示）。

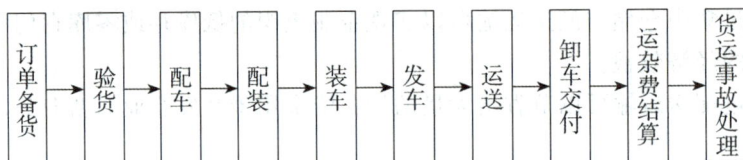

订单备货→验货→配车→配装→装车→发车→运送→卸车交付→运杂费结算→货运事故处理

图8-1　汽车整车运输的业务流程

3）汽车整车运输的生产过程构成

汽车整车运输的生产过程是一个多工种的联合作业系统，是社会物流中必不可少的重要过程。这一过程是货物运输的劳动者借助运输线路、运输车辆、装卸设备、站场等设施，通过各个作业环节，将货物从配送地点运送到客户地点的全过程。它由相互关联又相互区别的四个过程构成，即运输准备过程、基本运输过程、辅助运输过程和运输服务过程。各生产过程包括的内容见表8-1。

表8-1　汽车整车运输的生产过程包括的内容

过程	内容
运输准备	车型选择、线路选择、装卸设备配置、运输过程的装卸工艺设计等
基本运输	起运站装货、车辆运行、终点站卸货等作业过程
辅助运输	车辆、装卸设备、承载器具、专用设施的维护与修理作业，以及各种商务事故、行车事故的预防和处理工作，营业收入结算工作等
运输服务	各种行车材料、配件的供应，代办货物储存、包装、保险业务

（1）运输准备过程：又称运输生产技术准备过程，是货物进行运输之前所做的各项技术性准备工作。

（2）基本运输过程：作为运输生产过程的主体，是指直接组织货物，从起运地至到达地完成其空间位移的生产活动。

（3）辅助运输过程：为保证基本运输过程正常进行所必需的各种辅助性生产活动。辅助生产过程本身不直接构成货物位移的运输活动。

（4）运输服务过程：服务于基本运输过程和辅助运输过程中的各种服务性工作和活动。

汽车整车运输生产过程的各个部分既相对独立，又相互关联。只有通过运输准备过程、辅助运输过程和运输服务过程，才能使基本运输过程更快捷地与物流的其他环节有机衔接起来，从而实现高质量配送。

8.2.2 多点分运

多点分运是在保证满足客户需求的前提下，集多个客户的配送货物进行搭配装载，以充分利用车辆的运能、运力，进而降低配送成本，提高配送效率。

1）往复式行驶线路

往复式行驶线路一般是指由一个供应点对一个客户的专门送货。从物流优化的角度看，其基本条件是客户的需求量接近或大于可用车辆的核定载重量，需专门派一辆或多辆车一次或多次送货。可以说，往复式行驶线路是指配送车辆在两个物流节点间往复行驶的路线类型。

2）环形行驶线路

环形行驶线路，是指配送车辆在由若干物流节点间组成的封闭回路上所进行的连续单向的行驶路线。车辆在环形行驶路线上行驶一周时，至少应完成两个运次的货物运送任务。

3）汇集式行驶线路

汇集式行驶线路，是指配送车辆沿分布于运行线路上各物流节点间，依次完成相应的装卸任务，而且每一运次的货物装卸量均小于该车核定载重量，沿路或装或卸，直到整辆车装满或卸空，然后再返回出发点的行驶线路。

4）星形行驶线路

星形行驶线路，是指车辆以一个物流节点为中心，向其周围多个方向上的一个或多个节点行驶而形成的辐射状行驶线路。

8.2.3 快件货运

快件货运是对配送中心运输基本方法的改进，主要有中、短距离的快件运输。送达时间、运费一般由双方协商而定，而且配送中心通常还应配有快速备货通道。有时货物运输量虽不到车辆的核定吨位，但仍需专门运输一趟。

1）快件货运的特点

（1）送达速度快。

（2）配装手续简捷。

（3）实行承诺制服务。

（4）可随时进行信息查询。

2）快件货运业务操作流程

通过电话、传真、电子邮件接受客户的委托→快速通道备货→分拣→包装→发货
→装车→快速运送→货到分发→送货上门→信息查询→费用结算。

3）快件货运的基本形式

（1）定点运输。

（2）定时运输。

（3）特快运输。

（4）联合快运。

各运输方式的特点见表8-2。

表8-2 **快件货运各运输方式的特点**

名称	特点
定点运输	固定车辆、货物、卸货人员设备、调度员
定时运输	行车时刻表
特快运输	快速备货、使用待发车辆
联合快运	充分利用集中运输方式的网络优势

业务链接 8-1

联合包裹服务公司（UPS）

美国联合包裹服务公司（UPS）在经营上取得了巨大的成功，与其富有特色的物
流服务是密切相关的。

（1）货物传递快捷

UPS规定：国际快件3个工作日内送达目的地；国内快件保证翌日上午8时以前
送达。

（2）报关代理和信息服务

UPS建立了全球网络和技术设施，为客户提供报关代理服务。

（3）货物即时追踪服务

UPS的即时追踪系统是目前世界上快递业中最大、最先进的信息追踪系统。所有
交付货物只能获得一个追踪号码，系统已进行全球联网，每天有1.4万人次通过网络
查询包裹行踪。非网络客户可以用电话询问"客户服务中心"，200多名职员每天用
11种语言回答世界各地的客户大约2万次电话询问。

（4）先进的包裹管理服务

UPS建立数据处理中心将包裹档案从世界各地汇总到这里，提高服务可靠性。

（5）包装检验与设计服务

在芝加哥的服务中心数据库中，抗震的、抗挤压的、防泄漏的等各种包装案例应

有尽有。在加拿大有4个包装实验室，通过改进包装测试，减少损失和索赔。服务中心还曾设计水晶隔热层的包装方式，为糖果、巧克力的运输提供恒温保护。

（6）企业形象可以从卡车司机的形象看出来

司机不能留长发、蓄胡须，外套只能打开最上方第一个纽扣。在客户面前不能抽烟，送件时只能疾行，不许跑步，皮鞋只能是棕色或黑色，而且必须始终光可鉴人。必须始终用右手小指勾住钥匙串，登车时左手戴安全带，同时马上用右手发动引擎。司机每天工作前必须经过几分钟的体能测试，飞行员当天工作完毕必须清理桌面，以免第二天凌晨登机时耽误时间。高层经理人员每人工作桌下常备擦鞋用具。

UPS已成为美国人日常生活中不可缺少的一部分，成为美国经济运行中一只几乎无处不在的"手"。过去10年，UPS共投资了110亿美元，雇用了4 000名电脑程序员和技术人员，这一浩大的投资不仅使UPS实现了对包裹运送每一步的紧密跟踪，而且使之在电子商务大潮中占据了有利地位。

学习微平台

延伸阅读8-1

资料来源 佚名. UPS的特色物流服务［EB/OL］.［2019-05-26］. http://blog.sina.com.cn/s/blog_5b29c2570100pm4s.html.引文经整理、节选和改编。

8.3 配送运输基本作业

1）划分基本配送区域

为使整个配送有一个可遵循的基本依据，应首先将客户所在地的具体位置进行统计，划分基本配送区域，并将客户分配到不同的基本配送区域之中，作为下一步决策的基本参考。例如，按行政区域或按交通条件划分不同的配送区域，在这一区域划分的基础上进行弹性调整来安排配送。

2）车辆配载

由于配送货物品种的特性各异，为提高配送效率，确保货物质量，必须首先对特性差异大的货物进行分类。在接到订单后将货物依特性进行分类，以分别采取不同的配送方式和运输工具，如按冷冻食品、速冻食品、散装货物、箱装货物等分类配载；另外，配送货物也有轻重缓急之分，必须初步确定哪些货物可配于同一辆车，哪些货物不能配于同一辆车，以做好车辆的初步配装工作。

3）暂定配送先后顺序

在考虑了其他影响因素，制订出最终的配送方案前，应根据客户订单要求的送货时间对配送的先后作业次序进行估计，为后面车辆积载做好准备工作。计划工作的目的，是保证达到既定的目标。所以，预先确定基本配送顺序既可以有效地保证送货时间，又可以尽可能提高运作效率。

4）车辆安排

车辆安排要解决的问题是安排什么类型、吨位的配送车辆送货。一般企业拥有的车型有限，车辆数量也有限，当本公司车辆无法满足要求时，可使用外雇车辆。在保证配送运输质量的前提下，是组建自营车队，还是以外雇车为主，则须视经营成本而定，具体如图8-2所示。曲线1表示外雇车辆的运送费用随运输量的变化情况；曲线2表示自有车辆的运送费用随运量的变化情况。当运量小于A时，外雇车辆费用小于自有车辆费用，所以应选用外雇车辆；当运输量大于 A 时，外雇车辆费用大于自有车辆费用，所以应选用自有车辆。但无论自有车辆还是外雇车辆，都必须首先掌握有哪些车辆可以供调派并符合要求，即这些车辆的容量和额定载重是否满足要求；其次，安排车辆之前，还必须分析订单上货物的信息，如体积、重量、数量等对于装卸的特别要求等，综合考虑各方面因素的影响，作出最合适的车辆安排。

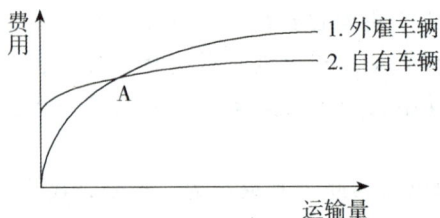

图8-2　外雇车辆与自有车辆运费曲线

5）选择配送线路

知道每辆车负责配送的具体客户后，如何以最快的速度完成对这些货物的配送，即如何选择配送距离短、配送时间短、配送成本低的线路，就需根据客户的具体位置、沿途的交通情况等作出优先选择和判断。

6）确定最终的配送顺序

做好车辆安排及选择好最佳的配送线路后，依据各车负责配送的具体客户的先后安排，最终确定明确合理的配送顺序。

7）完成车辆积载

明确了客户的配送顺序后，接下来就是如何将货物装车，以什么次序装车的问题，即车辆的积载问题。原则上，知道了客户的配送顺序后，只要将货物依"后送先装"的顺序装车即可。但有时为了有效利用空间，可能还要考虑货物的性质（怕震、怕压、怕撞、怕湿）、形状、体积及重量等作出弹性调整。此外，货物的装卸方法也必须依照货物的性质、形状、重量、体积等来选择。

在以上各阶段操作过程中，需要注意的要点有：

（1）明确订单内容。

（2）掌握货物的性质。

（3）明确具体配送地点。

（4）适当选择配送车辆。

（5）选择最优的配送线路。

（6）充分考虑各作业点的装卸货时间。

同步案例8-2

百胜物流降低连锁餐饮企业运输成本之道

背景与情境： 作为肯德基、必胜客等业内巨头的指定物流提供商，百胜物流公司抓住运输环节大做文章，通过降低配送频率、歇业时间送货等运输安排，有效地降低了物流成本。

（1）合理进行运输排程

由于餐饮业的进货时间是事先约定好的，这就需要配送中心就餐厅制作一个类似列车时刻表的主班表。餐厅的销售存在着季节性波动，因此主班表至少有旺季、淡季两套方案。在主班表确定以后，就要进入每日运输排程，也就是每天审视各条路线的实际货量，根据实际货量对配送路线进行调整。通过对所有路线逐一进行安排，可以去除几条送货路线，至少也能减少某些路线的行驶里程，最终达到增加车辆利用率、增加司机工作效率和降低总行驶里程的目的。

（2）减少不必要的配送

对于产品保鲜要求很高的连锁餐饮业来说，尽力和餐厅沟通，减少不必要的配送频率，可以有效地降低物流配送成本。

（3）提高车辆的利用率

车辆时间利用率也是值得关注的，提高卡车的时间利用率可以从增加卡车尺寸、改变作业班次、二次出车和增加每周运行天数几个方面着手。

①增加卡车尺寸。由于大型卡车每次可以装载更多的货物，一次出车可以配送至更多的餐厅，因此能够增加其有效作业的时间。②改变作业班次。改变仓库和其他环节作业时间，适应实际的运输需求，提高运输资产的利用率。③二次出车和增加每周运行天数。如果配送中心实行24小时作业，卡车就可以利用晚间二次出车配送，大大提高车辆的时间利用率。在实际物流作业中，一般会将餐厅分成可以在上午、下午、上半夜、下半夜4个时间段收货，据此制定仓储作业的配套时间表，从而将卡车利用率最大化。

（4）尝试歇业时间送货

歇业时间送货避开了城市交通高峰时间，既没有顾客的打扰，也没有餐厅运营的打扰。由于餐厅一般处在繁华路段，夜间停车也不用像白天那样有许多顾忌，可以有充裕的时间进行配送。

资料来源 陈建军. 现代物流管理实训［M］. 北京：北京理工大学出版社，2014.

问题： 百胜物流公司是如何降低配送成本的？

分析提示： 不论是传统储运，还是现代物流，运输都是其中的核心职能，本案例中的百胜物流公司在为连锁餐饮业提供物流配送服务时，通过抓好配送中的运输环节，在其他环节相差无几的情况下，有效地降低了物流成本。

8.4 车辆运行调度

车辆运行调度是配送运输管理的一项重要的职能，是指挥监控配送车辆正常运行、协调配送生产过程以实现车辆运行作业计划的重要手段。它能够起到保证运输任务按期完成、及时了解运输任务的执行情况、促进运输及相关工作有序进行及实现最小运力投入的作用。

其工作特点如下：

（1）计划性。坚持合同运输及临时运输相结合。

（2）预防性。经常进行系统预防性检查。

（3）机动性。机动灵活地处理有关部门的问题，准确及时地发布调度命令。

8.4.1　车辆运行调度工作的内容

1）编制配送车辆运行作业计划

该作业计划包括编制配送方案、配送计划、车辆运行计划总表、分日配送计划表、单车运行作业计划等。

2）现场调度

根据货物分日配送计划、车辆运行作业计划和车辆动态分派配送任务，即按计划调派车辆，签发行车路单；勘察配载作业现场，做好装卸车准备；督促驾驶员按时出车；督促车辆按计划送修进保。

3）随时掌握车辆运行信息，进行有效监督

如发现问题，应采取积极措施，及时解决，尽量减少配送生产中断时间，使车辆按计划正常运行。

4）检查计划执行情况

检查配送计划和车辆运行作业计划的执行情况。

8.4.2　车辆运行调度工作原则

车辆运行计划在组织执行过程中常会遇到一些难以预料的问题，如客户需求发生变化、装卸机械发生故障、车辆运行途中发生技术障碍、临时性路桥阻塞等。针对以上情况，调度部门要有针对性地加以分析和解决，随时掌握货物状况、车况、路况、气候变化、驾驶员状况、行车安全等，确保运行作业计划顺利进行。车辆运行调度工作应贯彻以下原则：

1）坚持从全局出发，局部服从全局的原则

在编制运行作业计划和实施运行作业计划过程中，要从全局出发，保证重点、统筹兼顾，运力安排应贯彻"先重点、后一般"的原则。

2）安全第一、质量第一原则

在配送运输生产过程中，要始终把安全工作和质量管理放在首要位置。

3）计划性原则

调度工作要根据客户订单要求认真编制车辆运行作业计划，并以运行计划为依据，监督和检查运行作业计划的执行情况，按计划配送货物，按计划送修送保车辆。

4）合理性原则

要根据货物性能、体积、重量、车辆技术状况、道路桥梁通行条件、气候变化、驾驶员技术水平等因素合理调派车辆。在编制运行作业计划时，应科学合理地安排车辆的运行路线，有效地降低运输成本。

学习微平台

延伸阅读 8-2

业务链接 8-2

上海联华配送中心的车辆调度优化系统

上海联华配送中心通过合理安排车辆出车的时间表，安排车辆使用数及到场装运时间来优化配送中心作业。如车辆不足，调度人员会及时向外租用车辆，并根据客户的不同要求和货物不同的特性安排相应车辆，以满足客户个性化的需求和保证货物的质量。

公司对所有配送门店维护送货路线，系统提供自动排车功能，同时也允许人工调整排车结果，每天的配车时间约1小时即可完成。排车信息通过OA系统公布给门店，让门店及时了解到货量、送货时间、车牌、司机等信息。司机出车、回车通过刷卡登记，为司机的考核提供了有效手段。

资料来源　佚名. 生鲜配送的案例分析：华联超市物流中心［EB/OL］.［2020-12-14］. https://max.book118.com/html/2018/0602/170272532.shtm.引文经整理、节选和改编。

8.4.3　车辆调度方法

车辆调度的方法有多种，可根据客户所需货物、配送中心站点及交通线路的布局不同而选用不同的方法。这里介绍两种简单的车辆调度方法，即经验调度法和运输定额比法。

1）经验调度法

在有多种车辆时，车辆使用的经验原则为尽可能使用能满载运输的车辆进行运输。如运输5吨的货物，最好安排一辆5吨载重量的车辆运输。在能够保证满载的情况下，优先使用大型车辆，且先载运大批量的货物。一般而言，大型车辆能够保证较高的运输效率和较低的运输成本。

同步计算 8-1

某建材配送中心某日需运送水泥580吨、盘条400吨和不定量的平板玻璃。该中心有大型车20辆，中型车20辆，小型车30辆。各种车每日只运送一种货物，运输定额见表8-3。

表8-3　　　　　　　　　　　　**车辆运输定额表**　　　　　　　　　单位：吨/辆·日

车辆种类	运送水泥	运送盘条	运送玻璃
大型车	20	17	14
中型车	18	15	12
小型车	16	13	10

根据经验调度法，确定车辆安排的顺序为大型车、中型车、小型车。货载安排的顺序为：水泥、盘条、玻璃。得出派车方案见表8-4，共完成货运量1 080吨。

表8-4　　　　　　　　　　**经验调度法得出的派车方案**

车辆种类	运送水泥	运送盘条	运送玻璃	车辆总数
大型车	20			20
中型车	10	10		20
小型车		20	10	30
货运量（吨）	580	400	100	

2）运输定额比法

对于同一个车厢在装载不同类型的货物时，由于货物的形状或者包装尺寸的不同，能够容纳的最大吨位数就会有所不同，因此，对于车辆来说，都会存在运输某种类型货物的最合适的吨位数，即运输某种货物的运输定额。将运输不同类型货物的运输定额相比就会得到该车运输不同货物的运输定额比。为了让车辆的运力得到充分地利用，车辆应该优先运送运输定额比大的货物，这就是运输定额比法的基本思想。

同步计算8-2

根据【同步计算8-1】和表8-3，采用运输定额比法设计车辆调度方案并计算能够完成的货运量。

计算每种车运送不同货物的运输定额比，计算结果见表8-5。

表8-5　　　　　　　　　　计算不同车辆的运输定额比

车辆种类	运水泥/运盘条	运盘条/运玻璃	运水泥/运玻璃
大型	1.18	1.21	1.43
中型	1.2	1.25	1.5
小型	1.23	1.3	1.6

其他种类的定额比都小于1，不予考虑。在表8-5中，小型车运送水泥的定额比最高，因而要首先安排小型车运送水泥；其次由中型车运送盘条；最后由大型车完成，得到表8-6的派车方案，共完成运量1 106吨。

表8-6　　　　　　　　　　运输定额比法得出的派车方案

车辆种类	运送水泥车辆数	运送盘条车辆数	运送玻璃车辆数	车辆总数
大型车	5	6	9	20
中型车		20		20
小型车	30			30
货运量（吨）	580	400	126	

8.5　配送车辆积载技术

8.5.1　影响配送车辆积载因素

（1）货物特性因素。当货物密度过小或过大时（如轻泡货物），由于车辆容积的限制和运行限制（主要是超高），而无法满足吨位，造成吨位利用率降低。

（2）货物包装情况。当容器体积与车厢容积不成比例时，车厢尺寸与货物包装容器的尺寸不成整倍数关系，则无法装满车厢。如货物宽度80厘米，车厢宽度220厘米，将会剩余 60 厘米。

（3）不能拼装运输。通常情况下，应尽量选派核定吨位与所配送的货物数量接近的车辆进行运输，或按有关规定而必须减载运行，比如有些危险品必须减载运送才能保证安全。

（4）由于装载技术的原因，造成不能装足吨位。

8.5.2 车辆积载的原则

（1）轻重搭配的原则。车辆装货时，必须将重货置于车厢底部，轻货置于重货上部，避免重货压坏轻货，并使货物重心下移，从而保证运输安全。

（2）大小搭配的原则。货物包装的尺寸有大有小，为了充分利用车厢的内容积，可在同一层或上下层合理搭配不同尺寸的货物，以减少箱内的空隙。

（3）货物性质搭配原则。拼装在一个车厢内的货物，其化学性质、物理属性不能互相抵触。例如，不能将散发臭味的货物与具有吸臭性的食品混装；不能将散发粉尘的货物与清洁货物混装。

（4）到达同一地点的适合配装的货物应尽可能一次积载。

（5）合理的堆码层次及方法。可根据车厢的尺寸、容积，货物外包装的尺寸来确定合理的堆码层次及方法。

（6）装载时不允许超过车辆所允许的最大载重量。

（7）装载易滚动的卷状、桶状货物，要垂直摆放。

（8）货与货之间，货与车辆之间应留有空隙并适当衬垫，防止货损。

（9）装货完毕，应在门端处采取适当的稳固措施，以防开门卸货时货物倾倒造成货损。

（10）尽量做到"后送先装"。

8.5.3 提高车辆装载效率的具体方法

（1）研究各类车厢的装载标准，根据不同货物和不同包装体积的要求，合理安排装载顺序，努力提高装载技术和操作水平，力求装足车辆核定吨位。

（2）根据客户所需要的货物品种和数量，调派适宜的车型承运，这就要求配送中心根据经营商品的特性，配备合适的车型结构。

（3）凡是可以拼装运输的，尽可能拼装运输，但要注意防止差错。

厢式货车有确定的车厢容积，车辆的载货容积为确定值。设车厢容积为 V，车辆载重量为 W。现要装载质量体积分别为 R_a、R_b 的两种货物，使得车辆的载重量和车厢容积均被充分利用。

设：两种货物的配装重量为 w_a、w_b

$$\begin{cases} W_a + W_b = W \\ W_a \times R_a + W_b \times R_b \end{cases}$$

$$W_a = \frac{V - W \times R_b}{R_a - R_b}$$

$$W_b = \frac{V - W \times R_a}{R_b - R_a}$$

同步计算 8-3

某仓库某次需运送水泥和玻璃两种货物，水泥质量体积为 0.9 立方米/吨，玻璃是 1.6 立方米/吨，计划使用车辆的载重量为 11 吨，车厢容积为 15 立方米。试问如何装载会使车辆的载重量和车厢容积能被充分利用？

设：水泥的装载量为 w_a，玻璃的装载量为 w_b。

其中：$V=15$ 立方米，$W=11$ 吨，$R_a=0.9$ 立方米/吨，$R_b=1.6$ 立方米/吨。

$$w_a = \frac{V - W \times R_b}{R_a - R_b} = \frac{15 - 11 \times 1.6}{0.9 - 1.6} = 3.71 \text{（吨）}$$

$$w_b = \frac{V - W \times R_a}{R_b - R_a} = \frac{15 - 11 \times 0.9}{1.6 - 0.9} = 7.29 \text{（吨）}$$

该车装载水泥 3.71 吨、玻璃 7.29 吨时达到满载。

通过以上计算出的结果，可以保证车辆的载重量和车厢容积都得到充分的利用。但是其前提条件是：车厢的容积系数介于所要配载货物的容重比之间。如所需要装载货物的质量体积都大于或小于车厢容积系数，则只能是车厢容积不满或者不能满足载重量。

当存在多种货物时，可以将货物比重与车辆容积系数相近的货物先配装，剩下两种最重和最轻的货物进行搭配配装。或者对需要保证数量的货物先足量配装，再对不定量配送的货物进行配装。

同步思考 8-1

船方配载、积载不良致货物残损的判断

配载、积载不良是指船方不按货物特性，不按包装标志，不按国际惯例，没有恪尽职守而导致货物损失。例如：

（1）货物包装上标明不能倒装的标志而被倒装，因而引起货物损坏。

（2）船方没有采取必要的绑扎、衬垫、紧固措施，以致货物发生碰撞而损坏。

（3）船方不按规定装货，误将重货装在轻货之上，又未采取相应措施，以致压坏轻货。

（4）船方违反配载规定，将有互抵性的货物混装在一起，特别是将有害有毒货物与食品、药品混装在一起，因此货物被污染或串味，影响使用而造成残损。

（5）船方将需防潮防热的货物装在热源或锅炉附近或装在通风筒下面，因而造成货物残损。

（6）不应装在甲板上的货物而擅自装在甲板上，以致遭受海水冲击而造成渍损。

（7）超长、超大、超重件货物，船方未采取相应措施，捆扎不牢，支撑不匀，受力不均，以致发生挤压碰撞，造成弯曲变形等损失。

资料来源　陈文培. 外贸实务一本通［M］. 北京：中国海关出版社，2006.

问题：船方在配载、积载的过程中，如何避免货物残损？

理解要点：注意货物包装上标明的标志；采取必要的绑扎、衬垫、紧固措施；重货在下、轻货在上；互抵性的货物不能混装一起等。

课程思政 8-1

宜昌海事局成功救助配载不当遇险货船

背景与情境： 11 月 6 日下午，正在三峡库区巴东海事处检查 175 米蓄水工作的宜昌海事局陈良华局长在前往巴东江峡轮渡公司渡口途中，接到群众报警：巴东万户沱水域一货船遇险，情况紧急，请求海事局出艇救助！

接到报警后，宜昌海事局陈良华局长立即改变工作行程，乘巴东海事处海巡 31213 艇紧急赶赴险情现场指挥救助。来到现场后发现：遇险船舶因装载的煤炭配载不当，导致船体严重左倾，随时有倾覆可能，该船此时还在缓慢上行，准备就近寻找吊机重新配载。陈良华局长立即要求遇险货船在就近码头停靠，同时检查船体，在确认不存在船体破损等问题后，随后指示赶到的海巡 31021 快艇执法人员安排遇险货船就近在万户沱码头停靠，采取人工转载的方式立即纠正配载。执法人员对船主在巴东海事处多次宣传了 175 米蓄水有关安全要求的情况下，仍然不顾生命财产安全、冒险航行的行为进行了严肃批评，并责令船主立即调载货物，达到配载要求后才能开航。

资料来源　交通运输部长江航务管理局. 宜昌海事局成功救助配载不当遇险货船［EB/OL］.［2020-05-22］. https：//cjhy.mot.gov.cn.引文经整理、节选和改编。

问题： 本案例中的遇险船舶船长在装载过程中存在什么问题？

研判提示： 船舶航行要把生命财产安全放在首位，配载不当、冒险航行的做法应当受到严厉的谴责。

8.6　配送线路优化设计

8.6.1　传统配送线路设计方法

1）经验判断法

经验判断法是指利用司驾人员的经验来选择配送线路的一种主观判断方法。一般是以司机习惯行驶路线和道路形式规定为基本标准，拟订几个不同的方案，通过倾听有经验的司机和送货人员的意见后作出判断，或者直接由配送管理人员凭经验作出判断。这种方法的质量取决于决策者对运输车辆、客户地理位置与交通路线情况的掌握程度和决策者的分析判断能力及经验。该方法尽管缺乏科学性、易受掌握信息的详尽程度限制，但运作方式简单、快速、方便。该方法通常在配送路线的影响因素较多、难以用某种确定的关系表达时，或难以以某种单项依据评定时采用。

2）综合评分法

综合评分法是指能够拟订出多种配送路线方案，并且评价指标明确，只是部分指标难以量化，或对某一项指标有突出的强调与要求，通过采用加权评分的方式来确定配送路线。

综合评分法的步骤如下：

（1）拟订配送路线方案。

（2）确定评价指标。

（3）对方案进行综合评分。

业务链接 8-3

荣华配送中心的路线优化设计方案

荣华配送中心在优化与选择配送路线时，采用综合评分法。该方案的评价指标共有10项，分别是：

（1）配送全过程的距离；（2）行车时间；（3）配送准时性；（4）行车难易；（5）动用车辆台次数；（6）油耗；（7）车辆状况；（8）运送量；（9）配送客户数；（10）配送总费用。

每个评分标准为5个档次并赋予不同的分值，即极差（0分）、差（1分）、较好（2分）、良好（3分）、最优（4分），满分为40分，然后为配送路线方案评分，根据最后的评分情况比较各个方案，最后确定配送路线。

表8-7为某个配送线路方案的评分情况，表中的路线方案得分为32分（4+4+2+3+3+3+4+4+3+2），为满分（理想方案）的80%，各项平均得分为3.2分。

表8-7　　　　　　　　　　路线方案评分表

| 序号 | 评价指标 | 极差 | 差 | 较好 | 良好 | 最优 |
		0分	1分	2分	3分	4分
1	配送全过程的距离					○
2	行车时间					○
3	配送准时性			○		
4	行车难易				○	
5	动用车辆台次数				○	
6	油耗				○	
7	车辆状况					○
8	运送量					○
9	配送客户数				○	
10	配送总费用			○		

8.6.2　节约法配送线路优化

1）直送式配送运输与分送式配送运输

直送式配送运输是指由一个供应点对一个客户的专门送货。从物流优化的角度看，直送式客户的基本条件是其需求量接近于或大于可用车辆的额定载重量，需专门派一辆或多辆车一次或多次送货。因此，在直送情况下，货物的配送追求的是多装快跑，选择最短配送线路，以节约时间、费用，提高配送效率。也就是说，直送问题的物流优化，主要是寻找物流网络中最短线路的问题。

分送式配送运输是指由一个供应点对多个客户的共同送货。其基本条件是同一条线路上所有客户的需求量总和不大于一辆车的额定载重量，送货时，由这一辆车装载所有客户的货物，沿着一条精心挑选的最佳路线依次将货物送到各个客户手中，这样既保证按时按量将用户需要的货物及时送到，又节约了车辆，节省了费用，缓解了交通压力，并减少了运输对环境造成的污染。

2）节约法的基本规定

节约法配送属于分送式配送，它的主要出发点是：根据配送方的运输能力及其到客户之间的距离和各客户之间的相对距离来制定使配送车辆总的周转量达到或接近最小的配送方案。

假设条件：

（1）配送的是同一种或相类似的货物。

（2）各用户的位置及需求量已知。

（3）配送方有足够的运输能力。

（4）方案能满足所有客户的到货时间要求。

3）节约法的基本思想

如图 8-3 所示，设 p_0 为配送中心，分别向用户 p_i 和 p_j 送货。p_0 到 p_i 和 p_j 的距离分别为 d_{0i} 和 d_{0j}，两个用户 p_i 和 p_j 之间的距离为 d_{ij}，送货方案只有两种，即配送中心 p_0 向用户 p_i、p_j 分别送货和配送中心 p_0 向用户 p_i、p_j 同时送货，如图 8-3a 和图 8-3b 所示。比较两种配送方案：

方案 a 的配送路线为 $p_0 \rightarrow p_i \rightarrow p_0 \rightarrow p_j \rightarrow p_0$，配送距离为 $d_a=2（d_{0i}+d_{0j}）$。

方案 b 的配送路线为 $p_0 \rightarrow p_i \rightarrow p_j \rightarrow p_0$，配送距离为 $d_b=d_{0i}+d_{0j}+d_{ij}$。

显然，d_a 不等于 d_b，我们用 s_{ij} 表示里程节约量，即方案 b 比方案 a 节约的配送里程：

$$s_{ij}=d_{0i}+d_{0j}-d_{ij}$$

根据节约法的基本思想，如果一个配送中心 p_0 分别向 N 个客户 p_j（j=1，2，…，N）配送货物，在汽车载重量允许的前提下，每辆汽车在配送线路上经过的客户数越多，里程节约量就越大，配送线路就越合理。

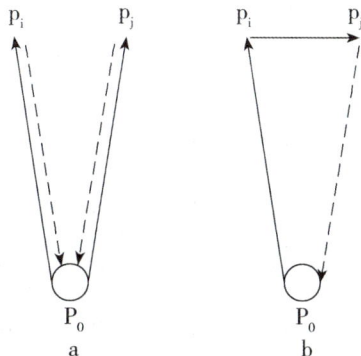

图8-3　节约法基本思想

同步计算 8-4

某一配送中心 p_0 向 10 个客户 p_j（j=1，2，…，10）配送货物，其配送网络如图 8-4 所示。图中括号内的数字表示客户的需求量（吨），线路上的数字表示两节点之间的距离（千米）。配送中心有 2 吨和 4 吨两种车辆可供使用，试制订最优的配送方案。

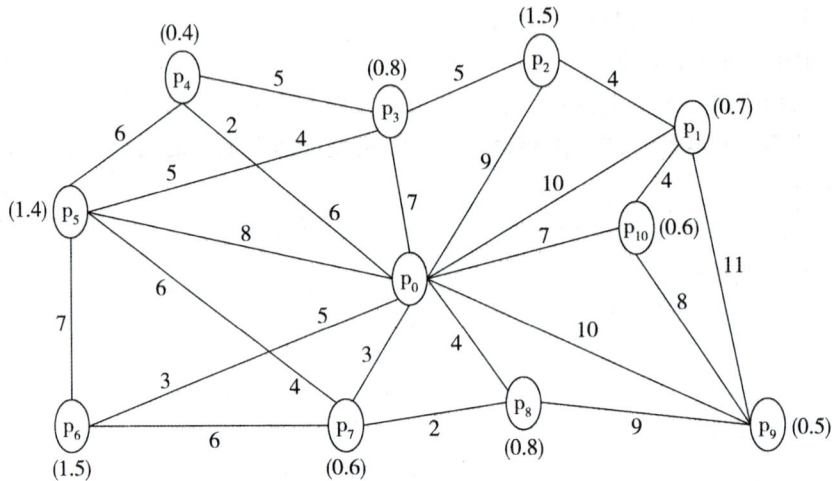

图8-4　配送网络图

解：第一步，计算最短距离。根据配送网络中的已知条件，计算配送中心与客户及客户之间的最短距离，结果见表 8-8。

表8-8　　　　　各客户之间及配送中心与客户之间的距离

p_0										
10	p_1									
9	4	p_2								
7	9	5	p_3							
8	14	10	5	p_4						
8	18	14	9	6	p_5					
8	18	17	15	13	7	p_6				
3	13	12	10	11	10	6	p_7			
4	14	13	11	12	12	8	2	p_8		
10	11	15	17	18	18	17	11	9	p_9	
7	4	8	13	15	15	15	10	11	8	p_{10}

第二步，计算节约里程 s_{ij}，$s_{ij}=d_{0i}+d_{0j}-d_{ij}$，结果见表8-9。

表8-9 节约里程量

p_1									
15	p_2								
8	11	p_3							
4	7	10	p_4						
0	3	6	10	p_5					
0	0	0	3	9	p_6				
0	0	0	0	1	5	p_7			
0	0	0	0	0	4	5	p_8		
9	4	0	0	0	1	2	5	p_9	
13	8	1	0	0	0	0	0	9	p_{10}

第三步，将节约里程 s_{ij} 进行分类，按从大到小的顺序排列，得到表8-10。

表8-10 节约里程项目分类表

序号	路线	节约里程	序号	路线	节约里程
1	$p_1 p_2$	15	13	$p_6 p_7$	5
2	$p_1 p_{10}$	13	13	$p_7 p_8$	5
3	$p_2 p_3$	11	13	$p_8 p_9$	5
4	$p_3 p_4$	10	16	$p_1 p_4$	4
4	$p_4 p_5$	10	16	$p_2 p_9$	4
6	$p_1 p_9$	9	16	$p_6 p_8$	4
6	$p_5 p_6$	9	19	$p_2 p_5$	3
6	$p_9 p_{10}$	9	19	$p_4 p_6$	3
9	$p_1 p_3$	8	21	$p_7 p_9$	2
9	$p_2 p_{10}$	8	22	$p_3 p_{10}$	1
11	$p_2 p_4$	7	22	$p_5 p_7$	1
12	$p_3 p_6$	6	22	$p_6 p_9$	1

第四步，确定配送线路。从分类表中，按节约里程大小顺序，组成线路图。

（1）初始方案：对每一客户分别单独派车送货，结果如图8-5所示。

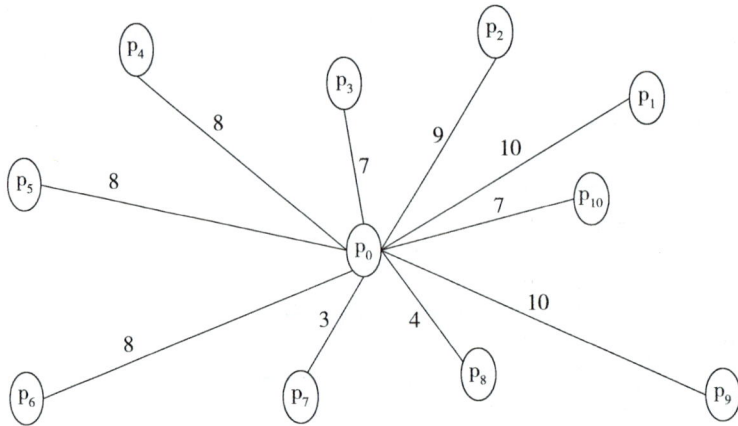

图8-5 初始方案

初始方案：配送线路为10条；配送距离S_0为148千米；配送车辆构成为10辆2吨车。

（2）修正方案1：按节约里程s_{ij}由大到小的顺序，连接p_1和p_2，p_1和p_{10}，p_2和p_3，得修正方案1，如图8-6所示。

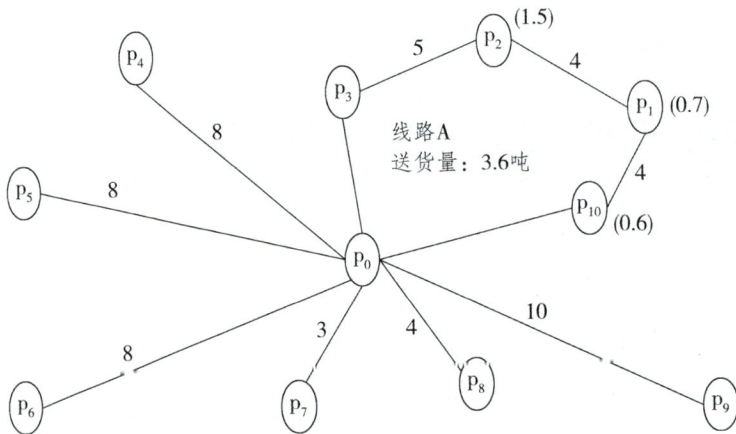

图8-6 修正方案1

修正方案1：配送线路为10条；配送距离S_1为109千米；配送车辆构成为6辆2吨车和1辆4吨车。

（3）修正方案2：在剩余的S_{ij}中，最大的是$S_{3,4}$和$S_{4,5}$，此时p_4和p_5都有可能并入线路A中，但考虑到车辆的载重量及线路均衡问题，连接p_4和p_5形成一个新的线路B，得修正方案2，如图8-7所示。

修正方案2：配送线路为6条；配送距离S_2为99千米；配送车辆构成为5辆2吨车和1辆4吨车。

（4）修正方案3：接下来最大的S_{ij}是$S_{1,9}$和$S_{5,6}$，由于此时p_1已属于线路A，若将p_9并入线路A，车辆会超载，故只将p_6点并入线路B，得修正方案3，如图8-8所示。

修正方案3：配送线路为5条；配送距离S_3为90千米；配送车辆构成为3辆2吨车和2辆4吨车。

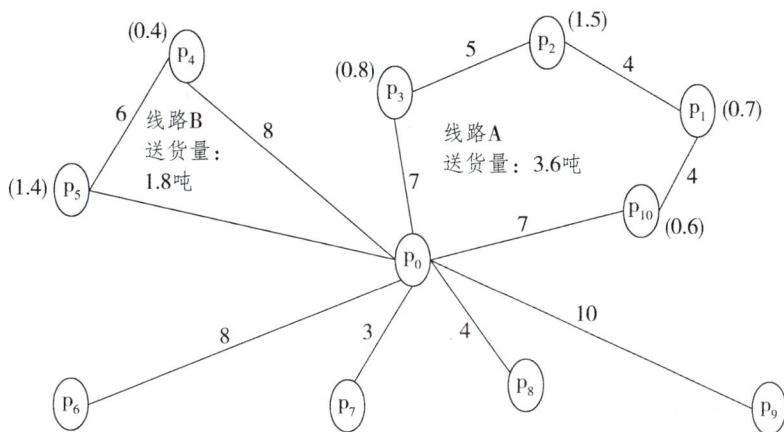

图8-7　修正方案2

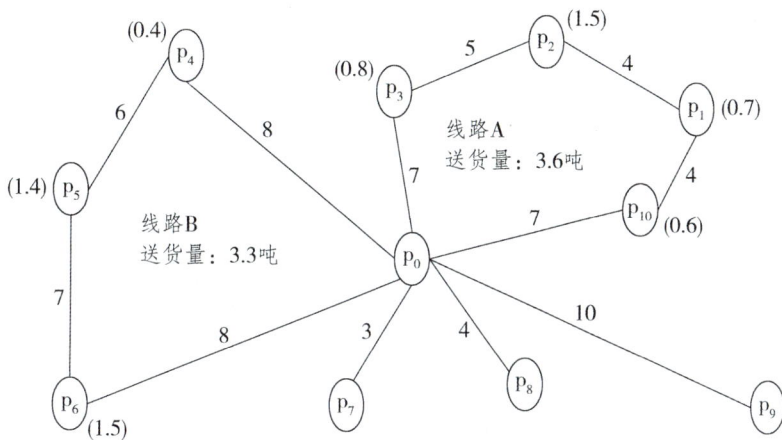

图8-8　修正方案3

（5）修正方案4：再继续按 S_{ij} 由大到小排出 $S_{9,10}$、$S_{1,3}$、$S_{2,10}$、$S_{2,4}$、$S_{3,6}$，由于与其相应的用户均已包含在已完成的线路里，故不予考虑。把 $S_{6,7}$ 对应 p_7 点并入线路 B 中，得修正方案4，如图8-9所示。

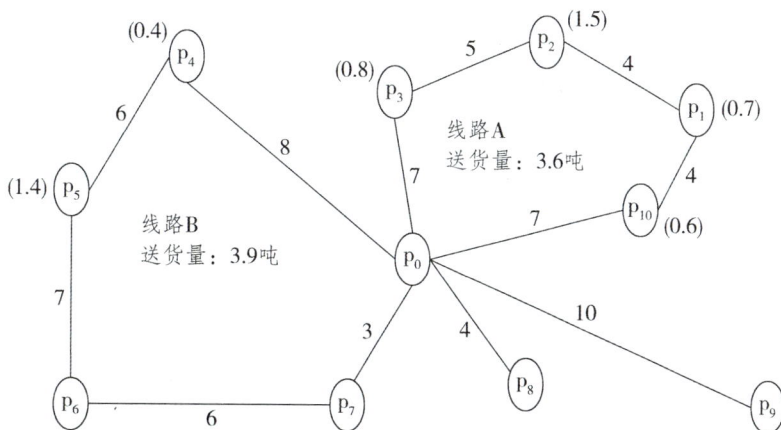

图8-9　修正方案4

修正方案4：配送线路为4条；配送距离S_4为85千米；配送车辆构成为2辆2吨车和2辆4吨车。

（6）最终方案：剩下的是$S_{7,8}$，考虑到配送距离的平衡和载重量的限制，不将p_8点并入到线路B中，而是连接p_8和p_9，组成新的线路C，得到最终方案，如图8-10所示。这样，配送方案已基本确定：共存在3条配送线路，总的配送距离为80千米，需要的配送车辆构成为1辆2吨车和2辆4吨车。3条配送线路分别为：

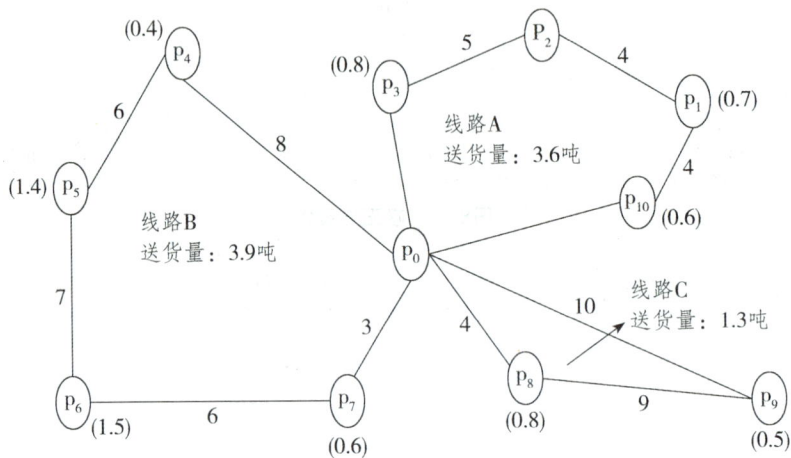

图8-10 最终方案

第一条配送线路A：$p_0 \rightarrow p_3 \rightarrow p_2 \rightarrow p_1 \rightarrow p_{10} \rightarrow p_0$，使用1辆4吨车。

第二条配送线路B：$p_0 \rightarrow p_4 \rightarrow p_5 \rightarrow p_6 \rightarrow p_7 \rightarrow p_0$，使用1辆4吨车。

第三条配送线路C：$p_0 \rightarrow p_8 \rightarrow p_9 \rightarrow p_0$，使用1辆2吨车。

最终方案：配送线路为3条；配送距离S_4为80千米；配送车辆构成为1辆2吨车和2辆4吨车。

本章概要

☐ 内容提要与结构

▲ 内容提要

● 配送运输的概念。它是指将顾客所需要的货物通过运输工具从供应点送至顾客手中的活动。

● 配送运输的特点：（1）时效性；（2）安全性；（3）沟通性；（4）方便性；（5）经济性。

● 配送运输方法主要有：汽车整车运输、多点分运及快件货运。

● 汽车整车运输的含义。它是指同一收货人、一次性需要到达同一站点，且适合配送装运3吨以上的货物运输，或者货物重量在3吨以下，但其性质、体积、形状需要一辆3吨以上车辆一次或一批运输到目的地的运输。

● 汽车整车运输的特点：整车货物运输一般中间环节较少，送达速度快，运输成本较低。通常以整车为基本单位订立运输合同，以便充分体现整车配送运输的可靠性、快速性、方便性和经济性。

● 多点分运是在保证满足客户需求的前提下，集多个客户的配送货物进行搭配装载，以充分利用运能、运力，进而降低配送成本，提高配送效率。

● 快件货运是对配送中心运输基本方法的改进，主要有中、短距离的快件运输。

● 快件货运的特点：（1）送达速度快；（2）配装手续简捷；（3）实行承诺制服务；（4）可随时进行信息查询。

● 配送运输的基本业务：（1）划分基本配送区域；（2）车辆配载；（3）暂定配送先后顺序；（4）车辆安排；（5）选择配送线路；（6）确定最终的配送顺序；（7）完成车辆积载。

● 车辆运行调度的含义。它是配送运输管理的一项重要的职能，是指挥监控配送车辆正常运行、协调配送生产过程以实现车辆运行作业计划的重要手段。

● 影响配送车辆积载因素：（1）货物特性因素；（2）货物包装情况；（3）不能拼装运输；（4）由于装载技术的原因，造成不能装足吨位。

● 车辆积载的原则：（1）轻重搭配的原则；（2）大小搭配的原则；（3）货物性质搭配原则；（4）到达同一地点的适合配装的货物应尽可能一次积载；（5）合理的堆码层次及方法；（6）装载时不允许超过车辆所允许的最大载重量；（7）装载易滚动的卷状、桶状货物，要垂直摆放；（8）货与货之间，货与车辆之间应留有空隙并适当衬垫，防止货损；（9）装货完毕，应在门端处采取适当的稳固措施，以防开门卸货时货物倾倒造成货损；（10）尽量做到"后送先装"。

● 车辆调度的方法：经验调度法、运输定额比法等。

● 配送合理化的判断标志：（1）库存标志；（2）资金标志；（3）成本和效益；（4）供应保证标志；（5）社会运力节约标志；（6）用户企业仓库、供应、进货人力物力节约标志；（7）物流合理化标志。

● 传统配送线路优化设计的主要方法：经验判断法、综合评分法。

● 经验判断法，是指利用司驾人员的经验来选择配送线路的一种主观判断方法。

● 综合评分法，是指能够拟订多种配送路线方案，并且评价指标明确，只是部分指标难以量化，或对某一项指标有突出的强调与要求，通过采用加权评分的方式来确定配送路线。

● 节约法：如果一个配送中心 p_0 分别向 n 个客户 p_j（j=1，2，…，n）配送货物，在汽车载重能力允许的前提下，每辆汽车在配送线路上经过的客户个数越多，里程节约量越大，配送线路就越合理。

● 节约法计算步骤。第一步，根据配送网络中的已知条件，计算配送中心与客户及客户之间的最短距离；第二步，计算节约里程；第三步，将节约里程按从大到小的顺序排列；第四步，节约里程大的优先构成环路，确定出配送线路图。

▲ 内容结构

本章内容结构如图8-11所示：

```
                                    ┌──────────────────┐
                              ┌─────│  配送运输的概念     │
                ┌──────────┐  │     └──────────────────┘
                │ 配送运输概述 │──┤     ┌──────────────────┐
                └──────────┘  ├─────│  配送运输的影响因素  │
                              │     └──────────────────┘
                              │     ┌──────────────────┐
                              └─────│  配送运输的特点及作用│
                                    └──────────────────┘
                                    ┌──────────────────┐
                              ┌─────│  汽车整车运输        │
                ┌──────────┐  │     └──────────────────┘
                │ 配送运输方法 │──┤     ┌──────────────────┐
                └──────────┘  ├─────│  多点分运           │
                              │     └──────────────────┘
                              │     ┌──────────────────┐
                              └─────│  快件货运           │
                                    └──────────────────┘
                ┌────────────┐
                │ 配送运输基本作业│
                └────────────┘
   ┌────┐                            ┌──────────────────────┐
   │配送│                      ┌─────│  车辆运行调度工作的内容  │
   │运输│    ┌──────────┐      │     └──────────────────────┘
   │    │────│ 车辆运行调度 │──┤     ┌──────────────────────┐
   └────┘    └──────────┘      ├─────│  车辆运行调度工作原则  │
                              │     └──────────────────────┘
                              │     ┌──────────────────────┐
                              └─────│  车辆调度方法           │
                                    └──────────────────────┘
                                    ┌──────────────────────┐
                              ┌─────│  影响配送车辆积载因素  │
                ┌────────────┐│     └──────────────────────┘
                │ 配送车辆积载技术│┤     ┌──────────────────────┐
                └────────────┘├─────│  车辆积载的原则        │
                              │     └──────────────────────┘
                              │     ┌──────────────────────┐
                              └─────│  提高车辆装载效率的具体方法│
                                    └──────────────────────┘
                                    ┌──────────────────────┐
                ┌────────────┐┌─────│  传统配送线路设计方法  │
                │ 配送线路优化设计││     └──────────────────────┘
                └────────────┘└─────│  节约法配送线路优化    │
                                    └──────────────────────┘
```

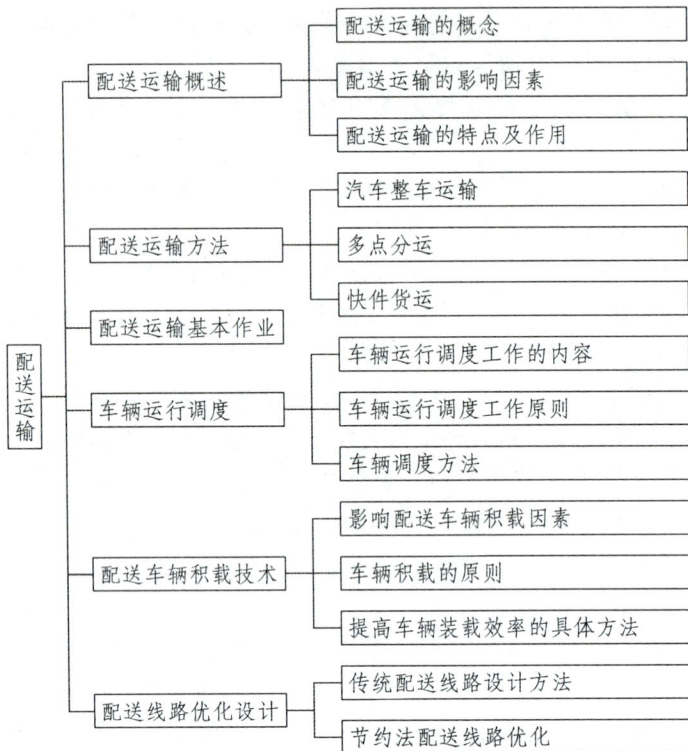

图8-11　本章内容结构

□ 主要概念和观念

▲ 主要概念

配送运输　汽车整车运输　车辆运行调度　经验判断法　综合评分法　直送式配送运输　分送式配送运输

▲ 主要观念

配送运输方法　配送运输基本作业　车辆运行调度　配送车辆积载技术　线路优化的主要方法

□ 重点实务和操作

▲ 重点实务

配送运输的基本作业流程　车辆调度方法　车辆积载作业　传统配送线路设计方法　节约法原理及计算步骤

▲ 重点操作

车辆调度操作　配装配载操作　节约法线路优化方法计算

⟹ 基本训练 ⟹

□ 理论题

▲ 简答题

1）简述配送运输的影响因素、特点和作用。

2）何为多点分运？其与汽车整车运输相比有何异同？

▲ 理解题

1）简述线路优化的意义。

2）简述配送线路优化设计的约束条件有哪些。

□ 实务题

▲ 规则复习

1）如何提高车辆装载效率？

2）简述线路优化的主要方法。

3）简述节约法的配送线路优化设计的计算步骤。

▲ 业务解析

上海某物流配送中心接到8个客户的出货订单，8个客户要求配送的商品名称、数量、送货到达时间等见表8-11，物流配送中心与8个客户的位置及距离如图8-12所示。请设计出这8个客户的送货作业路线。

表8-11　　　　　　　　　　　　　　　客户订单表

客户	品名	数量（箱）	重量（千克/箱）	体积（cm×cm×cm）	送货到达时间
A	鸡蛋	20	10	60×45×50	2017年3月18日下午5时前
	光明牛奶	25	7	55×45×35	
	槐树蜂蜜	15	15	75×50×45	
	金龙鱼色拉油	30	12	60×30×45	
	香蕉	25	8	60×45×35	
	苹果	15	10	85×55×45	
B	鸡蛋	15	10	60×45×50	2017年3月18日下午2时前
	光明牛奶	30	7	55×45×35	
	金龙鱼色拉油	20	15	60×30×45	
	梨	20	15	60×40×45	
	大米	30	50	100×55×15	
	乐百氏纯净水	15	10	80×50×25	
C	鸡蛋	12	10	60×45×50	2017年3月18日下午4时30分前
	光明牛奶	20	7	55×45×35	
	槐树蜂蜜	12	15	75×50×45	
	面粉	25	50	100×55×15	
	香蕉	20	8	60×45×35	
	橘子	10	10	70×50×40	

客户	品名	数量（箱）	重量（千克/箱）	体积（cm×cm×cm）	送货到达时间
D	维维豆奶	10	7	60×40×50	2017年3月18日 下午4时前
	光明牛奶	24	7	55×45×35	
	金龙鱼色拉油	22	15	60×30×45	
	苹果	20	10	85×55×45	
	大米	30	50	100×55×15	
	鲜橙多	15	9	80×50×35	
E	鸡蛋	15	10	60×45×50	2017年3月18日 下午2时30分前
	槐树蜂蜜	20	15	75×50×45	
	面粉	25	50	100×55×15	
	香蕉	12	8	60×45×35	
	橘子	20	10	70×50×40	
	杨可藕粉	20	12	60×55×40	
F	光明牛奶	21	7	55×45×35	2017年3月18日 下午1时30分前
	槐树蜂蜜	13	15	75×50×45	
	面粉	26	50	100×55×15	
	香蕉	24	8	60×45×35	
	梨	17	15	65×40×45	
	统一方便面	30	6	70×48×52	
	鲜橙多	15	9	80×50×35	
H	鸡蛋	12	10	60×45×50	2017年3月18日 下午1时前
	槐树蜂蜜	14	15	75×50×45	
	金龙鱼色拉油	20	12	60×30×45	
	香蕉	10	8	60×45×35	
	苹果	12	10	85×55×45	
	面粉	20	50	100×55×15	

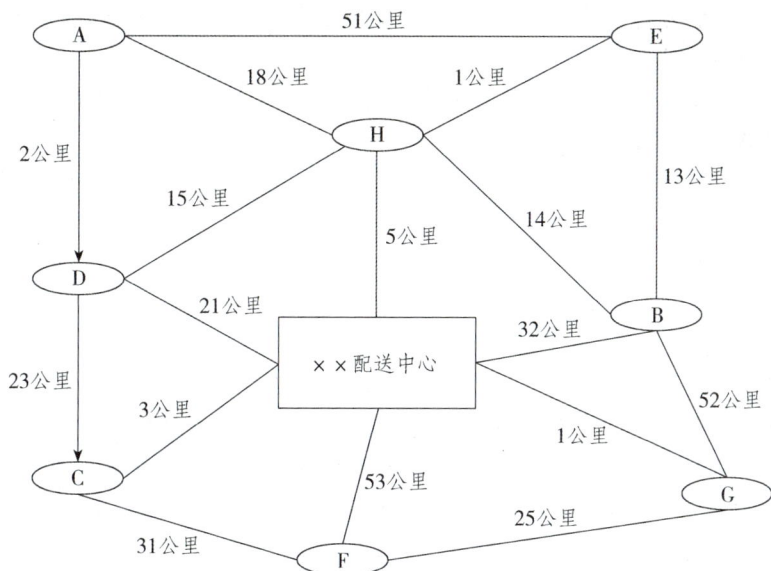

图8-12　物流配送中心与8个客户的位置及距离图

□ 案例题

▲ 案例分析

【训练项目】

案例分析-Ⅷ。

【相关案例】

韩国三星公司配送运输合理化工作的革新

背景与情境： 三星公司物流工作合理化革新小组在配送选址、实物运输、现场作业和信息系统四个方面进行了物流革新。

（1）配送选址新措施。为了提高配送中心的工作效率和工作质量，三星公司将其划分为产地配送中心和销地配送中心，前者用于原材料的补充，后者用于存货的调整。三星公司为每个职能部门确定了最优工序，尽管配送中心的数量减少，但其功能得以优化，便于向客户提供最佳的服务。

（2）实物运输革新措施。为了及时地交货给零售商，配送中心在考虑货物数量和运输所需时间的基础上确定了合理的运输路线。同时，一个高效率的调拨系统也被开发出来，这方面的革新加强了支持销售的能力。

（3）现场作业革新措施。为使进出工厂的货物更方便快捷地流动，公司建立了一个交货点查询管理系统，可以查询货物的进出库频率，高效地配置资源。

（4）信息系统革新措施。三星公司在局域网环境下建立了一个通信网络，并开发了一个客户服务系统，公司集成系统的1/3涉及物流功能。由于将生产配送和销售一体化，整个系统中不同的职能部门实现了信息共享。客户涉及物流的问题都可以通过实时订单跟踪系统得到答复。

资料来源　徐克林. 现代物流规划与设计［M］. 上海：同济大学出版社，2015.

问题：

1）三星公司的物流运输合理化的作用体现在哪些方面？

2）影响三星公司物流运输合理化的因素主要有哪些？在物流运输合理化方面，三星公司采取了哪些措施？

3）物流运输企业（部门）提高装载的运输方式主要做法有哪些？

分析要求： 同第1章"基本训练"中本题型的"分析要求"。

▲ 课程思政

【训练项目】

课程思政-Ⅷ。

【相关案例】

A配送中心与B食品厂的配送纠纷

背景与情境： A配送中心与B食品厂签订了配送合同，约定B食品厂将货物存储在A配送中心。3月20日，20箱薯片由A配送中心配送到新世纪超市，超市收货人在未验货情况下签收配送单。3月21日，新世纪超市人员发现该批薯片的大部分由于长期保管不当受潮，且在送货途中颠簸发生碎裂。新世纪超市遂向B食品厂进行索赔，但B食品厂要求A配送中心进行赔偿并扣压支付给A配送中心的各项费用。A配送中心不服，遂将配送剩余货物强行占有，并以超市已签单为由拒不赔偿。

资料来源　郑彬. 物流法律法规［M］. 北京：高等教育出版社，2007.

问题：

1）本案例中的当事人行为存在哪些道德伦理问题？结合问题对当事人行为作出善恶研判。

2）假如你分别作为配送人、委托人和收货人，你会如何做？

3）分析A配送中心在工作中存在的不足，提出改进的建议。

4）通过网上或图书馆调研等途径收集善恶研判所依据的行业规范。

研判要求： 同第1章"基本训练"中本题型的"研判要求"。

□ 实训题

【训练项目】

"配送运输作业"业务胜任力训练。

【训练目的】

见本章章名页之"学习目标"中的"实训目标"。

【能力与道德领域】

专业能力——配送运输作业技能

技能 Ⅰ

名称：货物配装配载操作技能

规范与标准：

1）能依照相关实务规则完成货物配装配载操作。

2）能依照相关实务规则正确对运输车辆进行绑扎。

技能 Ⅱ

名称：车辆调度与日常管理操作技能

规范与标准：

1）能熟悉和把握本章车辆调度与日常管理操作的相关知识。

2）能依照相关实务规则完成车辆调度作业。

技能 Ⅲ

名称：撰写"配送运输作业"相应《实训报告》技能

规范与标准：

1）能合理设计"配送运输作业"的相应实训报告，其结构清楚，层次较分明。

2）能较规范撰写实训报告。

3）本教材网络教学资源包中《学生考核手册》考核表 1-2 所列各项"考核指标"和"考核标准"。

职业核心能力——"信息处理""与人交流""与人合作""解决问题"（中级）

上述能力领域的"基本要求"、"技能点"和"规范与标准"参见本教材附录二中的附表 2-2。

职业道德——"职业情感""职业理想""职业态度""职业良心""职业作风"（认同级）

各道德领域的"规范与标准"参见本教材附录二中的附表 2-3。

【训练任务】

1）对"配送运输作业"专业能力领域各技能点实施阶段性基本训练。

2）对"信息处理""与人交流""与人合作""解决问题"等职业核心能力领域各技能点实施"中级"强化训练。

3）对"职业情感""职业理想""职业态度""职业良心""职业作风"等职业道德领域各素质点实施"认同级"相关训练。

【训练要求】

1）实训前学生要了解并熟记本实训的"训练目的""能力与道德领域""训练任务"与"训练要求"。

2）通过"训练步骤"，将"训练任务"所列训练整合并落实到本实训的"活动过程"和"成果形式"中。

3）实训后学生要对本次实训活动进行总结，在此基础上撰写实训报告。

【情境设计】

将学生分成若干实训团队，根据实训题目《配送运输作业》的相关要求进行实训。各实训团队通过对实训任务之车辆调度操作、配装配载操作等活动的参与和体验，完成本实训操练的相关训练任务，在此基础上撰写关于配送运输作业的实训报告。

【指导准备】

知识准备：

1）配送运输作业流程。

2）车辆运行的调度方法。

3）配送车辆积载技术。

4）配送车辆的绑扎。

5）本教材附录一的附表 1 中，与本章"职业核心能力'强化训练项'"各技能点相关的"'知识准备'参照范围"。

6）本教材附录二的附表 2-2 和附表 2-3 中，涉及本章"职业核心能力领域'强化训练项'"各技能点和"职业道德领域'相关训练项'"各素质点的"规范与标准"知识。

操作指导：

1）教师向学生阐明"训练目的"、"能力与道德领域"和"知识准备"。

2）教师就"知识准备"中的第2）、3）项，对学生进行培训。

3）教师指导学生就操练项目进行资料收集与整理。

4）教师指导学生就操练项目进行配送车辆调度、配送车辆的积载作业。

5）教师指导学生撰写关于配送运输作业的相应实训报告。

【训练时间】

本章课堂教学内容结束后的双休日和课余时间，为期三周。

【训练步骤】

1）实地参观

主要参观了解配送中心配货、车辆调度、车辆调载、车辆配装及运送等环节的运作过程。

2）模拟操作

步骤一：将学生组成若干个团队，明确岗位角色。如：第一团队分货；第二团队配货检查；第三团队包装、打捆；第四团队车辆调度；第五团队车辆配装；第六团队运送、送达服务与交割、费用结算；第七、八团队为模拟客户。

步骤二：各团队明确各自的职责范围，明确相应的岗位职责要求，按活动要求做好相关单证准备工作。

步骤三：各团队相互配合，按流程完成配货和送货作业：流程一，分货；流程二，配货检查；流程三，包装、打捆；流程四，车辆调度；流程五，车辆配载；流程六，运送；流程七，送达服务与交割；流程八，费用结算。

步骤四：各团队互换岗位角色，再次模拟配货和送货业务流程。

步骤五：各团队进行小结，实训学生填写实训报告。

步骤六：指导教师对各团队进行考核评分，并进行总结讲评。

【成果形式】

《"配送运输作业"实训报告》。

课业要求：

1）格式与体例参照书后"课业范例"的范例-3。

2）必须包括"专业能力训练"和"职业核心能力和职业道德训练"双重内涵。

3）将本次实训的相关资料和记录作为附件。

4）初稿经团队讨论后，提交班级交流。

5）经过班级交流后由各团队修改与完善。

6）各团队实训课业定稿后，在其标题下注明"项目队长姓名"和"项目团队成员姓名"。

7）将附有"教师点评"的优秀实训课业在班级展出，并纳入本校该课程的教学资源库。

➡ 单元考核 ➡

考核评价要求：同第1章"单元考核"的"考核评价要求"。

综合训练与考核

综合训练

□ 理论题

▲ 简答题

1）简述我国仓储配送的现状以及发展方向。

2）什么是自动化立体仓库？简述自动化立体仓库在我国发展的现状。

3）作为仓储合同中的存货人，具有什么权利和义务？

4）仓储成本项目有哪些？

5）盘点频率与什么因素有关？

6）摘果式分拣和播种式分拣各有哪些优缺点？

▲ 理解题

1）增值服务有哪些类型？如何提高仓储企业的利润？

2）仓储业务中的纠纷和风险有哪些？

3）谈谈仓库货架的种类以及每种货架有何特点。

4）结合我国配送中心的现状，谈谈我国配送中心的发展趋势。

□ 实务题

▲ 规则复习

1）仓储服务如何定价？

2）如何利用节约法进行配送路线优化？

3）货物入库前要做哪些准备工作？

4）如何控制仓库的温度和湿度？

5）简述码垛、垫垛、苫盖作业的基本要求。

▲ 业务解析

1）大和储运公司接到客户隆兴商贸有限公司的通知，6月22日一批乐事薯片将运至大和仓库，共计860箱。薯片到库后，经过验收，有12箱薯片包装破损。请根据该业务项目设计大和储运公司入库单，并将验收结果在入库单上注明。6月28日，60箱薯片要出库，请设计分拣单和出库单。

2）迅达配送中心是专门为大型连锁超市储存配送面包、矿泉水、鲜花、新鲜蔬菜、电饭锅、计算机、面粉、冷冻肉等商品的物流企业。该配送中心租用库房及办公区面积约3 000平方米，其中加工作业区面积约2 000平方米（分为收货区、加工区、配送区、临时储存区4个作业区），高3米左右；储存区、冷藏仓库面积各为500平方米；堆垛最高为1.8米（为搬运方便）。配送中心基本采用人工作业，机械作业设备只有小叉车（2台×650千克）。迅达配送中心在接到供应商通知后，派车至指定地点（一般为车站、码头、机场）接运商品。卸货验收进入仓库之后，对货物进行存储和保养。接到客户的出库通知后，对商品进行出库。请为迅达配送中心设计入库、出库业务流程。

□ 案例题

▲ 案例分析

【训练项目】

案例分析-综。

【相关案例】

资产回报率低：福保赛格的路在何方

背景与情境：福保赛格实业有限公司（以下简称"福保赛格"）是深圳赛格储运有限公司下属的子公司。福保赛格在深圳市福田保税区拥有28 000平方米的保税仓。公司目前所面临的问题主要是保税仓的固定资产超过8 000万元，而每年的利润却不到500万元，资产回报率太低。

1）公司现状分析

福保赛格的主要客户包括日本理光国际通运有限公司、华立船务有限公司、伯灵顿国际物流有限公司、华润物流有限公司等近百家外资、港资物流企业和分布于珠三角地区的制造企业。福保赛格面向这些企业提供保税仓的长租和短租服务，并附带从事流通加工等物流增值服务。

福保赛格的在职员工约40名，包括5名管理人员，10名左右的叉车工人和搬运工人，另外还有报关员、报检员、客户服务人员、仓库管理员、勤杂人员（含门卫和设备检修人员）等20多人。

福保赛格的盈利模式是以仓库库位出租为核心的物流服务项目的收费。其基本收费项目是仓租费，另外还有装车、卸车、并柜/拼箱，对货品进行贴标、缩膜/打板、换包装、简单加工（如分包、重新组合包装、简单装配等），以及代客户进行报关、报检等服务项目的收费。主要支出是人工、水电、仓储物和设备折旧带来的维修维护费用等。

福田保税区的特点在于有通向香港落马洲的进出通道（一号通道）和通向深圳市区的进出通道（二号通道）。货物进出境只需向海关备案，而进出关则需要报关。客户可以利用保税区境内关外的政策优势，实现整批进境，分批入关的延迟纳税优惠，或反之获得提前退税的好处。

2）问题总结与整理

福保赛格的仓库主要是平面仓，有部分库区采用立体货架。以托盘为基本搬运单元，用叉车（以及地牛）进行进出库搬运和库内搬运。一楼是越仓区，有五辆燃气动力的叉车。二楼到十楼为储存区，每层都有一到两台电动叉车（用蓄电池驱动）。有两个大型货运电梯上下。车辆停靠的月台有10多个车位，可以停靠货柜车、箱式车等多种型号的运输车辆。

福保赛格目前仍然是以订单为驱动，以业务为中心进行运作的仓储服务企业，还没有转型到以客户服务为中心。在公司管理层的推动下，公司上下全体员工已经树立了全面质量管理的理念，并按 ISO 9000 质量管理体系的要求建立了规范化的质量文档体系，但该公司尚未正式申请 ISO 9000 质量体系认证。

3）解决方案

福保赛格及其母公司赛格储运有限公司在 1999 年开发过一套基于 C/S 体系的管理信息系统，后因结算不准确、系统灵活性差、不能适应业务变化等原因放弃使用了。自 2002 年底到 2003 年底，赛格储运有限公司与赛邦软件合作开发了一套全新的，基于 Web 的 B/S 体系的物流管理系统，覆盖了运输业务、仓储业务、财务结算等各个方面，从而实现了客户网上下单、网上查询订单处理状态、库存状态、账单明细等，可以做到实时结算和预约结算。

福保赛格面临的最大的问题是如何提高资产回报率。保税仓的固定资产超过 8 000 万元，而每年的利润却不到 500 万元。与运输业务相比（货柜车辆的固定资产只有 1 000 多万元，每年贡献的利润却达到 2 000 万元以上），资产回报率太低。

资料来源　佚名．福保赛格仓储物流案例［EB/OL］．［2020-02-11］．http：//wenku.baidu.com/view/36146a4633687e21af45a958.html.引文经整理、节选和改编。

问题：

1）福保赛格属于什么类型的企业？主要经营什么业务？业务有哪些特色？

2）福保赛格目前面临的最大问题是什么？是怎样形成的？

3）你对福保赛格所面临问题的解决有什么好的建议？

分析要求：同第 1 章"基本训练"中本题型的"分析要求"。

▲ 课程思政

【训练项目】

课程思政–综。

【相关案例】

如此"铁哥儿们"的下场

背景与情境：某五金公司与某贸易货栈有着多年的业务往来关系，两个公司的经理也是"铁哥儿们"，私交很深。某年 5 月，五金公司王经理找到贸易货栈张经理称，"我公司购回走私彩电 500 台，有关部门正在追查，因此，想请张经理帮帮忙，将这批货暂时放在贸易货栈存放一段时间，待避过风头之后，我公司立即想办法处理。"但货栈张经理说："咱们都是经营单位，货栈目前效益也不是很好，并且寄存你这批货还要承担很大风险，因此，适当收点仓储费。另外，一旦有关部门得到信息，将该批货查封、扣押或者没收，我单位不承担任何责任。"五金公司王经理表态："费用按标准支付，签个仓储合同。"双方随即签订了一份仓储保管合同。合同约定，贸易货栈为五金公司储存彩电 500 台，期限 6 个月，每月仓储费 1 000 元。10 月，该批货在贸易货栈存放期间，被有关部门查获，并依法予以没收。后来双方当事人为仓储费问题发生争执，经多次磋商未果，贸易货栈诉至法院，要求五金公司依约支付仓储费并赔偿损失。

资料来源　佚名．仓储管理情景案例［EB/OL］．［2020-05-22］．http：//wenku.baidu.com/view/b452fed3240c844769eaee3d.html.引文经整理、节选和改编。

问题：

1）五金公司与贸易货栈之间所签订的仓储保管合同是否有效？五金公司是否应

支付仓储费？为什么？

2）本案例中的当事人行为存在哪些思政问题？

3）结合问题对当事人行为作出思政研判。

4）结合二十大精神，通过网上或图书馆调研等途径收集研判所依据的相关规范。

5）假如你是本案例中的当事人，你会怎样做？

研判要求：同第 1 章"基本训练"中本题型的"研判要求"。

□ 实训题

【训练项目】

"仓储配送业务综合运作"业务胜任力训练。

【训练目的】

培养学生具有仓储配送业务综合运作的能力。

【能力与道德领域】

专业能力——仓储与配送业务综合运作

技能 I

名称：配送业务订单处理能力

规范与标准：

1）能够对客户订单的有效性进行判断。

2）能够管理客户订单并录入信息系统。

3）能够针对问题订单和客户进行有效沟通。

技能 II

名称：配送作业流程设计与安排

规范与标准：

1）能够熟悉配送作业流程，查询订单货品库存情况。

2）能够根据订单货品的种类进行作业安排。

3）能够在各部门间进行作业沟通与协调。

技能 III

名称：仓储出入库作业能力

规范与标准：

1）能够设计仓库出入库作业流程。

2）能够为出入库作业安排作业人员并安排相关人员的工作内容。

3）能够设计相关单证并正确流转。

技能 IV

名称：运输调度作业能力

规范与标准：

1）能够根据客户的分布和货物数量进行分析统计。

2）能够根据客户和订单情况安排配送车辆。

3）能够设计多个调度方案，并优中选优。

技能 V

名称：车辆合理装载的作业能力

规范与标准:

1）熟悉车辆类型和车厢尺寸。

2）熟悉车辆装载机械。

3）能够根据车辆状况和货物状况合理装载货物。

4）能够对车辆容积率进行测算并分析改进。

技能Ⅵ

名称:优化配送运输线路的作业能力

规范与标准:

1）能够熟悉客户的地理位置,简单绘制客户分布图。

2）熟悉运输线路的交通状况。

3）能够设计多个运输线路,并比较选择最佳配送线路。

4）能够对配送线路进行成本测算,并分析总结。

职业核心能力——"数字应用""与人合作""信息处理""自我学习""与人交流""解决问题""革新创新"(中级)

上述七项能力领域的"基本要求"、"技能点"和"规范与标准"参见本教材附录二中的附表2-2。

职业道德——"职业态度""职业理想""职业观念""职业情感""职业作风""职业良心""职业守则"(认同级)

各道德领域的"规范与标准"参见本教材附录二中的附表2-3。

【训练任务】

1）对"仓储配送业务综合运作"专业能力领域各技能点实施阶段性基本训练。

2）对"数字应用""与人合作""信息处理""自我学习""与人交流""解决问题""革新创新"等职业核心能力领域各技能点实施"中级"强化训练。

3）对"职业态度""职业理想""职业观念""职业情感""职业作风""职业良心""职业守则"等职业道德领域实施"认同级"相关训练。

【训练要求】

1）查找相关资料,做好知识的储备。

2）在老师的指导下,到物流配送企业熟悉环境。

3）对仓储配送作业过程中的疑问进行咨询和考察。

4）对在仓储配送企业中收集的材料进行整理和分析。

5）完成报告的撰写。

【情境设计】

将学生组成若干实训团队,根据实训题目《仓储配送业务综合运作》的相关要求进行实训。各实训团队通过对所选物流配送企业的业务操作过程、与客户的沟通方法、单证设计、操作人员安排、资料管理等作业内容进行考察,形成第一手资料,对调查的资料进行整理分析并对该物流配送企业提出合理化的建议,在此基础上撰写相应实训报告。

【指导准备】

知识准备:

1）仓储作业管理的相关知识。

2）配送作业管理的相关知识。

3）本教材附录一的附表1中，与本章"职业核心能力'强化训练项'"各技能点相关的"'知识准备'参照范围"。

4）本教材附录二的附表2-2和附表2-3中，涉及本章"职业核心能力领域'强化训练项'"各技能点和"职业道德领域'相关训练项'"的"规范与标准"知识。

操作指导：

1）教师向学生阐明"训练目的"、"能力与道德领域"和"知识准备"。

2）教师就"知识准备"中的第1）、2）项，对学生进行培训。

3）教师指导学生就操练项目进行资料收集与整理。

4）教师指导学生撰写关于"仓储配送业务综合运作"的相应实训报告。

【训练时间】

集中实训二周。

【训练步骤】

1）将学生组成若干个实训团队，每5~10位同学分成一团队，每团队确定1人负责，分别选择物流配送企业（在本校的合作企业中进行选择）。

2）指导各实训团队进行资料收集。

3）各实训团队对本次实训的相关资料和记录进行整理分析，撰写关于《仓储配送综合业务训练报告》。

【成果形式】

《××仓储配送企业综合业务训练报告》

课业要求：

1）格式与体例参照"课业范例"的范例-3。

2）必须包括"专业能力训练"和"职业核心能力和职业道德训练"双重内涵。

3）将本次实训的相关资料和记录作为附件。

4）初稿经团队讨论后，提交班级交流。

5）经过班级交流后由各团队修改与完善。

6）各组实训课业定稿后，在其标题下注明"项目队长姓名"和"项目团队成员姓名"。

7）将附有"教师点评"的优秀实训课业在班级展出，并纳入本校该课程的教学资源库。

⭢ 综合考核 ⭢

考核评价要求：同第1章"单元考核"的"考核评价要求"。

课业范例

范例-1

▲ 案例分析

【训练项目】

案例分析-范。

【相关案例】

仓储合同纠纷与规避

背景与情境： 鑫盛粮油公司在沈河仓储物流有限公司储存金龙鱼大豆油一批计1 000箱，价值共计100万元。双方商定：仓库自1月15日至2月15日期间保管，鑫盛粮油公司分三批取走；2月15日，鑫盛粮油公司取走最后400箱大豆油时，支付保管费5 000元。

2月15日，鑫盛粮油公司前来取最后一批大豆油时，双方对应付保管费的多少产生争议。鑫盛粮油公司认为，自己的金龙鱼大豆油实际是在1月25日晚上才入沈河仓储物流有限公司库房的，应当少付保管费850元。沈河仓储物流有限公司拒绝减少保管费，理由是仓库早已为鑫盛粮油公司的金龙鱼大豆油的到来准备了地方，至于鑫盛粮油公司是不是准时入库则是其自己的事情，与仓库无关。

鑫盛粮油公司认为，沈河仓储物流有限公司位于江边码头，自己又通知了金龙鱼大豆油到站的准确时间，沈河仓储物流有限公司不可能空着货位，故只同意支付4 150元保管费。

双方僵持不下，沈河仓储物流有限公司拒绝鑫盛粮油公司提取最后的400箱大豆油。

问题：

（1）鑫盛粮油公司要求减少保管费是否合理？为什么？

（2）沈河仓储物流有限公司在鑫盛粮油公司拒绝足额支付保管费的情况下是否可以留置其仓储物？为什么？沈河仓储物流有限公司的做法是否正确？

（3）仓储公司应如何做才能避免此类纠纷产生？

（4）若客户的仓储物腐烂变质或不能补偿所产生的仓储费时，仓储公司应如何规避此种风险？

分析要求： 同第1章"基本训练"中本题型的"分析要求"。

《"仓储合同纠纷与规避"案例分析提纲》

案例分析人：＿＿＿＿＿＿（专业：＿＿＿＿ 班级：＿＿＿＿ 学号：＿＿＿＿）

指导教师：＿＿＿＿＿＿（系部：＿＿＿＿ 专业：＿＿＿＿）

（1）要明确仓储合同的法律性质，掌握诺成性合同的内涵。

（2）要了解仓储合同的相关法律法规，明确仓储合同中关于行使留置权的相关规定。

（3）了解仓储合同履行过程中容易产生纠纷的原因，找到避免纠纷和风险的一些好方法。

《"仓储合同纠纷与规避"案例分析报告》

本案例问题既涉及仓储合同方面的法律知识，也涉及仓储业务中留置权的行使方面的知识，还涉及"问题思维"及"革新创新"能力训练。

（1）不合理。本案当事人签订的是仓储合同，这就意味着仓储合同是诺成性合同，而诺成性合同，其成立不以交付标的物为要件，双方当事人就合同主要条款达成一致，合同即成立。若合同签订后，因存货人原因货物不能按约定入库，依然要交付仓储费。

（2）可以留置部分仓储物。根据相关规定，对仓储合同没有规定时，适用法律对保管合同的规定。寄存人未按照约定支付保管费以及其他费用的，保管人对保管物享有留置权，但当事人另有约定的除外。所以本案虽为仓储合同，但在寄存人不支付仓储费，而双方对留置无相反约定的情况下，保管人可以留置仓储物，拒绝其提取仓储物。但沈河仓储物流有限公司的做法不正确。本案保管人明显过多留置了赵某的货物，是不妥的。因为在仓储物是可分物时，保管人在留置时仅可留置价值相当于仓储费部分的仓储物，而本案中的仓储物恰恰是可分物，所以沈河仓储物流有限公司没有理由留置所有剩下的大豆油，而只能留置相当于850元的大豆油。

（3）由于仓储公司的很多客户并不了解仓储合同方面的相关知识，与本案类似的仓储纠纷时常发生。因此，为了避免这种境况，仓储公司可以在签订合同时明确告知存货人仓储费的计算依据以避免可能产生的纠纷。当到了合同履行期限，存货人未交付仓储物时，应及时督促货物入仓，货物不能入仓时，应明确告知存货人仓储费已经开始计算。有了仓储公司多次的明确告知之后，产生纠纷的概率将大大降低。然而在实际操作中，一些仓储公司正是利用客户的无知来最大化自身的利益，这种一时的小聪明将导致客户的流失和企业口碑的持续恶化，从长远来看，企业是无法做强做大的。

（4）很多存货人要求在取走最后一批仓储物时才缴纳仓储费，由于仓储物本身具有一定的价值，因此此种做法在行业内比较普遍，然而此种做法对仓储企业而言存在一定的风险。当仓储物的价值不能补偿仓储费时，损失就会产生。因此，仓储企业可以通过如下的方法来规避风险。①判断仓储物的价值和仓储费。当仓储物的价值较低或者非常容易贬值时，请判断存货人的信誉。当认为风险较大时，可要求提前支付部分仓储费。②分期支付仓储费要优于最后一次性支付仓储费。③定期检查仓储物的状态，防止仓储物过期。仓储物即将到期时，应与货主及时沟通。当仓储物过期，尤其是仓储物已经一文不值时，信誉不好的货主会选择放弃提取仓储物和付费，因此，定期查看易腐或易过期的仓储物，及时和货主联系，了解货主的状态是非常必要的。④采用提存的手段避免损失扩大。当货主消失或无法取得联系时，应及时发现并采取措施。留置部分仓储物抵消仓储费后，应将有价值的仓储物交给国家提存机关，完成民事义务的履行。

— 范例-2 ➡

▲ 课程思政

【训练项目】

课程思政-范。

【相关案例】

闹情绪的仓管员

背景与情境：公司员工×××在担任领班期间（兼管仓库工具），责任心不强，不爱护公司财物，对工具疏于管理，没有履行正常的出入仓手续，造成绿篱剪和禾镰等一批工具遗失，已难以追回，给公司造成较大的经济损失。鉴于其已严重失职，公司决定免去其领班职务，并给予一次改正机会，重新安排岗位工作。

在2018年8月16日办理工具交接手续时，该同志很不配合，不仅未按要求当场办理书面移交记录和签名确认手续，而且在以后公司多次派人要求其补签移交手续时，仍态度生硬，不予合作，找借口不想承担相应的责任，拒不签名确认已移交的工具。而且，公司发工资时，由于觉得工资减少，拒绝签名领取七月份工资，违纪违规情节严重，在员工中造成了不良影响。公司为了严肃纪律，维护正常的工作秩序，确保员工守则的顺利实施，决定对×××同志作出如下处理：

（1）立即辞退。从2018年11月25日起辞退该员工，工资结算至2018年11月24日止。

（2）赔偿损失。要求该同志按应承担的责任赔偿因失职丢失工具而给公司造成的经济损失。

（3）限期办妥离职手续。限于2018年11月25—26日两天内办妥有关离职手续，交回经手签名领取的工具、考勤卡和员工手册，再结算工资。逾期将不再办理。

资料来源 佚名. 关于对×××同志违纪违规问题的处理决定［EB/OL］.［2019-01-06］. http: // china.findlaw.cn/zhixing/fanben/cljd/1078.html.引文经整理、节选和改编。

问题：

（1）本案例中的当事人行为存在哪些思政问题？

（2）结合问题对当事人行为作出思政研判。

（3）如何成为一个优秀的仓库管理人员？

研判要求：同第1章本题型的"研判要求"。

《"闹情绪的仓管员"思政研判提纲》

思政研判人：_____（专业：_____ 班级：_____ 学号：_____）

指导教师：_____（系部：_____ 专业：_____）

（1）本案例中的当事人存在的道德问题：工作责任心不强；不能正视自身的问题和缺点。

（2）作为企业的一名员工，本案例中当事人的行为是非常错误的。工作责任心不强，不善于沟通，不能正视自身的错误，不能很好地自我反省和改正，心态不够积极。

《"闹情绪的仓管员"思政研判报告》

本案例中的当事人由于工作中一时的疏忽，造成一些工具丢失，作为一个有责任心的优秀员工应该及时检讨自己的工作失职问题，并争取获得公司的谅解，应敢于承担责任。但本案例中的当事人不能正视自身的问题和缺点，没有悔改之心，闹情绪并影响工作，不善于沟通，不能正视自身的错误，不能很好地自我反省和改正，心态不够积极，职业素养不佳，这种行为是非常错误的，我们要坚决摒弃。

作为一个即将踏入物流企业的工作人员，我认为要成为一个优秀的仓库管理人员，需要从两方面做起，首先要有良好的职业道德，其次要有较好的业务能力。

在职业道德方面，本案例中的当事人要在以下几方面进行提升。

（1）热爱公司，有主人翁精神。

（2）热爱本职工作，脚踏实地。

（3）遇到问题要多检讨自己，要正视自己的错误，积极改正，减小影响和损失。

（4）要善于沟通。要平静自己的心态，通过合理的途径反映问题，使事情进入良性循环。一个有"德"的仓库保管员，在工作中会一贯履行诚信做人、尽职尽责的行为准则；会维护和服从公司的利益；会具有强烈的责任感和良好的修养；做诚实人，说实话，做实事，领导在和领导不在一个样，有无检查一个样。

在业务能力方面，一个优秀的仓库管理员要做到以下几方面：

（1）严格按照公司的流程来操作。

（2）熟悉自己所管理的各类物资。对于各类物资的名称、编号及存放的地点，都要非常熟悉，并且对于仓库内的物资要分类摆放，以便收发货时更加便利。

（3）及时做好账目记录，养成定期盘点的习惯。对于自己所经手的每一次发货收货都要仔细在账本或计算机中做好记录，不出现偏差。对用量大、出入库频繁的物资要定时盘点，发现问题要及时处理。

（4）服从领导及公司安排，发现问题要及时与领导沟通协调。

（5）仓库管理员不得挪用转移仓库内的任何物品。仓库钥匙不得转借、转交他人保管和使用，更不能配制。

（6）物资的入库、出库要及时，手续检验不合要求不准入库，出库时手续不全不发货。严禁无手续办理物资的出入库。

（7）严格按照物资对仓库的储存环境要求进行储存保管，对于有特殊防护要求的物资，应另外采取适宜的防护措施，如防氧化、防静电措施等，定时对物资进行清洁和整理。

（8）仓库管理员应注意检验在库物资储存状况，及时发现有效期超期和质量状态异常物资，并按有关规定处理。

（9）保持仓库环境卫生，通道畅通，并做好防火、防潮、防盗等安全防范工作，每天下班前要检查各种电器电源、门窗等安全情况。

（10）物资的摆放要整齐有序、标识清楚，每种物资旁必须有相应的状态卡片，标识出详细的物资信息。

企业需要的是一个德才兼备的工作人员，两者缺一不可。仓库管理员是仓库的管家，权力小但责任大，在仓库管理员的工作岗位上，我要做到严于律己，做一名懂感恩、讲敬业、负责任的好员工，当好企业的主人！

➡ 范例-3 ➡

□ 实训题

【训练项目】

"货物入库、出库作业"业务胜任力训练。

【训练目的】

在了解和把握本实训所涉及"能力与道德领域"相关技能点的"规范和标准"基础上,通过切实体验各实训任务的完成,系列技能操作的实施,相关实训报告的准备、撰写、讨论与交流等有质量、有效率的活动,培养货物入库作业与货物出库作业的专业能力,强化"信息处理""与人合作""解决问题"职业核心能力(中级),并通过践行职业道德"职业态度"、"职业良心"、"职业作风"和"职业守则"等行为规范(认同级),促进健全职业人格的塑造。

【能力与道德领域】

专业能力——货物入库、出库作业技能

技能I

名称:货物入库、出库前的准备作业操作技能

规范与标准:

(1)能依照相关实务规则做好货物入库前的人员、设备和材料的准备工作。

(2)能依照相关实务规则做好货物出库前的人员、设备和材料的准备工作。

技能II

名称:货物入库、出库作业流程设计与岗位设计技能

规范与标准:

(1)能依照相关实务规则合理设计入库、出库作业流程。

(2)能依照相关实务规则合理设计作业岗位并明确岗位职责。

技能III

名称:验收、堆码、分拣、盘点操作技能

规范与标准:

(1)能依照相关实务规则进行正确的验收、堆码、分拣、盘点操作。

(2)能正确处理验收、堆码、分拣、盘点操作过程中出现的问题。

技能IV

名称:入库单、分拣单和出库单的设计与填写技能

规范与标准:

(1)能依照相关实务规则正确设计入库单、分拣单和出库单。

(2)能在作业过程中,根据实际业务,正确完成入库单、分拣单和出库单的填写。

技能V

名称:撰写"货物入库、出库作业"相应《实训报告》技能

规范与标准:

(1)能合理设计"货物入库、出库作业"的相应实训报告,其结构层次较分明。

(2)能较规范撰写实训报告。

(3)本教材网络教学资源包中《学生考核手册》考核表1-2所列各项"考核指标"和"考核标准"。

职业核心能力——"信息处理""与人合作""解决问题"（中级）

上述能力领域的"基本要求"、"技能点"和"规范与标准"参见本教材附录二中的附表2-2。

职业道德——"职业态度""职业良心""职业作风""职业守则"（认同级）

各道德领域的"规范与标准"参见本教材附录二中的附表2-3。

【训练任务】

（1）对"货物入库、出库作业"专业能力领域各技能点实施阶段性基本训练。根据以上仓储中心的到货、订单等相关信息，进行分析处理，项目小组在组长的带领下，完成以下工作任务：

① 设计入库操作流程和出库操作流程。

② 组员的工作内容及职责。

③ 设计入库单、分拣单和出库单（单证设计要规范、项目齐全；拣货单设计应能减少拣选次数、优化拣选路径、缩短拣选时间）。

④ 对实际操作过程进行总结。

（2）对"信息处理""与人合作""解决问题"等职业核心能力领域各技能点实施"中级"强化训练。

（3）对"职业态度""职业良心""职业作风""职业守则"等职业道德领域各素质点实施"认同级"相关训练。

【训练要求】

（1）实训前学生要了解并熟记本实训的"训练目的"、"能力与道德领域"、"训练任务"与"训练要求"。

（2）通过"训练步骤"，将"训练任务"所列的训练整合并落实到本实训的"活动过程"和"成果形式"中。

（3）实训后学生要对本次实训活动进行总结，在此基础上撰写实训报告。

【情境设计】

××仓储中心拥有普通仓库一座，内设货架等仓储相关设备，仓库尺寸：长度59米，宽度18米，储位分为托盘货架A区、托盘货架B区和托盘货架C区。每个区域设有若干托盘储位。2019年，××仓储中心接受大陆超市的委托，为大陆超市的各个加盟店提供商品的储存和配送服务。

大陆超市目前有加盟店4家，分别为A、B、C、D公司。××仓储中心为这4家加盟店储存货物。

（1）到货资料。

2019年10月，××仓储中心根据加盟店的销售状况，向上游生产企业提出订货需求。

2019年10月19日，送货司机送货至仓库，所提供生产企业出库单见表范综-1。

（2）客户订单。

2019年11月17日上午9点，该物流配送中心通过EDI系统接到2份订单，见表范综-2和表范综-3。

表范综-1　　　　　　　　　**武汉顶益食品有限公司出库单**

单据号：No201904100001　　　收货单位：××仓储中心　　　联系电话：024-23508888

收货地址：沈北新区　　　出货日期：2019年11月17日

物料编码	物料名称	数量（箱）	备注
80601	口香糖	15	
80602	薯片	12	
80603	蛋黄派	18	
合计		45	

承运人：　　　　　　　收货人：　　　　　　　收货日期：

表范综-2　　　　　　　　　　　**A公司订单**

订单编号：O2019415C01　　　业务单号：F20190504-01

订货方编号	K05t001		订货单位名称		A公司	
订货单位联系人	张水方		货单位联系电话		80885888	
公司地址	沈北新区人和镇东华工业区华盛南路105号					
货号	名称	外包装规格（mm）	单位	数量	单价（元）	金额（元）
80049	饼干	455×245×200	箱	10		
80601	口香糖	395×295×275	箱	7		
总计	人民币大写：					
经办人：			部门主管：			

表范综-3　　　　　　　　　　　**C公司订单**

订单编号：O2019415C02　　　业务单号：F20190504-02

订货方编号	K05t002		订货单位名称		C公司	
订货单位联系人	李洪斌		订货单位联系电话		80886888	
公司地址	沈北新区裕华东路江山花园406号					
序号	名称	外包装规格（mm）	单位	数量	单价	金额（元）
80049	饼干	455×245×200	箱	5		
80601	口香糖	395×295×275	箱	10		
80603	蛋黄派	460×260×230	箱	9		
总计	人民币大写：					
经办人：			部门主管：			

　　将学生组成若干实训团队，分别选择一种货物进行货物入库和出库作业项目进行实训。各实训团队通过对所选项目之货物入库和出库前的准备、作业流程设计与岗位设计、验收/堆码/分拣/盘点操作、入库单/分拣单和出库单的设计与填写等活动的参与和体验，完成本实训操练的相关实训任务，在此基础上撰写关于"货物入库、出库作业"的实训报告。

　　【指导准备】

　　知识准备：

　　（1）仓储入库、出库作业流程。

（2）货物入库、出库前的准备工作。

（3）仓储作业的岗位设计和岗位职责。

（4）验收、堆码、分拣、盘点操作及其注意事项。

（5）入库单、分拣单和出库单的设计与填写。

（6）本教材附录一的附表1中，与本章"职业核心能力'强化训练项'"各技能点相关的"'知识准备'参照范围"。

（7）本教材附录二的附表2-2和附表2-3中，涉及本章"职业核心能力领域'强化训练项'"各技能点和"职业道德领域'相关训练项'"各素质点的"规范与标准"知识。

操作指导：

（1）教师向学生阐明"实训目的"、"能力与道德领域"和"知识准备"。

（2）教师就"知识准备"中的1）至5）项，对学生进行培训。

（3）教师指导学生就操练项目进行资料收集与整理。

（4）教师指导学生就操练项目进行入库和出库前的准备；作业流程设计与岗位设计；验收、堆码、分拣、盘点操作；入库单、分拣单和出库单填写。

（5）教师指导学生撰写关于"货物入库、出库作业"的相应实训报告。

【训练时间】

本章课堂教学内容结束后的双休日和课余时间，为期三周。

【训练步骤】

（1）将学生组成若干个实训团队，每8~10位同学分成一团队，每团队确定1~2人负责，分别选择一个仓库的货物入库和出库作业项目。

（2）对学生进行培训，确定选择哪几类货物作为入库、出库作业实践范围。

（3）指导各实训团队结合实训项目，分配各自任务，指导其研究相关问题，进行资料收集。

（4）指导学生按团队实施实训项目，系统体验入库和出库前的准备；作业流程设计与岗位设计；验收、堆码、分拣、盘点操作；入库单、分拣单和出库单填写等业务操作，并详细记录头训操作情况。

（5）各实训团队在实施上述专业训练的过程中，融入对"信息处理""与人合作""解决问题"等职业核心能力各技能点的"中级"强化训练，以及对"职业态度"、"职业良心"、"职业作风"和"职业守则"等职业道德各素质点的"认同级"相关训练。

（6）各实训团队对本次实训的相关资料和记录进行整理分析，分别就所选实训课业的题目，撰写关于"货物入库、出库作业"的实训报告。

（7）在班级讨论、交流和修订各团队的关于"货物入库、出库作业"的实训报告。

【成果形式】

实训课业：《"货物入库、出库作业运作"实训报告》

课业要求：

（1）报告内容必须包括"专业能力训练"和"职业核心能力和职业道德训练"双重内涵。

（2）将本次实训的相关资料和记录作为附件。

（3）初稿经团队讨论后，提交班级交流，再由各团队修改与完善。

（4）各团队实训课业定稿后，在其标题下注明"项目团队队长姓名"和"项目团队成员姓名"。

（5）将附有"教师点评"的优秀实训课业在班级展出，并纳入本校该课程的教学资源库。

《"货物入库、出库作业运作"实训报告》

项目团队队长：＿＿＿＿＿＿（专业：＿＿＿＿＿班级：＿＿＿＿＿学号：＿＿＿＿＿）

项目团队成员：＿＿＿＿＿＿（专业：＿＿＿＿＿班级：＿＿＿＿＿学号：＿＿＿＿＿）

（专业：＿＿＿＿＿班级：＿＿＿＿＿学号：＿＿＿＿＿）

（专业：＿＿＿＿＿班级：＿＿＿＿＿学号：＿＿＿＿＿）

（专业：＿＿＿＿＿班级：＿＿＿＿＿学号：＿＿＿＿＿）

指导教师：＿＿＿＿＿＿（系部：＿＿＿＿＿专业：＿＿＿＿＿）

（1）入库操作流程设计和出库操作流程设计

我们小组的组员对工作任务进行了详细的研讨，认为主要的入库作业操作分为6个环节，对应5个工作岗位。具体流程设计如图范综-1所示。

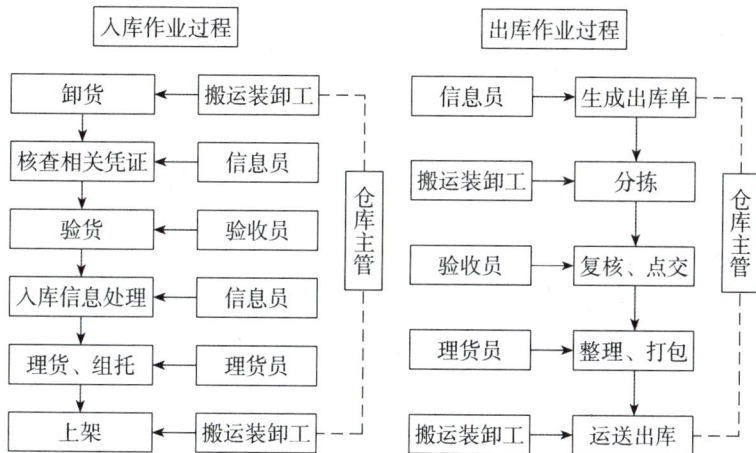

图范综-1　入库操作流程图

货物达到仓库后，我们小组的搬运装卸工将货物从卡车上卸下，与此同时，我们组的信息员对送货人员所持的到货凭证进行信息核查，在仓储管理系统中生成入库单和作业计划。信息员把生成的入库单交给我们组的验收员，验收员根据入库单在收货理货区中验收货物并与送货人员进行交接，如遇实收货物数量与入库单上的数量不符或外包装出现严重破损时，要在入库单上注明情况，并以实际数量入库，在入库单上签字确认。信息员根据验收员签字后的入仓单进行入库信息处理，将货物入账。验收过后，我们组的理货员取空托盘放到收货理货区，将货品码放到托盘上，完成组盘作业。组盘过后，我们组的搬运装卸工将托盘货物上架，完成入库作业过程。我们小组的组长担任仓库主管，在整个过程中负责单证签字、指挥和协调作业。

接到客户的出库通知后，我们组的信息员根据客户要求生成出库单，请主管签字后生成分拣作业计划。我们组搬运装卸工根据分拣单进行货物的分拣，将分拣出的货物运送至出库区，我组的验收员在出库区根据出库单对货物进行复核，让客户在出库单上签字确认，之后，理货员对货物进行整理和打包，再由搬运装卸工将打包后的货物运送出库。仓库主管在整个过程中负责单证签字、指挥和协调作业。

（2）队员分工的工作内容及职责

我们团队的队员总共有5名。对应的工作岗位分别为：仓库主管、信息员、验收员、理货员、叉车工。每个工作岗位的工作职责详细说明如下：

① 仓库主管：负责调配不同工作人员和设备在不同作业现场的工作；对货物入库和出库操作进行监管和签单；仓库工作人员分工的调整；仓库工作人员的考核；协调仓库工作人员之间和部门之间的关系。

② 信息员：接收客户指令，确保指令的正确性，并录入系统；生成各种操作单证；负责单证的管理和统计；负责计算机系统的日常维护工作。

③ 验收员：对入库、出库货物的质量进行查验；对入库、出库货物的数量进行计数；监督客户出入库服务过程中商品的质量以及装卸搬运的质量。

④ 理货员：对收发货物进行计数、编码、贴标签、分类整理；对收发货物组托盘，使货物适合放置货位或出库发送；对出库货物打包装等作业。

⑤ 搬运装卸工：负责接车卸货作业；对仓库内需要人工搬运的货物进行搬运作业；对货物进行分拣和搬运；对搬运设备进行维护。

（3）我团队制作的入库单、拣货单和出库单

入库单

订单号：

货主：沃尔玛集团　　　联系人：刘二　　　联系电话：024-89708491

客户指令号：20191211　　下单时间：2019年11月27日

送货方式：送货上门　　入库原因：正常入库

货物编号	货物名称	型号规格 (mm×mm×mm)	预计数量	单位	实收数量	备注
80601	口香糖	455×245×200	15	箱		
80602	薯片	395×295×275	12	箱		
80603	蛋黄派	460×260×230	18	箱		

送货人：老师　　　　验收人：刘××　　　　签收日期：_____

拣货单

单据号：No201904100001　　拣货人：王××　　拣货时间：_____

货号	货物名称	型号规格 (mm×mm×mm)	数量	单位	存储区域	备注
80049	饼干	455×245×200	15	箱	A010101	
80601	口香糖	395×295×275	17	箱	A010104	
80603	蛋黄派	460×260×230	9	箱	A010107	

制表人：黄××　　　　主管审核：张××

出库单1

出库单号：<u>№34567</u>　　收货单位：<u>A公司</u>

联系电话：<u>80885888</u>　　收货日期：_____

编号	货物名称	型号规格 (mm×mm×mm)	出库数量	单位	备注
80049	饼干	455×245×200	10	箱	
80601	口香糖	395×295×275	7	箱	

发货人：<u>刘××</u>　主管审核：<u>张××</u>　收货地址：<u>沈北新区人和镇东华工业区华盛南路105号</u>　收货人：<u>张水方</u>

出库单2

出库单号：<u>№34568</u>　收货单位：<u>C公司</u>

联系电话：<u>80886888</u>　收货日期：_____

编号	货物名称	型号规格 (mm×mm×mm)	出库数量	单位	备注
80049	饼干	455×245×200	10	箱	
80601	口香糖	395×295×275	7	箱	
80603	蛋黄派	460×260×230	9	箱	

发货人：<u>刘××</u>　主管审核：<u>张××</u>　收货地址：<u>沈北新区裕华东路江山花园406号</u>　收货人：<u>李洪斌</u>

（4）实际操作过程总结

虽然我们团队对货物的入库过程和出库过程、人员分工情况等进行了多次研讨，每个组员也对自己的工作内容和工作方法掌握得非常熟练，但在实际操作过程中，还是出现了很多事前无法预料到的事情，有几个环节显得手忙脚乱。首先是实际到库的货物的数量和预计到库货物的数量不符，我们一时不知该如何处理，这时就应该想象一下企业工作的实际，验收人员、仓库主管可以和送货人共同商讨是拒绝入库还是正常入库，要是选择入库就只需在入库单上实收数量栏如实填写即可，最后我们团队选择了将全部的货物入库，实收数量虽超过了预计到库数量，但这样比较符合企业的工作实际。其次，在操作过程中，我们团队为了节省时间，很多队员共同操作一个作业项目，比如大家都去组托盘，离开了自己的工作岗位，工作场面有些混乱。再次，就是单证的数量感觉明显不够用，个别队员比如理货员由于手中没有单证，码托盘时觉得数量不对，就去找单证，或者大声地喊话。最后，整个过程只有主管非常熟悉，有的组员不了解全程工作任务，只了解自己岗位的内容，导致在入库数量发生变化的时候显得手忙脚乱。因此，我们认为，在货物入库之前，每个队员应以主管的身份对工作全程进行熟悉，在数量变化时，应能够应对自如。工作时不离开自己的工作岗位，对自己的工作内容负责。

（5）教师点评

① 工作思路比较清晰，比较顺利地完成了入库、出库过程，结果正确。

② 书面上岗位分工比较明确，但在实际工作过程中，队员扎堆，离开了自己的工作岗位。

③ 单证数量不足，有的组员到处去核对单证，事先计划不周。

④ 主管太忙。

（6）对于"职业核心能力"和"职业道德"训练的总结

实训前，我们重温了本章"职业核心能力"和"职业道德"各选项的"规范与标准"，并参照"职业核心能力"各选项的"知识准备"范围，对相关知识点进行了复习，克服了对相关操作"规范与标准"的盲目性。

在实训过程中，我们在实施"入库、出库作业综合运作"专业能力基本训练的同时，通过对相关信息的采集处理、具体数据的应用、实训团队队员间的密切合作、在组内及班级内讨论相应的实训报告、相互提出问题和改进建议、体验"行为自律"等途径，有意识地将"职业核心能力"的强化训练和"职业道德"的相关训练融入其中。这些训练不仅对提高我们的专业综合能力起到了至关重要的作用，而且大大提高了我们的可持续发展能力和职业道德素质。

◤ 范例-4 ➡

□ 自主学习

【训练项目】

自主学习-范。

【训练目的】

参加"自主学习-范"训练。制定和实施长期学习目标和长期学习计划，通过自主学习与应用其"知识准备"所列知识和"文献综述"相关规范，收集、整理与综合以"配送中心选址"为主题的中外文献资料，撰写、讨论与交流"配送中心选址"研究最新文献综述等活动，体验"自主学习"（高级）及其迁移。

【教学方法】

采用"学导教学法"和"研究教学法"。

【训练要求】

（1）以班级小组为单位组建学生训练团队，各团队依照本教材"附录三"附表3"自主学习"（高级）的"基本要求"和各技能点的"参照规范与标准"，确定长期学习目标，制订长期学习计划。

（2）各团队实施长期学习目标和长期学习计划，系统体验对本教材"附录一"附表1"能力领域"中"自主学习"（高级）各技能点"知识准备参照规范"所列知识和"文献综述"撰写规范的自主学习。

（3）各团队通过院资料室、校图书馆和互联网查阅和整理近年以"配送中心选址"为主题的国内外学术文献资料，系统体验对本教材"附录一"附表1"能力领域"中"自主学习"（高级）各技能点"知识准备参照规范"所列知识和"文献综述"撰写规范的自觉应用过程。

（4）各团队以整理后的以"配送中心选址"为主题的文献资料为基础，通过撰写关于"配送中心选址"最新文献综述，进一步体验对本教材"附录一"附表1"能力领域"中"自主学习"（高级）各技能点"知识准备参照规范"所列知识和"文献综述"撰写规范的自觉应用过程。

（5）总结以上各项体验，撰写作为"成果形式"的训练课业。

【成果形式】

训练课业：《"自主学习-范"训练报告》

课业要求：

（1）内容包括：团队成员与分工；训练过程；训练总结（包括各项操作的成功之处与不足之处的简要分析说明）；附件。

（2）将长期学习目标、长期学习计划和"配送中心选址"最新文献综述作为《"自主学习-范"训练报告》的附件。

（3）"配送中心选址"最新文献综述的撰写应符合文献综述规范要求，做到事实清晰，论据充分，逻辑清晰，不少于3 000字。

（4）在校园网的本课程平台上展示班级优秀训练课业，并将其纳入本课程的教学资源库。

"自主学习-范"训练报告

一、团队成员与分工

1.团队构成

本团队设小队长1人，小组成员5人，共计6人。

2.任务分工

队长刘××主要负责训练阶段及时间进度安排，定期组织及主持团队讨论、阶段成果汇总、文献综述成果整理及汇报；王××和张××同学负责国内配送中心选址相关学术文献的收集整理及汇报工作；陈××和胡××同学负责国外配送中心选址相关学术文献的收集整理及汇报工作；孙××同学负责分析国内外配送中心选址相关学术文献的分布（国内外分布、时间分布和期刊分布）及汇报工作。

二、训练过程

1.时间及进度安排

本训练为期三周。第一周完成【训练要求】中第（1）、（2）项要求规定的任务；第二周完成【训练要求】中第（3）、（4）项要求规定的任务；第三周完成【训练要求】中第（5）项要求规定的任务。

2.训练实施

（1）训练第一周

在教师指导下，由队长组织团队成员自主学习本教材"附录一"附表1"自主学习"（高级）各技能点"'知识准备'参照规范"所列知识和"文献综述"相关规范知识，制定长期学习目标和长期学习计划，完成【训练要求】中第（1）、（2）项要求规定的任务。

（2）训练第二周

在教师指导下，团队成员实施长期学习计划，应用本教材"附录一"附表1"自主学习"（高级）各技能点"'知识准备'参照规范"所列知识和"文献综述"相关规范知识，完成【训练要求】中第（3）、（4）项要求规定的任务。

首先，我们对2014—2016年的"配送中心选址"文献进行搜索。其中，针对国外文献，以Elsevier数据库、Springer Link和EBSCO数据库平台为基础，分别以"distribution center"和"distribution center allocation"为"摘要、篇名和关键词"（Abstract，Title，Keywords），收集相关文献；针对国内文献，以中国知网（CNKI）数据库为基础，将"配送中心选址"作为"关键词"或者"篇名"，搜索相关文献。通过总结发现，"配送中心选址"研究总体上呈现出以下态势：2014—2016年（截至5月）间，"配送中心选址"研究成果主要集中于配送中心选址的方法研究、选址方法适用条件与优缺点研究、配送中心选址在某个行业或环境下的具体应用三个方面。

其次，各团队成员根据各自分工进行配送中心选址文献梳理和综述撰写工作。小组成员进行集中讨论，然后进行综述的修改工作。组长就修改后的各部分综述进行统合，形成《"配送中心选址"最新文献综述》。

最后，队长就最终综述成果进行汇报，各成员就本次训练进行经验交流和问题总结。

（3）训练第三周

组长组织团队成员进行总结，检查【训练要求】中第（1）、（2）、（3）、（4）各项要求的完成情况，撰写作为最终成果形式的《"自主学习–范"训练报告》。

三、训练总结

1.关于文献收集

团队成员能够在较短时间内掌握运用校内网络平台查找国内外学术文献的方法，在国内外学术期刊上成功收集到配送中心选址相关学术文献。但是，由于国外文献（英文文献）缺少统一的数据库和平台，且由于语言的限制，小组成员在国外学术文献查找方面存在错查漏查、主题混淆等现象，需进一步加强针对国外学术文献的阅读能力和查找能力。

2.关于文献分类整理

团队成员能够按发表年份、期刊、研究内容、研究取向、研究方法等对海量文献进行分类整理，并从中总结相关研究的发展特征和趋势。但是，在学术期刊的等级、类别、质量的判断方面存在混淆，需进一步提升对国内外学术期刊背景信息的了解程度，能够辨识在物流学术研究中具有较大影响力的国内外学术期刊。

3.关于文献综述撰写

团队成员能够在文献收集和整理的基础上，就自己所负责的工作进行综述撰写，并予以评述，但在对具体研究内容的归纳以及有代表性、影响力的学术成果的甄别方面存在不足，需进一步培养学术语言表达能力、归纳能力，培养对核心研究文献的甄别能力。

4.关于"自主学习"融入性训练

《"配送中心选址"最新文献综述》从资料收集、讨论、撰写到交流和修订，始终是在融入"自主学习"这一"通能"之"强化训练"的过程中进行的；不仅如此，本次训练还将其等级由本课程先前阶段的"初级"和"中级"提升到"高级"，从而进一步提高了我们的"自主学习"能力。

团队全体成员都认识到：在学科知识更新周期大大缩短的今日，相当多在校学习的知识在毕业后已经过时。只有"学会学习",导入关于"学习理论"、"学习方法"与"学习策略"的"自主学习"机制,才能赋予自身应对"从学校到生涯"的"知识流变"的无限潜力。

四、附件

附件1

长期学习目标

➢ 掌握收集和运用信息的方法,能够熟练运用国内外的学术网络平台收集"配送中心选址"的学术信息(学术论文)。

➢ 掌握学习的认知策略、元认知策略和资源管理策略,能够对国内外"配送中心选址"的文献进行有效的整理和分类。

➢ 掌握有效资源利用的策略以及项目论证和测评的方法,能够对"配送中心选址"这一学术领域的研究成果进行评述和综合,并清晰表达自己的学术观点。

➢ 掌握编写计划和检查调控计划执行的方法,对"配送中心选址"的自主学习进度、关键时间节点、各阶段任务有清晰的界定和严格的执行。

➢ 掌握团队合作的策略和方法,在组长的组织协调下,通过前期的分工及中后期的合作,通过团队的努力一起完成"配送中心选址"的自主学习任务。

附件2

长期学习计划

➢ 学习时间

××××年××月××日—××××年××月××日,为期三周。

➢ 学习团队成员

刘××同学(组长)、王××同学、张××同学、陈××同学、胡××同学、孙××同学,共计6人。

➢ 学习阶段

共分三阶段,每阶段为期一周。第一阶段完成【训练要求】中第(1)、(2)项要求规定的任务;第二阶段完成【训练要求】中第(3)、(4)项要求规定的任务;第三阶段完成【训练要求】中第(5)项要求规定的任务。

学习困难和变化预估:

在学习过程中可能在如何对国外学术论文进行快速、有效的阅读,如何对国内外学术期刊的背景信息(刊物级别、论文质量)进行准确把握,如何对某一学术问题的研究成果进行清晰归纳,如何运用规范的学术语言对学术成果进行综述撰写等方面存在困难;在小组讨论会的时间确定上,可能因小组成员的时间安排不同而需要适时调整。

➢ 学习计划实施

1.三个阶段学习。第一周完成【训练要求】中第(1)、(2)项要求规定的任务;第二周完成【训练要求】中第(3)、(4)项要求规定的任务,即完成应用"知识准备"所列知识进行相关文献收集、分类整理及"文献综述"的撰写和修改工作;第三周完成《"自主学习-范"训练报告》的撰写工作。

2.四次团队讨论。第一次团队讨论:队长组织团队讨论,明确训练目标、计划及任务分工。第二次团队讨论：队长于第一周末组织团队讨论，各成员进行成果汇报，队长统合整理各成员成果。第三次团队讨论：队长于第二周末组织团队讨论，各成员就撰写内容进行汇报，团队讨论后由队长提出修改及完善意见。第四次团队讨论：队长在周末组织团队成员讨论，汇报最终综述成果，各队员就本次训练进行经验交流和问题总结。

➤ 学习进度检查

通过每阶段末的团队会，适时检查各团队成员学习进度。通过第一阶段末的团队会，检查【训练要求】中第（1）、（2）项要求的落实情况；通过第二阶段末的团队会，检查【训练要求】中第（3）、（4）项要求的落实情况，即各成员"知识准备"所列知识的应用、文献收集与整理和《文献综述》初稿撰写情况；通过第三阶段末的团队会，检查【训练要求】中第（5）项要求的落实情况，即本次训练的问题交流和经验总结情况。

附件3

"配送中心选址"最新文献综述

（项目团队队长：刘××　　项目团队成员：王××、张××、陈××、胡××、孙××）

一、文献收集与整理

对2014—2016年的"配送中心选址"文献进行搜索。其中，针对国外文献，以Elsevier数据库、Springer Link和EBSCO数据库平台为基础，分别以"distribution center"和"distribution center allocation"为摘要、篇名和关键词（Abstract，Title，Keywords），收集相关文献；针对国内文献，以中国知网（CNKI）数据库为基础，将"配送中心选址"作为"关键词"或者"篇名"，搜索相关文献。

二、文献资料分布

国外文献共计检索到7篇期刊，其中：2014年3篇，《Journal of Business Logistics》、《International Journal of Logistics》和《Journal of Transport Economics and Policy》各刊载1篇；2015年2篇，《Transportation Journal》和《Naval Research Logistics》各1篇；2016年2篇，《Transportation Research》和《Logistics and Transportation Review》各1篇。

国内文献检索结果如下：从2014年1月1日至2016年12月31日，通过CNKI数据库共检索到文献数量237篇，分布的时间趋势图、期刊来源分布、文献基金来源情况分别如图1、图2、图3所示：

总体趋势分析

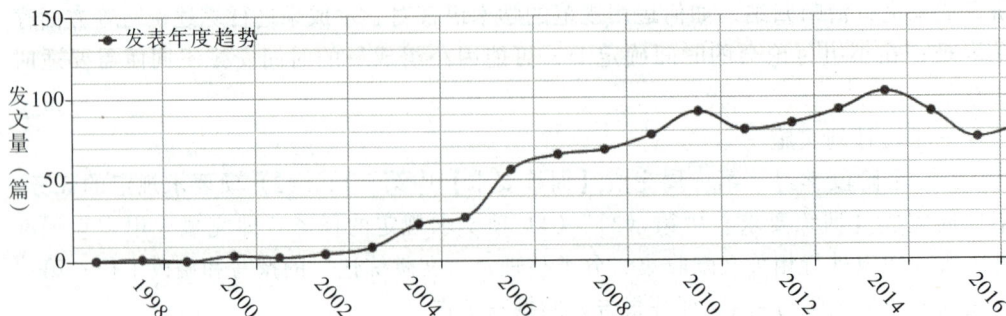

图1　分布时间趋势图

来源分布

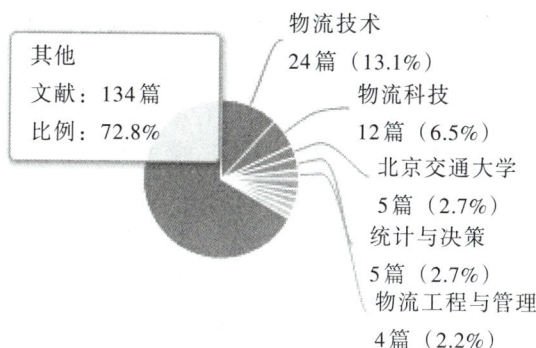

其他
文献：134篇
比例：72.8%

物流技术
24篇（13.1%）

物流科技
12篇（6.5%）

北京交通大学
5篇（2.7%）

统计与决策
5篇（2.7%）

物流工程与管理
4篇（2.2%）

图2　期刊来源分布图

基金分布

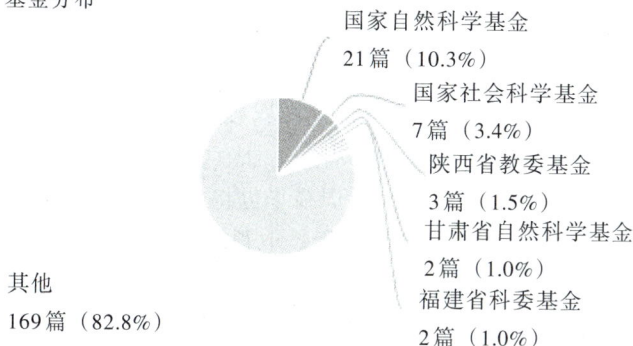

国家自然科学基金
21篇（10.3%）

国家社会科学基金
7篇（3.4%）

陕西省教委基金
3篇（1.5%）

甘肃省自然科学基金
2篇（1.0%）

福建省科委基金
2篇（1.0%）

其他
169篇（82.8%）

图3　文献基金来源情况

三、文献成果综述

配送中心选址的决策不仅直接关系到日后配送中心自身的运营成本和服务水平，而且关系到整个社会物流系统的合理化。配送中心选址决策属于物流系统的长期规划，建设地点一旦选定就很难改变，因此在进行配送中心选址决策中通常要全面考虑众多影响因素，这使得该问题一般都非常复杂，因此配送中心选址是配送中心建设项目规划中至关重要的一环。

对物流中心选址问题的研究在国内外已有几十年的历史，在理论和实践方面都取得了很大的进展，逐步建立了一些典型的具有实际应用价值的模型和方法。典型的物流中心选址方法可分为3类：应用连续性模型选址、应用离散型模型选址、应用德尔菲法选址。

第1类方法认为物流中心的地点可以在平面上取任意点，代表性的方法是重心法，它适用于多选一，且求解为静态的问题中。该方法不限于对特定的备选点的选择，灵活性较大，特别是在单个物流中心选址的应用中，已得到多数人的接受和认可。但是，由于这个地址可能位于河流、建筑物或其他无法实现的地点，实际上找到的最优地址往往很难实施。Weiszfeld最早提出Weber问题，该问题是单个设施的选址，使得设施与给定需点的加权距离之和最小，后来Miehle对其进行了改进。1993年，Wesolowsky对Weber问题的发展情况进一步改进。第2类方法认为物流中心的备选地点是有限的几个场所，最合适的地址只能按照预定的目标从有限个可行点中选取，代表性的方法有整数或混合整数规划法、鲍摩-瓦尔夫法、库恩-汉姆布利尔法、逐次逼近模型法等，计算工作量很大，而且需要的基础资料也很多。第 3 类方法是将专家凭经验和专业知识作出的判断以数值形式表示，经过综合分析后对选址进行决策。由于前两类方法很难将选址中面临的所有影响因素考虑周全，如地理、地形、地物、地基、环境、交通、劳动力、城市用地、城市发展等，并且即便想把这些因素考虑全面，也很难量化形成模型中的约束条件，因此，建立一种物流中心的选址评价指标体系，应用模糊评价、层次分析等数学方法进行综合评价，进而确定物流中心的最优位置就显得十分有效。但是，这类方法专家的主观判断占主导地位，决策结果常常受到专家知识结构、经验，以及他们所处地位、时代和社会环境等诸多因素的限制和影响。所以，对于有限的备选地点，该类方法尽管常常有效，但是若以整个城市大系统为研究对象来研究物流中心的选址，则必须具备足够的基础资料，辅以定量分析，否则将缺乏足够的说服力。

　　国内在物流中心选址方面的研究起步较晚，只有 10 余年历史，许多学者对其进行了深入的研究，在理论和实践上都取得了成果。北京交通大学鲁晓春等对配送中心的重心法选址进行了深入的研究，认为原有重心法存在问题，并用流通费用偏微分方程来取代原有的计算公式。中国矿业大学周梅华也将重心法和微分法相结合的方法用在徐州矿业集团自用型配送中心的选址过程，取得了很好的效果。同济大学王战权，西南交通大学姜大立、杜文等都对物流中心的选址问题展开了研究，分别提出了各种混合整数规划模型，并采用遗传算法对模型进行分析求解。北京科技大学高学东等对鲍摩-瓦尔夫模型进行了分析改进，提出了一种混合-规划模型，并通过分析其特殊结构，建立了一个分解-过滤模式，进而对导出的可行子问题给出了一种启发式算法。西南交通大学刘海燕等在分析物流系统中库存管理、运输、配送中心之间的联系的基础上，应用最优化方法建立了一种物流中心选址的数学模型，并给出了按方法设计的求解算法。西南交通大学袁庆达等对基于"服务型"物流战略的多中心选址问题进行了研究，将大规模配送网络的多配送中心选址问题抽象为求解图的多中心问题，并给出了选址问题的一个多项式近似算法。另外，北京市工程咨询公司张广军等也以北京市蔬菜物流系统化研究为基础，运用软件提供的设施定位模型对蔬菜集散中心的选址问题进行了分析，为决策者提供了定量分析依据。对于第三类物流中心选址方法，国内进行的研究相对较少，主要在物流园区的布局规划中有所应用。深圳市规划和国土资源委员会、深圳市规划设计研究院在研究深圳物流园区的规划布局时，对物流园区选址的影响因素做了深入分析，并据此提出了深圳市两大类型货运枢纽型和配送中心型，五种类别综合、港口、陆路口岸、航空、配送，八大物流园区的总体规划布局方案。但此方法只是根据定性分析，缺乏有力的定量分析。同济大学王战权对选址问题进行了探索研究，提出了物流园区选址的原则；戴禾等也对物流园区的建设和物流园区布局规划提出了评价指标体系，并以深圳物流园区规划为例进行了说明。综合上述研究成果可以看出，由于物流中心选址问题是一项复杂的系统工程，考虑的因素众多，在实际研究或应用中，考虑的侧重点不同，因而各种研究成果的条件和方法都有较大差别，但是对于科学合理地规划我国各种类型的物流中心而言，都有许多值得借鉴之处。

参考文献

［1］ WEBER A. Uber den Standort der Industrien ［M］. Teil：Reine Theories des standorts.Verlag J.C.B.Mohr，Tübingen，1909.

［2］ WEISZFELD E. Surle point pour lequel la somme des distances den points donnés est minimum ［J］. Tôhoku Mathematical Journal，1937，43（1）：355-386.

［3］ YU W，LIU K. The study on logistics center location based on ANP ［J］. Journal of Transportation Systems Engineering and Information Technology，2006，6（5）：74 -77.

［4］ FU P，LIU J. Application for location-selection of logistic allocation center ［J］. Transportation Science &Technology，2003（1）：80-83.

［5］ LI X，CHENG R，ZHANG Y. Methodology based on fuzzy quality function deployment for distribution center location for 3PLS ［J］. Computer and Communications，2006，24（4）：44-47.

［6］ 鲁晓春，詹荷生.关于配送中心重心法选址的研究 ［J］. 北京交通大学学报，2000（6）.

［7］ 周梅华，论集约化商品配送中心的选择 ［J］. 中国矿业大学学报，2000（11）.

［8］ 王战权，杨东援.配送中心选址的遗传算法研究 ［J］. 实用物流技术，2001（3）.

［9］ 姜大立，杜文.易腐物品物流配送中心选址的遗传算法 ［J］. 西南交通大学学报，2003（2）.

［10］高学东，李宗元.物流中心选址模型及一种启发式算法 ［J］. 运筹与管理，1994（3）.

［11］刘海燕，李宗平.物流配送中心选址模型 ［J］. 西南交通大学学报，2000（6）.

［12］袁庆达，陈旭梅，黎青松.基于"服务型"物流战略的 p-Center 选址问题研究 ［J］. 西南交通大学学报，2001（3）.

［13］张广军，马立宏.城市蔬菜集散中心选址问题 GIS 实证分析 ［J］. 物流技术与应用，1999（3）.

［14］戴禾，刘兴景.物流园区选址问题研究 ［J］. 综合运输，2001（2）.

［15］王战权，杨东援，现代物流业发展系统规划研究 ［J］. 西安公路交通大学学报，2001（3）.

主要参考文献

[1] 贾春玉，双海军，钟耀广. 仓储与配送管理［M］. 北京：机械工业出版社，2019.

[2] 李育蔚.仓储物流精细化管理全案［M］.北京：人民邮电出版社，2015.

[3] 陈建梅. 中小企业物流与仓储实战全书［M］. 北京：化学工业出版社，2018.

[4] 高晓亮，伊俊敏，甘卫华.仓储与配送管理［M］.北京：清华大学出版社，北京交通大学出版社，2006.

[5] 郑丽. 仓储与配送管理实务［M］. 北京：清华大学出版社，2014.

[6] 韩建国. 仓储管理流程与节点精细化设计［M］. 北京：人民邮电出版社，2014.

[7] 王兰会. 仓库管理人员岗位培训手册［M］. 北京：人民邮电出版社，2015.

[8] 王连新. 仓储物流管理实务培训图表书［M］. 北京：中国经济出版社，2013.

[9] 谢翠梅. 仓储与配送管理实务［M］. 北京：北京交通大学出版社，2013.

[10] 李俊梅，孙明贺. 仓储与配送实训指导书［M］. 北京：中国财富出版社，2015.

[11] 卢桂芬，王海兰.仓储与配送实务［M］.2版.北京：中国人民大学出版社，2018.

附表1　　　　　　　　　　职业核心能力强化训练 "知识准备" 参照表

领域	等级	技能点	"知识准备" 参照范围
自我学习	初级	确定短期学习目标	激发学习动力的方法；学习的基本原理；确定目标的原则和方法；编写学习计划的基本规则；取得他人帮助和支持的方法与技巧
		实施短期学习计划	学习的基本原理；学习的方法和技巧；计划落实、控制和调整的方法和技巧；节约时间的诀窍
		检查学习进度	学习方法与学习效果的关系；检查目标进度的方法和技巧（总结、归纳、测量）；成功学的基本要求
	中级	确定中期学习目标	学习的基本原理；确定目标的原则和方法；编写学习计划的基本规则；取得他人帮助和支持的方法或技巧
		实施中期学习计划	学习的基本原理；学习的方法和技巧；计划落实、控制和调整的方法和技巧；关于方法的知识；时间管理的诀窍
		检查学习进度	成功学的基本要点；项目目标检查、总结、归纳的方法；学习迁移的原理与应用知识；学习的观察、认知记忆及提高效率的规律；养成良好学习习惯的方法
	高级	确定长期学习目标	收集和运用信息的方法；有效资源利用的策略；项目论证和测评的方法；编写计划和检查调控计划执行的方法；团队合作的策略和方法
		实施长期学习计划	学习的方法和技巧；有关学习与实践关系的原理；计划落实、控制和调整的方法和技巧；关于思维方法的知识；目标管理的诀窍
		检查学习进度	成功学的基本要点；项目目标检查、总结、归纳的方法；学习迁移的原理与应用知识；学习的观察、认知记忆及提高效率的规律；养成良好学习习惯的方法
信息处理	初级	获取信息	信息的含义、特征与种类；信息收集的原则、渠道和方式；文献和网络索引法；一般阅读法；计算机和网络相关知识
		整理信息	信息的分类方法与原则；信息筛选方法与要求；信息资料手工存储方法；计算机信息存贮方法；计算机其他相关知识
		传递信息	信息传递的种类与形式；口语和文字符号的信息传递技巧；现代办公自动化技术；计算机和网络相关技术
	中级	获取信息	信息的特征与种类；信息收集的范围、渠道与原则；信息收集方法（观察法、询访法）；计算机相关知识；网络相关知识
		开发信息	信息筛选、存储的方法与原则；信息资料的分析、加工的方法；新信息生成或信息预测的方法
		展示信息	口语和文字符号信息展示的技巧；多媒体制作与使用技术；计算机相关应用技术
	高级	获取信息	调查研究的方法和原理；信息收集的范围、方法（问卷法、检索法、购买法、交换法）和原则；信息收集方案选择；计算机和网络相关技术
		开发信息	信息资料鉴别方法；信息资料核校方法；信息资料分析方法；信息资料编写方法（主题提炼、标题选择、结构安排、语言组织）；信息资料加工方法；计算机信息生成知识
		展示信息	口语和文字符号的信息表达技巧；多媒体制作技术；科学决策知识；信息反馈方式与要求；网页设计与网络使用知识；知识产权知识

续表

领域	等级	技能点	"知识准备"参照范围
数字应用	初级	采集、解读数据信息	获取数据的方法（测量法、调查法、读取法）；数的意义（整数、小数、分数及百分数）；常用测量器具的功能与使用方法，常用单位，单位的换算；近似的概念与精度；图表（数表、扇形统计图、条形统计图、示意图）知识
		进行数字计算	计算方法（笔算、口算、珠算、计算器计算）；整数、分数四则运算；近似计算法；验算（逆算法、估算法、奇偶对应法）
		展示和使用数据信息	评价指标；最大值，最小值；平均值；精度
	中级	解读数据信息	获取数据信息的渠道与方法（测量法、调查法、读取法）；数的意义（整数、分数、正数、负数）；总量与分量，比例；误差、精度、估计；复合单位（如速度、速率等）；图表（数表、扇形统计图、条形统计图、折线图、示意图）知识
		进行数据计算	计算方法（笔算、计算器计算、查表、Excel等软件）；整式、分式四则运算、乘方、开方；近似计算（误差估计）；验算（逆算法、估算法、奇偶对应法）
		展示和使用数据信息	评价指标；最大值，最小值；平均值，期值，方差；绝对误差，相对误差；图表的制作
	高级	解读数据信息	数据信息源的筛选原则（多样性、代表性、可靠性）；数据的采集方案；图表（数表、坐标、比例尺）；频率、频率稳定性；平均、加权平均；误差分析、估算
		进行数据计算	计算方法（笔算、计算器计算，查表，编程计算，Excel等软件）；整式、分式四则计算，乘方、开方；函数（幂函数、指数函数、对数函数、三角函数、反三角函数、复合函数）近似计算（误差分析）；验算（逆算法、估算法）
		展示和使用数据信息	评价指标；最大值，最小值；平均值，期值，方差；绝对误差，相对误差；图表的制作
与人交流	初级	交谈讨论	与人交谈主题相关的信息和知识；正确使用规范语言的基本知识；口语交谈方式和技巧；身体语言运用技巧
		阅读和获取资料	资料查询和搜索的方法；一般阅读的方法；文件资料归类的方法；词典类工具书的功能和使用方法；各种图表的功能；网上阅读的方法
		书面表达	与工作任务相关的知识；实用文体的应用；图表的功能和应用；素材选用的基本方法；写作的基本技法；逻辑和修辞初步技法
	中级	交谈讨论	与交谈主题相关的知识和信息；正确使用规范语言的基本知识；口语交谈的技巧；身体语言运用技巧；掌握交谈心理的方法；交谈的辅助手段或多媒体演示技术；会谈和会议准备基本要点
		简短发言	与发言主题相关的知识和信息；当众讲话的技巧（包括运用身体语言的技巧）；简短发言的辅助手段或多媒体演示技术
		阅读和获取资料	资料查询和搜索方法；快速阅读的原理与方法；文件归类的方法；各种图表的功能
		书面表达	与工作任务相关的知识；实用文体的应用；图表的功能和应用；素材选用的基本方法；文稿排版和编辑的技法；写作的基本技法；逻辑和修辞常用技法
	高级	交谈讨论	与会谈主题相关的知识和信息；语言交流的艺术和技巧；交谈的辅助手段或多媒体演示技术；总结性话语运用的技巧；谈判的心理和技巧；会议准备的基本要点；主持会议的相关程序
		当众讲演	与发言主题相关的知识和信息；演讲的技巧和艺术；演讲辅助手段或多媒体演示技术
		阅读和获取资料	资料查询和搜索方法；快速阅读的技巧；各种图表的功能
		书面表达	与工作任务相关的知识；实用文体的应用；图表的功能和应用；素材选用的基本方法；文稿排版和编辑的技法；写作的基本技法；逻辑和修辞技法

续表

领域	等级	技能点	"知识准备"参照范围
与人合作	初级	理解合作目标	活动要素的群体性与分工合作的关系；职业团队的概念、特征与种类，组织的使命、目标、任务；自身的职业价值，个人在组织中的作用
		执行合作计划	服从的基本概念，指令、命令的含义；求助的意义，人的求助意识；职业生活的互助性，帮助他人的价值
		检查合作效果	工作进度的概念，影响工作进度的因素；工作进程的检查，调整工作程序；工作汇报的程序和要领
	中级	制订合作计划	聚合型团队、松散型团队和内耗型团队的特征；组织内部的冲突情况，剖析内耗型团队的心理根源；合作双方的利益需求和社会心理需求
		完成合作任务	民族、学历、地域、年龄等差异；人的工作和生活习惯、办事规律；宽容的心态，容忍的方法
		改善合作效果	使他人接受自己意见、改变态度的策略；在会议上提出意见和建议的规则；改变自己的态度，接受他人批评指责的心理准备
	高级	调整合作目标	领导科学与管理方法；组织文化的形成与发展；目标管理与时间管理
		控制合作进程	人际交往与沟通的知识和相关能力；有效激励的方法与技巧；批评的途径、方法和注意事项
		达到合作目标	信息的采集与整理，组织经济效益的统计学知识；员工绩效测评的基本方法和程序；合作过程的风险控制意识和防范
解决问题	初级	分析问题提出方案	分析问题的方法；归纳问题的方法；对比选择的方法；判断和决策的方法；关于相关问题本身的专业知识和发展规律的认识
		实施计划解决问题	撰写工作计划的相关知识；信息检索、文献查询的有关方法；逻辑判断、推理的相关知识；解决问题的技巧
		验证方案改进方式	分析和检查问题的方法；跟踪调查的方法；工作总结的规则和写作方法
	中级	分析问题提出方案	分析问题的方法；归纳问题的方法；对比选择的方法；判断和决策的方法；关于相关问题本身的专业知识和变化规律的认识
		实施计划解决问题	应用写作学中关于撰写工作计划的相关知识；信息检索、文献查询的有关方法；逻辑判断、推理的相关知识；解决问题的技巧；与他人合作的知识和方法
		验证方案改进计划	分析和检查问题的方法；跟踪调查的方法；工作总结的规则和写作方法
	高级	分析问题提出对策	决策科学的系统知识；形式逻辑、辩证逻辑思维的系统知识和方法；分析问题的系统知识和技巧；群体创新技法的系统知识；数学建模方法；关于相关问题本身的专业知识和变化规律的认识
		实施方案解决问题	关于撰写工作计划的系统知识；信息检索、文献查询的系统知识和方法；有关价值工程、现场分析和形态分析的知识；解决问题的技巧；有关进度评估的知识；与人合作的系统知识和方法
		验证方案改进计划	分析和检查问题的方法；跟踪调查的方法；工作总结的规则和写作方法；创新技法

续表

领域	等级	技能点	"知识准备"参照范围
革新创新	初级	揭示不足提出改进	关于思维和创新思维的一般知识；关于思维定式和突破思维障碍的知识；关于相关事物本身的专业知识和发展规律的认识
		制订创新方案	列举类技法和设问类技法的原理、特点、适用范围和具体操作的知识；有关分解类技法、组合类技法、分解组合类技法的原理、特点、适用范围和具体操作方法的知识；收集信息、案例的知识和方法
		评估创新方案	有关创新成果价值评定的知识；可行性分析的知识；撰写可行性报告的知识
	中级	揭示不足提出改进	有关思维障碍形成的知识；横向、逆向、灵感思维的知识；换向、换位思维的知识；逻辑判断和推理知识；关于相关事物本身的专业知识和发展规律的认识
		提出并实施创新方案	有关类比类技法和移植类技法的知识；有关德尔菲法和综摄法的知识；有关还原法、换向思考类技法的知识
		评估创新方案	有关项目可行性测评的技术；有关最佳方案评估的知识；撰写评估报告的知识
	高级	揭示不足提出改进	创新能力构成和提升的知识；有关事物运动、变化和发展的知识；灵活运用各种思维形式的知识；关于相关事物本身的专业知识和发展规律的认识
		提出并实施创新方案	有关价值工程、现场分析和形态分析的知识；针对不同事物运用不同创新方法的知识；综合运用各种创新方法的知识
		评估创新方案	可持续创新的知识；有关创新原理的知识；有关知识产权的知识；技术预测和市场预测知识

资料来源　劳动和社会保障部职业技能鉴定中心．职业核心能力培训测评标准（试行）［M］．北京：人民出版社，2007．本表参照其资料来源所列文献相关内容提炼与编制。

附表2-1　　　　　　　　　　　　　　**案例分析题考核表**

考核指标		考核内容	分项成绩
形成性考核 $\sum 30$	个人准备 $\sum 10$	案例概况；讨论主题；问题理解；揭示不足；创新意见；决策标准；可行性方案	
	小组讨论 $\sum 10$	上课出席情况；讨论发言的参与度；言语表达能力；说服力大小；思维是否敏捷	
	班级交流 $\sum 10$	团队协作；与人交流；课堂互动等方面的满意度；讨论参与的深度与广度	
课业考核 $\sum 30$	分析依据 $\sum 5$	分析依据的客观性与充分性	
	分析步骤 $\sum 5$	分析步骤的恰当性与条理性	
	理论思考 $\sum 5$	理论思考的正确性、深刻性与全面性	
	解决问题 $\sum 5$	理解问题与解决问题能力的达标性	
	革新创新 $\sum 5$	揭示不足与提出改进能力的达标性	
	文字表达 $\sum 5$	文字表达能力的强弱性	
总成绩 $\sum 60$			
教师评语		签名： 20　年　月　日	
学生意见		签名： 20　年　月　日	

附表2-2　　　　　　　　　　　职业核心能力考核参照规范与标准

领域	等级	基本要求	技能点	规范与标准
自我学习	初级	具备学习的基本能力，在常规条件下能运用这些能力适应工作和学习要求	确定短期学习目标	能明确学习动机和目标，并计划时间、寻求指导
			实施短期学习计划	能按照行动要点开展工作、按时完成任务，使用不同方式、选择和运用不同的学习方法实现目标，并能对计划及时作出调整
			检查学习进度	能对学习情况提出看法、改进意见和提高学习能力的设想
	中级	主要用理解式接受法，对有兴趣的任务可以用发现法掌握知识信息；在更广泛的工作范围内灵活运用这些能力以适应工作岗位各方面需要	确定中期学习目标	能明确提出多个学习目标，列出实现各目标的行动要点，确定实现目标的计划，并运筹时间
			实施中期学习计划	能开展学习和活动，通过简单的课程和技能训练，提高工作能力
			检查学习进度	能证明取得的学习成果，并能将学到的东西用于新的工作任务
	高级	能较熟练灵活地运用各种学习法在最短时间内掌握急需知识信息；能广泛地收集、整理、开发和运用信息，善于学习、接受新的事物，以适应复杂工作和终身发展的要求	确定长期学习目标	能根据各种信息和资源确定要实现的多个目标及途径，明确可能影响计划实现的因素，确认实现目标的时限，制订行动要点和时间表，预计困难和变化
			实施长期学习计划	能保证重点、调整落实、处理困难、选择方法，通过复杂的课程和技能训练提高工作能力
			检查学习进度	能汇总学习成果、成功经验和已实现的目标，证明新学到的东西能有效运用于新选择的职业或工作任务
信息处理	初级	具备进入工作岗位最基本的信息处理能力，在常规条件下能收集、整理并传递适应既定工作需要的信息	获取信息	能通过阅读、计算机或网络获取信息
			整理信息	能使用不同方法、从多个资源中选择、收集和综合信息，并通过计算机编辑、生成和保存信息
			传递信息	能通过口语、书面形式，用合适的版面编排、规范的方式展示、电子手段传输信息
	中级	在更广泛的工作范围内获取需要的信息，进行信息开发处理，并根据工作岗位各方面的需要展示组合信息	获取信息	能定义复杂信息任务，确定搜寻范围，列出资源优先顺序，通过询访法和观察法搜寻信息
			开发信息	能对信息进行分类、定量筛选、运算分析、加工整理，用计算机扩展信息
			展示信息	能通过演说传递信息，用文字图表、计算机排版展示组合信息，用多媒体辅助信息传达
	高级	广泛地收集、深入地整理开发、多样地传递、灵活地运用信息，以适应复杂的工作需要；具备信息处理工作的设计与评估能力，并表现出较强的组织与管理能力	获取信息	能分析复杂信息任务，比较不同信息来源的优势和限制条件，选择适当技术、使用各种电子方法发现和搜寻信息
			开发信息	能辨别信息真伪，定性核校、分析综合、解读与验证资料，建立较大规模的数据库，用计算机生成新的信息
			展示信息	能用新闻方式发布、平面方式展示、网络技术传递，利用信息预测趋势、创新设计，收集信息反馈，评估使用效果

续表

领域	等级	基本要求	技能点	规范与标准
数字应用	初级	具备进入工作岗位最基本的数字应用能力，在常规条件下能运用这些能力适应既定工作的需要	采集、解读数据信息	能按要求测量并记录结果，准确统计数目，解读简单图表，读懂各种数字，并汇总数据
			进行数字计算	能进行简单计算并验算结果
			展示和使用数据信息	能正确使用单位，根据计算结果说明工作任务
	中级	在更广泛的工作范围内，灵活地运用数字应用能力以适应工作岗位各方面的需要	解读数据信息	能从不同信息源获取信息，读懂、归纳、汇总数据，编制图表
			进行数据计算	能从事多步骤、较复杂的计算，使用公式计算结果
			展示和使用数据信息	能使用适当方法展示数据信息和计算结果，设计并使用图表，根据结果准确说明工作任务
	高级	具备熟练把握数字和通过数字运算来解决实际工作中的问题的能力，适应更复杂的工作需要	解读数据信息	能组织大型数据采集活动，通过调查和实验获取、整理与加工数据
			进行数据计算	能从事多步骤的复杂计算，并统计与分析数据
			展示和使用数据信息	能选择合适的方法阐明和比较计算结果，检查并论证其合理性，设计并绘制图表，根据结果作出推论，说明和指导工作
与人交流	初级	具备进入工作岗位最基本的与人交流能力，在常规条件下能运用这些能力适应既定工作的需要	交谈讨论	能围绕主题，把握讲话的时机、内容与长短，倾听他人讲话，多种形式回应；使用规范易懂的语言、恰当的语调和连贯的语句清楚地表达意思
			阅读和获取资料	能通过有效途径找到所需资料，识别有效信息，归纳内容要点，整理确认内容，会做简单笔记
			书面表达	能选择基本文体，利用图表、资料撰写简单文稿，并掌握基本写作技巧
	中级	在更广泛的工作范围内，灵活运用这些能力以适应工作岗位各方面的需要	交谈讨论	能始终围绕主题参与，主动把握讲话时机、方式和内容，理解对方谈话内容，推动讨论进行，全面准确传达一个信息或观点
			简短发言	能为发言做准备，当众讲话并把握讲话内容、方式，借助各种手段说明主题
			阅读和获取资料	能根据工作要求从多种资料筛选有用信息，看懂资料的观点、思路和要点，并整理汇总资料
			书面表达	能掌握应用文体，注意行文格式；组织利用材料，充实内容要点；掌握写作技巧，清楚表达主题；注意文章风格，提高说服力
	高级	在工作岗位上表现出更强的组织和管理能力，通过运用与人交流的能力适应更复杂的工作需要	交谈讨论	始终把握会议主题，听懂他人讲话内容并作出反应，主持会议或会谈，全面准确表述复杂事件或观点
			当众讲演	能为讲演做准备，把握讲演的内容、方式，借助各种手段强化主题
			阅读和获取资料	能为一个问题或课题找到相关资料，看懂资料的思路、要点、价值和问题，分析、筛选和利用资料表达主题
			书面表达	能熟悉专业文书，把握基本要求；有机利用素材，说明内容要点；掌握写作技巧，清楚恰当表达主题；采用适当风格，增强说服力

续表

领域	等级	基本要求	技能点	规范与标准
与人合作	初级	理解个人与他人、群体的合作目标，有效地接受上级指令；准确、顺利地执行合作计划；调整工作进度，改进工作方式；检查工作效果	理解合作目标	能确定合作的基础和利益共同点，掌握合作目标要点和本单位人事组织结构，明确个人在团队中的职责和任务
			执行合作计划	能接受上级指令，准确、顺利地执行合作计划
			检查合作效果	能通过检查工作进展情况，改进工作方式，促进合作目标实现
	中级	与本部门同事、内部横向部门、外部相关部门共同制订合作计划；协调合作过程中的矛盾关系，按照计划完成任务，在合作过程中遇到障碍时提出改进意见，推进合作进程	制订合作计划	能与本部门同事、组织内部横向部门、组织外部相关部门共同制订合作计划
			完成合作任务	能与他人协同工作，处理合作过程中的矛盾
			改善合作效果	能判断合作障碍，表达不同意见，接受批评建议，弥补双方失误
	高级	根据情况变化和合作各方的需要，调整合作目标；在变动的工作环境中，控制合作进程；预测和评价合作效果，达成合作目的	调整合作目标	能发现各方问题，协调利益关系，进行有效沟通，调整合作计划与工作顺序
			控制合作进程	能整合协调各方资源，妥善处理矛盾，排除消极因素，激发工作热情
			达到合作目标	能及时全面检查工作成效，不断改善合作方式
解决问题	初级	具备进入工作岗位最基本的解决问题能力，在常规条件下能根据工作的需要，解决一般简单和熟悉的问题	分析问题提出方案	能用几种常用的办法理解问题，确立目标，提出对策或方案
			实施计划解决问题	能准备、制订和实施被人认可并具有一定可行性的计划
			验证方案改进方式	能寻找方法，实施检查，鉴定结果，提出改进方式
	中级	在有限的资源条件下，根据工作岗位的需要，解决较复杂的问题	分析问题提出方案	能描述问题，确定目标，提出并选择较佳方案
			实施计划解决问题	能准备、制订和实施获得支持的较具体计划，并充分利用相关资源
			验证方案改进计划	能确定方法，实施检查，说明结果，利用经验解决新问题
	高级	在工作岗位上表现出更强的解决问题能力，在多种资源条件下，根据工作需要解决复杂和综合性问题	分析问题提出对策	在提出解决问题的对策时，能分析探讨问题的实质，提出解决问题的最优方案，并证明这种方案的合理性
			实施方案解决问题	在制订计划、实施解决办法时，能制订并实施获得认可的详细计划与方案，并能在实施中寻求信息反馈，评估进度
			验证方案改进计划	在检查问题、分析结果时，能优选方法，分析总结，提出解决同类问题的建议与方案

续表

领域	等级	基本要求	技能点	规范与标准
革新创新	初级	在常规工作条件下，能根据工作需要，初步揭示事物的不足，运用创新思维和创新技法进行创新活动	揭示不足提出改进	能揭示事物不足，提出改进意见
			提出创新方案	能在采纳各方意见的基础上，确定创新方案的目标、方法、步骤、难点和对策，指出创新方案需要的资源和条件
			评估创新方案	能进行自我检查，正确地对待反馈信息和他人意见，对创新方案及实施作出客观评估，并根据实际条件加以调整
	中级	根据工作发展需要，在更广泛的工作范围内揭示事物的不足，较熟练地运用创新思维和创新技法进行创新活动，并对创新成果进行分析总结	揭示不足提出改进	能在新的需求条件下揭示事物的不足，提出改进事物的创新点和具体方案
			提出并实施创新方案	能从多种选择中确认最佳方案，并利用外界信息、资源和条件实施创新活动
			评估创新方案	能按常规方式和专业要求，对创新改进方法和结果的价值进行评估，根据实际条件进行调整，并指导他人的创新活动
	高级	在工作岗位上表现出更强的创新能力，在复杂的工作领域，能根据工作需要揭示事物的不足，熟练运用创新思维和创新技法进行创新活动，对创新成果进行理论分析、论证、总结和评估，并指导他人的创新活动	揭示不足提出改进	能通过客观分析事物发展与需求之间的矛盾揭示事物的不足，提出首创性的改进意见和方法
			提出并实施创新方案	能根据实际需要，设计并实施创新工作方案，并在条件变化时坚持创新活动
			评估创新方案	能按常规方式和专业要求，对创新方法和结果进行检测和预测风险；针对问题调整工作方案，总结经验，指导他人，提出进一步创新改进的方法

资料来源 劳动和社会保障部职业技能鉴定中心．职业核心能力培训测评标准（试行）[M]．北京：人民出版社，2007．本表参照其资料来源所列文献和其配套《训练手册》相关内容提炼与编制。

附表2-3 **职业道德考核参照规范与标准**

领域	规范与标准
职业观念	对职业、职业选择、职业工作、营销人员职业道德和企业营销伦理等问题具有正确的看法
职业情感	对职业或职业模拟有愉快的主观体验、稳定的情绪表现、健康的心态、良好的心境,具有强烈的职业认同感、职业荣誉感和职业敬业感
职业理想	对将要从事的职业种类、职业方向与事业成就有积极的向往和执着的追求
职业态度	对职业选择或模拟选择有充分的认知和积极的倾向与行动
职业良心	在履行职业义务时具有强烈的道德责任感和较高的自我评价能力
职业作风	在职业模拟、职业实践或职业生活的自觉行动中,具有体现职业道德内涵的一贯表现
职业守则	忠于职守,诚信待人;团结协作,顾全大局;爱岗敬业,遵纪守法;钻研业务,讲究效率;保守秘密,保证安全;勇于开拓,善于创新

附表2-4 **能力考核采分系数表**

系数	达标程度
90%~100%	能依照全部考核要求,圆满、高质地完成此种能力所属各项技能操作,其效率与稳定性俱佳
80%~89%	能依照多数考核要求,圆满、高质地完成此种能力所属各项技能操作,其效率与稳定性较佳
70%~79%	能依照多数考核要求,较圆满、高质地完成此种能力所属各项技能操作,其效率与稳定性一般
60%~69%	能依照多数考核要求,基本完成此种能力所属各项技能操作,其效率与稳定性一般
60%以下	只能依照少数考核要求,基本完成此种能力所属各项技能操作,其效率与稳定性较低